经济分析的行为逻辑丛书

协作的策略

"为己利他"行为机理与博弈思维

朱富强 ◎ 著

中国社会科学出版社

图书在版编目（CIP）数据

协作的策略："为己利他"行为机理与博弈思维 / 朱富强著 . —北京：中国社会科学出版社，2020.5

（经济分析的行为逻辑丛书）

ISBN 978 – 7 – 5203 – 5940 – 5

Ⅰ. ①协⋯　Ⅱ. ①朱⋯　Ⅲ. ①现代经济学—经济行为—研究　Ⅳ. ①F091.3

中国版本图书馆 CIP 数据核字（2020）第 027031 号

出 版 人	赵剑英
责任编辑	喻　苗
责任校对	胡新芳
责任印制	王　超

出　　版	中国社会科学出版社
社　　址	北京鼓楼西大街甲 158 号
邮　　编	100720
网　　址	http://www.csspw.cn
发 行 部	010 – 84083685
门 市 部	010 – 84029450
经　　销	新华书店及其他书店
印　　刷	北京明恒达印务有限公司
装　　订	廊坊市广阳区广增装订厂
版　　次	2020 年 5 月第 1 版
印　　次	2020 年 5 月第 1 次印刷
开　　本	710×1000　1/16
印　　张	27.5
插　　页	2
字　　数	438 千字
定　　价	128.00 元

凡购买中国社会科学出版社图书，如有质量问题请与本社营销中心联系调换
电话：010 – 84083683
版权所有　侵权必究

人在本质上是社会性动物；那些生来就缺乏社会性的个体，要么是低级动物，要么就是超人。社会实际上是先于个体而存在的。不能在社会中生活的个体，或者因为自我满足而无须参与社会生活的个体，不是野兽就是上帝。

——亚里士多德

如果说人们对自己利益的爱好使他们必然相互提防，那么他们共同的正义感又使他们牢固的合作成为可能。

——罗尔斯

用纯理论来预测参与者在博弈中如何行为，就像试图不把笑话讲出来就证明它是可笑的一样。

——谢林

目 录

导　言 ………………………………………………………………（1）

第一篇　"为己利他"行为机理与行为协调

第一章　博弈困境何以如此普遍：主流理论的解释缺陷 …………（17）
第二章　博弈协调中的伦理机制：绝对道德和相对道德 …………（50）
第三章　社会道德原则如何确立：微观行为基础的解析 …………（72）
第四章　互动行为何以能够协调：博弈机理与实验证据 …………（92）

第二篇　"为己利他"行为机理与经济实验

第五章　经济人假设何以被印证：实验控制条件的审视 …………（117）
第六章　经济实验如何才更有效：一个主要批判的回应 …………（133）
第七章　行为实验如何嵌入现实：从标准型转到变异型 …………（162）

第三篇　"为己利他"行为机理与博弈思维

第八章　重新理解合作博弈概念：内涵审视和理性基础 …………（181）
第九章　主流博弈论思维的缺陷：理性特质和应用困境 …………（198）
第十章　协作策略的博弈思维：理论和实践的双重要求 …………（214）

第四篇 "为己利他"行为机理的应用分析

第十一章　认识"强互惠"行为：形成机理及意义 ………………（237）
第十二章　理解行为的差序结构：道德性和社会性 ………………（261）
第十三章　审视真实的社会公平：差序性的公平观 ………………（276）

第五篇 "为己利他"行为机理的社会基础

第十四章　质疑经济人的两大内涵：来自行为实验的证据 ………（293）
第十五章　期望效用并非决策基础：前景理论提供的替代 ………（314）
第十六章　理性选择论的三重检视：重审真实的行为基础 ………（339）

第六篇 "为己利他"行为机理与社会发展

第十七章　社会规范引导行为协调：日常行为的拇指准则 ………（365）
第十八章　普遍互利和合作的实现：行为机理的理性辨识 ………（385）
第十九章　从公地悲剧到公共福祉：局面转换的基本机制 ………（404）

后　记 ……………………………………………………………………（424）

导　言

在过去的近 20 年里，笔者对现代经济学思维和方法展开了系统审视，并由此形成了六大批判：数理逻辑批判、流行范式批判、研究定向批判、理论硬核批判、普适性批判和纯粹市场批判。这六大批判大致对应了四套丛书的基本主题：数理逻辑批判和流行范式批判是对现代经济学方法论尤其是逻辑关系的反思，研究定向批判和理论硬核批判是对经济学的逻辑前提尤其是人性假设这一硬核的反思，普适性批判是对中国经济学范式的探索，纯粹市场批判则是对社会秩序扩展性的审视。其中，本丛书起步最早、跨度也最长，其他著作很大程度上可以看作是从这套丛书中分离出来的。因此，导言部分在介绍本书的研究架构和主要内容的同时，也对丛书的研究架构和重心做一简要说明。

一　丛书的研究架构和重心

为构建"极高明而道中庸"的学说体系，经济理论必须一方面来自人伦日用，另一方面又超越经验而上升到超验层次。显然，这就对理论的逻辑前提和逻辑关系提出这样两点要求：（1）经济行为主体不能还原为相互冷淡的原子个体，而是应该与人性发展保持历史的、逻辑的一致；（2）经济行为逻辑不能等同于物理或数的形式逻辑，而是要考虑具体社会关系下人的行为逻辑。同时，通过对逻辑关系和逻辑前提这两大维度的审视，我们也不难发现这样两点事实：（1）越是早期的经济理论，逻辑关系出错的可能性就越大；（2）越是数理化程度高的经济理论，逻辑前提出错的可能性就越大。尤其是，所有经济理论都是在特定时空下提出的,其假设前提往往具有历史局限性。因此,现实问题意识就要求应该注重对理论的逻辑前提进行反思。有鉴于此,本丛书努力跳出现代主流经济学常规范式的桎梏,从熟视无睹的社会现象中反思和审问既有理论,进而重新审视现代主流经济学的"假设的现实不相关性"命题,尤其集中审视现代主流经济学体系的理论硬核——经济人假设。

(一) 本丛书的内容框架

任何学科都需要首先确定它的研究对象和内容,进而衍生出相应的研究方法。那么,经济学的研究对象是什么呢? 根本上就在"人"。事实上,休谟说:"一切科学对于人性总是或多或少地有些关系,任何学科不论似乎与人性离得多远,它们总是会通过这样或那样的途径回到人性。即使数学、自然哲学和自然宗教,也都是在某种程度上依靠于人的科学;因为这些科学是在人类的认识范围之内,并且是根据他的能力和官能而被判断的";"在我们的哲学研究中,我们可以希望借以获得成功的唯一途径……是直捣这些科学的首都或心脏,即人性本身;一旦被掌握了人性以后,我们在其他各方面就有希望轻而易举地取得胜利了"。[①] 进而,奥地利学派甚至将经济学等同为人类行为学,并集中探究人类计划以及源自这些计划的行为。

有鉴于此,经济学的根本议题就在于探究真实世界中的人类行为机理,考察具体社会关系中的人类互动方式,探析行为互动所衍生出的社会经济现象及其对人类社会发展的影响;进而,这又需要转向社会制度的研究,通过完善游戏规则以及增进社会信任和伦理认同来引导社会行动,促使人们采取与社会整体利益相一致的行为方式。正是基于这一思路,本丛书致力于考察真实世界中的人性,从具体的人伦日用中提炼人类行为的一般机理:"为己利他"行为机理。显然,相对于经济人假设来说,"为己利他"行为机理体现出更为合理的人性假设,从而也就构成本丛书的核心术语;正是基于"为己利他"行为机理,我们可以清晰地认识现实社会中人们何以无法合作、如何才能合作以及社会合作的形态等,由此对整个经济学研究方法和分析框架进行反思。

[①] 休谟:《人性论》上册,关文运译,商务印书馆1997年版,第6—7页。

第一，社会科学理论所基于的假设前提往往会因特定的社会历史背景和个人知识结构而滋生出系统性或非系统性的缺陷。具体而言，（1）每个时代和社会都会面临不同的问题和环境，因而社会科学理论具有强烈的历史性和社会性；（2）每个人的认知往往都会受制于特定的时代环境，因而社会科学理论所依赖的假设就应随着社会发展而不断修正。相应地，理论发展首先要根据社会历史环境变化对其假设前提尤其是核心假设进行完善。本丛书基于现实问题意识来引发对经济学体系所根基的经济人假设进行解剖。

第二，核心假设的确定和修正并非先验或臆想的，而应该遵循一些基本要求。这包括两大具体方面：（1）充分借鉴奥卡姆剃刀原则，将原来过多的假设条件逐渐删去，从而使得相关理论能够经受得起波普尔证伪主义的检验；（2）社会科学在应用奥卡姆剃刀原则时尤其需要注意假设抽象化的限度，防止理论与现实发生明显背离，无限度的抽象实际上也会使理论丧失经受波普尔意义上的证伪特性。相应地，对人类行为的合理抽象应该兼顾嵌入在人性中的双重内容。本丛书基于这一原则来修正经济学的人性假设。

第三，经济人假设的问题在于，它仅仅体现了人性中的动物性本能，而没有反映人类特有的亲社会性；进而，它只是体现了孤立状态下的工具理性，而没有反映社会关系中的交往理性。相应地，经济人分析范式主要适用于工程学领域，适用于分析孤立的个体行为，而难以解释和解决社会合作行为。相反，通过契合基于动物性的本能诉求和基于亲社会性的手段选择，就可以获得"为己利他"行为机理，这是对人性所做的更为合理而可行的抽象。本丛书基于"为己利他"行为机理来解析真实世界中的社会互动。

第四，经济人假设和"为己利他"行为机理在人类社会中往往会内化为人的偏好以及凝结成社会规范，由此而孕育出不同特质的文化和文明。其中，根基于工具理性的经济人行为与强烈的个人主义文化相通，由此导向物质文明的偏盛和武力争夺的兴起；相反，嵌入价值理性的"为己利他"行为机理将带来浓郁的集体主义文化，由此孕育出对社会和谐和精神文明的关注。显然，这两大取向充分体现在中、西方社会中，从而形塑出特质相异的两大文明。本丛书基于"为己利他"行为机理来探究文明的合作性本质及其异变。

实际上，林毅夫倡导的新结构经济学致力于研究一个经济体（可以是一个国家也可以是一个地区）的经济结构和其转型的决定因素和影响，但使用的却是现代主流的新古典经济学所构建的理性经济人分析方法。问题是：人的理性及其行为本身是否具有结构性？进而可以做这样的延伸思考：经济结构究竟是如何形成的？发达国家经济是否存在结构性？结构性是否市场经济的一般特征？自由市场经济的结构是如何形成的？不同社会形态的经济结构会有何差异？理性经济人能否为结构经济夯实微观基础？显然，这一方面需要借鉴社会学中的结构主义分析，需要从市场结构、人口结构、社会阶层、社会组织以及法律制度等方面来探究人的行为，由此深入个体意识和主体间意义背后的社会根源；另一方面则需要深入辨识现实世界中的人类理性内涵和特征，而不能设定一个先验的假设并由此做抽象的推导而获得对社会的论断。根本上说，社会经济现象是人类行为及其互动所衍生的，经济学也就必须关注"人"，必须探究具体社会关系中的人性及其行为方式。

这套丛书指出，现实世界中的人类理性包含了三大内容：认知力、意志力和亲社会性。显然，这三大内容在不同个体身上的量度和比重往往存在很大差异，由此就决定了人类的个体理性呈现出结构性，进而导致人类的行为方式也表现出明显的差序性，由此塑造出各种社会经济形态。进而，通过对真实世界中人性及其行为机理的探索和梳理，本书还提炼出了人类行为的一般机理：为己利他，由此也就可以确立对具体社会关系中人类行为的分析框架。这种人性观和行为机理具有这样的双重意义：（1）它根植于中国传统文化中，由此可以更深入地认识中国社会经济现象，因而也就应该成为构建中国经济学范式的微观行为基础；（2）它也与亚里士多德、斯密等西方大哲的认知相通，并且已经为目前行为经济学的大量实验所证实，因而也就可以为现代经济学体系的优化和发展提供更为坚实的微观行为基础。

最后，要指出的是，任何流派之所以不同于其他流派，之所以有其自成一体或者更为完善的学说体系，根本上就在于它采用了不同于其他或以往的新的哲学思维，进而确立了新的分析方法和出发点。相应地，新结构经济学要为结构分析夯实逻辑基础、进而构建具有学理性的学术体系，也就需要有不同于新古典经济学的微观基础和分析框架。显然，基于人性结构（有限理性）和权力结构（人际相异性）的结合并由此展开具体问题的剖析，我们就可以揭示出所有现实社会经济的结构性，不仅包括新结构经济学集中剖析的转型经济国家和发展中国家，而且可以剖析自由市场经济中的结构问题；不仅可以揭示社会经济结构的成因，而且可以甄别各类结构形成的不同机理。从这个意义上说，新结构经济学要取得真正的发展和推广，也就应该将人性及其行为方式的结构性纳入研究框架，这就如庞巴维克将门格尔的边际思维从财货拓展到时间而形成迂回生产说、并由此大大推进了奥地利学派一样。

（二）本丛书的研究重心

本丛书侧重于从假设前提尤其是作为行为基础的经济人这一核心假设来审视现代经济学体系，它从具体的人伦日用中提炼人类行为的一般机理："为己利他"行为机理，进而以此来对真实世界中的行为互动以及相应规范进行深入考察。这些研究内容分别体现在本丛书的不同专题中，这里做一简要介绍。

第一，《关注"人"的经济学：现代经济学的定向批判》。本书主要目的在于确立经济学科的本质特征、研究对象、研究内容以及相应的研究方法，由此对现代主流经济学的地位进行审视。为此，本书展开对经济学说史的系统梳理，并由此考察经济学科的演变轨迹及其相应的时代背景。一方面，集中于经济学研究内容和研究方法的演化轨迹：在内容上，主要考察边际革命引起的争论以及变革时的社会背景；在方法上，主要探究历史归纳和抽象演绎、原子主义和整体主义、同质化均衡和异质化演化的差异及其形成背景。另一方面，致力于对经济学应然面目的揭示，由此来深刻辨识经济学理论的抽象性：它是具有限度的抽象，并且要逐渐回归具体；进而，致力于沟通研究内容与研究方法之间的对应性，由此推动经济学的合理化发展以成为一门更为完善、成熟的学科。

第二，《经济分析的行为基础：现代经济学的硬核批判》。本书主要目的在于揭示真实世界中的人性及其行为机理，由此对现代主流经济学的硬核进行审视。为此，本书对经济人假设的形成和确立做了系统的学说史梳理，考察了其在经济学中确立起支配地位的演化过程和历史背景，剖析了其主要特征以及经济人模型化分析的内在缺陷。实际上，经济人假设为现代主流经济学所沿袭主要根基于自然主义和工程学思维，由此却混同了人处理自然物的工具模式和与社会互动的行为模式；究其原因，真实世界中的社会互动所依据的主要是交往理性而非工具理性，具有强烈的亲社会性而不是经济人的无伦理性。相应地，通过剖析社会互动的行为特征及具体社会关系中的理性内涵，就可以提出更为合理的"为己利他"行为机理，由此替代"经济人"而作为经济学的硬核。

第三，《协作的策略："为己利他"行为机理与博弈思维》。本书主要目的是探寻具体社会关系中的互动行为及其策略思维，由此来推动合作博弈的发展。其实，现代博弈论面临两大问题：（1）在社会实践中如何避免低收益水平的囚徒困境？（2）在理论上如何解释社会现实往往要比推理结论更优的现象？但主流的非合作博弈迄今并没有有效解决这一点，由此就带来博弈论研究的转向——寻求协作的策略。要从理论上加以逻辑分析，根本上涉及对现实人性及其行为机理的理解，也涉及对人类理性内涵的理解。一般地，人类不同于其他动物的根本特性就在于，他能够考虑长期利益而抑制短期私欲，因而认知力和意志力就成为人类理性的重要特征；同时，处于社会关系中的人类个体，不仅关注自身也会关注社会和他人利益，因而亲社会性也是人类理性的重要特征。正是基于由"认知力＋意志力＋亲社会性"构成的人类理性，人们在日常社会中更倾向于遵循"为己利他"行为机理。显然，按照这一行为机理，人们在采取策略行为时往往会纳入他人利益的考虑。这不仅体现了人类互动行为中的交往合理性要求，而且也有助于促进个体行为协调和社会互惠合作，从而为协作策略提供了思维基础。

第四，《合作的文明："为己利他"行为机理与社会规范》。本书主要目的在于基于"为己利他"行为机理来探寻人类文明和社会规范的根本特性。一般地，"为己利他"行为机理的扩展和沉淀，逐步孕育出为社会成员所遵守的社会规范和伦理道德；社会伦理的不断沉积和凝化，又会在更大地域乃至世界范围内被接受而最终孕育出人类文明。因此，伦理道德和人类文明都内含了人类认同和合作倾向。正是基于"为己利他"行为逻辑，本书挖掘了应然伦理的根本特点，进而从"为己利他"行为机理被实施的广度和深度中认识伦理的实然形态；同时，本书又剖析了人类文明所内含的合作性本质，并对文明的现实特点及发展趋势进行考察。事实上，基于从本质到现象的研究路线，本书系统剖析作为应然的规范伦理和作为实然的元伦理，通过引入伦理的内生性考虑将两者沟通起来。由此，就可以更深刻地把握文明的实质，更清晰地界定文明的起源：人类文明根源于社会伦理的扩展，亲社会性以及生成的"为己利他"行为机理则是人类文明的微观基础，因而人类文明在本质上就具有合作性。

二 本书的研究结构和内容

罗尔斯曾写道："虽然一个社会是一种对于相互利益的合作的明显形式，它却不仅具有一种利益一致的典型特征，而且也具有一种利益冲突的典型特征。由于社会合作，存在着一种利益的一致，它使所有人有可能过一种比他们仅靠自己的努力独自生存所过的生活更好的生活；另一方面，由于这些人对由他们协力产生的较大利益怎样分配并不是无动于衷的，这样就产生了一种利益的冲突，就需要一系列原则来指导在各种不同的决定利益分配的社会安排之间进行选择，达到一种有关恰当的分配份额的契约。"[①] 罗尔斯在这里表达了两层意思：（1）分工合作是人类社会生存与发展的基本要求，这也是人类社会努力追求和实现的方向；（2）人类社会的协作过程中必然会衍生出利益分配的冲突，这可能会导致分工协作的瓦解。

诺贝尔经济学奖得主谢林的《冲突的策略》就是在探究利益冲突关系中的最佳策略。谢林之所以关注冲突的策略，一个重要原因则在于，他的研究对象集中于军事战争和商业竞争，而这是呈现零和博弈乃至爆发冲突的典型领域。不过，在实际生活中，人们更多地是身处非零和的博弈情境中，此时面临的关键问题是如何化解冲突而达成协作以获得显而易见的合作剩余。同时，合作而非冲突构成了人类社会中更为普遍和基本的现象：一方面，如果没有合作，就没有分工和交易，就没有组织的存在，就没有社会共同生产；另一方面，分工和交易半径的扩展、组

[①] 罗尔斯：《正义论》，何怀宏译，中国社会科学出版社1988年版，第2页。

织规模的扩大以及生产力的不断提高，就意味着人类社会合作的增进。那么，人类实际是如何且又应如何化解利益冲突而走向合作的呢？这是行为经济学的基本问题，也是《协作的策略》一书关注的主旨。

（一）本书的内容结构

主流的非合作博弈论基本承袭了新古典经济学思维，也将社会互动的行为主体还原为原子化的理性经济人。显然，这先验设定了行为主体的两大特征：（1）每个人都是绝对聪明和绝对理性；（2）每个人都只关心自己的收益而对他人保持冷淡。相应地，主流博弈论所做的工作主要是将理性经济人的分析从众多人之间的市场竞争中拓展到少数人之间的策略竞争，进而为一般性的社会互动确立分析框架；相应地，这使得理性经济人成为博弈各方的共同知识：每个博弈方都是经济人，而且每个博弈方都知道每个博弈方是经济人。正是基于这一思维，每个博弈方都会严格按照功利主义和机会主义原则采取行为策略，从而就必然产生冲突以致陷入囚徒困境，这也是谢林等人致力于研究"冲突的策略"的基本原因。

然而，这种主流的非合作博弈论并没有提供有效策略避免低收益水平的囚徒困境，同时也没有有效解释广泛存在社会合作现象，这就产生出博弈论研究转向的要求——寻求协作的策略。谢林就曾写道：日常生活中出现的聚点均衡很大程度上取决于"协作因素。每一个问题都需要当事人为了实现共同利益，寻求彼此间的共识，尽管在达成共识的过程中会遇到阻力"[①]。那么，如何从理论上对广泛存在的协作行为进行逻辑分析呢？根本上，这涉及对现实世界中人性及其行为机理的理解，涉及对人类理性之内涵的理解。事实上，基于不同的共同知识，人们将会采取不同的策略，进而会导向不同的博弈均衡结果；而其中，最为关键的是有关人性及其行为机理的共同知识。因此，要探究人类社会中的协作策略，也就必须以审视流行的人性假设和分析思维为出发点，而本书正是尝试基于"为己利他"行为机理来为合作博弈提供微观行为基础。

基于上述思路，本书的研究内容分成六大部分，这里做一介绍。

[①] 谢林：《冲突的战略》，赵华等译，华夏出版社2006年版，第60页。

第一部分"'为己利他'行为机理与行为协调",它从人性假设和行为机理上对合作博弈机理做一根本性的挖掘。事实上,博弈困局之所以成为理论上的结论,主要源于主流博弈论的两大特征:(1)新古典经济学的经济人分析逻辑,基于个体理性选择最大最小化策略;(2)集中于非合作行为的研究,探究利益相互冲突的零和博弈情形。然而,实际出现的囚徒困境要比理论所表明的要少得多,这表明,现实生活中互动的人们之间存在着有效的协调。那么,人类是如何化解利益冲突而走向合作的呢?人类社会中导向合作的博弈机制又是什么呢?这就涉及现实中的"为己利他"行为机理。

第二部分"'为己利他'行为机理与经济实验",它通过剖析博弈实验的条件控制来审视实验结论的合理性。事实上,众多的博弈实验之所以似乎印证了经济人假说,根本上与它构建的双盲设置有关。但是这一设置不仅与人们的日常生活不符,而且所实现的内部有效性也只是体现为形式逻辑一致性,从而并不符合科学的要求。因此,为了更好地通过实验来探索人们日常生活中的一般行为机理,就需要使得实验的博弈情境设置逐渐具体化和现实化,由此也就产生了各种变异博弈实验。

第三部分"'为己利他'行为机理与博弈思维",它从现实世界中人际关系及其社会互动特点来审视合作博弈的思维。事实上,主流博弈论所描述的状态与真实世界中的常态之间存在很大距离:博弈论关注的主要是对抗式行为,探寻的是兵家的战斗策略;但是,日常生活的互动关系则主要不是斗争性的而是合作性的,主体间利益关系总体上不是对抗性的而是互补性的。正是由于现实世界中的社会互动大多体现了非零和博弈的特征,都存在通过合作以增进整体收益的可能,这就为"为己利他"行为机理提供了现实基础。

第四部分"'为己利他'行为机理的应用分析",它挖掘了"为己利他"行为机理的人性基础并以此来解释和促成社会合作。事实上,运用"为己利他"行为机理,可以对大量的社会经济现象进行解释和分析,也可以更有效地解释行为经济学中的大量实验结论,这包括"强互惠"现象、差序行为、公平特性等。显然,这些分析都表明,"为己利他"行为机理具有比经济人框架更为强大的分析能力,由此也可以更深刻地凸显出经济人假设的缺陷。

第五部分"'为己利他'行为机理的社会基础",它尝试以行为经济学的"发现"来为"为己利他"行为机理夯实社会基础。事实上,大量行为经济学实验都证伪了经济人的基本内涵:(1)人类理性并非是指行为逻辑的内在一致性;(2)人类理性也不等同追求私利的最大化。进而,大量的行为或选择悖论也对基于期望效用的不确定下的决策理论提出了挑战,进而提出了替代性的前景理论。更进一步地,通过对理性原则的日常行为检视、成本—收益分析的政策检视以及市场理性设计的有效性检视,这些都进一步挑战了现代主流经济学的基石——理性经济人,进而可以更好地审视真实世界中的行为基础。

第六部分"'为己利他'行为机理与社会发展",它进一步探索了"为己利他"行为机理在社会有序发展的基础性作用。事实上,经济人假设抽象掉了人的亲社会性,从而得出了"公地悲剧"命题;但现实生活中,亲社会性却会导向社会的合作,从而有助于"公地悲剧"的化解。由此展开的行为是否更容易导向合作?在很大程度上,"为己利他"行为机理将人的本能和亲社会性结合起来,从而有助于缓解经济人假设中"社会化不足"的缺陷。问题是,"为己利他"行为机理是科学的抽象吗?它对人性的刻画更为合理和可行吗?这些都可以从行为经济学的实验"发现"中获得证据。

(二)本书的主要观点

人类社会的基本现象是合作,人类社会的发展也依赖合作。为此,我们就需要寻求化解冲突而实现合作的社会机制,这些机制可能包括信息沟通、沟通习俗、制度诱导,但最为根本的还是人的心理意识及其衍生出的行为方式。何种行为方式能够更有效地促成社会合作并且能够得到广泛践行?这就是"为己利他"行为机理,它将人们的日常生活与社会理想结合了起来,不仅有助于人们对自身行为的反省和优化,而且体现了人类社会追求的理想和目标,从而也就是人类行为的高次元特质,进而成为促使社会前进和解放的基本机制。本书得出的主要观点如下:

(1)合作博弈和利他行为往往需要纳入伦理道德的考虑。一般地,伦理道德有两种基本含义:一是抽象的绝对道德,二是具体的相对道德。一般地,基于绝对道德的伦理约束这一条件太强了,从而无法成为对自律行为的普遍伦理机制；相反，基于相对道德的伦理律令这一条件就弱了很多，从而构成了博弈协调和社会合作的普遍伦理机制。进而，这一相对道德也就是以"为己利他"行为机理为基础。

（2）"为己利他"行为机理不仅促进了普遍互惠的社会合作，进而还孕育出人类社会的道德原则。同时，"为己利他"行为机理呈现出动态的发展性和扩展性，它在现实社会中被遵行的广度和深度往往也深受各种社会性因素的影响，由此也就形成了不同形态和程度的社会合作。因此，"为己利他"行为机理不仅可以解释和预测广泛存在的合作和利他现象，也可以为那些合作失败现象和自私行为提供解释。

（3）"为己利他"行为机理根本上体现了社会互动的现实机制，从而也就体现出现实的博弈思维，尤其适用于非零和情境的博弈分析。大量的行为经济学实验表明，社会互动的结果很好印证了"为己利他"行为机理的分析，同时，这一机理也可以对各种博弈结论进行有说服力的解释。当然，实验结果往往受实验控制条件的影响，博弈论专家则倾向于双盲设置而通常会得出与经济人分析较为一致的实验结果。

（4）主流博弈论基于双重角度来界定合作和非合作博弈潜含了严重的悖论。进而，它简化地以是否存在强制性协议这一维度来界定博弈性质，但这种界定与我们日常生活中的理解又存在着很大反差。其实，对合作和非合作的认知，更应该从博弈结果来界定，实现最优合作结果的博弈就是合作博弈。进而，基于这一定义，就需要进一步探究促成合作的行为机理，而这一行为机理则将过程理性和结果理性统一起来。

（5）主流博弈理论试图将嵌入在经济人框架中的个体理性联合起来确立博弈理性策略，其中就存在着严重问题。事实上，它注意到互动双方策略的相互依赖性，却没有考虑到互动本身对理性内涵的改变诉求。正因如此，主流博弈思维在应用中就会遇到明显问题：在现象解释上，主流博弈思维得出的囚徒困境结论与日常生活中的普遍合作相冲突；在行为指导上，主流博弈思维无助于对囚徒困境的摆脱。

（6）主流博弈思维所基于的是新古典经济学的单向工具理性而非思想交往合理化的互动理性。它关注博弈方之间的对抗性甚于协作性，从而并不适用于日常生活中的互动行为。事实上，现实世界中的人类理性及其行为嵌入在具体的社会关系之中，并随着社会发展而不断演进。因此，更为合理的博弈思维应该考虑到人类偏好的内生性和行为的演化性，而"为己利他"行为机理可以更充分地体现这一要求。

（7）变异型的最后通牒博弈、独裁者博弈、权力—掠取博弈、强盗博弈、信任博弈、公共品投资博弈等实验都表明，受试者除了关注自身的物质收益之外，还重视公平和互惠，这就体现出行为者的社会性和道德性。同时，这种互惠和公平并非是平面性的而是立体性的，不是等序性的而是差序性的，这就体现出人类行为的道德差序性和社会差序性，这也体现了"为己利他"行为机理。

（8）基于平等主义视角来理解公平的传统公平观也存在问题。事实上，现实世界中的个体行为往往存在着显著差序性，这些差序性行为也为大多数社会所认同和接受；相应地，如果公平心确实渗透在人们日常生活中的话，那么，更为真实的社会公平也是差序性的。这种差序性的公平观也嵌入在"为己利他"行为机理之中，并为大量社会事实和行为实验所证实。

（9）大量的行为经济实验表明，人类在社会互动中体现出的理性与经济人假设之间存在明显的差异：其一，任何个体都不仅仅关注物质利益的最大化，而能够关注社会性需求，这使得他努力理解其他人的偏好；其二，任何个体都不会仅仅关注一次性行为带来的收益，而是能够综合地考虑长期利益，这使得他更倾向于遵守由历史的经验和教训所形成的规则和习俗。

（10）基于理性经济人假设，现代主流经济学把人类个体视为基于计算理性的自利实现者，并由此发展出系列经济理论；但是，这种分析思维仅仅依赖于非现实的先验假设，而与现实世界的人类行为反差巨大。同时，基于"无形的手"原理，现代主流经济学认为由理性个体构成的市场也是有效的，并热衷于基于理性原则的市场机制设计；但是，大量经验事实和实验数据却表明，这些市场设计在实践中并非是有效的。

（11）经济人假设隐含的理性概念是先验的和静态的，是一种脱离现实的乌托邦。其实，人类行为是由心理意识促动的，而这种心灵的产生又可以从行为的文化和社会背景中去寻找；同时，现实社会中的个体行为往往也都遵循社会习俗这一拇指规则，它是个体行为得以协调的社会基础。显然，这种行为体现了基于规则功利主义的社会理性和长远理性，并随着社会发展和心灵与世界的互动而不断演化。

（12）"为己利他"行为机理的产生和扩散主要以非零和博弈情境为基础，而真实世界恰恰提供了这种社会基础。具体体现为：第一，人类需求和个体能力之间的矛盾使得个体必须依赖于群体，依赖于他人的合作；第二，个体之间在能力和需求上存在明显差异，产生了联合和分工的可能。同时，互利机会的实现主要有赖于基于认同伦理的社会合作而非基于完全的计算理性，这使得"为己利他"行为机理进一步内化为个体偏好和行为方式。

第一篇
"为己利他"行为机理与行为协调

第 一 章

博弈困境何以如此普遍：
主流理论的解释缺陷

【导读】根据纳什非合作博弈理论，博弈各方从个体理性出发，以最大最小化的原则采取策略，往往会陷入囚徒困境。但实际出现的囚徒困境要比理论所表明的要少得多，这说明现实生活中互动的人们之间存在着较强的协调性。为此，众多学者都对现实中的协调机制展开了分析，迄今为止，分析的思路主要有：直接进行沟通的显性信息交流、遵循习俗和惯例的隐性信息交流、存在外部选择机制的隐性惩罚、依赖法律及第三者监督的显性制约，等等。这几种方法在一定程度上提高了博弈双方行为的协调性，从而增进了合作的可能性，却不能从根本上说明和解决问题。

第一节 引言

经济学的根本研究对象是人的行为以及由行为互动构成的社会经济现象，因而行为机理也就是经济学的微观分析基石。那么，现代主流经济学又是如何研究人类行为的呢？新古典经济学分析的是孤立状态下的经济人行为，而博弈论则关注人与人之间的互动行为。那么，现代主流经济学的这种分析思维合理吗？事实上，根据主流博弈理论，每个博弈方都从自己的个体理性出发，根据避免风险的个体最大最小化原则进行策略和行动选择，从而达到一种具有内敛性的纳什均衡。显然，正是以这种纯粹的个体理性为"圭臬"的行动，其结果往往就会陷入真正的

"理性的自负"（哈耶克语），这明显体现在哈丁所讲的"公地悲剧"[①] 和纳什均衡潜含的"囚徒困境"以及奥尔森提出的"集体行动的难题"之类的结论上。

然而，这些推理结论给现代主流经济学带来了两大困境。（1）"囚徒困境"表明，长期以来经济学家所信奉的"私恶即公益"教条是错误的。因此，正如 E. 奥斯特罗姆指出的，"囚徒困境表明的个人理性策略导致集体非理性的悖论，对理性的人类能够取得理想的结果这一基本的信念似乎构成了挑战"[②]。（2）囚徒困境在现实中出现的概率明显会比主流博弈论在理论上所推导出的要少得多：无论是在目前大量的行为实验中还是日常的现实生活中，搭便车的情形要远远低于标准经济理论所显示的，人们也不会像标准经济理论所假设的那样随时准备剥削社会或其他个体。[③] 正因如此，基于标准经济学模型得出的公地悲剧和囚徒困境之类结论就遇到了现实问题意识的严重挑战。

其实，奥斯特罗姆以及其他一些博弈论专家、实验经济学家等都已经从多方面对人类行为做了探讨，进而提出了一系列增进博弈协调的理论的、现实的机制。不过，迄今为止的研究大多是在主流博弈思维框架下进行的，主要是引入了信息、惩罚等影响个体最大化效用的考虑因素。例如，Falk 等就通过实验来证实非正式制裁和信息交流有助于提高公共资源的使用。因此，这些新进展并没有从根本上解决现代主流经济学所面临的困境，以致标准的经济模型仍然是建立在经济人假说的基础上，现代主流经济学依然偏重于如何防止机会主义对个人利益的损害而非探究如何促进更好的行为协调和互惠合作。为此，Falk 等人就提出了这样一些问题：为什么一个理性而自私的个体愿意牺牲一些金钱来惩罚其他受试者的行为？为什么这些金钱最大化的受试者愿意遵循一些廉价交流

[①] Hardin G., "The Tragedy of the Commons", *Science*, Vol. 162, 1968, pp. 1243–1248.

[②] E. 奥斯特罗姆：《公共事物的治理之道》，余逊达、陈旭东译，上海三联书店 2000 年版，第 15 页。

[③] Dawes R. M. & Thaler R. H., "Cooperation", *Journal of Economic Perspectives*, Vol. 2, No. 3, 1988, pp. 187–197; Stephan M., "A Survey of Economic Theories and Field Evidence on Pro-Social Behavior", in: Frey B. S. & Stutzer A. (eds.), *Economics and Psychology: A Promising New Field*, Cambridge, MA: MIT Press, 2007, pp. 51–88.

而减少自身的占用水平？更为一般的问题是，为什么理性选择概念在一些场合是正确的而在另一些场合则是错误的？① 因此，本章首先就此做一简要的梳理和分析。

第二节 非合作博弈中的个体理性悖论

主流博弈理论暗含了个人理性和集体理性之间的矛盾和冲突的普遍性，它实际上反映出，现代主流经济学所信奉的那种个人和集体利益之间天然和谐一致的观点是有问题的。因此，早在20世纪60年代，谢林就指出，"在冲突不可避免、决策和动机看似理性的情况下，'理性'行为不是一个放之四海而皆准的有利条件"②。为了说明这一点，我们举几种基本的博弈类型加以说明。

一 囚徒博弈

我们来看经典的囚徒博弈（Prisoner's Game），它描述了两个囚徒在面临警察提供的两种激励合约下理性选择的集体后果：基于个体理性形成的最终博弈均衡是大家都不愿要的。囚徒博弈反映了体现个体理性与集体理性之间的冲突关系：每个博弈方都从自身利益最大化出发选择行为，结果却既没有实现两人总体的最大利益，也没有真正实现自身的个体最大利益。囚徒博弈自塔克提出后就引发了大量的相关研究，并在社会经济领域建立起了很多版本，如公共品的供给不足、集体行动的困境、公地的悲剧等。因此，囚徒博弈是一类博弈的总称，体现了普遍存在的社会关系，既包括国际上国与国之间的贸易、市场上厂商之间的竞争等经济行为，也包括重大国际国内政治问题，如军扩和裁军，等等。显然，囚徒博弈没有帕累托最优纳什均衡却存在帕累托劣解纳什均衡，因为至少有一种结果使所有人都比纳什均衡时获得更高收益。表现在现实生活

---

① Falk A., Fehr E. & Fischbacher U., "Appropriating the Commons: a Theoretical Explanation", in: Ostrom E., Dietz T., Dolsak N., Stern p., Stonich S. & Weber E. (eds.), *The Drama of the Commons*, Washington DC: National Academy Press, 2002, pp. 157–191.

② 谢林：《冲突的战略》，赵华等译，华夏出版社2006年版，第15页。

中，只要存在多数抱怨的现象，也就意味着出现囚徒困境了。例如，在团队生产、卡特尔组织等中，我们常会抱怨搭便车现象；在公共资源的使用中，常会出现资源浪费和无效率的现象；等等。

一般地，囚徒博弈可以写成表1—1所示矩阵形式，其中，存在两个基本条件：$C_K > A_K$，$D_K > B_K$，$A_K > D_K$；其中，$K = 1$ 或 2。因此，背信就是个体理性的选择，从而实现（背信，背信）均衡；但显然，（合作，合作）比（背信，背信）均衡对所有人来说都是更优的。该类型博弈的问题在于，借助于何种机制可以促使人们选择合作，从而跳出囚徒困境？一个基本思路就是，通过政策或宪政设计改变支付矩阵，从而将囚徒困境转换成信任博弈，使得共同结果也成为纳什均衡。[①]

表1—1　　　　　　　　　　囚徒博弈

博弈方1		博弈方2	
		合作	背信
	合作	A_1, A_2	B_1, $\underline{C}_2$
	背信	$\underline{C}_1$, B_2	$\underline{D}_1$, $\underline{D}_2$

【例1】教育减负问题。目前中国社会经常会反复地出现要求为中小学生减负的呼声，因为中小学生基于升学压力而已经陷入了恶性竞争的循环之中却没有提高真正的能力，因而这也是一个囚徒困境。实际上，只要高等教育资源是分等次的和稀缺的，并且高等学校入学的基本标准体现的是应试能力，那么，就必然会存在进入高等学校以及进入名牌大学的竞争；同时，只要中等教育资源是分等次的和稀缺的，并且中学入学的基本标准体现的也是应试能力，那么，也就必然会存在进入中学以及进入重点中学的竞争。以此类推，初中、小学乃至幼儿园都存在激烈的竞争现象，因为在应试教育的压力下，每个父母都希望自己的小孩能够升入更高一级或更好的小学、中学以及大学，从而也就会迫使小孩接受越来越多的学习负担。正因如此，尽管"减负"的呼声不断，情况却

---

① 鲍尔斯：《微观经济学：行为，制度和演化》，江艇等译，中国人民大学出版社2006年版，第32页。

没有根本改变，相反有恶化的趋势。为什么呢？当然，如果通过竞争能够丰富学生之知识的话，这种竞争式学习非但没有坏处，反而可以促进整个民族和社会的进步；但问题在于，目前的学习都是为了应试的需要，以致这种灌输性教育磨灭了学生的创造性，这已为绝大多数人所认识。显然，只要应试教育的大环境没有改观，各个家长的收益结构没有发生变化，那么就无法真正实现学生的"减负"。因此，我们现在的中小学教育的主要问题不是减负问题，而是教育的内容以及与此相适应的教育机制问题。这样，我们就可以勾画出表1—2所示博弈矩阵：

表1—2　　　　　　　　应试教育下的"减负博弈"

家长甲		其他家长	
		不减负	减负
	不减负	<u>-5</u>, <u>-5</u>	<u>10</u>, -10
	减负	-10, <u>10</u>	5, 5

【例2】目前，很多家电行业已经进入寡头垄断的市场结构，寡头垄断厂商常常发现自己处于一种囚徒困境。像囚徒一样，各厂商都有一种降价与"背叛"它的竞争者的冲动。虽然合作很吸引人，但各个厂商都担心如果自己坚持合作原则不降价，而它的竞争者则率先降价，就会夺取市场的大半份额，但结果却是事与愿违。例如，厂商A和厂商B达成协议，共同保持价格不变。如果两厂商都遵守协议，则各拥有10%的市场份额；如果两厂商都不遵守协议，则会两败俱伤，各拥有2%的市场份额；另外，如果一个厂商不遵守协议而另一个厂商遵守协议，不遵守的这个厂商就拥有15%的市场份额，而另一个将只拥有1%的市场份额。显然，在表1—3所示博弈矩阵中，如果他们都能同意遵守，那么他们的市场份额总额最大。但是不管厂商A怎么选择，厂商B不遵守总是优选方案。同样，厂商A不遵守也总是优选方案，所以厂商B必须担心要是遵守，他就会被利用。经营者不能满足这种不公开串通带来的稍高利润，而是宁愿进行攻击性竞争，试图获得大部分市场，结果两败俱伤。

表1—3　　　　　　　　　　卡特尔博弈

厂商 A		厂商 B	
		遵守	不遵守
	遵守	10%，10%	1%，<u>15%</u>
	不遵守	<u>15%</u>，1%	<u>2%</u>，<u>2%</u>

二　性别博弈

我们来看一类性别博弈（Game of Sexes' Battle），它描述了一对恋人或夫妻之间的矛盾，尽管他们都有自利的效用目标，但如果需要的话，都愿意牺牲自己的喜好来满足对方。性别博弈也反映了一类追求合作而利益分配不对称的博弈总称，如男主外女主内的社会分工问题、等级制的国际分工秩序，等等，所谓的相对比较优势也对应了这种情形。显然，性别博弈具有这样两个特点：（1）任一纳什均衡都是帕累托有效的，每一方的最大化策略都是与对方保持一致；（2）先行动者往往可以获得更大收益，因而谁先行动是至关重要的。例如，同一行业内的两家公司选择行业标准就是一个性别博弈，先行者往往拥有制定标准的实质权力。

一般地，性别博弈可以写成表1—4所示博弈矩阵形式，其中，存在三个基本条件：$C_K > A_K$，$B_K > D_K$，$C_K > B_K$；其中，K=1或2。因此，跟随对方是个体的理性选择，均衡就是（C_1，B_2）和（B_1，C_2）；同时，这两个均衡下每一个博弈方的收益是不同的。该类型博弈的问题在于，存在何种机制确保参与方在存在两个纳什均衡的情况下进行一致行动呢？其利益分配又如何显得更为公平？一个基本思路就是形成长期合作的惯例，或者存在一些协调大家行动的信号；同时，需要存在一种收入再分配机制，否则将会产生收入差距以及社会等级制。

表1—4　　　　　　　　　　性别博弈

妻子		丈夫	
		跳舞	比赛
	跳舞	<u>C</u>$_1$，<u>B</u>$_2$	D_1，D_2
	比赛	A_1，A_2	<u>B</u>$_1$，<u>C</u>$_2$

【例1】电话断线问题。这是一个经常发生在我们身边的例子,当你与一个朋友,特别是与一个恋人通电话的时候,由于某种原因电话可能会突然中断,此时你就面临一个博弈的问题:如果你重新给对方打电话,而他又在尝试给你打电话,那么结果就是忙音而不通;如果你不给对方打电话,而对方也如此,那么也不能通电话。博弈矩阵如表1—5所示。显然,这里也存在协调博弈问题:只有双方找到一个协调他们的行动的方法时,才可以达到均衡解;一般地,这就需要形成社会惯例或行为规则,事实上,不论是主叫方再打还是被叫方回电,只要存在某种规定或默契,那么就可以实现行为的协调。

表1—5　　　　　　　　电话断线回叫博弈

		被叫方 B	
		回电	不回电
主叫方 A	回电	0, 0	1, 2
	不回电	2, 1	0, 0

【例2】学术偏至问题。我们同样可用性别博弈来说明中国经济学人对现代西方主流经济学的模仿,以及女性经济学人对男性创设的现代主流经济学的模仿。首先,为了获得合作收益,中国经济学与西方经济学、女性经济学与男性经济学之间必须保持规范和术语上的一致性;其次,西方经济学或男性经济学是学术标准的创设者,从而获得更大的收益。性别博弈的纳什均衡就具有这样两大特点:(1)双方必须合作才能实现更大利益;(2)任何一方先行动就可以取得更大收益。事实上,现代主流经济学是西方男性率先展开行动而建立了基于西方男性文化心理的理论体系,并由此创设了有利于西方男性的学术评价体系;给定这种情况下,中国经济学人和女性经济学家要最大化自身收益就只能遵循西方男性创设的现代主流经济学,而在此均衡下中国人和女性获得的收益要低于西方人和男性。博弈矩阵如表1—6所示。这反映在这种学术制度下女性经济学家所显示出来的贡献要远低于男性,从而造成现代经济学队伍中的性别失衡,而且,也造成了现代主流经济学的偏至性。事实上,尽管美国的主流社会学试图在实证的基础上构建"科学"的社会学,但是,

美国黑人社会学界对之却持极力批判的态度，认为美国社会学实际上是白人社会学者的产品，他们不了解并扭曲了黑人社会的形象，从而仅仅是"白人社会学"。

表1—6　　　　　　　　　　规则制定博弈

西方人	中国人	
	基于基督教文化心理的规则	基于儒家文化心理的规则
基于基督教文化心理的规则	4, 2	0, 0
基于儒家文化心理的规则	1, 1	2, 4

三　斗鸡博弈

我们来看一种常见的斗鸡博弈（Chicken Game），它首先源自进化生物学的分析，因而也往往将斗鸡博弈称为鹰鸽博弈。斗鸡博弈也反映了大量的社会经济现象，如国际政治、经济关系的博弈，行业进入的博弈，乃至街头的械斗，都是如此。因此，斗鸡博弈也是一类重要的博弈类型，该博弈的特征是：（1）没有稳定的占优均衡，一方勇敢，另一方就要采取懦弱策略；（2）谁表现强硬谁就占有优势，两方为了获得更多个人利益而首先会表现出强硬的态度，而弱势者最终会认清形势而屈服；（3）相互之间相互逞强的结果，往往会造成两败俱伤，而相互选择退让策略则可以分享共同受益。

一般地，该博弈可以写成表1—7所示矩阵形式，该博弈表明，如果冲突造成的损失大于由此带来的收益，即 $c > v$，那么该博弈就有两个严格纳什均衡（H，H）、（D，D）。该类型博弈的问题在于，参与者采取何种策略能够最大化自身的收益？同时，选择鹰策略所获得的利益是否能够长期维持？在很大程度上，鹰策略将导致冲突的不断升级，从而最终损害双方利益。因此，该博弈协调的基本思路在于，存在一个宪政设计来对鹰策略进行抑制，通过改变鹰策略的收益结构来影响它的行为。

表1—7　　　　　　　　　　斗鸡博弈

博弈方1	博弈方2	
	鹰	鸽
鹰	(v-c)/2, (v-c)/2	v̲, 0
鸽	0, v̲	v/2, v/2

【例1】冲突对抗问题。我们可以分析20世纪60年代的古巴导弹危机：1962年赫鲁晓夫偷偷地将导弹运送到古巴以近距离对付美国，但苏联这一行动被美国的U-2飞机侦察到了，于是美国就派遣了航空母舰等，并结集登陆部队对古巴进行军事封锁，美苏战争一触即发。此时，美苏都有两种选择：苏联面临着的选择是坚持在古巴部署导弹还是撤回导弹，美国面临着的选择则是容忍苏联的挑衅行为还是采取强硬措施，当时的情形可用表1—8所示博弈矩阵表示。当然，由于当时的美国实力更为强大，因而它坚持了强硬策略；在这种情况下苏联不得不做出让步，把导弹撤了回来，因为这总比爆发战争好。不过，为了给苏联一个台阶下，美国也象征性地从土耳其撤回了一些导弹。这是一个最终达成满意结果的例子，但在现实生活中大量存在的往往是陷入恶性循环的例子。例如，在冷战时期的武器竞赛就是如此，结果苏联和美国在相互竞争中都消耗了自己的力量，最后还导致了苏联的垮台。再如，在伊拉克战争中，美伊都采取强硬立场，最后是伊拉克政府倒台，而美国从此也陷入困境。

表1—8　　　　　　　　　古巴导弹危机博弈

美国	苏联	
	撤回导弹	坚持部署
懦弱	0, 0	−5̲, 10̲
强硬	10̲, −5	−10, −10

【例2】自设困境现象。在斗鸡博弈中，博弈方要获得有利于自己的均衡，往往要发出一种可信的威胁；而其中一个重要的途径就是：博弈方可以通过限制自己的选择集而改变对手的最优选择，其典型例子就是

项羽的破釜沉舟的故事。在巨鹿之战中，当时反秦武装赵王歇及张耳被秦将王离率20万人围困巨鹿，秦将章邯率军20万屯于巨鹿南数里的棘原以供粮秣，而齐、燕等各路反秦武装已达陈余营旁但皆不敢战；此时，项羽派英布、蒲将军率军2万渡过漳水切断了章邯与王离的联系，自己则率领全部楚军渡过河水，并下令全军破釜沉舟，每人携带三日口粮，以示决一死战之心。结果，楚军奋勇死战、以一当十，大败章邯军，章邯也率军20万请降。这里的破釜沉舟就是设定一个置之死地而后生的处境，同时，也为他人设置了一个可信的威胁。博弈矩阵如表1—9所示。

表1—9　　　　　　　　　破釜沉舟博弈

楚军		秦军	
		抵抗	投降
	进攻	0, 0	20, 10
	后退	−10, 10	0, 0

四　跟随博弈

我们来看跟随博弈（Following Game）。斗鸡博弈往往体现了力量、信息和地位之间的博弈，它会产生有利于强者的效果；为此，在斗鸡博弈中，每一方都努力装扮成强势一方，都力图采用强硬或先发制人的手段。这样，鹰战略会逐渐侵蚀鸽战略，并很可能导致斗争不断升级，这在对抗式的人类社会中非常常见。显然，当鹰战略具有优势并成为其他人模仿的对象时，就出现了跟随现象。跟随策略衍生出的一个重要现象就是主流化现象，如英语的普及、QWERTY键盘的流行、电子产品的标准化、政策的中间化、衣着的潮流化、论文的标准化、学术的主流化，等等。因此，跟随博弈也是一类博弈的总称，其主要特征是：模仿多数是有利的，从而呈现出一元化趋势，并陷入马尔库塞所谓的"单向度"状态。

一般地，该博弈可以写成如表1—10所示矩阵形式：显然，如果$v>c$，那么该博弈有唯一的严格纳什均衡（M，M），因而主流化战略是演化稳定的。该类型博弈的问题在于，如何突破主流化带来的路径锁定效应？一个基本思路就是，要在制度上保证自由竞争和自由交流，从而促进社会、政治、经济和思想的多元化，这些都是现代社会面临的问题。

表1—10　　　　　　　　　　跟随博弈

博弈方1		博弈方2	
		主流	非主流
	主流	(v−c)/2, (v−c)/2	v, 0
	非主流	0, v	v/2, v/2

【例1】民主决策问题。跟随博弈潜在的一个重要现象就是：现实生活中多数对少数的"民主"剥削以及相应的多数暴政现象。就多数的民主暴政现象而言，可以从一个流行的笑话中得到理解：由于机构精简，一个5人的办公室中要裁减2人，于是他们开会进行讨论决定精简对象，但因为碍于情面，开会时大家都不好意思提名裁减的人，于是只有一个劲地喝水，最后有两个人终于憋不住而去了洗手间，在他们回来以后，没有上洗手间的3人向他们宣布，经3人一致同意上洗手间的2人下岗。就多数对少数的"民主"剥削而言，则可以从我们周围大量的歧视现象中获得切身的感受，加里·贝克尔就证明，团体A对团体B实行有效歧视的必要条件是B是经济上的少数，充分条件是B是数量上的少数；而充分必要的条件则是：和B数量上的多数相比，它更是经济上的少数。[①] 关于这一点，我们也可以分析一下：为何大多数国家都在积极加入WTO，而那些没有加入者则会被边缘化？事实上，当前的国际组织往往都是发达国家主导的，从而存在收益分配的不对称，存在发达国家对发展中国家进行资本剥削、体制压迫的事实；尽管如此，一些发展中国家的领导人（如马来西亚的前总理马哈蒂尔）往往只是口头上不时发表一些过激的言论，而实际上却在积极采取种种优惠措施吸引外资，并努力加入各种世界组织。其博弈矩阵可用表1—11表示。

---

① 贝克尔：《人类行为的经济分析》，王业宇等译，上海三联书店、上海人民出版社1995年版，第25—35页。

表 1—11　　　　　　　　　　"入世"博弈

		某个别发展中国家	
		加入	不加入
大多数发展中国家	加入	−10, −10	−8, −20
	不加入	−15, 10	0, 0

【例2】"傲慢的主流"现象。由于多数人通过简单多数规则可以掌握更大比例的资源，因而为了维护其不对称的收益，这些多数人就会极力排斥其他少数人，从而产生了"傲慢的主流"现象。事实上，在竞争的社会中，经济歧视往往都与经济上的少数有关，政治上的歧视则与政治上的少数有关。例如，在欧美国家，白人无论在经济上还是政治上都占多数，从而常常会出现"傲慢的白人"现象，他们宁可封闭起来也不与周围其他种族的人交流。我们学术圈中也出现了"傲慢的主流"现象：那些所谓的主流经济学人往往自视甚高，对非主流的挑战往往表现出一副不屑一顾的样子。例如，目前中国马克思主义经济学就试图向西方主流经济学发起挑战或对话，但现代主流经济学就很少理会；一些学者则试图沟通两者关系，却往往遭到两个阵营的共同抵制。同样，尽管新老制度经济学在方法和理论方面都存在问题，但两者的差异并不如人们想象的那样尖锐：两者都从不同的角度探讨了制度与制度变迁，两者都遇到了类似的困难；不过，卢瑟福等发动的"架桥"运动在两个阵营却遇到了截然不同的态度：老制度经济学阵营的反应较为积极主动，但新制度经济学家则反应冷淡。究其原因，无论是西方主流经济学在当前中国社会还是新制度经济学在国外，其都处于有利的生存环境和现实地位：占据了各种资源的主流经济学不愿与人分享目前的利益，因而会持极力排斥和打压的态度。一般地，这种现象可以用表 1—12 所示博弈矩阵表示：博弈的最终结果就是（漠视，争鸣），即只有非主流不断地向主流挑战，而主流却一直高高在上。

表 1—12　　　　　　　　　　　傲慢的主流

主流派		非主流派	
		争鸣	不争
	争鸣	10, <u>10</u>	1, 5
	漠视	<u>15</u>, 5	<u>3</u>, 0

五　智猪博弈

我们来看一下智猪博弈（Game of Boxed Pigs），它体现了跟随博弈的基本特征，描述了一个大猪和小猪抢食的情形，其中，小猪跟随大猪是最佳策略。显然，尽管大猪是强势者，但小猪却可以占尽大猪的便宜。智猪博弈又展示了另一类博弈的基本特征：少数往往可以搭多数的便车，从而出现了少数剥削多数的现象。显然，智猪博弈是对很多社会经济现象的概括。例如，社会中处于统治地位的总是少数，大国在国际事务中承担了更大比例的责任，少数富人承担了大部分税收。事实上，累进制的税收往往会使得一部分的劳动收益向另一部分人转移，这就意味着一些努力工作的人和不工作的人的得到与付出并不相称。当然，小猪的搭便车行为也会引起大猪的不满，尤其当大猪拥有巨大的权力的时候，它就会对小猪进行处罚。

一般地，在表 1—13 所示智猪博弈矩阵中，$C_2 > A_2$，$D_2 > B_2$，且，$C_1 > A_1$，$B_2 > C_1$。显然，（按，等待）是纳什均衡。该类型博弈的问题在于，如何减少搭便车现象以防止集体行动的解体？一个基本思路是：采取选择性激励措施，从而降低搭便车者的收益并提高其他行动者的积极性；同时，强者应该采取自我克制的措施，主动转移一部分利益给弱势者。

表 1—13　　　　　　　　　　　智猪博弈

大猪		小猪	
		按	等待
	按	A_1, A_2	<u>B_1</u>, <u>C_2</u>
	等待	<u>C_1</u>, B_2	D_1, <u>D_2</u>

【例1】费用分担问题。智猪博弈在现实生活中的一个重要表现就是：少数对多数的剥削以及搭便车现象，从而埋下冲突和矛盾。例如，在OPEC组织中，那些产油大国往往会充当大猪的角色，如沙特就希望所有的成员国都能节制石油产量以维持高价格，而当一些小国偷偷地增加石油产量时，沙特往往大度地削减自己的产量，这也是OPEC组织能够长期稳定的原因；但是，这种收益不对称也会引发冲突，如当时伊拉克出兵科威特很大程度上就是对科威特偷采石油的不满。我们也可以举一些公共品投资为例：那些大集团往往会承担更大的责任。例如，在城市和省区之间，接头的公路的修理往往是发达省市实施的，其博弈矩阵如表1—14所示：小城市最佳的策略是不提供公共品。

表1—14　　　　　　　　　　　修路博弈

大城市	小城市 提供	小城市 不提供
提供	20, 8	15, 10
不提供	25, −5	0, 0

【例2】集体行动困境。休谟早在《人性论》中就观察到：两个邻人可以同意排除他们所共有的一片草地中的积水，因为他们容易相互了解对方的心思，而且，每个人必然看到，他不执行自己任务的直接后果就是把整个计划抛弃了。但是，要使一千个人同意那样一种行动，却是很困难的，而且的确是不可能的；他们对于那样一个复杂的计划难以同心一致，至于执行那个计划就更加困难了，因为个人都在找寻借口，想使自己省却麻烦和开支，而把全部负担加在他人身上。后来，奥尔森对此做了进一步的发展而提出了有关集体行动的逻辑理论：一般来说，小集团比大集团更容易组织起集体行动，这些小集团不用强制或任何集体物品以外的正面的诱因就会给自己提供集体产品。这是因为在一个很小的集团中，由于成员数目很小，每个成员可以得到总收益的相当大的比重；因此，只要这些小集团中的每个成员，或至少其中的一个成员，发现他从集体物品中获得的个人收益超过了提供一定量的集体物品的总成本，即使这些成员必须承担提供集体物品的所有成本，集体物品也可以通过

集体成员自发、自利的行为提供。然而，即使在最小的集团里，集体物品的提供往往也不会达到最优水平，这是因为集体物品具有外部性：一个成员只能获得他支出成本而带来的部分收益，因而必然在达到对集团整体来说是最优数量之前就停止支付了，而其从他人那里免费得到的集体物品则会进一步降低他自己支付成本来提供该物品的动力。一般而言，集团越大，它提供的集体物品的数量就会越低于最优数量。

当然，在由大小或对集体物品兴趣相差悬殊的成员组成的集团中，这种低于最优水平或低效率的倾向相对不那么严重。因此，在成员的"规模"不等或对集体物品带来的收益份额不等的集体中，集体物品最有可能被提供。但是，由于某成员对集体物品的兴趣越大，其能获得的集体物品带来的收益的份额也越大，因而他可能承担的成本比例将更高，其分担提供集体物品负担的份额与其收益相比往往是不成比例的；而小成员所占的份额较小，也就缺乏激励来提供额外的集体物品。这意味着，对于具有共同利益的小集团，存在少数"剥削"多数的倾向。为此，奥尔森将非市场的集团分为三种类型：一是特权集团，其每个成员或至少其中的某个人受到激励提供集体物品，即使他得承担全部成本，因而该集团不需任何组织或协调；二是中间集团，即没有一个成员获得的收益份额足以使他有动力单独提供集体物品，但成员数量也没有大到成员间彼此注意不到其他人是否在帮助提供集体物品，在这种集体中就需要组织和协调；三是对应市场完全竞争的原子式的潜在集团，其特点是，其成员不会受到其他成员帮助或不帮助的影响，因此，潜在集团中的某一个体不能为任何集团努力做多少贡献，而且他也没有激励去做贡献，一般地，大集团也可被称为"潜在集团"。

六 确信博弈

我们来看一类确信博弈（Assurance Game），它描述了博弈参与者之间的动机和信心状况：如果相信大多数人会选择合作策略，那么，参加合作社生产就是最佳的；但如果相信很多人会选择单干策略，那么个体式经营则更佳。也就是说，参与者如何行动的决策依赖于他关于其他人如何行动的信念，只有相信其他人也会选择合作时才会合作，但人们应付这一不确定的范式往往会导致次优的结果。确信博弈也是对诸多社会现象的反应,许多被认为是囚徒困境的博弈其实都是此类的协调博弈:不仅体现在合作社生产、公共品投资、集体行动、企业集聚等上,也体现在共同面对银行危机、经济危机以及合作社的维持等上。因此,确信博弈体现了一类重要的博弈,有两个基本特征:(1)它注重参与者之间共同动机的协调,通过协调可以获得更高的收益;(2)如果缺乏动机的协调,那么低收益的均衡则是风险占优的。

一般地,在表1—15所示博弈矩阵中:如果两人都选择参加集体活动,那么就可以获得收益(x, x),这对两人都是得益占优或帕累托占优的;相反,如果两者都选择独立经营,尽管收益只有(y, y),但这却是"保险"的,是风险占优的。其中,$x > y$。该类型博弈的问题在于,如何树立参与者的信心,使他更愿意选择集体行动而不是单干,从而可以实现帕累托优化?一个基本思路就是进行产权界定或者强化互动者之间的博弈次数和频率,促使风险占优向收益占优的转变。

表1—15　　　　　　　　　确信博弈

博弈方1		博弈方2	
		集体	单干
	集体	$\underline{x}, \underline{x}$	0, y
	单干	y, 0	$\underline{y}, \underline{y}$

【例1】合作生产问题。我们可以分析一下卢梭在《论人类不平等的起源和基础》一书中所提供的有关猎鹿的寓言故事:假如一群人要捕捉一只鹿,每人都清楚地知道,为了成功他必须忠于职守;但是不巧有一只野兔进入其中一人的力所能及的范围后,他就会毫不犹豫地追击它,而在捕捉到他自己的猎物后,如发现因他这样做让大伙儿的猎物逃遁了,他也很少会把这事放在心上的。[①] 现假设:有两个猎人分别堵住藏有一只鹿的前后两个洞口,如果两人都坚守自己的阵地,则必然可以获得洞中所有的鹿,这洞中的鹿为两者共有;但此时恰好两只兔子在他们面前经过,

---

[①] 卢梭:《论人类不平等的起源和基础》,高煜译,广西师范大学出版社2002年版,第109页。

其中，一只鹿的价值为40，而一只兔子的价值为10，此时两人就出现了可选择策略。假设：(1) 如果有一个人去追逐兔子，那么，鹿就可能乘机从其守护的洞口逃脱，而追逐兔子者将独自获得一只兔子；此时，追逐兔子者的收益为10，而守护洞口者的收益为0。(2) 如果两个猎人都去追逐兔子，那么，洞中之鹿将乘机逃脱；此时，两人各获得一只兔子，两者的收益都为10。显然，该博弈的均衡是：两者都去追逐兔子并获得（10，10）的收益，但这小于两者都守护岗位下可以获得的收益：（20，20）。显然，在表1—16所示博弈矩阵中，如果两者都坚守洞口，那么就可以获得收益（20，20），这对两人都是支付占优或帕累托占优的；如果两者都去追逐兔子，尽管收益只有（10，10），却更为"保险"，符合最大最小原则。

表1—16　　　　　　　　　　猎鹿博弈

猎人 A		猎人 B	
		守护洞口	追逐兔子
	守护洞口	20, 20	0, 10
	追逐兔子	10, 0	10, 10

【例2】公共品捐献问题。在表1—17所示博弈矩阵中：捐献的成本是c，如果一个人捐赠的话，该公共品的价值为P，如果两人捐赠的话，其价值为P+s，而不捐赠者得到公共品的（1-e）倍；其中，s反映了捐赠产生的协调效应，而e则体现了公共品对那些不捐赠者的排他效应，1>e>0。显然，当Pe+s>c>P时，（捐赠，捐赠）和（不捐赠，不捐赠）就是两个纳什均衡。显然，西方社会有很多公共品都是依靠私人捐赠来维系的，那么，如何促使均衡从（不捐赠，不捐赠）到（捐赠，捐赠）的演化呢？这也涉及对其他人行为和动机的信心问题。

表1—17　　　　　　　　　　捐赠博弈

捐献 A		捐献 B	
		捐献	不捐献
	捐献	P+s-c, P+s-c	P-c, P（1-e）
	不捐献	P（1-e）, P-c	0, 0

七 协调博弈

我们再来看一下协调博弈（Coordination Game），它反映了存在几个纳什均衡的情形，而博弈方需要通过行为协调而在其中选取一个。协调博弈的一种重要类型是分级协调，该博弈的几个纳什均衡可以按帕累托原则分级。因此，这类博弈的主要特征是：一方较高水平的行动实际上增进了另一方采取较高水平行动的边际收益，库珀将这种正反馈的性质称为策略的互补性（Strategic Complementarity）。[①] 显然，这类博弈也体现了一类重要的博弈，是对诸多社会现象的反映。例如，饭店里的酒与菜，酒香给人的效用愈大，菜的需求量也多；同样，对一个网站使用得越多，使用它也就越便捷，这也是产品对消费者的束缚效应。进一步地，该类博弈描述了博弈参与者之间的动机和信心状况：如果相信大多数人会选择合作策略，那么，参加合作社生产就是最佳的；但与确信博弈不同的是，单干是一个更差的选择，因而如何形成行动的协调就显得更为重要。

一般地，在表1—18所示博弈矩阵中：如果两人都选择参加集体行为1或集体行动2，就可以分别获得（x，x）或（y，y）的收益，而如果分开行动则一无所获；同时，由于 $x > y$，因而（x，x）相对于（y，y）是支付占优或帕累托占优的。该类型博弈的问题在于，存在何种机制使得人们选择更高收益水平的集体行动？一个基本思路是：增进信息的沟通以协调行动，从而促进"无形的手"真正发挥作用。

表1—18　　　　　　　　　　协调博弈

博弈方1		博弈方2	
		集体1	集体2
	集体1	x，x	0，0
	集体2	0，0	y，y

【例1】夸特键盘的锁定。QWERTY（夸特）键盘是1873年斯科尔

[①] 库珀：《协调博弈——互补性与宏观经济学》，张军等译，中国人民大学出版社2001年版，第Ⅸ页。

斯（Scholes）设计的一种排法，但 QWERTY 键盘之所以成为标准的设计并不是因为它比其他可能的设计更为有效，相反，它的设计还是为了减慢打字者的速度。① 然而，由于偶然的原因，QWERTY 键盘却成了现在的流行键盘，究其原因，只要绝大多数打字员被训练成 QWERTY 键盘的使用者，目前绝大部分制造者就不情愿单独生产 DSK 键盘；而当绝大多数的键盘都是 QWERTY 键盘时，绝大多数的打字员又不情愿练习使用 DSK 键盘。这样相互强化，就使得一个偶然性的结果成为永久不变的定论。例如，在表 1—19 所示博弈矩阵中：显然，（DSK，DSK）、（QWERTY，QWERTY）是两个纯策略的纳什均衡，而且（QWERTY，QWERTY）均衡对双方来说都是更优的选择；但是，在动态博弈中，由于策略的不确定性导致了键盘的制造和使用之间动态的相互强化的结果发生了变化，相互强化的结果使得最终锁定在（2，2）均衡。

表 1—19　　　　　　　　　键盘演化博弈

制造者	打字员	
	DSK	QWERTY
DSK	3, 3	1, 1
QWERTY	1, 1	2, 2

【例 2】星期周期的演化。我们知道，在早期的农业社会，农民们只能通过固定的集市才能交换到他们所需要的作物，并且能够卖掉自己的作物。一般地，假设这个集市在远离各个乡村的城市。因此，农夫每次将自己的作物带到集市需要花费一定的交通成本。同时，由于农作物往往是易腐的，带到集市的产品必须被卖掉，否则会损坏。因此，农夫就必须选择去集市的时间，如果那天所有的农夫都去集市，那么商品得到有效配置的可能就越高，从而收益也就越大。这样，经过反复的超博弈，

---

① 事实上，由于早期的打字机总是卡住，因而 QWERTY 排法的目的就是使最常用的字母之间的距离最大化；到了 1904 年纽约雷明顿公司已经大规模生产这一排法的打字机，从而使这一排法成为标准。然而，今天的电子打字机和文字处理器已经不存在子键卡位问题，而且，一些新的排法已经出现。例如，A. Dvorak 发明的 DSK（德瓦克）式键盘从人类学的角度上讲要比 QWERTY 键盘更合理；即使考虑到训练费用，20 世纪 40 年代美国海军的实验也表明，由于 DSK 效率高，受训后的打字员十天的工作就可以弥补训练费用。

市场就会形成一定的时间长度，这就是星期。星期制度是一个协调均衡，因为没有行为人愿意选择偏离它。博弈矩阵如表1—20所示。

表1—20　　　　　　　　　　星期演化博弈

		农夫1		
		隔5天	隔7天	隔9天
农夫2	隔5天	<u>6</u>, 5	3, 4	2, 3
	隔7天	5, 5	<u>8</u>, <u>10</u>	0, 0
	隔9天	3, 2	0, 0	<u>14</u>, <u>11</u>

显然，这种时间长度往往是偶然形成的，这受人们开始聚集在集市相互见面的巧合所影响。因此，在一个给定的社会里最终演化而来的星期的长度可能不是帕累托最优的。事实上，在表1—20所示博弈矩阵中，尽管5天和7天长度的星期劣于9天的星期，但仍可能被演化成为一个均衡的方式。正如瓦萨夫斯基（Varsavsky）在《为什么一周有7天》一文中指出的，今天已经成为事实的7天星期制度并不是一个有效率的星期的长度，而一个9天的连续工作周更加好，因为它比习惯上的星期制度更好地适应了今天生活中的技术上的一些实际情况。事实上，人类早期很多社会的星期周期都不是7天，例如，在秘鲁，印卡斯人建立了10天的星期制度，而在古墨西哥，一个星期有5天。

当然，经济学往往试图通过成本—收益的理性分析来对社会事物加以解释，但实际上，它更可能是其他历史事件造成的，这种历史事件并非是出于经济上的考虑。例如，在漫长的历史演化中，中国就没有形成一个相对固定的星期制度，而是一直在发生演化，直到民国时期才引入欧美体制而将一个星期定为7天。在汉代时，官员们每5天休息一天，这个假日被称为"休沐"（即休息和洗头的日子），这一惯例一直延续到隋代；不过，在汉亡后的分裂时期，在南方发生了一个变化，在南朝的梁代，每10天才有一次常规性假日，这后来被唐代直到元代所继承，被称为"旬假"或"旬休"，一般是每个月的第10天、第20天和最后一天（第29天或第30天）；而发展到了明清以后，基本上就没有假日了。关于中国星期制度的变迁，杨联陞认为，这首先与官方要处理的政府职责的持久增长有关，其次可能与皇帝权力的加强有关，皇帝越来越成为官员们的监工。至于星期长度的确定，杨联陞认为，因为汉代的官员循惯例住在衙门而不是家中，洗沐的假日就要让那些家住得比较近的官员们能够在短期内往返一趟。而到了南北朝之后，官员们在他们的官衙值夜成为一种制度，而平时则住在家里，因而5天便回去一次变得没有多大必要了。[①]

第三节 博弈协调的传统分析思路

上面介绍了主流博弈思维中所凸显出的个体理性与集体理性之间的不一致问题，那么，如何突破这种不一致性呢？这就涉及行为的协调问题。哈耶克甚至将行为协调作为福利的标准，因为协调可以实现福利的帕累托优化。当然，协调标准与福利经济学强调帕累托标准还是存在区别：协调的标准并不需要被解释社会在配置选择过程中衡量社会效率的基准；协调并不是指它的成功行动所实现的福祉，而只是指相关行动者之间的契合性。[②] 事实上，大量的经验事实和行为实验都反映出，个体之间往往能够进行合作，从而形成有效的集体行动。[③] 那么，如何实现行为的协调呢？例如，在公地悲剧中，只要简单地通过一个使用上限的规定就可以避免公地悲剧。不过，这种规定也存在两个问题：（1）信息问题，人们往往不知道对方是否违反了规定；（2）约束问题，即使违反了规定又如何进行惩罚。正因如此，公地悲剧又时有发生。正是这正反两大问题引起了不少博弈论专家对博弈协调机制展开探索。[④] 不过，迄今为止，

[①] 杨联陞：《中国制度史研究》，江苏人民出版社1998年版，第19—20页。
[②] 科兹纳：《市场过程的含义》，冯兴元等译，中国社会科学出版社2012年版，第205页。
[③] Ostrom E., *Governing the Commons*: The Evolution of Institutions for Collective Action, Cambridge: Cambridge University Press, 1990; Ostrom E., Gardner R. & Walker J. M., *Rules, Games, & Common-Pool Resources*, Ann Arbor: University of Michigan Press, 1994.
[④] Farrell J. & Saloner G., "Coordination Through Committees and Markets", *The Rand Journal of Economics*, Vol. 19, No. 2, 1988, pp. 235 – 252; Christodoulou G., Koutsoupias E. & Nanavati A., "Coordination mechanisms", in: Proceedings of the 31st Annual International Colloquium on Automata, Languages, and Programming (ICALP), *Volume 3142 of Lecture Notes in Computer Science*, 2004, pp. 345 – 357; Crawford V. P. & Haller H., "Learning How to Cooperate: Oimal Play in Repeated Coordination Games", *Econometrica*, Vol. 58, No. 3, 1990, pp. 571 – 595.

大多数研究都是试图在主流博弈论框架下引入信息沟通和违约惩罚的机制；其中，信息沟通又分为直接进行沟通的显性信息交流和遵循习俗和惯例的隐性信息交流，违约惩罚则分为存在外部选择机制的隐性惩罚和依赖法律及第三者监督的显性制约。这里做简要的归纳分析。

一　信息交流机制

现实生活中博弈协调性不高的最主要原因就在于信息不完全，因此，信息沟通就是树立信心，提高预期的最基本的方面。希克斯在 1932 年就指出，如果博弈各方完全掌握了对方的偏好等信息，则个人理性就不会造成冲突，因为完全信息保证了对可能冲突的预测，在这种情况下，冲突的发生只能是"谈判不完善的结果"。[①] 事实上，参与者之所以不能形成联盟而采取联合行动，在很大程度上正源于他们之间缺乏有效的信息交流。例如，在传统的中央计划体制中，决策的执行、知识的传送和接受等各个环节上都存在这种问题。这意味着，要提高互动的人们之间协调性，关键就在于要建立一种机制以便于各方的协商，特别是形成一种共同的知识。关于共同的知识对协调人们行为的显著作用的一个经典分析就是红帽子白帽子故事（也称脏脸案例）。在这一案例中，一句看似废话的话却根本改变了人的判断信息，它使得"三个人中至少有一人的帽子是红色的"这一信息的特点发生了改变：从"三人都具有的知识"转变为了"三人的共同知识"。而每个人都知道的知识并不必然是共同的知识，因为它不表明每个人都知道他人也知道这个知识。

那么，如何将"都具有的知识"转变为"共同的知识"呢？这就需要建立一种廉价有效的协调机制。一般地，要将默会的知识转变为共同的知识，人类社会中主要存在这样几个基本途径：一是，直接进行沟通的显性信息交流，这种显性信息交流又可分为两个小类：（1）互动者之间的直接沟通，主要是通过对话；（2）依赖第三人的信息交流，中间人对两者行为加以协调、仲裁，这个中间人可以是企业的管理者、政府宏观经济的计划者，也可以是其他仲裁者。二是，基于其他媒介所产生的

---

① 莱昂斯、Y. 瓦罗法基斯：《博弈论、寡头垄断与讨价还价》，载 J. D. 海主编《微观经济学前沿问题》，王询等译，中国税务出版社、北京腾图电子出版社 2000 年版，第 134 页。

隐性信息交流，这种隐性信息交流又可分为两个小类：（1）互动方经过多次互动而形成一种预期、习惯乃至惯例，这种预期的形成往往是基于共同生活背景以及互动的认同之上，也就是说，基于共同社会背景的默会知识容易成为"共同的知识"；（2）通过编码的方式将默会知识转变为明示知识，以及通过立法的形式将非正式的规则、惯例确认为正式的法律制度，这就需要对默会知识进行整理、编码（无论是由个人、企业还是政府来进行）以及法制的完善。

事实上，在很多场合中，人们都能够基于各种机制进行不同程度的信息交流，从而使得最后的结果要比标准博弈论的囚徒困境更优。而且，这也已经为很多行为实验所证实。例如，Farrell 就强调，廉价对话（Cheap Talk）能够在自然垄断行业的潜在进入者之间实现部分协调，廉价对话也可以有助于在对称的混合策略均衡中实现非对称的协调。[1] 关于信息交流在博弈协调中的作用，也可以参见 Moreno 和 Wooders[2]、Crawford[3] 以及 Chew[4] 等人的分析。

1. 直接进行沟通的显性信息交流机制

针对那些具有帕累托改进的正和博弈，特别是对那些具有收益等级的协调博弈而言，通过信息沟通有助于取得更大的收益支付，这已经为很多实验所证实。例如，E. 奥斯特罗姆和她的同事做了模拟公地环境的一个实验：发给 8 名学生 25 张代用券，在 2 小时的实验结束后可以用来换取现金；这些学生也可以用这些代用券以匿名方式通过电脑在两个证券市场上选择其中一个进行投资，一个交易市场按照固定的利率返还，一个交易市场按照参与测验的 8 名学生共同投注证券的多少进行返还：如果仅有少部分证券投注，则返还就多，远高于第一个返还固定利率的市场，但投注越多，返还就越低，直到受试者

---

[1] Farrell J., "Cheap Talk, Coordination & Entry", *Rand Journal of Economics*, Vol. 18, No. 1, 1987, pp. 34 – 39.

[2] Moreno D. & Wooders J., "An Experimental Study of Communication and Coordination in Non-cooperative Games", *Games and Economic Behavior*, Vol. 24, 1998, pp. 47 – 76.

[3] Crawford V., "A Survey of Experiments on Communication via Cheap Talk", *Journal of Economic Theory*, Vol. 78, 1998, pp. 286 – 298.

[4] Chwe M., "Communication and Coordination in Social Networks", *The Review of Economic Studies*, Vol. 67, No. 1, 2000, pp. 1 – 16.

开始亏损为止。显然，如果每个人都采取克制的措施，就会有很好的回报，但如果他人都克制的同时有人却放纵私欲，那么这个不劳而获者将是最大的受益者。两小时的实验表明，在没有任何信息沟通的情况下，学生们只拿到本应该得到的最高收入的21%。第二次实验则允许学生们在实验进行到一半的时候进行交流，讨论一次他们之间共同面临的问题，之后再进行匿名投注；结果学生们得到的回报激增至可得到最高收入的55%，而不断让他们保持交流则获得的回报可高达73%。而且，如果允许他们进行交流，共同协商对自私自利者的惩治措施时，学生们拿到了原本可以得到最高收入的93%。其实，人类的交流和协商不仅对解决公地悲剧起到极为关键的作用，而且也有利于整个社会福利的改进。例如，阿罗不可能定理就表明，以伯格森、萨缪尔森为代表的福利主义理论正是由于非常缺乏"信息基础"而难以为社会福利做出令人信服的测定。

2. 遵循习俗和惯例的隐性信息交流机制

习俗和惯例是增强预期的另一重要机制。事实上，习俗和惯例实际上就是靠自然演进的方式将默会知识转变为共同的知识，从而提高了博弈双方行动的协调性。一些博弈理论家甚至已经倾向于认为，所谓的均衡状态只不过是"惯例"。剖析习俗和惯例对博弈协调的作用，可以从以下两个方面来进行。（1）聚点均衡。聚点（Focal Point）均衡是谢林（Schelling）在1960年首先提出的，[1] 后来 Roth[2]、Cooper[3]、Van Huyck[4]、Sugden[5] 以及 Colman[6] 等人都对此做了探索。实际上，聚

---

[1] Schelling T. C., *The Strategy of Conflict*, Cambridge, MA: Harvard University Press, 1960.

[2] Roth A. E. & Murnighan K. J., "The Role of Information in Bargaining: An Experimental Study", *Econometrica*, Seember, Vol. 50, No. 5, 1982, pp. 1123 – 1142.

[3] Cooper R. W., Dejong D. V., Forsythe R. & Ross T. W., "Selection Criteria in Coordination Games", *American Economic Review*, Vol. 80, No. 1, 1990, pp. 218 – 233.

[4] Van Huyck J. B., Battalio R. C. & Beil R. O., "Tacit Coordination Games, Strategic Uncertainty, and Coordination Failure", *American Economic Review*, Vol. 80, No. 1, 1990, pp. 234 – 248.

[5] Mehta J., Starmer C. & Sugden R., "The Nature of Salience: An Experimental Investigation of Pure Coordination Games", *American Economic Review*, Vol. 84, No. 3, 1994, pp. 658 – 673.

[6] Colman A. M., "Salience and Focusing in Pure Coordination Games", *Journal of Economic Methodology*, Vol. 4, No. 1, 1997, pp. 61 – 81.

点是人们基于社会习俗和惯例而自发采取的行为所达致的一种均衡,如工人的努力水平和企业主支付的工资之间,夫妻俩周末在足球和芭蕾之间的选择,等等,都是聚点均衡的典型例子。(2)相关均衡。相关均衡是指通过"相关装置",使博弈方获得更多的信息,从而协调博弈各方的行动。它是奥曼(Aumann)在1974年首先提出的概念,[①] 随后,梅森(Myerson)等人做了进一步发展,并发展出了机制设计理论。[②] 实际上,相关均衡在现实中就体现为各种市场信号的创造,如某一著名品牌的商品,市场则以高价交易;而毕业于著名学府的学生,企业则愿意以高薪聘用,等等。

二 违约惩罚机制

对合作构成威胁的主要因素是人的有限理性及由此产生的机会主义行为,那么,如何降低行为者的机会主义倾向呢?现代主流经济学关注的就是建立一整套惩罚机制。事实上,惩罚机制在博弈协调中的有效性也为大量的实验所证实。例如,艾克斯罗德通过计算机模拟实验验证的两种有效策略——以牙还牙和冷酷策略——表明,每个人要维护自己的利益不受侵犯,就必须随时准备应付他人可能采取的机会主义行为。一般来说,当信任下降时,人们将越来越不愿意承担风险,会实施更多的自我保护行为以应付别人可能的背叛,但这必然导致交易成本的上升;因此,要改变信任他人可能的风险,就必须有一种社会机制对违反信任原则的人进行制裁,从而使不值得信任的行为付出高昂的代价。例如,管理组织和民法都允许在商业事务中受欺诈的一方进行起诉,并有可能获得实际赔偿和专门用来打击违反信任原则行为的惩罚性损害赔偿。同时,社会上也可以通过非正式的手段来进行制裁,如拒绝与有不良声誉的人进行交易,等等。[③]

[①] Aumann, "Subjectivity and Correlation in Randomized Strategies", *Journal of Mathematical Economics*, Vol. 1, 1974, pp. 67-96.

[②] Myerson R. B., "Aceable and Predominant Correlated Equilibriam", *International Journal of Game Theory*, Vol. 15, 1986, pp. 133-154.

[③] 泰勒、克雷默:《信任向何处去》,载克雷默、泰勒主编《组织中的信任》,管兵等译,中国城市出版社2003年版,第5页。

在很大程度上，在今天的世界里，打传统战争的那些国家已经不再使用一些特定的策略，如细菌战、核武器、轰炸平民人口集中地区等；而且，现在的国际社会也禁止使用地雷这样的武器。究其原因就在于，经过长期的互动的检验教训，人们逐渐明白，如果他们引入这样的战术，在未来的战争爆发时，与将来战争相应得益的现值将非常低，以至于他们在打眼下战争时放弃使用那些战术要比使用它们更好。正是基于这种思路，目前的国家更倾向于使用更具战略性的武器，做到不战而屈人之兵，这也是相关均衡的运用。譬如，在朝鲜核问题中，朝鲜发展核武器旨在给出一种信号，一旦美国发现了它拥有核武这种信号，那么也就不敢随意入侵了。至于如何建立惩罚机制，主要有两个思路：一是消极的退出机制，不再与机会主义进行交易，这是存在外部选择机制的隐性惩罚机制；二是积极的呼吁机制，通过一定的制度来强迫机会主义改变行为，这是依赖法律及第三者监督的显性制约机制。

1. 存在外部选择机制的隐性惩罚机制

消极的惩罚机制就是设立一个外生标准，以对协调收益的底线进行限制：即允许博弈方选择一个肯定的结果，而且这个确定的外部选择项足够高以至于超过了协调博弈中一个策略的收益，那么博弈方就不会选择劣于外部选择的策略。实际上，这也就是给博弈双方对行为互动的最低收益有个预期，从而对博弈各方的行为产生制约；而具有外部选择的博弈中，对外部选择的取舍实质上是对违规方的惩罚，不过它主要是通过以消极的不合作来实施。例如，库珀等人的实验就表明，如果存在外部选择的情况下，如果博弈方拒绝外部选择而选择子博弈，那么有77%的结果是帕累托最优均衡，而只有2%的结果非帕累托最优均衡，这与向前递推是一致的；不过，和向前递推的预计相反的是，在40%的情况下外部选择中选，这反映了A对B缺乏信息，一个社会的机会主义、相对主义越严重，则外部中选的可能性就越大。[①] 实际上，现实生活中就存在大量这样的退出机制，如股票市场就是一个很好的退出场所，当人们对公司的业绩预期不佳时，就选择在股市上用脚投票。开放式基金也是如

[①] Cooper R., Delong D. V., Forsythe R. & Ross T. W., "Communication in Coordination Games", *Quarterly Journal of Economics*, Vol. 107, 1992, pp. 218–233.

此。显然，现实经验也能表明，一个社会的市场机制越不完善、社会的信任度越低，股票的换手率就越高，换手率意味着退出率，它实际上反映了外部选择中选的概率。根据林毅夫的研究，中国20世纪50年代后期农村合作社之所以失败就是因为缺少这样的一个退出场所，从而对合作社的协调性的下降没有一个必要的限制。①

2. 依赖法律及第三者监督的显性制约机制

在现实生活中，消极的惩罚机制往往不足以抑制机会主义行为。因此，人们往往采取更为严厉的惩罚方式，通过改变博弈的效用矩阵，可以使合作变得更加有吸引力来进行解决。一般来说，人类社会主要有三种约束类型：（1）自我约束，即自律；（2）对方约束；（3）第三方约束。后两个约束机制也通称为他律，这是传统约束机制分析的主要方面。（1）就对方约束而言，它是指一个人的行为受到行为承受者的反应行为的制约，你如果损害了他人就有可能在将来受到他人的报复；当然，你如果施恩于他人，也有可能会得到回报。在交易中，对方约束的主要方式就是抛弃而不再与对方进行交易，如果由于对方的机会主义而使己方参与交易非但无所获，反而有所损失的话，己方对之的惩罚实质上就是进行外部选择。特别是，如果博弈者之间缺乏直接的信息沟通，每个博弈者就有必要选择某种博弈策略以实现合作解，这就需要借助于对方约束。它在博弈中主要有两种机理，一是"针锋相对"的策略：即一个博弈者在眼前的博弈中采取的是另一个博弈者在上一轮博弈中所用的那种策略；二是"冷酷"策略：即只要其他博弈者采取合作策略，那么，每个博弈者都采取这一策略，并且，随之对其他博弈者在转向合作策略之前的一系列博弈中实施非合作策略的背叛行为进行惩罚。艾克斯罗德的计算机模拟实验证实了这两种策略的有效性。②（2）就第三方约束（法律约束）而言，它是指行为互动双方外的第三方对两方施加的约束行为，不管哪方违反了规则都要受到它的惩罚。第三方可以是个人，也可以是

---

① 林毅夫：《制度、技术与中国农业发展》，上海三联书店、上海人民出版社1994年版，第28页。

② 艾克斯罗德：《对策中的制胜之道：合作的演化》，吴坚忠译，上海人民出版社1996年版。

团体，一般来说第三方必须是中立的、有威信的。随着社会的发展，第三方就越来越多地由国家通过法制来施行。因此，我们一般地将第三方约束称为国家约束或法制约束。事实上，由于任何个体的理性程度都或多或少具有短视性，而基于有限理性的行为互动都或多或少地会陷入囚徒困境，从而就需要引入第三方对当事各方的行为制约。鲍尔斯就比较了两个地区的捕虾人的遭遇：美国罗得岛的捕虾是没有限制的，以致目前近海岸的渔业资源已经枯竭，捕虾人索林如今要将圈套设在离海岸70英里远处；澳大利亚林肯港的捕虾需要获得政府执照，但捕虾人斯宾塞拥有60个圈套所赚的钱比索林800个圈套还要多。[1]

第四节　博弈协调的传统方式之局限性

迄今为止，西方社会对博弈协调的解释以及相应的机制设计都是因循纳什博弈机理而展开的：从个体理性的最大化出发，特别是遵循最大最小化原则，只不过引入了另外的信息和约束这两个因素；相应地，西方社会提出的主张基本上都是基于个人理性做机制设计，使得在满足个人理性的前提下达到集体理性。不可否认，这两种思维和机制设计都在一定程度上提高了博弈双方行为的协调性，从而增进了合作的可能性；但同时，它们也都具有内在的局限性，难以从根本上避免囚徒的困境出现。这里做一说明。

一　就信息交流而言

尽管信息交流与沟通机制成为提高博弈协调性的最重要机理之一，也是一个国家甚至全球发展所要努力的方向，并成为当前社会所重视的信息机制建设的重要内容；但是，即使信息再完备、对称，也难以从根本上保证持久、真正的合作。事实上，无论是体现为对话的显性信息交流，还是体现习俗和惯例共享的隐性信息交流，两者的有效性都存在严格的条件。

---

[1]　鲍尔斯：《微观经济学：行为，制度和演化》，江艇等译，中国人民大学出版社2006年版，第94—95页。

首先，就信息沟通而言。信息沟通的有效性首先取决于沟通成本，其条件是：信息传递无成本并且没有约束力，这类博弈通常也被称为廉价对话。但实际上，沟通的成本往往是高昂的，有些行为可能就根本不能沟通。譬如，不同宗教信仰的人、不同意识形态下的人在许多行为上都是对立的，有些至少在短期内是难以协调的，这也是世界上不断爆发冲突的原因；正因如此，有些学者（如亨廷顿、斯宾格勒、汤因比等）甚至预言，今后世界的冲突是文明的冲突。而且，即使在信息沟通有效的情况下，要达成真正的合作也非易事；因为功利主义的社会会滋生出大量的内生交易成本，建立在个体理性（特别是近期、短期的）之上的思维是滋生机会主义的土壤。例如，奥曼就指出，即使博弈方在事前能够进行交流，并且相互口头保证将采取合作的策略，也并不真正保证他们能够遵守自己的诺言。①

一般地，我们可以将信息的沟通分为单向沟通和双向沟通。就单向沟通是否有效而言，Farrell 认为，它取决于这样两个条件：（1）遵守承诺对传递消息者事实上是最优行动；（2）他预期接受者会相信该信息。而在双向沟通中，Farrell 则假定：（1）如果双方的声明构成对第二阶段博弈的一个纯策略纳什均衡，那么每一博弈方将采取他声明的策略；（2）如果对局双方的声明不构成第二阶段博弈的一个纯策略纳什均衡，则每一博弈方的行为就如同从未进行过沟通一样。② 在随后的文章中，Farrell 进一步指出，信息交流并不能确保均衡的有效。③ 同样，Cooper 等人的实验表明，在双向沟通中，克服博弈中的协调问题就十分有效：在博弈矩阵的最后 11 阶段中，90% 的结果都是（1000，1000）；而且，最后 11 阶段中所有的声明都是策略 2。但是，单向沟通的效果却并不非常明显，只有 53% 的结果实现了帕累托最优均衡；而且，在单向沟通中，博弈方 A 中有 87% 宣布策略 2，但他们并不总是遵守承诺，而博弈方 B

---

① Aumann R. J., *Nash Equilibria are Not Self-enforcing*, Mimeo, Hebrew University of Jerusalem, 1989.

② Farrell J., "Cheap Talk, Coordination, and Entry", *Rand Journal of Economics*, Vol. 18, 1987, pp. 34 – 39.

③ Farrell J., "Communication, Coordination and Nash Equilibrium", *Economics Letters*, Vol. 27, 1988, pp. 209 – 214.

也不采取策略2。① 当然，双向沟通的效率也是建立在简化的基础上，它没有考虑沟通的成本，而双向沟通的成本实际上要比单向沟通要高得多。

其次，就聚点信号而言。试图依靠信息交流来解决博弈协调问题并不如意，正如凯莫勒所写的："在一般概念中，协调博弈通过应该很容易被'解'。这种偏见无论在实践中还是理论上都是错的。在实践中（至少在实验中），交流通常情况下会改进协调，但并不总是有用的，而且交流经常导致低效率。理论上，交流并不是真正的解决办法，因为在许多大型社会活动中，参与者无法全部同时交谈（而大型公共宣言又不被置信），由少数不可互相交谈的参与者构成的简单协调实际上是反映这种大型社会活动的小型简约模型。"② 为此，谢林等在习惯和惯例的基础上引入了聚点信号的协调机制。在很大程度上，习俗和惯例实际上是靠自然演进的方式将默会知识转化为共同知识，从而转变成为协调人们行动的信号；但是，这种聚点协调机制也存在一些问题，从而无法成为普遍的协调方式。（1）聚点往往并不是明确的，在不同文化下的人们之间进行博弈时尤其如此；（2）聚点往往不是普遍的，只有将习俗和惯例明示化以后才能形成聚点；（3）基于演化的聚点往往可能因"锁定效应"而导向一个低收益水平的纳什均衡，如历史上低效率的制度就普遍且长期存在。也就是说，我们不否认聚点对人类行为的引导，但如果希望更好地探究引导人类协调和合作的机制，又必须对人类社会中的聚点做更进一步的辨析。

二　就惩罚机制而言

尽管惩罚也是提高博弈协调的重要机制之一，并为现代社会广泛采用；但是，这种机制也不是充分有效的，这一方面涉及惩罚的成本问题，另一方面更重要的是对违规识别。实际上，在人类社会中，约束机制针对的主要是那些重大的反社会现象，而对经济学所推崇的那种对他人利

---

① Cooper R., Delong D. V., Forsythe R. & Ross T. W., "Communication in Coordination Games", *Quarterly Journal of Economics*, Vol. 107, 1992, pp. 218–233.

② 凯莫勒：《行为博弈：对策略互动的实验研究》，贺京同等译，中国人民大学出版社2006年版，第348页。

益持冷淡态度的人之行为是无能为力的。事实上，无论是体现为退出的消极惩罚还是呼吁的积极惩罚，它们的有效性也都受到严格的条件制约。消极的退出惩罚方式的弱点在于：它往往会造成"集体行动的困境"。例如，美国在无限制的"华尔街用脚投票法则"的支配下，造成了行为的短期和近视化。而更明显、也可能更有力的惩罚方式则是积极的惩罚，它的条件恰与上面的相反：要求没有外部选择项，也就是说，要求增加退出成本，从而使得"以牙还牙"的惩罚性威胁能够构成"子博弈完美均衡"，这也就是麦克洛伊德的"退出成本"理论。[①]

首先，就对方约束而言。对方约束的有效性一般取决于两个因素。(1) 受到行为互动双方的机会主义和有限理性的影响：一般来说，信息越不完全，机会主义倾向越大，有限理性程度越低，对方约束的有效性也就越差。(2) 对方制约的程度，这主要与行为互动双方的力量对比有关：如果行为互动双方的力量是不对等的，那么力量大者为其行为承担的损失风险就很小，因此，他就缺乏限制自己行为的约束力。可见，即使是信息较为完全的，机会主义也较弱，如果存在力量的不对等，也会造成对方约束的失效。一般来说，行为互动双方的力量对比越大，对方约束的有效性就越差。此外，有效的对方约束还取决于双方的互动频率，只有在频率较高的互动中，未来收益对现在而言才是足够重要的，以致形成稳定的合作关系。

其次，就第三方面约束（国家约束或法律约束）而言。第三方约束的有效性主要在于：通过改变博弈者的收益结构来影响博弈结果；如果某方不履行契约，那么国家机关就会对之进行惩罚，这种惩罚是如此之大以致合作成为最好的选择策略。然而，第三方约束的有效性也取决于这样两个因素：(1) 第三方的公正性和权威性。权威性主要是指它的法理性，其关键是被约束者的认同程度；一个实施社会规范的机构或政府，如果缺乏合法性，那么它执行这一功能的基础必然是脆弱的，会遭到行为互动双方或明或暗的反对。(2) 第三方的威权性。威权性是指国家机关执行其命令的强制性，这与监督双方所花的成本和实施约束所花的成

[①] Macleod M., "Equity, Efficiency, and Incentives in Cooperative Teams", *Advances in the Economic Analysis of Participatory and Labour Managed Firms*, Vol. 3, No. 54, 1988, pp. 5–23.

本有关。显然，如果国家政府的法理基础不是非常牢固的话，它维持社会秩序的能力，就往往要借助于它的威权性；而如果国家的威权性不够强，实施约束所花的成本必然很高，从而会导致措施的失效。这有两方面的原因：（1）行为施加方就会采取其他手段来规避或对抗国家的约束，（2）行为承受方则会转而求助于其他的报复方式。而且，须指出的是，尽管第三方约束具有规模经济和减少交易费用的好处，但第三方约束的施行必然会由于不可避免地实施统一和强制性规则而导致"一致性损失"，而这种损失是无形的，也是巨大的。

第五节 结语

主流博弈论继承了新古典经济学的基本思维：每个人在条件允许的情况下都抓住一切机会实现自己的效用最大化，这种行为的出发点是非合作性的。事实上，正是由于主流博弈理论单纯地将两个个体理性联合起来分析集体行动，从而就得出了"囚徒困境"这一普遍性结论。而且，根据后向归纳的逻辑，即使存在重复博弈的情形，只要重复博弈的次数是有限的，唯一的纳什均衡就是自博弈完美均衡，博弈的每一方都会采取不合作的背信行为。显然，囚徒困境反映了这样两点：（1）基于个体理性行动的结果并没有实现个人效用最大化的目的，因而基于主流博弈思维进行行动并不是理想的结果；（2）人们的日常生活结果往往比主流博弈理论推导的结果更好，因而主流博弈思维也并不难解释现实行为。正因如此，从"囚徒困境"被发明开始，非合作的博弈理论就成为经济学家的眼中钉。

尤其是，许多博弈有多个纳什均衡，而关于理性行动的纯数学理论却绝不可能完全找出多个均衡中哪个会出现。正如谢林所说，"恰如人们无法靠纯粹的正规推演来证明某个笑话必定是好笑的一样，人们同样不可能在没有实证证据的情况下推断在一个策略非零和博弈中参与者如何认知"[①]。也就是说，即使纳什均衡体现了博弈方如何进行博弈的相容预

---

① Schelling T. C., *The Strategy of Conflict*. Cambridge, MA: Harvard University Press, 1960, p. 164.

测,但也并不意味着它一定有个很好的预测结局。那么,日常生活中的人们究竟是如何行为以及如何确定多重纳什均衡的现实解呢?一般地,博弈的可能结局往往要依赖更多的信息,如信息的沟通、社会的习惯、共同的背景、法律规章的约束、外部选择的存在等,这就涉及现实生活中互动的人们之间的协调机制问题。

迄今为止,主流博弈论家主要通过引入信息机制和惩罚机制等来探究博弈互动的协调机制,一方面试图对现实中的合作现象进行解释,另一方面也试图缓和囚徒困境对现代主流经济学信条的冲击。实际上,大量的证据也显示,在博弈参与者之间没有信息交流、没有制裁的可能存在的标准公共资源博弈中,无效的滥用资源就会成为一个明显的规律;但是,如果存在信息交流和非正式的制裁时,占用的行为就变得更加有效。然而,迄今为止,经济学所揭示的这几种协调机制还存在明显的不足:不仅难以从根本上说明现实行为与博弈理论之间所存在的明显差异,而且也难以成为协调人类行为的基础机制。那么,如何解释这些社会合作现象、从而夯实博弈机制呢?这就涉及人类行为的动机和表达方式这一根本性因素,而人类行为的动机和表达方式又与其社会性有关。

第二章

博弈协调中的伦理机制：
绝对道德和相对道德

【导读】 现代博弈论面临着两大问题的挑战：(1) 在社会实践中如何避免低收益水平的囚徒困境；(2) 在理论上如何解释社会现实往往要比推理结论更优的现象。进而，这两大问题的解决就需要纳入伦理道德的考虑，而伦理道德则有两种基本含义：一是抽象的绝对道德，二是具体的相对道德。一般地，基于绝对道德的伦理约束这一条件太强了，从而无法成为对自律行为的普遍伦理机制；相反，基于相对道德的伦理律令这一条件就弱了很多，从而构成了博弈协调和社会合作的普遍伦理机制。事实上，绝对主义道德观主要来自宗教戒律，具有强烈的先验性和僵硬性；相反，相对主义道德嵌入在"为己利他"行为机理之中，而"为己利他"行为机理又源于长期的社会互动，从而更能适应不同的社会环境。

第一节 引言

主流博弈论中纳什均衡的一个重要现象就是囚徒困境，因而如何避免这种囚徒困境就成为社会实践需要关注的一个重要课题；同时，社会经济的现实表现往往要比主流博弈论的推理结论要好得多，[1] 因而人类实践何以比理论结果更优又是困扰现代博弈论的一个重要课题。面对这两

---

[1] Williamson O. E., "Credible Commitments: Using Hostages to Support Exchange", *American Economic Review*, Vol. 73, No. 4, 1983, pp. 519–540.

大问题,大多数博弈论学者都试图在主流博弈的框架下通过引入信息沟通和违约惩罚等机制进行解释和探究,但是,这并不足以解释普遍的合作现象之存在。譬如,在公共鱼塘中,即使有关每人捕捞的时间等信息是充分的,我们也很难制定一个有关捕捞配额或捕捞次数(或时间)的协议,更无法树立一个有效的惩罚机制。究其原因,对应不同帕累托状态的协议显然有多种,可以是按人均的,也可以是按家庭划分的;可以是按捕捞次数的,也可以是按捕捞时间的,甚至是按捕捞配额的。那么,如何才能达成一个有效的契约呢?显然,仅靠外在的力量是不够的,相反根本上要依靠内在的自律,这就是"克己"。

　　根本上说,社会互动或博弈均衡的结果取决于人们的策略选择,而策略选择则取决于对方的行为反应,进而这就取决于人类行为机制的共同知识。库珀就指出,在博弈协调中,信心和预期是关键因素。[①] 宾默尔则强调,如果每个理性人都不被相信会信守承诺,则这样的社会是没有前途的。[②] 这都反映出,良好的互动需要引入影响信心和预期的伦理认同因素。事实上,当经济人成为共同知识时,每一方都会在他人背叛之前先背叛,因而提防他人机会主义危害自己的最小最大化策略就是可理性化策略;相反,当"义中生利"的自律和"克己"成为共同知识时,每一方都不倾向于先背叛,因而促进合作的互惠或强互惠策略就是可理性化策略。显然,自律和"克己"本身就体现了人类的理性和亲社会性,进而也就嵌入在"为己利他"行为机理及其衍生的伦理之中。有鉴于此,本章尝试对博弈协调中的伦理机制做一探究,进而比较绝对道德与相对道德在现实人类行为中的功能和意义。

第二节　引入伦理因素分析博弈协调

　　博弈论的研究对象是社会互动中的个体行为选择及其结果。显然,

[①] 库珀:《协调博弈——互补性与宏观经济学》,张军等译,中国人民大学出版社2001年版,第Ⅵ页。
[②] 宾默尔:《博弈论与社会契约(第1卷):公平博弈》,王小卫、钱勇译,上海财经大学出版社2003年版,第135页。

要能够对互动行为做出准确的预期,就必须充分考虑到个体偏好、心理动机以及影响它的社会环境等因素。根本上,这些都涉及了人类社会的互动基础和个体行为的亲社会性。一方面,就个体行为的亲社会性而言,它主要体现为在人与人之间的社会互动中形成的联合理性和社会理性,而不是源于人处理自然的个体理性和工具理性。但是,主流博弈论却承袭了新古典经济学在处理资源配置时发展出来的工具理性,所不同的只是将原本孤立的两个工具理性联合在一起来分析互动的结果。正因为主流博弈论没有深入探索具体社会关系下的交往合理性问题,而是单纯地将个体理性联合起来分析集体行动,从而得出了囚徒困境这一结论。另一方面,就人类社会的互动基础而言,现实生活中的社会互动具有强烈的非零和博弈特征,追求双赢结果往往是参与者的共同利益,尤其是,人类日益增长的精神需要更是依赖于个体间的合作。但是,主流博弈论集中探讨的却主要是两个和两个以上的个体间发生利益冲突时的理性策略行为,从而产生了如何防止被损害的最小最大策略思维,并进而将这种最小最大策略思维推广到非零和博弈的分析中。正因如此,如果说囚徒困境反映了在面对相同困境时自私是个体明智的做法,那么,这只能证明现代主流经济学所基于的核心假设是多么的狭隘,它完全撇开了其他更为广阔的社会领域。

显然,这一切都表明,要研究广阔的社会互动现象,就必须摆脱传统基于工具理性的思维模式和基于零和博弈的研究对象,而应该广泛地吸收心理的、伦理的、社会的、历史的知识。事实上,梁漱溟就曾指出,"是关系,皆伦理"[①]。也即,人与人之间的互动必然会涉及伦理的考虑,任何社会性行为都不纯然是基于短期最大化的行为功利主义。Campbell在《理性和合作的悖论》一书的引言中也指出,"非常简单,这些悖论毫无疑问地抛弃了我们对理性的解释,并且就如囚犯困境的例子所揭示的那样,它说明理性的生灵之间的合作是不可能的。因此,它直接影响着伦理学和政治哲学的基本问题,同时也威胁着整个社会科学的基础。正是这些结果所涉及的范围,解释了这些悖论为什么引起了如此广泛的关

---

① 《儒家复兴之路:梁漱溟文选》,上海远东出版社1994年版,第171页。

注,以及为什么成为哲学讨论的中心"①。

其实,尽管一些博弈论专家在主流博弈论框架下通过引入信息交流和惩罚机制来探究博弈协调的途径,但是,这些探究只是协调博弈理论的小发展途径,而无法获得一个一般性的协调机制。而且,如果缺乏稳定而持久的相互信心和伦理认同,博弈各方之间的信息交流往往要以很高的成本为代价,即使信息交流比较顺畅,也存在是否自动实施的风险。相反,伦理道德上的认同却提供了树立博弈者信心和协调博弈者行为的另一个重要机制;如果双方都是一个具有高度自律性的博弈者,显然就更能够促进博弈者之间的协调。事实上,一个成功的英国企业家 Vison 总结了获取商业成功的十条戒律,其中一条就是"相信每一个人,除非你找到不再相信的理由为止"②。那么,伦理道德是如何影响人类的互动行为的?引导社会合作的究竟是何种伦理机制?

大量的最后通牒博弈实验、独裁者博弈实验以及信任博弈实验等都表明,大多数受试者倾向于提出较为公平的分配方案,而那些不公平的分配方案则往往会被拒绝;而且,分配方案越不公平,被拒绝的概率就越高。针对这一点,Huck 和 Oechssler 用间接演化分析来加以解释:人们会在给定偏好下理性行为,但他们的偏好会基于演化过程而变化;在一个小规模团体中,惩罚不公正行为的偏好是一个演化均衡策略,它导致行为者几乎总是做公平的分配。进而,Huck 和 Oechssler 还指出,这种均等分配并不是出于"真正的公平"(或"利他主义"),而完全是担心不公正的出价会被拒绝。③ 相应地,Falk 等人则强调,绝大多数行为者往往会根据他人的行为而采取行动:如果其他人是友好和合作的,他们也会采取合作的行为;如果其他人是敌意的,那么他也会采取报复行为。④ 因

---

① Campbell R., "Background for the Uninitiated", in: Campbell and Sowden L., *Paradoxes of Rationality and Cooperation*, Vancouver: University of British Columbia Press, 1985, p. 3.

② 里德雷:《美德的起源:人类本能与协作的进化》,刘珩译,中央编译出版社 2004 年版,第 282 页。

③ Huck S. & Oechssler J., "The Indirect Evolutionary Approach to Explaining Fair Allocations", *Games and Economic Behavior*, Vol. 28, 1999, pp. 13–24.

④ Falk A., Fehr E., & Fischbacher U., "Appropriating the Commons: A Theoretical Explanation", in: Ostrom E., Dietz T., Dolsak N., Stern P., Stonich S. & Weber E. (eds.), *The Drama of the Commons*, Washington DC: National Academy Press, 2002, pp. 157–191.

此，要探究人类行为之间的协调和合作问题，就必须分析产生这种互惠和公平行为的心理动机，而这种心理动机则在很大程度上体现了行为的互惠性以及相互的信赖性。[1]

第三节 作为"绝对道德"的同情伦理

从某种意义上讲，影响博弈双方的行为协调性的重要因素就是不确定性，因为即使通过信息沟通可以提高博弈双方的合作性，但如果各方的偏好、思维以及行为是不确定的，由此带来的博弈结果也必然是不确定的。正因如此，互动双方如果希望博弈有个理想的结果，能够真正实现博弈协调，就需要互动各方对对方的偏好类型以及效用强弱等具有某种强有力的信念。显然，树立人之行为信心的一个根本机制就是道德伦理上的认同：如果双方都是一个具有高度自律性的博弈者，那么就更可能促进相互之间的行为协调。例如，韦森就指出，"如果博弈者是康德世界的具有实践理性道德自主的自由人，那么，生活中许多没有真正囚犯的'囚犯困境'博弈就不再是'困境'。换句话说，人们可以靠定言命令的道德自律走出'囚犯困境'迷局，从而达至人类社会交往和经济交易中的广泛合作"[2]。一般地，伦理认同在博弈协调中的作用可以体现在两个方面：（1）在某种程度上，作为一种公共知识，它也是一种能够节约信息的机制，从而能够有效实现博弈各方行为和策略选择的协调；（2）从某种意义上讲，道德约束也是另一种惩罚和约束方式，即自我约束，它是指行为者从某种价值取向出发自觉地不损害他人的利益。

从人类社会的演化史上看，人类社会出现了多种多样的制裁方式，克里斯琴·吉克里斯特在《支配的发生》中就将社会性制裁分为四类：（1）心理性制裁，主要是指舆论的道德谴责；（2）疏远性制裁，即交往

---

[1] Van Huyck J. B., Gillette A. B. & Battalio R. C., "Credible Assignments in Coordination Games", *Games and Economic Behavior*, Vol. 4, No. 4, 1992, pp. 606–626; Berg J., Dickhaut J. & McCabe K., "Trust, Reciprocity, and Social Norms", *Games and Economic Behavior*, Vol. 10, 1995, pp. 122–142.

[2] 韦森：《经济学与伦理学：探寻市场经济的伦理维度与道德基础》，上海人民出版社2002年版，第116页。

的中断；（3）物质性制裁，即给予赔偿；（4）物理性制裁，即刑罚惩处。① 事实上，在以个体为主体的社会互动中，个体对其他人的机会主义行为往往可以采取两种基本的制裁方式：一是积极的呼吁（voice）方式，通过"用手投票"之类的方式来积极地改变机会主义者的行为，典型体现就是以牙还牙的报复；二是消极的退出（exit）方式，通过"用脚投票"之类的方式消极地应对机会主义者的行为，典型体现就是不合作的冷酷策略。② 同时，在共同体的集体行动中还存在另一种方式，这就是"强制的民主接受"：即博弈者通过民主的方式在不合作的情况下进行自我惩罚，③ 这逐渐成为人之内在的"自我约束"。事实上，尽管现代主流经济学不提倡这种"强制式"的自我惩罚和约束，但是，它在人类社会中还是比较常见的：如征税就是如此，奥尔森也曾提到美国制造业中经常可见的自相矛盾的事实：超过90%的人不愿参加集会或参与工会事务，但是超过90%的人主张强制性的工会成员制。④

从实质内涵上讲，自我约束也就是所谓的心理制裁，这包括两个方面：（1）源于羞愧带来的耻辱惩罚。鲍尔斯和金迪斯就指出，"羞耻是一种社会情感：当一个人因为违背一种社会价值或没有遵守一种行为规定时，他会因被他所处的社会群体的其他人贬低而感到痛苦"⑤。（2）源于内化于个人偏好中的道德。在这种情形下，行为主体也会因为没有达到这一道德要求而在内心产生负疚感。同时，从各种约束机制所付出的成本来看，在这些制裁中，自律约束的成本是最小的；究其原因，它是出自于行为施动者的内心，而不需要监督成本和约束实施成本。特别是，如果在有相对规范和统一的意识形态的支配下，这种约束具有相对确定性和规模经济的特点。正因如此，人类社会的主要文明在其发展中都逐渐发展出了规范成员行为的各种劝诫和箴言，如儒家伦理一直强调，"君

---

① 魏里希：《均衡与理性》，黄涛译，经济科学出版社2000年版，第22页。
② 赫希曼：《退出、呼吁与忠诚：对企业、组织和国家衰退的回应》，卢昌崇译，经济科学出版社2001年版。
③ 德尔、韦尔瑟芬：《民主与福利经济学》，陈刚等译，中国社会科学出版社1999年版，第71页。
④ 奥尔森：《集体行动的逻辑》，陈郁等译，上海三联书店、上海人民出版社1995年版。
⑤ 金迪斯、鲍尔斯：《人类的趋社会性及其研究：一个超越经济学的经济分析》，浙江大学跨学科社会科学研究中心译，上海世纪出版集团2006年版，第63页。

子喻于义""见利思义""居利思义""富以其道"等。

正是引入了心理制裁，博弈矩阵就不再是一个，而是分解为若干个客观的和主观的博弈矩阵。其中，客观博弈由行为人决策形势的客观特征构成，如支付矩阵所表示的那些性质；主观博弈由客观博弈和行为人决策形成的主观特征构成，如行为人关于支付矩阵的主观信念。相应地，两种博弈矩阵则分别具有客观解和主观解：客观解为行为人达成一种成功，取决于诸如支付之类的因素；主观解仅替他们指引达成那种成功的方向而不能保证其实现，取决于诸如偏好和理性的因素。① 正是对主观效用的引入，同一博弈的支付矩阵就会得到改变。

【例1】博弈论大家宾默尔设计了表2—1所示的几种变体鹰鸽博弈：（b）表示博弈方相互承诺选择鸽策略，但这个承诺主要是依靠个人心理制裁来保障，每一个违约者将会遭受额外的效用损失x；显然，当x大于1时，就可以实现（鸽，鸽）均衡。（c）表示博弈方相互之间具有同情之心，以致自己的效用与他人的效用密切相关，这些相关度是y；显然，当y大于1/2时，就可以实现（鸽，鸽）均衡。②

表2—1　　　　　　　宾默尔的变体鹰鸽博弈

	标准型（a）		心理制裁（b）		同情关爱（c）	
	鸽	鹰	鸽	鹰	鸽	鹰
鸽	2, 2	0, 3	2, 2	0, 3-x	2+2y, 2+2y	0+3y, 3+0y
鹰	3, 0	1, 1	3-x, 0	1-x, 1-x	3+0y, 0+3y	1+y, 1+y

【例2】诺贝尔经济学奖得主阿马蒂亚·森设计了表2—2所示两种变体的囚徒困境博弈：信心博弈和其他相关博弈；因为在森看来，基于个人利益偏好保持不变所反映的仅仅是原始效用矩阵，但个人并不是根据原始矩阵行动，而是根据另一个效用矩阵，这个矩阵取决于"行为的道德密码"。其中，信心博弈是指，如果对方合作，个人就合作，而只有当

---

① 魏里希：《均衡与理性》，黄涛译，经济科学出版社2000年版，第22页。
② 宾默尔：《博弈论与社会契约（第1卷）：公平博弈》，王小卫、钱勇译，上海财经大学出版社2003年版，第137页。

对方不合作时才停止合作。譬如，根据这种心理进行博弈的囚徒就会这样想：如果我的同伙和我想的一样，那么入狱一年比出卖同伙更让人心安理得，如果同伙打算出卖我，我将报复他。其他相关矩阵则是建立在气息甚至更浓的利他主义之上：它假设个人总是合作的，即使其他人拒绝这样做也是如此。例如，在无条件的利他主义支配下，囚徒会这样想：出卖我的同伙比入狱 30 年更糟糕。

表 2—2　　　　　　　　森的变体囚徒困境的博弈

囚徒困境	信心博弈	其他相关矩阵
(3, 3) (1, 4)	(4, 4) (1, 3)	(4, 4) (3, 2)
(4, 1) (2, 2)	(3, 1) (2, 2)	(2, 3) (1, 1)

从表 2—2 所示博弈矩阵可以看出，在信心博弈的支配下，纯纳什均衡的策略组合就从原来的囚徒困境中单一的坦白均衡发展为都坦白和都不坦白两种均衡组合；更进一步地，在相互利他主义的支配下则发展为单一的不坦白均衡，从而达到了帕累托优化。因此，森建议，社会可以发展这样一种传统：使上述的其他相关矩阵的偏好最受赞扬，信心博弈次之，而囚徒困境博弈偏好最次。实际上，森是在强调一种道德博弈，道德博弈中的合作倾向则源于自我约束。一般地，从各种约束机制所付出的成本来看，自律约束的成本是最小的：（1）它是出自于行为施动者的内心，因而是不需要监督成本和约束实施成本的；（2）如果在有相对规范和统一的意识形态的支配下，这种约束具有相对确定性和规模经济的特点。正因如此，一般都认为，基于道德伦理的自我约束有助于加强博弈中的协调，从而提高博弈的合作性。例如，德尔和韦尔瑟芬就指出，虽然如果一个道德主义者决定重新恢复自我中心状态，合作的均衡将遭破坏，但森的模型清晰地表明了道德所起的作用。①

显然，森这里引入了信心博弈和利他主义更浓的道德矩阵来化解囚徒困境。但这也面临这样的问题：信心博弈中的"信心"来自何处？道

---

① 德尔、韦尔瑟芬：《民主与福利经济学》，陈刚等译，中国社会科学出版社 1999 年版，第 76 页。

德矩阵中的"道德"来自何处？森对这些问题并没有给出充分有力的说明。宾默尔写道："我并不认为理性人不能或不应该相互信任，而是理性人不做没有正当理由的事情。例如，除非有理由使一个理性人相信他的邻居值得信任，否则他是不会信任他的邻居的。"[1] 在很大程度上，这两种博弈都是建立在抽象的绝对道德基础之上，从而也就缺乏来自社会经验的坚实基础，以致在实践应用中往往会遇到一系列的问题。这里，我们可以对森所引入的两个博弈做一简要说明。

一方面，就信心博弈而言，博弈均衡究竟如何取决于博弈一方对另一方的信心。威廉姆斯就指出，在这种情况下，"双方都必须清楚对方是在'有保证的（即信心）博弈'中选择对策，必须知道对方对他（第一人）的选择了然于心；若办不到这一点，双方都认为有被对方出卖的风险，就会揣度如何规避，如何抢险制胜，因而就可能违背初衷而放弃双方约定"。但是，就现实而言，这种信息要求似乎很难得到满足，威廉姆斯就列举了现实生活中参与者在认知上所存在的四种局限：（1）其他人的选择偏好或对或然性的估计，人们不能够尽如人意地获取到这两方面信息；（2）局限性（1）得不到充分了解；（3）受各种因素影响，获取这些信息的可能性小而且代价高昂，特别困难的是：任何现实的探询步骤本身就可能引起参与者偏好改变，破坏了信息，引发更多疑问，并使得问题更加扑朔迷离；（4）除了认知的缘故，社会因素也给推测带来不容小视的局限。[2] 所以，德尔和韦尔瑟芬就指出，信心博弈的特征是：个人的捐献和集团结果之间呈直接的和积极的关系，特别是在交易人数较少时更容易出现。[3]

另一方面，就道德博弈而言，任何个体能否长期无条件地奉行利他主义行为是值得怀疑的，因而它的有效性也同样受到一定的制约。威廉姆斯认为，这种博弈的基础存在着"不受学习影响的一种偏好的重复表

---

[1] 宾默尔：《博弈论与社会契约（第1卷）：公平博弈》，王小卫、钱勇译，上海财经大学出版社2003年版，第145页。
[2] 威廉姆斯：《形式结构与社会现实》，载郑也夫编译《信任：合作关系的建立与破坏》，中国城市出版社2003年版，第3页。
[3] 德尔、韦尔瑟芬：《民主与福利经济学》，陈刚等译，中国社会科学出版社1999年版，第76页

达"的局限，而现实中这种"关心他人"的"你我都不招"的对策却因频繁遇到"我不招你却招"的情形而受挫。① 这表现为如下两方面：（1）自律的形成主要是出于个人的价值取向，这可以是一个人的天性，如孟子所谓的"性善"说；也可以是受一个特定时代的意识形态等支配，如在新中国成立初期就出现了"夜不闭户""路不拾遗"的局面。其实，自律有效性往往取决于对方约束的有效性，因为从某种意义上说，自律是一种习惯性行为；而习惯会由于互动双方行为的刺激—反应作用而受到影响，在这种作用多次强化后，习惯也会发生改变，自律机制会因此而崩溃。（2）纯粹的利他主义消除了人们之间存在的真正仁爱和善意，因为它灌输的是这样一种观点：珍视他人需要有无私的行为，这将被接受者置于乞讨者的地位，从而从对方的角度上说，就意味着受到侮辱和失去自尊；这意味着，这种纯粹的利他主义最终产生的反而是贬低人道的思潮。特别是，根据这种纯粹利他主义，帮助一个陌生人甚至是仇人比帮助自己所爱的人将体现出更大的利他性，但显然，这又是与社会事实相悖的；相反，在现实生活中，理性主义者总是要求人们的行为应该与自己的价值等级相一致，而不要牺牲大的价值来迎合小的价值。②

最后，需要指出，纯粹的利他行为不仅会像纯粹的利己主义一样在实践中产生困境，而且也会因为缺乏一些独特的个人信息而造成资源使用的不经济。就前者而言，比较有名的就是"先走悖论"，即如果每个人都坚持对方先走，反而会在十字路口造成堵塞。事实上，在我们熟悉的欧·亨利的小说"麦琪的礼物"博弈中，德拉（Della）和吉姆（Jim）是一对非常恩爱的夫妻，都愿意为对方付出甚至牺牲，但他们博弈的结局却是悲惨的。就后者而言，我们可以反思一下目前广州、上海、深圳、北京乃至其他一些中等城市的怪现象：初等教育包括幼儿和小学的社会收费甚至已经高于高等教育（本科或者研究生）的收费（除了一些"卖"学位的班）。譬如，在广州幼儿的下棋、绘画、舞蹈、英语、音乐

---

① 威廉姆斯：《形式结构与社会现实》，载郑也夫编译《信任：合作关系的建立与破坏》，中国城市出版社2003年版，第2页。
② 参见《新个体主义伦理观：爱因·兰德文选》，秦裕译，上海三联书店1993年版，第39页。

或者其他类型的收费高达 100—300 元/小时（甚至更高），而且这些初级老师往往同时招收 10—20 名学生，这是绝大多数大学教授的课时报酬也无法相比的。为什么会出现这种反差现象呢？要知道，一个大学教师在为研究生授课时需要多大的知识积累呀！一个重要原因是，大学生在面临付酬听课时有根据自身需求和偏好进行选择的权利，因而会把握好自己的每一分金钱所带来的效用；相反，幼儿参与各种兴趣班完全是家长利他主义的结果，而家长根本不知道儿童需要什么，也根本不知道是否有真正的效果，只是在热衷攀比的社会大环境中觉得要尽自己的心力，于是往往就会助长这些兴趣班的收费。

总之，博弈协调可以从伦理机制上加以理解和解释，但这种伦理并不是绝对意义上的。宾默尔就写道：如果"将道德探究的领域限定在'定言命令'即类似东西的研究上——将迫使我同意尼采的观点，即：不存在什么道德现象"[1]。其实，尽管阿马蒂亚·森通过引入信息或偏好等对基于理性经济人的标准博弈模型进行了修正，从而提出了两类"互惠合作性的"和"利他性的"合作博弈模型，但是，这两种合作博弈模型的基础还不坚实，还存在缺陷。（1）森提出的基于信心的合作博弈模型仅仅依赖于个体之间的信息和认知，这种基础显然是不充分的；相反，它把博弈理论特殊化和具体化了，仅仅适合于具体的案例探究。当然，如果把这种信息和认知推广为社会行动，那么，这种博弈就具有更强的互动性。也就是说，信心博弈主要不是体现在个体之间的具体案例上，而是可以对一个社会中的普遍互动行为进行考察。（2）森提出的基于道德的合作博弈模型仅仅依赖于个体的自我约束，这个条件太强了；究其原因，利他主义一般都不是无条件的，相反，往往要受各种因素的影响。在某种意义上，森的道德矩阵与康德的绝对道德以及罗尔斯的正义秩序是相通的。韦森就认为，这种思路显然是一种道德理想主义。[2]

而且，大量的经验资料和实验数据都表明，人类的利他并不是单向

---

[1] 宾默尔：《博弈论与社会契约（第 1 卷）：公平博弈》，王小卫、钱勇译，上海财经大学出版社 2003 年版，第 17 页。

[2] 韦森：《经济学与伦理学：探寻市场经济的伦理维度与道德基础》，上海人民出版社 2002 年版，第 111 页。

的，而是相互的。一般地，人们往往会通过合作来奖励那些慷慨而友好的行为，这可以见 Fehr[①] 和 Berg[②] 等人的早期行为实验；同样，人们往往也会通过不合作或者直接的惩罚来对待那些不友好的行为，这可以见 Güth 等人的早期行为实验。[③] 也就是说，互惠和公平对人类行为产生很大的影响，这可见 Fehr 等人的文献综述；而且，正是以这些实验为基础，一系列新模型被开发出来以更好地解释这类具有互惠主义的亲社会行为。[④] 那么，我们究竟如何理解现实世界中的伦理机制呢？威廉姆斯曾指出，"一个人在既定场合参与合作，不一定是因为他怀有利他的合作动机。……受条件影响的种种普遍的合作倾向存在，且尤其对成本敏感：如果代价无多，参与者会选择合作，而超过这一阈值他会放弃合作"[⑤]。也就是说，现实社会中利他主义往往是相互的，且互动越频繁就越容易产生合作的倾向，从而越容易把"为己"和"利他"统一起来，也即，纯粹的利他主义行为要受交往范围的限制。

第四节 作为"相对道德"的移情伦理

要真正理解现实生活中大量存在的利他行为和合作现象，关键是要探究社会互动中个体的信心是如何建立的？显然，这与社会道德伦理有关。同时，社会道德伦理并不是抽象的和绝对的，而是具体的和

---

① Fehr E., Kirchsteiger G. & Reidl A., "Does Fairness Prevent Market Clearing? An Experimental Investigation", *Quarterly Journal of Economics*, Vol. 109, 1993, pp. 437 – 460.

② Berg J., Dickhaut J. & McCabe K., "Trust, Reciprocity and Social History", *Game and Economic Behavior*, Vol. 10, 1995, pp. 122 – 142.

③ Güth W., Schmittberge R. & Schwarze B., "An Experimental Analysis of Ultimatum Bargaining", *Journal of Economic Behavior and Organization*, Vol. 3, No. 3, 1982, pp. 367 – 388.

④ Rabin M., "Incorporating Fairness into Game Theory and Economics", *American Economic Review*, Vol. 83, No. 5, 1993, pp. 1281 – 1302; Levine D., "Modeling Altrium and Spitefulness in Experimenta", *Review of Economic Dynamics*, Vol. 1, 1998, pp. 593 – 622; Fehr E. & Schmidt K., "A Theory of Fairness, Competition, and Cooperation", *Quarterly Journal of Economics*, Vol. 114, 1999, pp. 817 – 851; Dufwenberg M. & Kirchsteiger G., *A theory of Sequential Reciprocity*, Discussion Paper, Center, Tilburg University, 1998.

⑤ 威廉姆斯：《形式结构与社会现实》，载郑也夫编译《信任：合作关系的建立与破坏》，中国城市出版社 2003 年版，第 5 页。

演化的，又不是虚无的，而是实在的。那么，如何理解道德伦理的特性呢？宾默尔写道："我并不同意尼采的看法，即'不存在道德现象……只有关于现象的道德解释'。但是，我同意尼采所说的，关于道德现象的传统解释典型地使得这种不存在的东西真实化了。像其他很多人一样，我相信主宰我们道德行为的实际准则远没有道德哲学家们从我们文化神话中抽象出来的东西那样美妙，但同时却更为复杂。就人们所说的实践准则，他们称之为习惯、风俗或传统。这些准则既非绝对的，亦非永恒。它们极大地为来自社会和经济以及生物的进化力量而成型。如果你想研究这些准则，那么，询问它们对'善'有什么用处是无济于事的。你必须询问的是另一个问题，即：它们是如何幸存下来的，以及为什么会存活下来。"① 那么，如何理解制约个体行为的社会道德的微观基础呢？这就涉及"为己利他"行为机理：一方面人们在努力追求自身的需求和理想，另一方面又主要只能借助于与他人合作才能实现这种需求和理想。

一般地，现实生活中人们所诉求的合作对象往往不是随机的，而是主要倾向于与那些与自己利益更相关、互动更为频繁的人进行合作，从而也就产生了相对性的道德伦理。事实上，大量的心理学证据都表明，人类行为中存在很多利他主义因素，但大多数利他主义行为又不是平面式的：人们不会平等一致地帮助其他人，而往往会根据他人的行为特征以及需求程度而定，这就是道德的相对性和利他主义的差序性。究其原因，正如格兰诺维特（Granovetter）指出的，人类本身是社会性动物，他依赖于通过与他人的联系来实现其生活中的诸多任务，而每个人所根植的关系网络则包括了家庭、朋友和其他亲近程度不同的熟人；而且，人们活动根植于这些网络中并不主要是抚养孩子之类的活动，而且也包括了寻找工作之类的经济活动。② 显然，家庭成员之间存在天然的血缘联系，具有更高的相互信任，具有更高的自律特征，从而往往被视为利他主义的发源地；因此，探究人类利他主义行为的一个基本视角，就是观

---

① 宾默尔：《博弈论与社会契约（第1卷）：公平博弈》，王小卫、钱勇译，上海财经大学出版社2003年版，第16页。

② Granovetter M., *Getting a Job*, Cambridge, MA: Harvard University, 1974.

察家庭成员之间的互动行为。

　　为什么家庭成员之间更容易产生利他主义的行为、从而更容易实现互惠合作呢？根本原因就在于，家庭成员之间的互动频繁，不但形成了相似的心理背景，而且造成了紧密相连的利益共同体，从而更容易站在对方的角度想问题，这就是移情。所谓移情，就是一个人在观察到别人所处的情境时所感受到的一种恰当的体验；霍夫曼历经30多年的研究发现，移情是打开亲情社会道德发展之门的一把钥匙。一般地，人性中的移情在婴儿时期就已出现了，适当加以引导可以在父母和孩子以及社会大众之间发生积极的相互作用；而且，这种移情在适当的环境下也会传播，从而可以为人类社会的公正感的发展奠定原始的基础。为此，宾默尔等借用移情偏好来表达海萨尼的扩展同情偏好，他认为，经济人必须具有一定程度的移情能力，他对别人的体验必须达到能站在他们的角度、从他们的观点出发来看待问题，否则，就不能预测他们的行为，并难以做出最优反应。[①] 其实，这种站在对方角度考虑行为后果的行为机理也就体现了韦伯所提倡的责任伦理，责任伦理关注行为的影响，并从行为的结果来评估合理性。显然，这种责任伦理是人们养成的一种自律行为规范，其出发点也是基于自己可能遭受的反伤害；而且，这种伦理规范一个更常用的名字就是道德黄金律，它的含义似乎就是像金子那样持久、那样不可动摇、那样地超越时间。[②]

　　道德黄金律有两种表达形式：否定形式和肯定形式，其中，否定形式是指自己不想要的东西就不要强加给别人，肯定形式则是指自己想要的东西也应该与人分享。否定形式的道德黄金律很早就由人类经验总结出来了，大约公元前600年，米利都的泰勒斯就问："我们怎样才能过上最好、最正直的生活？通过我们自己不做我们责备其他人的那些事情"；同时期米提利尼的庞塔库斯则建议说："自己别做那种你在你的同胞那里感到恼火的事情"；稍后的古希腊历史学家希罗多德则写道："我自己尽

[①] 宾默尔：《博弈论与社会契约（第1卷）：公平博弈》，王小卫、钱勇译，上海财经大学出版社2003年版，第39页。

[②] 恩德勒：《面向行动的经济伦理学》，高国希等译，上海社会科学院出版社2002年版，第334页。

力不做我责怪同胞做的事情。"[①] 并且,随着人类社会的演进中,这种道德黄金律也成为各种文明的基本规范:[②] 如儒家的"己所不欲,勿施于人"、基督教戒律中的"你们要别人怎样待你们,你们也要怎样待他们"、伊斯兰教教义中的"你自己喜欢什么,就该喜欢别人得什么;你自己觉得什么是痛苦的,就该想到对别的所有人来说,它也是痛苦的"、犹太教的教规是"你不愿别人施诸自己的,就不要施诸别人"、印度教的"别把你不堪忍受的东西加于你的邻人"。此外,道教也要求,"把你同胞的幸福和痛苦当作你的幸福和痛苦,像增加你自己的幸福那样致力于增加他的幸福";佛教则建议,"向其他人表示出同样的爱、善良和同情,如同你希望别人怎样待你那样";等等。"己所不欲"的东西之所以应该"勿施于人",就在于,如果将"己所不欲"的东西施于他人,他人也会反过来将这些东西施于"己"。

一般地,在存有强烈反机会主义行为之共识的环境中,很少有人会有意识地采取机会主义行为;但是,在机会主义盛行的社会环境中,其潜在收益是如此之高以至于那些极其守旧的人也可能违反规范。[③] 罗尔斯就指出,一个人的道德的行为会导致其他人日益增多的道德行为,这又会强化第一个人的合作行为,并鼓励更多的合作行为。[④] 当然,这种道德不可能孤立存在,而是依赖于整个社会的基本行为方式。事实上,道德本身就是人类社会对行为的一个评价,它所依赖的是为实现某种目的的手段选择之类型:一般地,有意识采取与他人合作从而增进他人收益的手段就是道德的,有意识采取竞争并损害他人利益的手段就是非道德的,而没有意识的本能性反应则是无道德的。显然,这种道德不是绝对主义的,而是相对主义的,是基于个体利益与他人和社会共同利益之间的关系;而且,只有将自身利益也考虑进去,这种利他主义才可以持续下去,这种伦理道德才可以不断扩展。正因如此,要对现实生活中的互惠合作

[①] 转引自恩德勒《面向行动的经济伦理学》,高国希等译,上海社会科学院出版社2002年版,第334—335页。

[②] 罗斯特:《黄金法则》,赵稀方译,华夏出版社2000年版,第11页。

[③] E. 奥斯特罗姆:《公共事物的治理之道》,余逊达、陈旭东译,上海三联书店2000年版,第61页。

[④] 缪勒:《公共选择理论》,杨春学等译,中国社会科学出版社1999年版,第20页。

现象进行解释，并由此构建一个促进人类合作和博弈协调的持久稳定之行为机理，就不应诉诸虚幻而又苛刻的纯道德主义，而是要从人类的根本利益出发，寻找那种有助于把个体利益和他人（集体）利益沟通起来的切实可行的行为机理。显然，这就是"为己利他"行为机理，它强调，通过利他的手段来实现自己的目的。

其实，正如有的学者业已指出的，利他主义既不是合作的必要条件，也不是合作的充分条件。① 一方面，合作往往是由开明的自利考虑所驱动。除了一些非常情况下的事例而外，一般地，人的利他主义行为的表现形式都具有自利的成分，都是有条件的利他主义。② 另一方面，人类的行为又并非是纯粹利己主义的，相反更愿意通过合作来实现自己的需要。显然，正是在这种"为己利他"行为机理的基础之上，社会上才会出现大量的"强互惠"现象；同时，我们才能解释和理解为何人们会为了省几个美元而宁愿开几十公里车去买便宜货，而不愿就近购买较贵的商品，虽然这样他们会节省一些钱（汽油费等）。例如，美国西北大学经济学家戈登就说，他往往开车半个多小时去更便宜的杂货店而不在附近食品店购物，尽管便宜的总额不超过 5 美元；而且，这位戈登教授也不是禁欲主义者，他和妻子以及两只狗住在一幢 1889 年建造的有 11000 平方英尺、21 个房间的大厦里。③ 事实上，森也曾隐含地提及，建立在"为己利他"契约协议上的行为可以是囚徒共同选择最佳策略。例如，森说："拿极端的例子来看，如果两个囚徒都试图尽量增加另一个人的福利，那他们都不会坦白。……所以每个人试图增加另一个人的福利结果也导致了他自己更好的福利。"④ 正因如此，森在上述设计的道德矩阵中实际上已经倾向于一种通过"利他的手段"来达到"为己的目的"。

为了更好地理解"为己利他"行为机理在博弈中的应用，这里以表 2—3 所示博弈模型加以说明。该博弈存在两个纳什均衡：（D，r）和

---

① Collard D. A., *Altruism and Economy*, *a Study in Nonselfish Economics*. Martin Roberson: Oxfod University Press, 1978.

② 杨春学：《利他主义经济学的追求》，《经济研究》2001 年第 4 期。

③ Lahart J., *Secrets of the Economist's Trade*: *First*, *Purchase a Piggy Bank*, 2019 - 7 - 20, http://www.snzg.net/article/2010/0223/article_18584.html.

④ Sen A. K., *Choice*, *Welfare and Measurement*, Oxford: Basil Blackwell, 1982, p. 66.

(R，d)；但是，对 A 来说，D 是弱劣策略，因而根据主流博弈理论，实现（R，d）均衡的概率更高。事实上，在博弈方 B 采取 r 策略时，A 就会对策略 R 和 D 表现出无所谓的态度，特别是，在机会主义盛行的环境中，博弈方 A 反而更有可能选择 R；基于这种考虑，B 可能一开始就选择策略 d，从而达成（R，d）均衡。但是，对博弈的任何一方来说，（D，r）均衡都是（R，d）均衡更为理想的结果，那么，怎样才能达致（D，r）均衡呢？显然，这就要借助"为己利他"行为机理和思维逻辑：对博弈方 A 来说，他要最大化自己的收益，就必须通过利他的手段，要在增进其他人收益的基础上实现自己的目的；因此，在相等收益的情况下他应该采取策略 D，B 也基于同样的考虑采取行动，结果就可以形成（D，r）均衡。显然，由这个博弈反映出，主流博弈论中的"占优策略"并不就是人们在日常生活中的选择策略；相反，如果遵行"为己利他"行为机理，博弈各方都可能获得更高的收益，从而实现博弈协调。

表 2—3　　　　　　　　基于"为己利他"机理的博弈

博弈方 A		博弈方 B	
		r	d
	R	10, 0	5, 5
	D	10, 5	0, 0

在很大程度上，"为己利他"行为机理源于移情效应，而移情本身在不同的伦理关系下往往会产生不同的结果：积极的效应是产生互利主义行为，它的相互强化有助于实现博弈协调，从而带来收益的增进；消极效应则产生冷淡主义乃至自私主义行为，它的相互强化只会破坏博弈协调，甚至出现比纳什均衡还要糟糕的结果。譬如，在社会公共伦理沦丧而个体功利盛行的社会中，小偷可以明目张胆地进行偷盗，而那些旁观者却明哲保身地不敢吭声，那么必然导致偷盗的猖獗；相反，如果旁观者通过移情而设身处地地思考：当自己处于被偷盗的处境，是否希望别人也能够伸出仗义之手？究竟哪种效应占主导，这很大程度上就取决于社会文化。宾默尔就指出："任何条件下，博弈论都不会宣称理性人彼此

不能信任,他们只是认为不能无条件地信任。"① 确实,在现实生活中,人们之间的信任都不是无条件的,而是与对方的了解结合在一起,这种了解又与对方所受的文化熏陶、教育水平等联系在一起,也与互动双方之间的私人关系、互动频率等联系在一起,同时也与互动发生的社会背景和支付结构密切相关。

一般地,社会要形成积极的合作,就需要提高社会成员的亲社会性,使得积极的移情效应充盈于社会之中;同时,积极移情效应的滋生和蔓延,在很大程度上又有赖于一系列的社会制度和舆论的引导,有赖于对见义勇为行为的支持和激励。例如,目前美国和加拿大等国都制定了好撒马利亚人法(Good Samaritan Law),它是给伤者、病人的自愿救助者免除责任的法律,目的在于使人做好事时没有后顾之忧,不用担心因过失造成伤亡而遭到追究,从而鼓励旁观者对伤、病人士施以帮助;而在其他国家和地区,如意大利、日本、法国、西班牙以及加拿大的魁北克,好撒马利亚人法要求公民有义务帮助遭遇困难的人(如联络有关部门),除非这样做会伤害到自身。显然,正是由于积极的移情效应体现了"己所欲施于人"这一"为己利他"行为机理的本质,相应的舆论引导也有利于更好的合作。例如,Hoffman、McCabe 和 Smith 在做最后通牒博弈实验时对提议者加了一个引导:考虑你希望回应者怎样去选择,同时也要考虑回应者会希望你去怎么选择;结果,提议者的出价就上升了 5%—10%。②

事实上,社会风气往往会对行为者的行为方式以及社会互动的最终结果产生明显的影响。例如,在表 2—4 所示博弈中:如果博弈方 A 选择 R 策略,那么对博弈方 B 来说,无论选择什么策略,对自己的效用都没有影响,那么博弈方 B 会如何选择呢?显然,在一个关爱他人的社会中,博弈方 B 往往会选择策略 r 以形成(R,r)均衡,因为此种策略选择并没有损害博弈方 B 自身的效用却可以增进他人的效用;相反,在一个追逐相对效用的社会,博弈方 B 必然会选择 d 策略,因为此种策略选择尽

---

① 宾默尔:《博弈论与社会契约(第 1 卷):公平博弈》,王小卫、钱勇译,上海财经大学出版社 2003 年版,第 148 页。
② Hoffman E., McCabe K. & Smith V. L., "The Impact of Exchange Context on the Activation of Equity in Ultimatum Games", *Experimental Economics*, Vol. 3, 2000, pp. 5–9.

管不能提高博弈方 B 自己的效用却可以降低他人的效用。如果这种行为动机是普遍的，那么，博弈方 A 将被迫采取 D 策略；如果博弈方 B 考虑到博弈方 A 对 D 策略的选择，他的最佳策略是 r；进一步地，如果博弈方 B 采取策略 r，博弈方 A 的最佳策略又是 R……显然，如此往复，在一个追求相对效用的恶性竞争社会中，即使是纳什均衡（R，r）也是难以实现的。

表 2—4　　　　　　　　　位置消费标准博弈模型

博弈方 A		博弈方 B	
		r	d
	R	<u>10</u>, <u>5</u>	0, <u>5</u>
	D	<u>5</u>, 4	<u>5</u>, 0

特别是，如果我们把它放入一个动态博弈中进行分析，在一个损人不利己风气盛行的社会中，原本不是纳什均衡的（D，r）很有可能会出现。这里，我们可以将上述博弈用图 2—1 所示动态的扩展模式表示：在博弈方 A 选择 R 策略的情况下，由于博弈方 B 选择策略 r 还是 d 是无差异的，而博弈方就很可能会选择策略 d，在考虑到这一情况后，博弈方 A 就不得不在开始就选择策略 D，从而导致（D，r）的均衡结果。事实上，在真实的人类社会中，人们之间的关系不可能是像经济人假设所宣称的那样是相互冷淡的，相反，人们之间的关系不是倾向于相互合作就是相互争夺；为此，主流博弈理论只有引入"为己利他"行为机理，才能保证更优的纳什均衡（R，r）必然会出现。与此相反，如果极力鼓吹相互争夺的行为机理，将人类的社会关系局限在敌意的环境中，那么，不仅基于纳什均衡的囚徒困境会大量出现，而且更为糟糕的非纳什均衡也可能出现。

总之，合作的达成关键在于博弈中的行为协调，而行为协调的关键则在于正确地预计别人如何行为；对一个具有社会性的个体而言，就需要充分施展移情通感的能力，而移情效应和通感能力则与社会伦理有关。所以，宾默尔强调："经济人必须在一定程度上具有移情能力。我的意思是，他对别人的体验必须达到能站在他们的角度从他们的观点出发来看

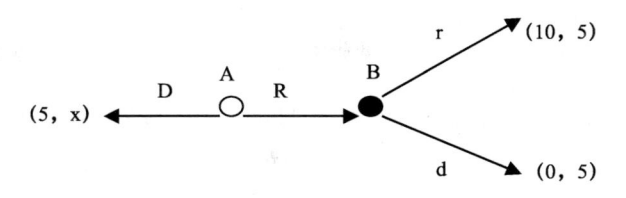

第二章 博弈协调中的伦理机制：绝对道德和相对道德 / 69

```
                        r   (10, 5)
           A     R    B
(5, x) ←——D——○————→●
                        d   (0, 5)
```

图 2—1 位置消费的扩展模型

待问题的程度，否则他就不能预测他们的行为而无法做出最优的反应。"① 当然，经济人一旦具有了移情能力，他就不再是现代主流经济学所设定的标准经济人，而变成了具有社会性的"为己利他"人。事实上，任何个体都不是生活在真空之中，人们之间的任何互动都内含了一定的伦理关系。在某种意义上，如果没有社会伦理作为基础，那么，也就根本不存在所谓的社会行为，而仅仅蜕变成一个单向的选择问题，这也正是现代主流经济学的基本思维。相反，在移情的基础上产生了互惠合作和促进协调的利他主义行为，这种利他主义行为不是单向的而是双向的，是强调实现"为己"目的的"利他"手段；只有建立在"为己利他"行为机理之上，博弈双方之间的合作才会更充分、更持久，才有利于整个社会秩序的扩展。

第五节 尾论

按照主流博弈理论的纳什均衡分析，囚徒困境似乎是普遍存在的，这带来了两大问题。(1) 囚徒困境反映了理性经济人的行为困境，从而暗示着它对人类行为的实践指导是缺乏效力的。宾默尔就写道："囚徒困境的规则不利于实现理性合作，就像把一个人的双手反绑之后要他表演手技一样。因此，不要希望囚徒困境规则约束下理性参与人会成功地达成合作。"② (2) 现实生活中的囚徒困境却要少得多，现实中大多数安排并不是纳什均衡的安排，从而暗示着它对现实的解释和预测是缺乏效力

---

① 宾默尔：《博弈论与社会契约（第 1 卷）：公平博弈》，王小卫、钱勇译，上海财经大学出版社 2003 年版，第 39 页。

② 同上书，第 125 页。

的。譬如，就竞争性商业中依旧盛行的卡特尔协定而言，它就不是一个纳什均衡：在给定对方遵守协议的情况下，每个企业都想增加生产，结果，每个企业都只能得到纳什均衡产量的利润，而小于卡特尔产量的利润。如何解释呢？关键就在于理性经济人假设抽掉了人类的社会性，而现实生活中的任何个体行为都具有亲社会的倾向，而这种亲社会性将会导向社会的合作。究其原因，亲社会性使个体在进行行动策略的选择时很难只考虑到自身利益，只选择那些能够最大化其金钱收益的策略，当这些行为将会损害其他人的收益时尤其如此，大量的行为实验都证明了这一点。因此，要真正理解现实行为，要理解理论与现实之间的悖论现象，要真正理解和解决博弈中的协调问题，就需要摆脱主流博弈论的理性思维和分析框架，跳出主流博弈论对人性及其行为机制的理解。

事实上，由于现实个体之间的利益关系往往是互补的，因而将经济人那种对抗式思维引入到对日常生活的解释就显得驴唇不对马嘴，运用这种源于兵家的对抗理论来指导人类的日常实践就显得更为荒唐可笑。正因如此，宾默尔甚至把纳什均衡和囚徒困境称为一场学术灾难，因为纳什把自利作为其推论的前提，使许多人误认为这是对人性的真实刻画。显然，我们需要重新探究人们行为之间有效协调和合作的机制，作为理论的基础，这种机制必须具有相当的简洁性，同时，又不能太过于抽象，否则往往会理论上逻辑严密，而在事实上却运行不畅，无法解释实验和实践的有效性。[①] 例如，Van Huyck 等人的独裁者博弈实验就解释了承诺对行为的影响。[②] Laffont 则指出，这种机制必须具有鼓励人们相互信任和相互善意的作用。[③] 一般地，具有亲社会性的人在互动过程中往往能够认识到互惠的重要性，这种互惠意识使互动中的个体更理性地思考，使他们能够在评价各种行为结果时摆脱现时效用的束缚，能够抑制由短期利

---

① Falkinger J., Fehr E., Gächter S. & Winter-Ebmer R., "A Simple Mechanism for the Efficient Provision of Public Goods: Experimental Evidence", *American Economic Review*, Vol. 90, No. 1, pp. 247 – 264.

② Van Huyck J. B., Battalio R. C. & Walters M. F., "Commitment versus Discretion in the Peasant-Dictator Game", *Games and Economic Behavior*, Vol. 10, No. 1, 1995, pp. 143 – 170.

③ Laffont J-J., "Incentives and the Allocation of Public Goods", in: Auerbach A. J. & Feldstein Ma. (eds.), *Handbook of Public Economics*, Vol. 2, Amsterdam: North-Holland, 1987, pp. 537 – 569.

益所激发的冲动。这样，就促使行为者少一些个人主义，多一些与人为善，到获得利益的同时会考虑正当性和公平性。为此，宾默尔在其学术巨著《自然正义论》中就试图把道德偏好和正义偏好引入博弈过程，从而开创了博弈论研究的新纪元。

当然，伦理道德也有两种基本含义：一是抽象的绝对道德，二是抽象的相对道德。显然，基于绝对道德的伦理约束这一条件，对现实中的绝大多数人来说太强了，从而无法成为对自律行为的普遍伦理机制；相反，如果将个人利益和他人（或社会）理性结合起来考虑，由此形成了基于相对道德的伦理律令这一条件就弱了很多，从而也就更容易得到实施和扩展，从而构成了博弈协调和社会合作的普遍伦理机制。事实上，相对主义道德本身就源于"为己利他"行为机理，而"为己利他"行为机理又是在长期的社会互动中逐渐形成的。一般地，"为己利他"行为机理形成的关键就在于博弈是多次频繁的，谢林就指出，"博弈双方能否取得满意结果取决于双方之间的社会认知和互动程度"[①]。而且，社会互动越频繁，"为己利他"行为机理也就越容易得到贯彻。因此，基于"为己利他"行为机理的分析具有这样几大优点：（1）它将人的动物性本能和社会性手段结合了起来，从而与现实人性更为接近；（2）从基于长期利益考虑的人类理性角度来审视利他主义行为手段的选择，从而更容易成为主导人们日常生活的拇指规则；（3）它有助于结合行为者的个体背景和社会背景来剖析行为中的社会性，从而有助于解释和预测不同程度的合作形态。

[①] 谢林：《冲突的战略》，赵华等译，华夏出版社2006年版，第140页。

第 三 章

社会道德原则如何确立：
微观行为基础的解析

【导读】 在社会博弈中纳入相对道德机制，就需要进一步探究社会道德是如何形成的，一般地，道德原则和人类理性之间是共同演化的：人类理性意味着通过合作追求长远利益，从而衍生出"为己利他"行为机理；人类理性的提升，则进一步促进"为己利他"行为机理的扩展，最终衍生出基于互惠合作的道德原则。因此，基于"为己利他"行为机理，我们就为理解社会道德原则提供了理性分析的微观行为基础。同时，由于个体理性的差异性，"为己利他"行为机理被践行的深度和广度是不同的，从而呈现出不同水平的合作形态和道德状态。因此，基于"为己利他"行为机理，我们不仅可以解释和预测广泛存在的合作和利他现象，而且可以解释那些合作失败现象和自私行为。

第一节　引言

社会伦理和道德原则长期被认为是社会哲学、政治哲学以及道德哲学领域的议题，但近来有越来越多的学者开始借用经济学思维来解释伦理行为和道德原则，如艾克斯罗德[1]、高蒂尔[2]以及布鲁姆[3]等；甚至有

---

[1] 艾克斯罗德：《对策中的制胜之道：合作的演化》，吴坚忠译，上海人民出版社1996年版。
[2] Gauthier D., *Morals by Agreement*, Oxford: Oxford University Press, 1986.
[3] 布鲁姆：《伦理的经济学诠释》，王珏译，中国社会科学出版社2008年版。

第三章 社会道德原则如何确立：微观行为基础的解析 / 73

越来越多的经济学家直接投入到伦理行为的研究中，如哈耶克[①]、罗斯巴德[②]、阿马蒂亚·森[③]、海萨尼[④]、阿克洛夫[⑤]、贝克尔[⑥]、宾默尔[⑦]以及萨格登[⑧]等。同时，目前运用经济学思维来研究伦理道德问题时大多采用理性分析框架，从微观的个体互动来分析宏观的道德规范，甚至认定理性经济人的长期互动将导向合作均衡。问题是，主流的纳什博弈论却表明，只关心自身利益且相互冷淡的个体在互动中基于最小最大化原则而采取可理性化策略和行为时往往会导向囚徒困境。那么，现实社会中的人类互动是如何进行协调以达成合作的呢？泽尔腾指出，"假定实验参与人为了弄清楚形势的策略结构而进行复杂的数学运算，这是不合理的。假定他们为了达到收益的愿望水平而去寻找一些可获取的线索（例如，明显序数势力比较和公平份额），这似乎是合理的"[⑨]。显然，如何挖掘人类社会中的"合作机制"就是协调博弈关注的核心课题。

一般地，博弈协调涉及行为者之间的利益调适，涉及分工合作的社会基础，其中的关键在于如何处理行为之间的互动和协调问题。例如，哈耶克指出，如果将协调看作是超越单个主体的个体目标的某种理想状态，那么，每个行为主体通过对他人目标的满足来实现自身目标就是一个合乎情理和直觉的诉求；相反，如何协调不能实现，这就可被理解为

[①] 哈耶克：《法律、立法与自由》第 2、3 卷，邓正来译，中国大百科全书出版社 2000 年版。
[②] 罗斯巴德：《自由的伦理》，吕炳斌等译，复旦大学出版社 2008 年版。
[③] 森：《正义的理念》，王磊、李航译，中国人民大学出版社 2012 年版；森：《理性与自由》，李凤华译，中国人民大学出版社 2006 年版。
[④] Harsanyi J., *Essays on Ethics, Social Behavior, and Scientific Explanation*, Dordrecht, Holland: D. Reidel, 1976.
[⑤] Akerlof G., "Labour Contracts as a Partial Gift Exchange", *Quarterly Journal of Economics*, Vol. 97, 1982, pp. 543–569.
[⑥] 贝克尔：《人类行为的经济分析》，王业宇等译，上海三联书店、上海人民出版社 1995 年版。
[⑦] 宾默尔：《博弈论与社会契约（第 1 卷）：公平博弈》，王小卫、钱勇译，上海财经大学出版社 2003 年版；宾默尔：《自然正义》，李晋译，上海财经大学出版社 2010 年版，第 105 页。
[⑧] 萨格登：《权利、合作与福利的经济学》，方钦译，上海财经大学出版社 2008 年版。
[⑨] 泽尔腾：《三人博弈实验中的公平和联盟讨价还价》，载罗斯编《经济学中的实验室实验：六种观点》，聂庆译，中国人民大学出版社 2007 年版，第 37—86 页。

社会结构不能实现对个体结果的超越。① 在现实世界中，个体行为往往受到一定的社会关系和道德原则的调节，因而行为主体就不应被视为孤立和冷淡的经济人，而应被视为关注相互依赖关系的社会人。Henrich 等人就指出，经济行为的选择偏好往往受日常生活的经济的、社会的互动的影响。② 在很大程度上，正是受到道德原则的调节，人类行为带有强烈的亲社会性，更偏向于进行合作而非掠夺。问题是，人类社会的道德是如何形成的呢？基于纳什囚徒困境，很多学者都认为，从理性选择中无力推导出道德原则。③ 要理解这一点，就涉及对理性内涵和特性的重新认识，涉及道德原则与理性行为之间逻辑关系的重新审视。

事实上，第二章已经指出相对道德比绝对道德更适用于对人类互动行为的分析，而相对道德则嵌入在"为己利他"行为机理之中。有鉴于此，本章进一步探究基于"为己利他"行为机理的社会互动是如何确立其社会道德原则的，尤其通过对人类理性的剖析而为道德原则的形成奠定一个微观分析基础。显然，其中的关键就在于揭示道德原则和人类理性之间的共同演化性：人类理性意味着追求长远，从而衍生出"为己利他"行为机理；人类理性的提升，则进一步促进"为己利他"行为机理的扩展，最终衍生出基于互惠合作的道德原则；同时，由于人类理性的差异，导致"为己利他"行为机理被施行的深度和广度上存在差异，从而也就呈现出不同水平的道德状态。

第二节　探究道德原则的微观行为基础

现代经济学往往把行为者和事件隔离开来而局限于对孤立的个体行

---

① 科兹纳：《市场过程的含义》，冯兴元等译，中国社会科学出版社 2012 年版，第 204 页。

② Henrich J., Boyd R., Bowles S., Camerer C., Fehr E., Gintis H. & McElreath R., "In Search of Homo Economicus: Behavioral Experiments in 15 Small-scale Societies", *American Economic Review*, Vol. 91, 2001, pp. 73 – 78; Gintis H., Bowles S., Boyd R. & Fehr E., "Explaining Altruistic Behavior in Humans", *Evolution of Human Behavior*, Vol. 24, 2003, pp. 153 – 172; Boyd R., Gintis H., Bowles S. & Richerson P. J., "The Evolution of Altruistic Punishment", *Proceedings of the National Academy of Sciences USA*, Vol. 100, 2003, pp. 3531 – 3535.

③ 韦森：《经济学与伦理学：探寻市场经济的伦理维度与道德基础》，上海人民出版社 2002 年版，第 69 页。

为进行静态和抽象的分析，其分析依据则主要是行为功利主义，集中分析每一次行为所产生的功利变动。显然，这种分析思维与现实状况之间存在严重脱节，因为现实世界中的行为者不仅关注一次性交易结果，而且关注此次交易对今后的影响，注重交易者之间社会关系的塑造。麦克尼尔就写道："个别性契约是这样一种契约，当事人之间除了单纯的物品交换外不存在任何关系。它的范式就是新古典微观经济学的交易。但是，我们将会看到，每一个契约，即使是这种理论上的交易，除了物品的交换外，都涉及关系。因此，每一个契约必然地在部分意义上是一个关系契约，也就是说，这个契约不只是一次个别性的交换，而是交涉到种种关系。"① 譬如，大厂商 C 在市场上面临 A 和 B 两个中间品供应者：其中 A 与 C 之间存在较为密切的私人关系，而 B 则是市场上完全随机的供应者；在这种情况下，即使 A 的供应价格比 B 稍高，C 往往也会选择 A 的产品。究其原因，人们从市场交易中获取的效用并非仅仅体现在纯粹物品上，也包含了一定的情感效用；同时，人们追求的并非是一次性交易的短期收益，而是多次重复交易的长期收益。正是基于这种关系交往，我们在现实生活中就常常可以看到：雇员和雇主之间往往并非是对抗的，而是努力寻求信任和合作；而且，当雇员和雇主之间相互信任时，雇员往往会更加努力且对公司忠诚，雇主也会感到有义务善待员工。同样，顾客往往会抵制垄断厂商以"不公正"价格出售的产品，尽管这个产品的价值对该顾客来说要高于价格。

真实行为与标准经济学假设之所以存在如此不同，就在于，任何行为主体都是处于一定的社会关系中，从而都具有或多或少的亲社会性；同时，亲社会性使得行为主体不仅关注自身收益，而且也会关注与其相联系的其他市场主体的收益，关注利益分配的公平问题。人类所具有的这种亲社会性为近年来迅速发展的行为实验和行为经济学研究所证实，如大量的最后通牒博弈和独裁者博弈实验都反映出受试者的行为受公平和正义的影响，礼物交换博弈和信任博弈实验反映出受试者的行为受博弈方关系的影响，道德距离博弈和社会距离博弈实验则反映出受试者的行为受互动对方特性的影响。基于目前已经积累的大量行为实验结果，Se-

---

① 麦克尼尔：《新社会契约论》，雷喜宁、潘勤译，中国政法大学出版社 2004 年版，第 10 页。

bastian Goerg 等人对人类行为特性做了粗略的归纳：(1) 行为主体倾向于关注议价结果的效率，并且在很大程度上愿意放弃自己的收益以换取社会福利的实质增长，如大量的最后通牒博弈实验就证明了这一点；(2) 行为主体往往会因其所属群体中最弱主体的收益增长而产生出一种心理效用，这就是罗尔斯率先提出的"最大最小者偏好"；(3) 行为主体往往会因为其所在群体的收入分配不平衡而承受一种心理损失，这导致他们更加注重公正地分享；(4) 行为主体往往倾向于追求互惠，这使得他们乐于奖励那些令其感到友好的行为而惩罚那些令其感到不友好的行为；(5) 行为主体也许不会感到自身被赋予了可以利用的优势议价地位，这产生了公正分享的规范。[1] 显然，有关人类行为理论也应该体现这一点，只有这样，才能对真实世界中的互动行为做出更为合理的解释和预测。[2]

在很大程度上，正是由于受到社会关系尤其是道德伦理的影响，人们更倾向于采取互惠合作的行为方式，这不仅促进了市场交易和分工半径的不断延长，更是促进了社会秩序的持续扩展。韦森写道："之所以说社会的进步和文明的进展是人们合作的结果，主要是考虑到任何社会经济增长、收入增加和财富积累中的绝大部分是由人们社会博弈中的'合作剩余'所构成。然而，问题在于，在任何社会中，无论在习俗经济、惯例经济还是制度化经济中，广义'囚徒困境'的社会博弈境势几乎到处存在，人们在到处充满'囚徒困境'的'雷区'中是如何实现广泛的合作的呢？这个问题的深一层的涵蕴是：人类历史的进步、制序化的过程的发展以及社会制序的演进难道仅仅只是源于个人利益最大化的追求？"[3] 也即，现实生活中的合作方式以及相应的道德原则又是如何形成的呢？现代主流经济学遵循方法论个人主义思维，认为理性的个体可以充分认识到相互之间的依赖关系，从而基于个体的自发互动就可以形成

---

[1] Goerg S., Güth W., Walkowitz G. & Weiland T., "Distributive Fairness in an Intercultural Ultimatum Game", *Jena Economic Research Papers*, Germany, No. 028, 2008.

[2] Kahneman D., Knetsch J. L., Thaler R. H., Kunreuther H., Luce R. D. & Shweder R. A., "Fairness and the Assumions of Economics", *Journal of Business*, Vol. 59, No. 4, 1986, pp. 285 – 300.

[3] 韦森：《经济学与伦理学：探寻市场经济的伦理维度与道德基础》，上海人民出版社2002年版，第73页。

第三章　社会道德原则如何确立：微观行为基础的解析

持续扩展的道德秩序。这是哈耶克以及布坎南等强调的。例如，布坎南就写道："任何社会相互作用中的个人行为，总是在一种处理方向不同的两个以上的拉力之间的紧张状态中产生的：一方面是对狭隘的短期的个人利益的追求，另一方面是对明智的长期个人利益的追求；而这第二种行为被描绘为包含了对相互作用过程中其他人的平等权利的尊重"①，而"习俗、法律、传统、道德戒律——所有这一切都是被设计来或涉及对这种短期追求私利行为进行约束或控制。唯有这些制度约束运行有效，从市场过程中出现的自然秩序才能使不同的个人评价达到最大化"。②

系统地基于现代主流经济学的理性经济人假说构建道德原则的是现代契约主义大家、美国匹兹堡大学的高蒂尔。高蒂尔提出的"协定道德"认为，理性的人可以通过协商、讨价还价而达致道德观点上的一致意见。其基本理由是，理性个体能够认识到社会合作所产生的"合作剩余"，并为追求这种好处而达成协议以促进合作；而且，他们不是就社会分配中的个人份额而进行讨价还价，而是会对"合作剩余"中各自所得份额进行讨价还价。在高蒂尔看来，正是通过讨价还价而形成了一种合作的契约，这种契约是理性互动的结果，且为大家所遵守，从而就是正义的。问题是，人们何以会参与和履行合作契约呢？这就涉及"合作剩余"分配得是否公正。根据高蒂尔的讨价还价理论，每个参与到合作体系中的人对合作剩余的最初要求应当等于他对这个合作剩余的边际贡献价值，而一旦合作契约满足这一条件，人们的理性选择就是履约。③ 但是，正如韦森指出的，高蒂尔的讨价还价理论也遇到新古典经济学中与欧拉分配净尽定理相同的问题：只有在规模报酬不变的情形下，每个人的收益才能等于自己的边际贡献；相反，如果存在规模报酬递增，那么边际生产力原则分配的结果将使得每个人的要价总和大于合作剩余，从而必然会引发争夺。④ 从理论上说，这种对合作剩余的理性争夺足以使得合作解

---

① 布坎南：《自由、市场与国家：80 年代的政治经济学》，平新桥、莫扶民译，上海三联书店 1989 年版，第 116—117 页。
② 同上书，第 127 页。
③ Gauthier D., *Morals by Agreement*, Oxford: Oxford University Press, 1986.
④ 韦森：《经济学与伦理学：探寻市场经济的伦理维度与道德基础》，上海人民出版社 2002 年版，第 46 页。

体。因此，宾默尔就反对高蒂尔从个人追求自身利益最大化的理性选择来推导道德原则的思路，而大多数主流博弈论专家都仍然坚持在非重复或有限次博弈中不合作的纳什均衡仍然是占优策略。

显然，按照高蒂尔的理论，新古典经济学世界中的完全竞争市场构成了人们理性合作和社会正义的基础。换句话说，新古典经济学世界中的完全竞争市场运行既没有必要诉诸道德，也没有进行收入再分配的社会正义问题，从而就呈现出一个"道德虚无特区"（Moral-free Zone）。但是，在缺乏有效道德约束的情况下，基于行为功利主义原则的社会互动和博弈必然会助长策略性行为，从而增加内生性交易费用，反过来又必然会制约市场半径的扩展。既然如此，人类社会秩序和市场交易半径又是如何得以不断扩展的呢？韦森认为，是"道德存在。道德存在于古代、近代、现代和当代的任何人类文明社会之中，并将与人类社会一起存在到永远"[1]。同时，既然道德存在于任何社会之中，那么，高蒂尔试图从完全竞争市场的理性选择中推导出道德原则就是"此路不通"。在韦森看来，不是理性人的市场互动衍生出了道德，而是道德支撑着市场的运行；为此，他重新转向康德的定言命令来解释道德的产生基础。韦森写道："不管元伦理的结论是否正确，它的哲学运思却是对的，既不可能从实然判断中推导出应然判断来，也不可能以思辨（理论）理性来判断实践理性中的命题的真与假来。人们在社会实践中有道德感或道德心，这在人类生活世界中既是不言而喻的、是绝对的，也是'不可解释'的"[2]；相应地，"市场的绝大多数参与者，既不是霍布斯世界中的豺狼人，也不是新古典经济学—博弈论理论世界中的个人利益'直接最大化'的'计算机超人'，而是活生生的、普普通通的具有'定言命令'的道德自律的'实践理性人'"[3]。

确实，从新古典经济学的理性经济人行为来推导道德原则存在明显缺陷：（1）新古典经济学的理性经济人遵循的是行为功利主义原则，关

---

[1] 韦森：《经济学与伦理学：探寻市场经济的伦理维度与道德基础》，上海人民出版社2002年版，第68页。

[2] 同上书，第70页。

[3] 同上书，第106页。

注的是一次性交易或短期利益；（2）新古典经济学的理性经济人是一种冷淡的原子个体，它不关心自身利益和他人利益之间的共生性。但是，我们并不能简单地说，从理性选择来推导道德原则是"此路不通"，而转向以定言命令为基础来理解社会道德，尤其是，经济分析的特性或优势就在于为宏观的社会现象提供微观的行为基础。那么，我们又如何为道德原则夯实微观的行为基础呢？这就涉及对"理性"本身的重新理解。其实，现代主流经济学所理解的理性概念根基于行为功利主义，着眼于短期或一次性行为的功利衡量，从而至多只能实现短期效用的最大化。正因为理性经济人具有强烈的短视性，森称之为"理性的傻瓜"[1]。但是，如果行动者充分认识到与互动者之间的利益依赖关系，并基于"为己利他"行为机理而采取合作行为，就可以更好地实现自身的长远利益。既然如此，这种关注他人利益的行为又何尝不是理性的呢？"为己利他"行为机理指出，每个人在追求自身利益的时候往往会考虑其选择的行为方式对其他相关者的影响，如果损害了他人的利益，那么，他人反过来也会采取损害自己的行为；因此，局部地基于行为功利主义的行为往往就不是有效的，并不能实现自身的效用最大化，从而必须努力且实际上也会加以避免。这样，基于"为己利他"行为机理，我们就可以很好地解释社会生活和行为实验中大量存在的互惠合作现象，并由此为道德原则夯实了微观的行为基础。

其实，尽管高蒂尔借用了新古典经济学的理性经济人概念，但他在推导道德原则时实际上使用的却是基于"为己利他"行为机理的长远理性概念。[2] 例如，高蒂尔在履约博弈中就使用了"有约束的最大化"，行动者乙会这样推理：甲之所以为我做事是因为他正确地相信我的守信诚实的特征，如果我没有表露我将守信，甲就不可能为我做事；而且，由于从整体上来说这交易对我有益，我才开始表露出守诺履约并实际这样做，因而我也应该回报甲而为他做事。[3] 显然，这里的推理也就是"为己

---

[1] Sen A. K. , "Rational Fools: A Critique of the Behavioral Foundations of Economic Theory", *Philosophy and Public Affairs*, Vol. 6, No. 4, 1977, pp. 317–344.

[2] 朱富强：《"经济人"分析范式内含的理性悖论：长远利益、为己利他与行为理性的理解》，《上海财经大学学报》2012年第4期。

[3] Gauthier D. , *Morals by Agreement*, Oxford: Oxford University Press, ch. 2, 1986.

利他"行为机理。当然,"为己利他"行为机理的现实遵行往往需要有一定的社会基础:有一定的信息机制使得互动者可以察觉对方的特征。庆幸的是,现实世界中恰恰存在一些信息机制可以使行为者能够了解其他互动者的特征,从而使"为己利他"行为机理得到遵行。艾克斯罗德就写道:"人们相处的方式经常受到一些可观察的特征,如性别、年龄、肤色和穿着风格的影响。这些特征使人们在和陌生人打交道时期望陌生人的行为会像其他具有相同可观察特征的人的行为一样。因此,从理论上讲,这些特征使得一个人即使在双方打交道之前就能知道一些有关对方策略的有用信息。这是因为人们通过这些可观察到的特征将对方列为具有相同特征的群体中的一员,进而得到关于这个人将如何行为的推断";而且,"与某一标记相关的企望不需要从直接的个人经历中形成,它可以通过传媒从第二手经验来获得"。[①] 这样,基于"为己利他"行为机理的互动就可以形成有效的社会合作,我们就为道德原则确立起了微观行为基础。

第三节 "为己利他"行为机理的形成逻辑

通过引入亲社会性,我们可以更好地理解人类理性的内涵及其相应的"为己利他"行为机理,而由基于"为己利他"行为机理的行为互动,我们又可以推导出道德原则。那么,"为己利他"行为机理的形成机理如何呢?阿克洛夫指出,"社会决策和传统经济决策(例如不同水果之间的选择)的关键不同之处就在于:社会决策带来了社会后果而经济决策则没有。例如,尽管我的网友和亲属至少不会受我对苹果和橘子选择的影响,却会受到我对教育的渴望、我对种族歧视的态度和实践、我的生育子女行为、我的结婚和离婚以及我对毒品的牵涉等的影响。所有这些行为都以重要的途径影响'我是谁',进而影响我如何与我的朋友和亲属联系,并进而影响这些朋友是谁。因此,我对与我周遭其他成员的互动联系之选择就成为我决策的主要决定因素,而通常的决策(如因选择带来

[①] 艾克斯罗德:《对策中的制胜之道:合作的演化》,吴坚忠译,上海人民出版社1996年版,第112页。

的直接的效用增减）则仅仅是次要的。相应地，一个正确的社会决策理论就必须首先识别出社会交换的后果"①。也就是说，相互的外部性在人类社会互动中广泛存在，正因如此，社会个体在采取策略和行为时就必须考虑它对其他相关者的利益影响；同时，他也试图以其行为方式来影响他人，使他人也采用有利于自己的行动。布坎南写道："每个人都对其他人行为的伦理或道德特征具有直接的经济利益。因此，除非后者的行为被认为完全不可能发生改变，否则每个人都会认为，至少投入某些资源努力单方改变一方的行为促使其更加合作，从个人的角度来看是理性的。"② 正是基于这种考虑，人类行为或多或少地呈现出利他的特性，同时，这种利他行为的正向反馈就最终产生了合作共赢的结果，这就促进了"为己利他"行为机理的形成和扩展。

为了让读者更好地理解具有利他特性的"为己利他"行为机理是如何形成的，这里以表3—1所示固定参与者博弈模型为例加以阐释。在下述固定参与者博弈矩阵中，从静态纳什均衡看，策略 D 是博弈方 A 的占优策略；博弈方 B 显然也可以理解到这一点，从而形成（D, r）均衡。但显然，（R, d）均衡对博弈 A、B 双方都是更有利的一种状态；那么，这种均衡能否实现，又如何实现呢？事实上，只要博弈方 A 有足够的耐心，并知道博弈方 B 将根据对他的行动的预测，而采取最大化自己收益的策略；在这种思虑下，博弈方 A 就坚持采取 R 策略，从而引导博弈方 B 采取 d 策略，达致（R, d）均衡。可见，这里最直观的行为机理就是，对博弈方 A 来说，要想增进自己的收益，就必须也能够增进对方的收益；为此，我们需要认真考虑双方的收益结构：博弈方 A 的四个可能的收益选项是：4、8、10、15，博弈方 B 的四个可能的收益选项是：0、3、5、8。显然，对博弈方 A 来说，最大的收益是 15，但他获得 15 的收益是以博弈方 B 的收益下降为代价的（只有 3），因而这种收益结构必然是不稳定的；相反，如果博弈方 A 选择 4 和 8 的收益时，这时他还可以继续增进自己的收益而不减少对方的收益。同样，对博弈方 B 来说也是如此；

---

① Akerlof G., "Social Distance and Social Decisions", *Econometrica*, Vol. 65, No. 5, 1997, pp. 1005–1027.

② 布坎南：《宪法秩序的经济学与伦理学》，朱泱等译，商务印书馆 2008 年版，第 240 页。

因此，最终相互互动的稳定的结果是（10，8）的收益组合。

表3—1　　　　　　　　　固定参与者博弈模型

博弈方 A		博弈方 B	
		r	d
	R	4，0	10，<u>8</u>
	D	<u>8</u>，5	<u>15</u>，3

显然，这个博弈模型表明，个体之间只要经历次数足够多的互动，那么，就可以逐渐形成基于"为己利他"行为机理的合作均衡。弗登博格写道："如果局中人有耐心，无论他最喜欢哪一种策略，他自己都会公开作出承诺以便他可以应用信誉效应得到同样的支付；其原因是，如果局中人在每一个阶段总是选择同样的行动，则最终他的对手预期他将在未来仍然采取该行动；同时，由于对手们均是短期的，因此他们会选择针对长期局中人的短期最优反应。"① 在这里，我们可以用贝克尔著名的"坏小子"定理作为证据：那些被宠坏的配偶或小孩在利他主义者所坚守的强化机制的引导下也会展示出利他主义行为。究其原因，互动频率的提高有助于博弈双方心理的变化，增强信任感。正如鲍威尔指出的，"信任度与对它的使用成正比，而不是反比，也就是说，人们越多地使用信任，信任就会越牢固地树立起来。事实上，如果不被使用，信任就会枯竭"②。而且，按照互动频率的要求，小规模的组织内部更容易产生"为己利他"行为机理，从而更容易合作，这也为大量的经验事实所证实；而且，按照互动频率要求，如果存在一个限制退出的机制，往往会有利于"为己利他"行为机理的培育，有利于成员之间的合作，这也就是麦克洛伊德的理论。

事实上，正是在长期互动过程中，"为己利他"行为机理逐渐获得了强

---

① 弗登博格（Fudenberg D.）：《重复博弈中对合作和承诺的解释》，载 J－J. 拉丰编《经济理论的进展——国际经济计量学会第六届世界大会专集》上，王国成等译，中国社会科学出版社2001年版，第109页。

② 鲍威尔：《基于信任的管理形式》，载克雷默、泰勒主编《组织中的信任》，管兵等译，中国城市出版社2003年版，第63页。

化。在某种意义上，互动的频繁也有利于从全局进行考虑，从而更接近完全理性的要求。而且，正是由于人类社会几千年来的社会互动，使得"为己利他"行为机理得以不断强化和扩展，从而形成普遍的习惯性"为己利他"行为机理。所谓习惯性"为己利他"行为机理，也就是说，"为己利他"行为不是源于一次性行为，而是在多次互动的基础上形成了行为习惯。也即，行为习惯和"为己利他"机理已经结合在一起，从而互动双方就建立了稳固的互信关系；并且，推而广之，基于"为己利他"行为机理而形成了合作性的社会伦理。当然，基于习惯性"为己利他"行为机理与传统所讲的基于习俗和惯例的协调机制之间还是存在一些区别的，因为在习惯性"为己利他"行为机理中，参与者不仅应该根据习俗和惯例来考虑其对手在未来将如何行动，更主要的是应该考虑他们自己当前的行动影响其对手未来行动的可能性；特别是在长期的互动、学习过程中，这种博弈环境中细心的博弈方往往可以通过多次的重复行动，从而引导对手对特定行动做出最优反应。从某种意义上讲，正是由于"为己利他"行为机理逐渐凝结成个体行为的习惯、社会互动的习俗乃至文化伦理的基本特质，从而产生了广泛的社会合作现象，并促进社会秩序的不断扩展。

最后，需要指出，互动频率这一维度在"为己利他"行为机理形成过程中的重要性也已为大量行为实验所证实。譬如，在公共品投资博弈中，不投资而选择搭便车是主流博弈思维下的占优策略；但大量的实验却表明，大多数受试者都愿意将一半以上的初始禀赋投入公共账户。当然，实验往往还表明，对公共账户的贡献额随着实验回合的进展而具有下降的趋势，大多数受试者在最后一个回合都表现出明显的自利人行为方式。[1] 例如，Ernst Fehr 和 K. M. Schmidt 的公共品投资博弈实验就发现，在早期实验回合，受试者平均和中位的贡献水平在初始禀赋的 40%—60% 之间波动，在最后回合有 73% 的受试者贡献水平是零，余下的贡献率也非常低（接近零）。[2] 显然，这些实验结果与主流博弈思维并不一致，

---

[1] Ledyard J. O., "Public Goods: A Survey of Experimental Research", in: Kagel J. H. & Roth A. E. (eds.), *The Handbook of Experimental Economics*, Princeton, NJ: Princeton University Press, 1995, pp. 111–194.

[2] Fehr E. & Schmidt K. M., "A Theory of Fairness, Competition, and Cooperation", *Quarterly Journal of Economics*, Vol. 114, 1999, pp. 817–868.

因为后向归纳逻辑，所有回合的贡献率都应该是零；但它却可以更好地用"为己利他"行为机理加以解释：随着博弈回合的延长，互惠的机会也在下降，从而合作程度降低。同时，"为己利他"行为机理的持续和扩展是建立在互动的基础之上，而当一些个体主义的受试者采取搭便车行为时，另一些合作主义的受试者就会感到不忿，从而通过降低自身的贡献来对其进行惩罚。这也暗示，如果存在惩罚的措施，那么合作程度也不一定会下降。① 例如，Ernst Fehr 和 Simon Gächter 所做的 4 人组公共品投资博弈实验比较了不同互动频率和有无惩罚手段，结果就证实了这一点：（1）互动频率高的博弈中贡献率就大，事实上，在有搭档的博弈中，即使在严格匿名条件下也会实现几乎完全的合作，甚至最后一回合也是如此；（2）存在惩罚措施的博弈中贡献率也明显大很多，事实上，惩罚威胁的可置信威胁在搭档博弈中最高，因为在该实验中被惩罚的受试者确信实施惩罚行为的受试者还留在组内。② 具体结果如图 3—1 所示。

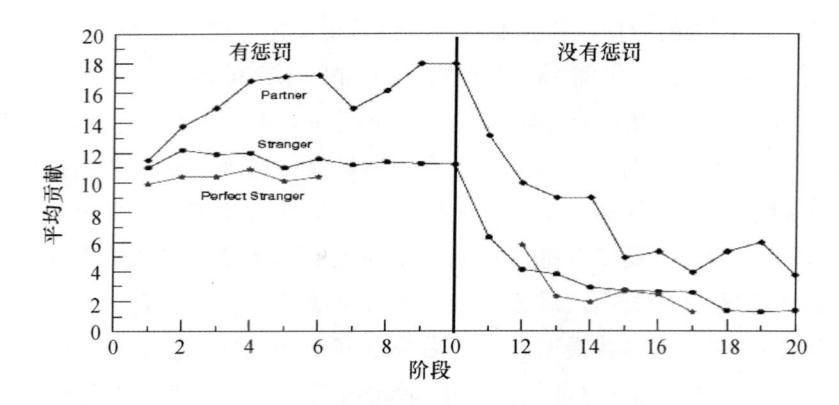

图 3—1 公共品投资博弈实验

注：Partner 是指 4 个受试者在所有 10 个回合中都保留在同一实验小组中；Stranger 是指受试者在每一实验回合都会随机地重新组合；Perfect Stranger 是指受试者随机组合但确保他们在后面的回合中不会再碰到。

---

① Andreoni J., "Cooperation in Public Goods Experiments: Kindness or Confusion", *American Economic Review*, Vol. 85, No. 4, 1995, pp. 891–904.

② Fehr E. & Gächter S., "Cooperation and Punishment in Public Goods Experiments", *American Economic Review*, Vol. 90, No. 4, 2000, pp. 980–994.

第四节 "为己利他"行为机理的实现程度

上面的分析表明，具有强烈亲社会性的行为主体倾向于遵循"为己利他"行为机理，基于"为己利他"行为机理的理性互动则会导向有效的合作，并由此确立了社会道德原则。然而，尽管"为己利他"行为机理在人类社会中是普遍存在的，合作也是基于"为己利他"行为机理进行互动的一般结果；但这并不是说，行为主体就一定会遵循"为己利他"行为机理，个体间的社会互动就一定可以达至最佳的合作状态。事实上，无论是在现实生活中还是在行为实验中，最佳的合作状态都并非一定可以实现，或者说，现实世界中所存在的社会合作往往都不是合作的完全形态。究其原因，人类个体本身就是各种特性的结合体，各种因素在一定程度上都会影响行为者的行为选择，从而使"为己利他"行为机理在实践中出现变异。

也就是说，在现实生活中，"为己利他"行为机理被遵行的深度和广度往往受一系列社会条件的影响。例如，社会经验或教育背景往往影响行为者的亲社会性，从而影响他遵循"为己利他"行为机理的程度；血缘、亲缘等特殊性的私人关系往往影响参与者之间的互动频率，从而影响他遵循"为己利他"行为机理的程度。再如，大量的行为实验反映出，实验中的支付收益大小往往会影响受试者的行为：一般地，当实验中的支付收益相对于受试者实际财富的比重较大时，受试者行为的利他性往往会相对较少；究其原因，此时"利他"的"成本"较高，从而会萌生更强的机会主义和功利主义行为。

一般地，影响"为己利他"行为机理实现的基础性因素是利益结构。事实上，人们之所以遵循"为己利他"行为机理以进行合作，根本目的是为了获得合作剩余。但显然，合作剩余只存在于非零和博弈的情形中，出现于存在共生互利的社会中。相反，在零和博弈尤其是一次性零和博弈的互动情形中，博弈双方的利益是对抗性的，不存在通过增进他人利益来实现自己利益的可能，也不存在直接的合作剩余，因而"为己利他"行为机理也往往难以得到遵行或维持。

20 世纪 80 年代后流行开来的位置消费理论（Positional Consumption

Theory）或者寻租经济学（Rent-seeking Economics）就反映了常和博弈的困境，它们导致了对相对效用的追求和租金的耗散。例如，位置消费理论反映的是人们对相对经济地位的追求，包括相对收入、相对效用、相对炫耀性消费等；① 但是，由于位置是一定的，因而在对位置效用的争夺中各方的利益是对立的，这表现为现实社会中的激烈争斗。当然，这种情形的常和博弈特性仅仅是从短期来说的，而在长期上它往往会转换成非零和博弈。究其原因，为了争夺总量一定的位置，参与者不断地投入资源，却无法提高社会总效用水平；相反，在名义总效用不变的情况下，不断增加的费用投入造成了实际总效用的降低。显然，对位置的争夺实质上也就是一个"抢瓷器"的过程。特别是，如果考虑到社会本来就存在着等级差异，这样一轮接一轮的恶性竞争，将促使社会进入一个"低水平福利的恶性争夺陷阱"。既然位置博弈中的总效用在长期上也是实质可变的，那么，也就有基于"为己利他"行为机理进行合作的空间。

当然，"为己利他"行为机理被实施的程度又与社会风气有关：一般来说，个体本位主义使得行为者往往只关心"小我"的短期利益，这导致互动关系中充斥了争斗性和排斥性，从而难以形成有效的合作。同时，个体本位主义主要是伴随商业主义和市场竞争主义的勃兴而逐渐衍生的，其中，商业主义促进了物质文明和金钱理性的偏盛，市场竞争主义则带来了对相对效用的欲求。关于这一点，我们可用表3—2所示博弈模型加以简要说明：甲处于社会上层，乙处于社会下层，两者形成收益组合为(10, 5)初始状态。

第一，分析一个个体本位主义盛行且崇尚竞争的功利社会情形。首先假定，社会下层的乙安于现状，而社会上层的甲从更大的社会等级差距中获取相对效用，从而极力消耗更多的社会资源；这样，不仅致使乙的相对效用从5下降到3，而且社会总效用也从15下降到13。其次假定，社会上层的甲逍遥自在，而社会下层的乙则由于对甲充满嫉妒，从而不惜耗费更多的社会资源甚至是采取破坏性行为以缩小与甲的差距；这样，尽管自身的相对效用上升了1，但社会总效用却从15下降到12。进一步假定，如果存在一种正反馈效应而使欺压、攀比和破坏行为不断升级，

---

① 这其实就是杜森贝里所称的相对收入效应，社会学上的邻里效应、向上攀比效应等。

从而会形成（争，争）均衡；此时，对整个社会造成的损失更大，整个社会的效用只有 11 了。

表 3—2　　　　　　　　　变异型位置消费博弈

领先者甲	落后者乙	
	争	不争
争	8，3	11，2
不争	6，6	10，5

第二，分析社会中追名逐利的攀比风气比较淡薄的情形。假定，无论是处于社会上层的甲还是处于社会下层的乙，都致力于做大蛋糕而不是分配蛋糕，都没有损害对方利益的行为动机；那么，他们就可以维持原来 10 单位和 5 单位效用，此时整个社会的总效用是 15。相应地，就出现了一个崇尚合作且维护传统的和谐社会，而蛋糕的做大则可以促进社会秩序的持续扩展。当然，在这个位置博弈中，不是纳什均衡的（10，5）之所以得以现实存在，就在于社会成员都没有将一次性行为变动带来的个人利益增加视为策略改变的充分理由，而是考虑自身行为带来的连锁反应：甲如果希图获得更高的 11 单位效用，就必须以乙的效用下降为代价（从 5 单位下降到 2 单位），从而必然会引起乙的反制；相反，乙如果希图获得更高的 6 单位效用，就必须以甲的效用下降为代价（从 10 单位下降到 6 单位），从而必然会引起甲的反制。结果，基于一次性利益促发的策略变动所衍生出的相互反制效应使得最终实现的纳什均衡几乎获得了最差（在总量上）的收益（8，3），考虑到这一点，双方就会尽量避免损害策略行为的短期化，从而维持于（10，5）的效用水平。显然，这种策略思维和行动就是遵循了"为己利他"行为机理。

同时，一个社会中"为己利他"行为机理被遵行的程度也与社会财富分配状况有关，因为一个人所拥有的财富状况往往会影响其与他人互动中的行为方式。(1) 当互动双方的财富地位大致相当时，他们往往更能够通过移情效应而体会对方的需求，从而更加容易形成互惠合作。当然，当互动双方都处于财富极端匮乏的状态时，"为己利他"行为机理也很难得到扩展，因为任何一点财富的增进对他们自身都是非常重要的。

（2）当互动双方的财富地位相对悬殊时，富裕阶层的行为却往往朝向两个极端：一方面，因财产的边际效用递减效应而更乐善好施；另一方面，因缺乏与其他贫苦阶层的同理心而显得更加冷酷自私。那么，这两种趋向究竟哪种会占上风呢？这往往取决于这些富裕人士本身与社会各阶层之间的互动状况，取决于社会文化和伦理道德。Olivier 所做的初始禀赋不对称的最后通牒博弈实验就发现：（1）被赋予较多初始禀赋的"富裕"的提议方往往出价较低，而被赋予较少初始禀赋的"贫穷"的提议方往往出价较高；（2）"富裕"的回应方所拒绝的出价也较高，而"贫穷"的回应方所拒绝的出价则较低。[1] 显然，这个行为实验反映出，"富裕"受试者往往显得更加贪婪，而这些行为却往往为"贫穷"受试者所容忍。这意味着，社会严格等级的存在往往不利于"为己利他"行为机理的深化和扩展，而中产阶级的壮大则有利于"为己利他"行为机理的形成和扩展。

可见，"为己利他"行为机理并不是一种普遍而静态的行为结构，而是呈现出多样性和变异性，尤其呈现出动态的发展性和扩展性，而合作均衡的实现程度在很大程度上则反映了"为己利他"行为机理被施行的深度和广度。事实上，尽管行为经济学越来越多地引入公平等因素来解释社会合作和互惠现象，但正如 Andreoni 等指出的，一个纳入公平考虑的行为模型首先要紧的是要能够解释和预测：何时公平将成为影响行为的主要因素，而何时自私均衡将成为主要现象。[2] 那么，如何对多样化的人类行为进行解释和预测呢？在很大程度上，这涉及人的行为机理以及相应的内在偏好。显然，基于对"为己利他"行为机理被遵行的程度分析，我们可以很好地实现这一理论目的：它不仅可以解释和预测广泛存在的合作和利他现象，又可以为那些合作失败现象和自私行为提供解释，从而就形成了不同形态的社会合作。

一方面，"为己利他"行为机理可以解释和预测大量的互惠合作现象

---

[1] Olivier A., "Do Wealth Differences Affect Fairness Considerations", *International Economic Review*, Vol. 47, 2006, pp. 391-429.

[2] Andreoni J., Brown P. M. & Vesterlund L., "What Makes an Allocation Fair? Some Experimental Evidence", *Games and Economic Behavior*, Vol. 40, 2002, pp. 1-24.

和利他行为。实际上,"为己利他"行为机理体现了人类特有的同理心和人类社会中的移情效应,社会上互动行为需要换位思考,所谓"己所不欲,勿施于人"。譬如,我不希望受到别人的要挟,那么我也不应该趁别人困难之时要挟别人,而是要努力保持长期的合作。卡尼曼、奈奇(Knetsch)和塞勒的实验就表明,当价格上涨是源于成本上升时,消费者往往认为这是正当的;但当价格上涨是源于需求冲击等市场条件的变化时,消费者就认为这是不正当的。[①] 之所以如此,就在于前者包含了人的同理心,贯彻的是"为己利他"行为机理,而后者则完全是机会主义行为。不过,尽管现代主流经济学认为人具有机会主义的天然本能,以致要挟问题成为新制度经济学、信息经济学和激励理论等的中心课题,但这并非是重要而普遍的现实问题:(1)千百年来人们往往能够有效地解决这些要挟问题,即使在现代商业社会许多企业(尤其是日本的企业)之间也往往能够有效地解决;(2)行为实验也表明,一整套可实施的契约之所以会大量增长,主要就归因于人类的非自私行为。[②] 本章就分别从理论分析上和实验数据上证实了基于"为己利他"行为机理分析人类行为的有效性和合理性,反映了人们具有追求合作和互惠的取向,这也揭示了经济人分析范式的理论困境及其与现实的冲突。

另一方面,"为己利他"行为机理也可以解释那些合作失败现象和自私行为。实际上,除了明显的支持"为己利他"行为机理的大量证据外,无论是在现实生活中还是行为实验中,我们同样也可以发现存在很多不理想的状态或均衡;显然,这又反映出,"为己利他"行为机理并没有得到完全的遵行,相反却在一定程度上支持了基于"经济人"假设的标准经济学模型的推论和预测,也似乎是纳什均衡的结果。那么,对这些现象我们又如何解释呢?其实,一些学者也已经提出了一些解释,例如,Falk 等人认为,人类行为是相互影响的,它往往根据对方行为是否友好而采取相应的对策,一个行为越友好(或不友好),那么,也就越容易获

[①] Kahneman D., Knetsch J. & Thaler R., "Fairness as a Constraint on Profit Seeking: Entitlements in the Market", *American Economic Review*, Vol. 76, 1986, pp. 728–741.

[②] Fehr E., Gächter S. & Kirchsteiger G., "Reciprocity as a Contract Enforcement Device: Experimental Evidence", *Econometrica*, Vol. 65, 1997, pp. 833–860.

得奖励（或惩罚）。① 显然，这种解释实际上也体现了"为己利他"行为机理。一般地，"为己利他"行为机理被贯彻的深度和广度与这样一些重要因素有关：（1）行为者本身的亲社会性，亲社会性越高，越会关注他人的感受，也就主动遵行"为己利他"行为机理；（2）互动双方的社会关系，互动者之间的关系越密切，互动频率越高，也就越容易产生相互的"为己利他"行为机理；（3）互动所处的情势特征，如果互动结构的非零和特性越强，利益的互补性也越强，也就越愿意采取"为己利他"行为机理。显然，正是由于这些因素在不同社会互动中存在差异，从而导致了不同的互动结果。

第五节 结语

很多经济学家都在理性经济人分析框架下探究道德原则的起源和特性，但迄今为止的研究并不成功。为此，数理心理学家 Krantz 指出，主流经济学认为个人应该最大化某一些数量的规范假设也许是错误的，人们更应该扮演问题解决者的角色而非最大化者的角色。② 当然，Krantz 的睿智之语也只对了一半：它指出了人类生活就是不断遇到问题和解决问题的过程，但又将问题的解决与利益的最大化之间对立起来。其实，这两者之间并不矛盾，因为个体在解决问题时必须有相对明确的目的和方向，而这个方向和目的根本上是经济性的，体现为尽可能地提高自身利益。譬如，在长期的社会互动中，大多数人都希望通过互惠合作来最大化长期收益，而长期收益最大化的追求过程也就是如何通过行为协调而实现合作这一问题的解决过程。问题在于，人们是如何实现有效合作、进而获得最大化长期收益的呢？这就涉及现实世界中的行为机理。同时，大量的经验事实和行为实验都表明，人们往往会关注他人或社会的利益，注重社会公平和利益互惠，尽可能避免对他人的伤害。显然，这与现代

---

① Falk A. & Fischbacher U., "A Theory of Reciprocity", *Games and Economic Behavior*, Vol. 54, No. 2, 2006, pp. 293–315.

② Krantz D. H., "From Indices to Mappings: The Representational Approach to Measurement", in: Brown D. & Smith J. (eds.), *Frontiers of Mathematical Psychology*, Cambridge: Cambridge University Press, 1991, pp. 1–52.

主流经济学的理性经济人假设存在根本性不同，它是冷淡利己主义者。因此，如何解释和预测人类社会的合作行为也是经济学理论所关注的。显然，"为己利他"行为机理可以提供更为合理的解释和预测。

事实上，在漫长的社会互动中人类逐渐产生了亲社会性，他们在追求自身利益的同时也会考虑其行为对其他相关者的影响，如果损害了相关者的利益，这种行为方式就不是有效的，从而必须且往往会努力加以避免。因此，具有亲社会性的行为主体往往遵行"为己利他"行为机理。正是基于"为己利他"行为机理的行为互动导向了社会合作，并孕育出了人类社会的伦理规范和道德原则；同时，伦理规范和道德原则一旦确立，它反过来又形塑了人类的偏好和合作倾向。因此，基于"为己利他"行为机理，我们可以为普遍存在的社会合作现象提供微观解释，并由此从理性行为角度为道德原则提供微观分析基础。当然，尽管互惠合作是人类社会的普遍存在，但同时我们也应该看到，不仅社会合作的水平存在明显差异，而且存在破坏合作的自私行为。在很大程度上，这就体现了"为己利他"行为机理在现实生活中被遵行的深度和广度，从而引导我们去剖析影响"为己利他"行为机理被遵行程度的各种社会因素，并由此有助于克服人类社会中潜在的种种困境。因此，对"为己利他"行为机理的理解和应用具有重要的现实意义和理论意义。

第 四 章

互动行为何以能够协调：
博弈机理与实验证据

【导读】 为体现"为己利他"行为机理在社会博弈中的意义，还需要进一步将理论与实证结合起来，这充分体现在本章所列举的那些典型博弈模型以及相应的博弈实验中。一方面，基于"为己利他"行为机理，我们不仅可以很好地理解广泛存在的社会合作现象，而且也有助于将个体互动导向社会合作，因而可以成为社会协调的基本行为机理。另一方面，基于"为己利他"行为机理，我们不仅可以有效解释各种合作性的博弈均衡，而且也可以很好地预见博弈的均衡结果，因而也就可以成为博弈论的基本分析思维。

第一节 引言

现代主流经济学所假设的经济人是理性而自利的，基于经济人分析所获得的逻辑结果往往不是帕累托优境而是囚徒困境，不是互惠合作而是公地悲剧。不过，大量的经验事实却表明，人类社会在很大程度上往往能够摆脱公地悲剧和囚徒困境而建立起互惠合作的社会秩序，大量存在的公共事务的有效治理就揭示了这一点，不断扩展的市场和分工半径更是明证。同时，越来越多的行为实验也表明，受试者往往并不只关注自身的利益，也会考虑其他受试者的利益诉求，考虑利益分配的公平性。事实上，无论是最后通牒博弈实验还是独裁者实验，提议方（独裁者）都会留下接近一半的收益给接收方（或接受者）。那么，现实世界中的个体行为为何与标准博弈理论存在如此的不一致呢？根本原因就在于，处于具体社会关系中的人类个体不仅具有维护自身存在或追求个人利益的本能，也具有关注群体生存和群体利益的亲社会性；人类个体不仅关注个人利益的目标，更关注目标实现的有效手段。同时，人类个体并不是完全理性的，无论是在日常生活中还是在行为实验中，人们都不会像主流博弈论所宣称的那样为弄清形式的策略结构，进而进行复杂的数学运算而获得均衡策略的行为选择，从而也就不是基于形式逻辑的运算。例如，子博弈纳什均衡使用了重复多次乃至无限次的后向推理，但实验却表明，绝大多数人的重复推理的步数不超过三级。[1] 为此，心理语言学家 H. 克拉克取笑说，对三级或更多级重复推理的掌握"只需一杯上好的雪利酒就可以被忘却"[2]。

　　显然，现实行为与标准理论之间的巨大差距就提醒我们，应该摆脱先验逻辑前提和逻辑关系的束缚而去考察真实世界中的人类日常行为。一方面，在分析逻辑前提时，需要充分考虑到人类所具有的动物性本能和亲社会性这两大内容，并把人类行为的目的和为之所采取的社会化手段结合起来，这样，就可以得到更为贴近现实世界的"为己利他"行为机理：通过"利他"的合作手段来实现"为己"的个人目的。另一方面，在分析逻辑关系时，需要充分考虑到人们在长期互动中建立起来的习惯，并从行为互动中理解理性的演进，这样，就可以在通感和移情效应的基础之上理解"为己利他"行为机理，认识现实生活中的公平含义。事实上，泽尔腾就认为，现实生活中的人们为了达到收益的愿望水平而会寻找一些可取的线索，如序数势力和公平份额等，而公平份额和权重分派的结合就构成了公平标准。[3] 在很大程度上，这也可用"为己利他"行为

---

[1] 凯莫勒：《行为博弈：对策略互动的实验研究》，贺京同等译，中国人民大学出版社2006年版，第5章。

[2] Clark H. & Marshall C. R., "Definite Reference and Mutual Knowledge", in: Joshi A. K., Webber B. L. & Sag I. A. (eds.), *Elements of Discourse Understanding*, Cambridge: Cambridge University Press, 1981, pp. 10–63.

[3] Selten R., "Equal Division Payoff Bounds for 3-Person Characteristic Function Experiments", in: Tiets R. (ed.), *Aspiration Levels in Bargaining and Economic Decision Making*, Springer Lecture Notes in Economics and Mathematical Systems, No. 213, Berlin: Springer-Verlag, 1982, pp. 265–275.

机理加以解释。因此,"为己利他"行为机理比理性经济人假设提供了更好的博弈思维,更有利于对互动行为进行分析,也更有利于对行为实验结果进行解释,从而为行为经济学提供了更好的分析框架。为此,本章主要做两方面的工作:(1) 基于"为己利他"行为机理重新对主要的博弈类型进行均衡分析;(2) 基于一些行为实验数据对"为己利他"行为机理进行检验。

第二节 "为己利他"行为机理的博弈解释

主流博弈论专家基于最小最大的思路不断精炼纳什均衡,试图在各种复杂的情形中寻找到唯一的均衡,从而在数学意义上建立了子博弈完美均衡、序贯均衡、完美贝叶斯均衡、精炼贝叶斯均衡等概念;但是,这些均衡很大程度上只是形式逻辑的运算,而并没有来自行为实验的明显证据。事实上,任何个体的社会行为都不是完全基于行动功利主义原则,而是深受伦理关系和规则功利主义的制约,从而会有意识地对自己的行为进行限制。布坎南就指出,"每个博弈者之所以同意约束自己,不是为了自身的利益而对自己的行为进行限制,而是因为只有接受这样的约束,才能确保对另一方主体进行相应的控制"[1]。在很大程度上,认知力、意志力和亲社会性就构成了人类的真正理性,其中,认知力反映出行为者对自身最优目标本身的认知程度,意志力反映出人们为实现最大化目标而对短期诱惑的"克制"能力,而亲社会性则是为追求长远利益而进行社会合作的基础。

正是基于对长期和整体利益的追求和实现,人类能够超越自我而追求社会和谐发展,进而也就衍生出现实生活中普遍存在的"为己利他"行为机理。"为己利他"行为机理强调,个人在进行决策时必须考虑自身行为和策略对其他人的影响以及由此引起的他人行为之反动,从而通过有意识地增进其他人的利益以最终实现自身利益;也即,不能只孤立地考虑一次性行为,而是要将所有行为组合起来考虑,从而追求长期利益

---

[1] 布坎南:《宪法秩序的经济学与伦理学》,朱泱等译,商务印书馆2008年版,第236页。

的最大化。[①] 这样，基于"为己利他"行为机理采取行动或策略，那么就会得出与主流博弈论截然不同的结论。为此，这里首先运用"为己利他"行为机理对几类重要博弈类型的均衡解做一新的解释。

【例1】存在唯一纯策略纳什均衡的博弈。在表4—1所示囚徒博弈中，纯策略的纳什均衡解为（坦白，坦白），这也是主流思维的占优策略均衡。但显然，这个均衡对任何囚徒来说都不是理想的。那么，囚徒们是否存在某种行为机理而在互动中实现更好的均衡结果呢？这就要跳出理性经济人的思维。假设初始状态是（不坦白，不坦白），那么，按照经济人的思维，囚徒A的最佳行为是从不坦白转向坦白，此时他可以获得净收益1；但当博弈状态转向（坦白，不坦白）后，囚徒B的最佳行为也是从不坦白转向坦白，此时他可以获得净收益5。这样，均衡就是（坦白，坦白），这是嵌入行为功利主义的经济人行为之互动结果。显然，主流博弈论在分析策略或行动的选择时每次都以一次性行为的结果为基准，但是，如果能够将两次行动或更多次行动组合起来考虑，那么就会有不同的结果。事实上，如果囚徒A足够理性，那么，他就可以预期到，他从不坦白到坦白的转向会促使囚徒B也发生相应的转向，从而最终会陷入（坦白，坦白）这一更坏的结果；考虑到这些，即使囚徒A有由不坦白向坦白转换的足够动机，他也缺乏转换的充分理由。

显然，如果囚徒们都能够充分认识到自身行为带来的后续影响，从而将策略转换的足够动机和充分理由区别开来，那么，（不坦白，不坦白）的初始状态就不会改变；相反，如果初始状态是（坦白，坦白），那么通过两个阶段的转变就可以达到（不坦白，不坦白）的结果。这也就是"为己利他"行为机理的思路：每个囚徒在进行策略选择时，必须考虑其策略给对方带来的影响，要避免自身行为给对方的伤害，否则对方必然也会改变策略，最终使自己反受其害。也即，当囚徒A试图选择坦白时，就必须料到这种行为将会损害囚徒B的利益，从而也必然会受到囚徒B的报复；为此，囚徒A就会有意识地放弃坦白策略，相应地，B也会基于相同的行为机理，从而就会有效地实现了（不坦白，不坦白）

[①] 朱富强：《行为经济学的微观逻辑基础：基本假设和分析维度》，《社会科学战线》2011年第10期。

均衡。这里的关键是"共同知识"：在一个社会性的环境中，人们相信对方是和自己一样的人，会做出相同的选择；在这种情况下，选择不坦白策略显然就会优于坦白策略。这种共同知识和策略选择也为广泛的社会事例所证实：在现实生活中，那些长期合作的犯罪团伙被抓获后一开始就招供的往往只是少数；而且，大量的行为实验也表明，受试者往往能够避免陷入囚徒困境。[1] 进而，"为己利他"行为机理的策略思维也得到理论的证明。M. Smith 给出的针锋相对战略演化稳定证明就表明，演化必然导致不确定重复囚徒困境中选择针锋相对战略。[2] 所以，W. Poundstone 写道："在囚徒困境中永远不要第一个选择背叛行为，这是一个博弈论观点。"[3]

表 4—1　　　　　　　　　　　囚徒博弈

囚徒 A		囚徒 B	
		不坦白	坦白
	不坦白	-1, -1	-10, 0
	坦白	0, -10	-5, -5

【例 2】存在多个纳什均衡的博弈。在表 4—2 所示的性别战博弈矩阵中，有两个纯策略纳什均衡（球赛，球赛）、（芭蕾，芭蕾）和混合策略纳什均衡〔(1/5, 4/5)(4/5, 1/5)〕，其支付得益分别为（2, 4）、（4, 2）和（8/5, 8/5）。问题是，现实生活中的夫妻会以（1/5, 4/5）和（4/5, 1/5）的概率随机地选择球赛和芭蕾吗？基本上不会。究其原因，他们的利益根本上是一体的，从而不会分开来独自决策；而且，混合策略的均衡收益往往要小于纯策略的均衡收益。同样，现实生活中的夫妻会固定不变地选择看球赛或芭蕾吗？一般也不会。究其原因，这种组合的收益分配具有非常强的不公平性，会造成等级现象，从而无法长期维

---

[1] Maier-Rigaud, Frank P. & Apesteguia J., "The Role of Choice in Social Dilemma Experiments", Preprint：Bonn Econ Discussion Papers, October, 2003.

[2] Smith M., *Evolution and the Theory of Game*, Cambridge：Cambridge University, 1982, p. 202.

[3] Poundstone W., *Labyrinths of Reason*, New York：Doubleday, 1988, p. 245.

持下去。那么，现实生活中的夫妻更为可能的行为又如何呢？一般地，他们会交叉轮流地参加对方更为偏好的活动，从而每方可以获得3的平均收益，这显然远大于混合策略下的收益8/5。事实上，任何一方希望获得自身的最大利益，在决策时都必然要考虑另一方的利益，要考虑到收益分配的公平性；相应地，在某一方比较特别的日子里，两人往往就会选择他更为偏好的活动。这也就是基于"为己利他"行为机理所形成的制度性安排。进一步地，如果不存在交叉轮流的行为方式，那么，利益紧密联系的成员就会组建一个共同体，共同行动的收益由共同体成员所分享，这又引入了收入再分配的需要。

表4—2　　　　　　　　　　性别之战

		丈夫	
		球赛	芭蕾
妻子	足球	2, 4	0, 0
	芭蕾	1, 1	4, 2

【例3】没有纯策略纳什均衡的博弈。按照主流博弈理论，表4—3所示的博弈没有纯策略博弈均衡，而只有混合策略纳什均衡：[（15/28，13/28）、（15/28，13/28）]，其支付得益为（865/28，865/28）。那么，现实生活中，该博弈的均衡是否果真如此不确定呢？事实上，基于"为己利他"行为机理，博弈结果就很容易获得解释和判断。根据"为己利他"行为机理，任何博弈方要想增进自己的收益，首先必须增进对方的收益，而损害他人利益的人也会反受其害，最终结局就是两败俱伤。因此，分析博弈结果就必须剖析各方的收益结构。博弈方B的四个可能收益选项是：10、23、40、55，那么，他最可能的收益有多大呢？首先看收益55，它的取得以博弈方A的收益减少（从55减少为10）为代价，从而必然会引起博弈方A的策略反弹（从D转向R），因而这种收益是不稳定的。其次看收益40，有两点：（1）它的取得不会损害反而可以增进博弈方A的收益；（2）在给定博弈方B选择策略d的情况下，博弈方A的最佳选择也是D。因此，这种收益是有保障的，相应的策略也就是可行的。同样，剖析博弈方A的四个可能收益选项是：10、23、40、55；显

然，博弈方 A 取得 55 这个收益可以增进博弈方 B 的收益（从 23 上升到 40），从而这一收益是有保障的且稳定可行的。正因如此，（55，40）就是基于"为己利他"行为机理的稳定均衡。

表 4—3　　　　　　　　　　没有纯策略的博弈矩阵

博弈方 A		博弈方 B	
		r	d
	R	23, 10	40, 23
	D	10, 55	55, 40

这个例子表明，那些在主流博弈论看来没有纯策略均衡的博弈，如果基于"为己利他"行为机理进行分析也存在相对稳定的纯策略均衡，而且，这个纯策略均衡的收益帕累托优于混合策略的纳什均衡。既然如此，主流博弈论为何会得出没有纯策略均衡这一结论呢？关键在于，主流博弈论所依赖的是有限理性或短视理性，它只考虑一次性或小阶段的行为变动带来的收益，而缺乏通盘地考虑整个博弈进程；这样，它就无法将策略改变的足够动机和充分理由区分开来，无法以更长远的眼光审视收益组合（55，40）的稳定性。一般地，人类理性的根本特性就在于能够从长远利益的角度来审视和选择行为：一个人所考虑的互动进程更长，考虑的利益关系更全面，那么，他的理性程度也越高；同时，当理性程度越高的两个人相遇时，就越容易实现帕累托增进的稳定均衡。

【例 4】存在唯一纳什均衡的动态博弈。在谢林（Shelling）描述的图 4—1 所示劫匪之抉择博弈中：劫匪绑架人质后感到后悔而想罢手，却又担心人质被放后会报警。显然，按照主流博弈论的思维，人质在释放后的最佳策略是选择报警，因而劫匪的最佳策略是遵循"不为人所负而先负人"的机会主义原则而杀掉人质，从而获得收益组合为（0，−10）的均衡。相反，基于"为己利他"行为机理，人质要获得自己的收益最大化，就必须以同理心考虑到劫匪的要求，反过来，劫匪也需要相信人质的承诺，从而就可以实现收益组合（5，3）的均衡。事实上，在现实生活中，尤其是在人员流动极其频繁（这导致信任关系很难建立）的情形下，也时有撕票案的报道，但杀掉人质的案例毕竟是少数，大多数情是，劫匪会释放人质，获释的人质也很少去报警。事实上，不仅在电影里经常出现的绑票事件中，而且一些明星在出道初期都曾受过黑社会组织的胁迫，但大多数最后都是达成了"共赢"结果。

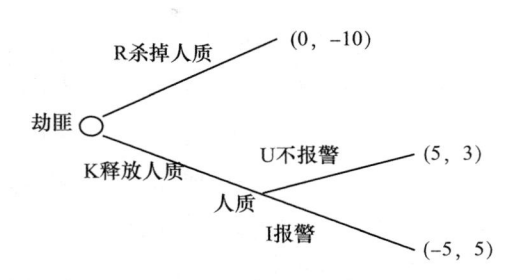

```
             R杀掉人质         (0, -10)
劫匪 ○
             K释放人质    U不报警   (5, 3)
                    人质
                         I报警   (-5, 5)
```

图 4—1　谢林的劫匪抉择博弈

那么，如何解释绝大多数劫匪宁愿冒着人质报警的风险却没有杀害人质呢？要知道，这些劫匪的社会性往往都不高，但他们也没有穷凶极恶地大开杀戒，没有因一次犯罪而走上不归路，而是对人质的承诺寄予了相当的信任。同样地，那些人质事后也很少选择报案，也在于他们往往会做这样推理：劫匪之所以选择释放我只因为他相信我会坚守承诺，如果我事后不守诺的话，劫匪现在也根本不会释放我。也即，他们体验到了"相忍为福"的箴言，认识到相互信任、相互合作的需要；尤其是，人们往往能够从互动中识别出对方的特征以选择相应的合作策略，这也就是高蒂尔提出的"有约束的最大化"①。这种基于相互信任而采取合作的例子确定地展示在蜈蚣博弈中：按照主流博弈论所宣告的那种"不为人所负而先负人"的机会主义原则，任何博弈方一有机会都会中断博弈进程；但是，绝大多数博弈方都不愿这么做，宁愿冒着遭受巨大收益损失的风险。如何解释呢？究其原因，现实生活中人们大多能够考虑到对方的感受和需要，大多能够根据环境和条件的变化而不断地调整策略和行为，那种"一着不慎、满盘皆输"的现象往往只是发生在高度对抗和竞争的情境中。

【例5】没有纯策略纳什均衡的动态博弈。在范·德蒙（van Damme）

---

① Gauthier D., *Morals by Agreement*, Oxford：Oxford University Press, Ch.2, 1986.

1989 年提出的图 4—2 所示的性别博弈中，① 博弈的第一阶段是博弈方 1 单独选择，第二阶段是博弈方 1 和博弈方 2 共同选择的性别博弈；其中，性别博弈有两个纯策略纳什博弈均衡（A，L）、（B，R）和混合策略纳什均衡（3/4，1/4）、（1/4，3/4），其支付得益分别为（9，3）、（3，9）和（9/4，9/4）。那么，在现实生活中究竟会出现哪种均衡呢？显然，主流博弈理论并不能预知确切的均衡结果，而基于"为己利他"行为机理的分析则可以提供更明确的判断。实际上，在该博弈中，博弈方 1 的收益结构分别是：9、4、9/4 和 0，如果博弈方 1 为得到 9 的收益而进入第二阶段博弈并选择 A 策略，那么就必须确保博弈方 2 在第二阶段一定会选择 L 策略；但在没有充分沟通的情况下，这点无法保证，相反，如果博弈方 2 也追求自身的最大收益 9。这样，最终的收益结果就是（0，0）。即使两者都采取随机的混合策略，那么，博弈方 1 最终获得的收益也只有 9/4。显然，理性的个体应该清晰地预测到这一点，因此，博弈方 1 会在第一阶段开始就选择 L 策略而中止博弈，从而可以获得 4 这一次优收益。

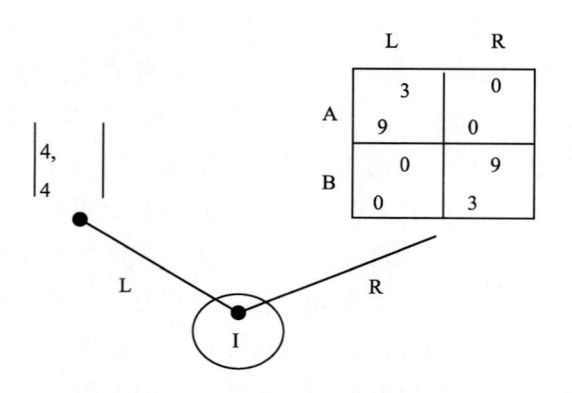

图 4—2　范·德蒙的性别博弈

当然，这个博弈是个明显的非零和博弈，（3，9）或（9，3）收益组合可实现的共同利益为 12，这大于（4，4）收益组合的共同利益 8。那

---

① van Damme E., "Stable Equilibria and Forward Induction", *Journal of Economic Theory*, Vol. 48, 1989, pp. 476–496.

么,人类是否就无法获得这种合作收益呢?显然不是。要实现更大的合作利益,关键就在于,参与者之间存在一些沟通和再分配机制。如果收益仅仅由初次的博弈决定,那么结果一般就只能是(4,4);但如果存在收益再分配机制,就有可能实现(9,3)或(3,9)的收益组合。至于再分配后两人的收益结构如何,则决定于两人的地位和相关的社会认知。也即,取决于泽尔腾提出的等量分配收益界限理论。基于这一思维,由于博弈方1拥有4这一保留效用,因此,再分配的结果必须使博弈方1获得超过4的收益。从另一个角度上讲,如果出现(9,3)或(3,9)的收益组合,就意味着,其中一方实施了利他主义行为。西蒙认为,要使得这种利他主义行为具有普遍性,社会就应该对净收益剩余进行征税并用来贴补利他行为者。[①] 显然,尽管新古典自由主义者一直对收入再分配制度心存疑义,但是,"为己利他"行为机理却为收入再分配制度提供了合理化的逻辑基础。

第三节 "为己利他"行为机理的实验证据

上面的分析表明,基于"为己利他"行为机理的社会互动更容易导向合作。其实,合作现象不仅是基于"为己利他"行为机理的理论分析之结果,并与其他一些理论相通,而且也为大量的社会经验和行为实验所证实。譬如,Akerlof 等人的系列理论文章就表明,公平性可以为"工资为何会高于市场出清水平"以及导致非自愿失业的出现提供可能的解释;[②] 而且,劳动经济学大量的调查问卷也表明,刚性工资的主要原因就在于雇主往往不愿意削减工资。[③] 同样,无论是在经济学领域还是在心理学和政治科学等领域,上千个囚徒博弈的实验文献都发现,人类具有非

[①] Simon H. A., "A Mechanism for Social Selection and Successful Altruism", *Science*, Vol. 250 December, 1990, pp. 1665 – 1668.

[②] Akerlof G., "Labour Contracts as a Partial Gift Exchange", *Quarterly Journal of Economics*, Vol. 97, 1982, pp. 543 – 569.

[③] Blinder A. S. & Choi D. H., "A Shred of Evidence on Theories of Wage Stickiness", *Quarterly Journal of Economics*, Vol. 105, 1990, pp. 1003 – 1016.

常稳固的合作倾向。① 例如，Bohnet 和 Frey 就发现，在政治领域、企业、家庭等各种情形中，人们往往都是"租金的规避者"，他们不愿意投资那些只能增进自身收益而对其他人却是无生产性的领域。② 正是基于上述种种原因，行为经济学及其分支——行为博弈论——近十几年来就取得了飞速发展，它应用心理学规律而提出弱化主流经济学的理性假设以及扩展现有经济理论的思维和方法。因此，这里以行为经济学所提供的一些经验和实验的数据来为"为己利他"行为机理的现实性提供检验。

【例1】存在纯策略纳什均衡的单边博弈。在表4—4所示的买卖单边博弈中，（低质量，不购买）是纯策略的纳什均衡解，但这显然不是现实中的普遍情形，否则就不会有交易和市场的出现和扩大了。那么，如何解释现实世界中（高质量，购买）均衡的普遍存在呢？事实上，在该博弈中，顾客有一个强力偏好（高质量，购买），他之所以会选择不购买，主要是为了维护自己的利益而不是攫取更多的利益；相反，厂商之所以选择低质量，目的在于攫取更多的利益，但结果却是一无所获。因此，为了获得更高利益，厂商就必须考虑到其行为不能损害顾客的利益，从而选择高质量。显然，这里"为己利他"行为机理就开始发挥作用。而且，如果厂商选择了高质量，那么就会确实地产生（高质量，购买）的帕累托有效结果。在很大程度上，这也是对现实世界中的真实反映。也就是说，在这类博弈中，只要其中一方遵循"为己利他"行为机理，就可以获得合作的结果。

表4—4　　　　　　　　　　买卖的单边博弈

厂商		顾客	
		购买	不购买
	高质量	1, 1	0, 0
	低质量	2, -1	0, 0

---

① Kelley H. H. & Stanelski A. J, "Social Interaction Basis of Cooperators' and Competitors' Beliefs about Others", *Journal of Personality and Social Psychology*, Vol. 16, No. 1, 1970, pp. 66 – 91.

② Bohnet I. & Frey B. S., "Rent Leaving", *Journal of Institutional and Theoretical Economics*, Vol. 153, 1997, pp. 711 – 721.

【例2】 存在纯策略纳什均衡的双边博弈。在表4—5所示的战争博弈中，（射击，射击）是纯策略纳什均衡，但真实的战争却充满了反例，其中最广为人知的事发生在第一次世界大战期间。1914年12月后英德双方士兵深陷在巨大的堑壕网络中而形成长达3年的阵地战对峙，堑壕的距离有的仅相隔约55米，但不断升级的战争情形并没有出现，相反却出现了一些有意识的默契。例如，每天早餐时间双方士兵都会在空中竖起一块木板，当这块木板一竖起枪战便停止了，他们各自开始打水和取给养，而当木板倒下时战争才又重新开始；再如，双方官兵还会各自聚集在堑壕前沿举行即兴音乐会，当歌声从一方阵地上飘到对方堑壕时还会引起对方士兵的一片掌声，甚至还会被要求再来一次；特别是，英德官兵不仅唱颂歌、道问候、共度圣诞节，而且休战期间英德双方官兵还在"无人地带"进行了多场足球赛。显然，这里"为己利他"行为机理演化成了具体的"自己活也让别人活"真实博弈结果，因为相似的环境使英德两国官兵彼此间产生了同情之心，从而即使对方暴露在射程之内也不会射杀。艾克斯罗德写道："尽管高级军官尽力想阻止它；尽管有战斗激起的义愤或杀人或者被杀的军事逻辑；尽管上级的命令能够容易地制止任何下属试图直接停战的努力，这个（自己活也让别人活）系统仍然存在和发展着。"[1]

表4—5　　　　　　　　　　战争中的双边博弈

德国		英国	
		射击	不射击
	射击	-5，-5	10，-10
	不射击	-10，10	0，0

【例3】 连续型的囚徒博弈。在图4—3所示的两阶段博弈中，（0，0）是纯策略纳什均衡，但显然，这对双方都不是最佳结果。相反，根据"为己利他"行为机理：博弈方1希望最大化自身收益而不能损害博弈方

---

[1] 艾克斯罗德：《对策中的制胜之道：合作的演化》，吴坚忠译，上海人民出版社1996年版，第57页。

2 的收益，从而会选择 C 策略；同样，博弈方 2 希望最大化自身收益而不能损害博弈方 1 的收益，从而会选择 c 策略。这样，就可以得到更优的 (1，1) 均衡。事实上，基于"为己利他"行为机理的这一均衡结果已经为 Fehr、Kirchsteiger 和 Riedl 的实验[1]以及 Clark 和 Sefton 的实验[2]所证实。为此，Dufwenberg 和 Kirchsteiger 解释说：如果均衡是基于传统博弈论来进行计算的，那么非优化的行为就会被预期。但问题似乎在于，在基于纳什均衡的主流博弈理论中，行为者并没有必然地优化他的均衡路径。因此，要解决这一问题，就需要寻求比传统博弈理论更复杂的理论：一般地，在连续型博弈中，人们在修正自己信念的同时也在修正关于其他博弈方类型的信念，那些受互惠影响的博弈方所关注的路径也与主流博弈论存在显著的不同。

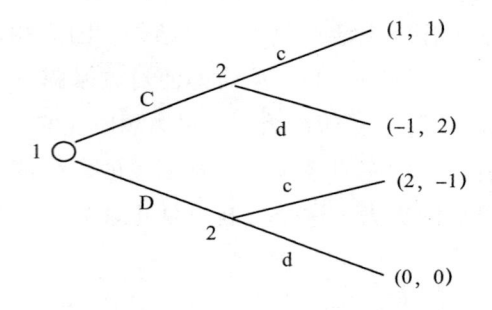

图 4—3 连续型的囚徒博弈

显然，如果博弈方 1 基于"为己利他"行为机理选择合作方式，那么受互惠的影响，博弈方 2 也很有可能会选择合作的方式。但是，如果博弈方 1 选择的行为是非合作的，那么又如何保障博弈方 2 会选择合作方式呢？而且，由于人类本身的社会性存在，人们往往愿意采取对方针对自身所采取的那种方式；在这种情况下，为了影响博弈方 2 的行为方式，博弈方 1 应该一开始就选择合作方式。为此，Dufwenberg 和 Kirchsteiger

---

[1] Fehr E., Kirchsteiger G. & Riedl A., "Gift Exchange and Reciprocity in Competitive Experimental Markets", *European Economic Review*, Vol. 42, 1998, pp. 1-34.

[2] Clark K. & Sefton M., "The Sequential Prisoner's Dilemma: Evidence on Reciprocal Altruism", *Economic Journal*, Vol. 111, 2001, pp. 51-68.

提出了一个"连续互惠原理",用来处理在连续博弈中信念如何改变以及如何影响互惠考虑这一问题。[1] 事实上,这种连续互惠原理也普遍存在于现实社会中,例如,Akerlof 和 Yellen 就发展出一个公平工资努力模型:企业(博弈方1)首先选择了以慷慨或者贪婪的工资支付,然后工人(博弈方2)决定高或者低的努力程度。[2] 显然,效率工资理论就表明,企业主往往会选择支付一个高于市场出清的工资,而且工资水平越高,工人的努力程度往往也越大。

【例4】 存在外部选择的动态博弈。在图4—4所示的宾默尔命名的Dalek 博弈中,第二级真子博弈有两个纯策略纳什博弈均衡 B(F)、E(I)和混合策略纳什均衡,其支付得益分别为(9,3)、(6,6)和(18/5,10/5)。那么,在现实生活中究竟会出现哪种均衡呢?这里分两种情况:有外部选择和没有外部选择。在没有外部选择的情况下,博弈方 I 的收益结构分别是:9、6、18/5 和 0,博弈方 II 的收益结构分别是:6、3、10/5 和 0。由于博弈方 II 先行动,它就可以获得 6 的收益,因为博弈方 II 这一收益的获得并没有损害反而增进了博弈方 I 的收益(从 0 到 6)。因此,我们可以有相当的把握相信现实中将会出现均衡 I,实验的结果也证明了这一点,均衡 I 出现的概率达 86%。在存在外部选择的情况下,博弈方 I 的收益结构分别是:9、7、6、18/5 和 0,II 的收益结构分别是:6、4、3、10/5 和 0。此时,由于博弈方 I 先行动,它可以获得 7 的保留收益。那么,它是否可以获得更大的利益呢?事实上,它如果想获得 9 的收益,那么就将行动的主动权交到了博弈方 II 的手里;而上面的分析表明,此后的真子博弈的现实均衡是 E(6,6)。因此,我们可以有相当的把握相信现实中将会出现均衡 A,实验的结果也证明了这一点,均衡 A 出现的概率达 88%。[3]

当然,如果在第二级真子博弈中,博弈方 I 先行动,那么,它就有更高的概率获得收益 9;在存在外部选择的情况下尤其如此,这一行动表

---

[1] Dufwenberg M. & Kirchsteiger G., "A Theory of Sequential Reciprocity", Working Paper, 2003.

[2] Akerlof G. & Yellen J., "Fairness and Unemployment", *American Economic Review*, Vol. 78, 1988, pp. 44 – 49; Akerlof G. & Yellen J., "The Fair-Wage Effort Hypothesis and Unemployment", *Quarterly Journal of Economics*, Vol. 195, 1990, pp. 255 – 284.

[3] 这是我在英国 Exeter 大学访问期间与 Dieter 教授等共同所做的实验结果。

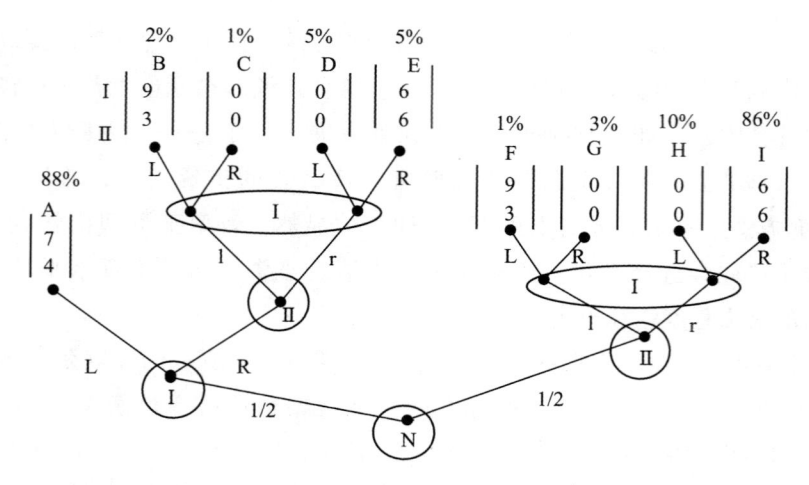

图4—4 宾默尔命名的 Dalek 博弈实验（Ⅰ）

明博弈方Ⅰ将偏好 RL 行动，而博弈方Ⅱ根据前向归纳推理也会预期到如此，也会提高采取 l 行动的概率。然而即使如此，由于第二级真子博弈是个相当于静态博弈的信息不完美动态博弈，因而博弈方Ⅰ的行动也必须考虑博弈方Ⅱ的可能反应；而对博弈方Ⅱ来说，由于 3 的收益与 6 的收益比较起来相差较大，因而他很可能偏好于 r 行动。事实上，博弈方Ⅱ会这样思考：你（博弈方Ⅰ）试图追求 9 的收益却以牺牲我（博弈方Ⅱ）的利益为代表，这违背了"为己利他"行为机理，我当然不能让你轻易如愿，因而宁愿选择策略 r。基于这样的博弈互动，总体上还是出现均衡 A 和均衡 I 的可能性较大，但均衡 B 和均衡 F 的可能性也会有所提高，这也可以从实验数据中得到证实，如图4—5所示。

【例5】有限选择项的最后通牒博弈。一定数额的初始收益在提议者和回应者之间分配，提议者有两种可选择分配方案，那么，提议者究竟选择哪种方案能够最大化自身收益呢？显然，这取决于选择方案的支付和这一方案被回应者接受的概率；因此，提议者究竟选择何种分配方案就与他所面临的两种可选择分配方案的具体情形有关。我们这里以 Falk、Fehr 和 Fischbacher 在 1999 年所做的最后通牒博弈实验来进行分析，其方案是：初始可分配收益总额是 10，提议者向回应者提出的分配方案是（8，2），同时，提议者分别面临着其他四种可选择的分配方案：（5，5）、（2，8）、（8，2）和（10，2），实验的目的就是测试在这四种不同情形下，提议

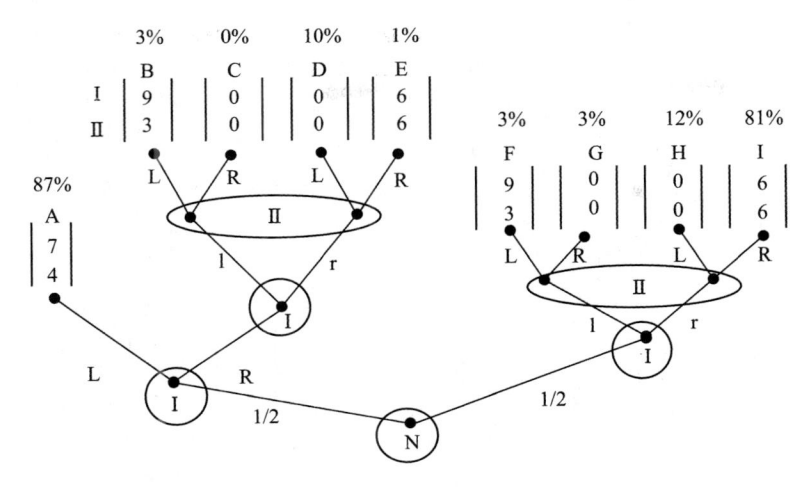

第四章 互动行为何以能够协调：博弈机理与实验证据 / 107

图4—5 宾默尔命名的 Dalek 博弈实验（Ⅱ）

者的分配方案被回应者接受的概率。实验的结果是，在面临（5，5）、（2，8）、（8，2）和（10，2）这些可替代的分配方案下，回应者接受提议者（8，2）这一分配方案的概率分别是：55.6%、73.3%、82%和91.1%。[①]其具体结果如图4—6所示。

那么，如何解释上述实验结果呢？这依然可用"为己利他"行为机理进行可信的分析，而"为己利他"行为机理则与泽尔腾提出的等量分配收益界限理论具有相通性。泽尔腾认为，在全体一致性博弈中，内在对称性要求在所有博弈方中平均分配收益，而非联盟机会收益的明显差异则确立了博弈方的势力排序，其中，势力最强者能够预期至少可以得到公平份额，因而公平份额就成了收益预期的上界或下界。[②] 就"为己利他"行为机理而言，它就具有双重特征：（1）行为者试图通过合作而达到共赢，反映在公平对行为结果的影响；（2）行为者的基本目的又是"为己"的，反映在势力、资源的差异对收益分配的影响。一个明显的证

---

① Falk A., Fehr E. & Fischbacher U., "On the Nature of Fair Behavior", Working Paper No. 17, Institute for Empirical Research in Economics, University of Zurich, August, 1999.
② Selten R., "Equal Division Payoff Bounds for 3 - Person Characteristic Function Experiments", in: Tiets R. (ed.), *Aspiration Levels in Bargaining and Economic Dicision Making*, Springer Lecture Notes in Economics and Mathmatical Systems, No. 213, Berlin: Springer-Verlag, 1982, pp. 265 - 275.

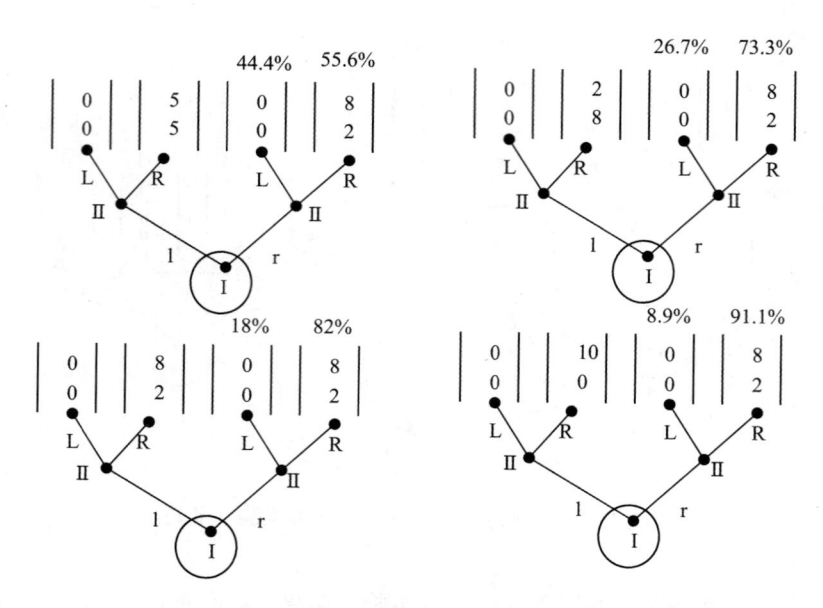

图 4—6　有限选择项的最后通牒博弈实验

据就是最后通牒博弈和独裁者博弈实验，提议者拥有先发优势，因而他给对方的出价往往只有 40%—50%，很少有超过 50% 的；而且，独裁者博弈中的独裁者比最后通牒博弈中的提议者拥有更大的权势，因而出价也相对更低一些。因此，我们可以基于"为己利他"行为机理对上述实验结果进行解释。

首先，就提议者所面临的两种可选择分配方案是（5，5）和（8，2）而言，提议者可能获得的收益是 5 和 8；问题是，如果提议者获得 8 的收益是以接收者接受 2 的收益为前提的，这种分配结果对接收者来说显得很不公平，从而就面临着被拒绝的很大可能性。正因如此，基于移情的考虑，提议者获得 5 的收益是更可能的结果。事实上，正如上述实验所显示的，当提议者选择（8，2）这一分配方案，被接受的可能性仅仅是 55.6%，其期望收益是 4.4，小于直接选择 5 所获得的收益。

其次，就提议者所面临的两种可选择分配方案是（2，8）和（8，2）而言，提议者必须在两个都不公平的分配方案中进行选择。显然，如果提议者给对方 8 的收益，那么接收者就会很乐意接受；相反，如果希望自己获得 8 的收益就很可能会被接收者拒绝，其关键在于接收者拒绝的概率有多大。其实,尽管目前存在的两种分配方案都显得很不公平,问题是,哪种不公平情形更容易为社会接受?一般地,尽管无论是提议者还是接收者都不愿意仅仅获得 2 的收益而给予对方 8 的收益,但提议者本身具有选择的主动优势;同时,提议者又无法给予接收者更高的份额,除非是一个把他人利益看得比自身利益更重的纯粹无私者。考虑到这一点,接收者往往更可能接受获得 2 的收益这一现实。事实上,正如上述实验所显示的,此时接收者接受 2 收益的可能性是 73.3%,比上述情形下的 55.6% 要高;而且,提议者选择(8,2)分配方案可获得的期望收益是 5.8,要远大于直接选择 2 所获得的收益。

最后,就另两种情形而言。第三种情形实际上也就是提议者只有一种选择,在这种情形下,接收者往往也只有接受;不过,由于分配方案是极不公平的,因而一些热衷于平等的接收者也会选择拒绝,实证结果 18% 的拒绝率显然又进一步低于上述两种情形。而就第四种情形而言,尽管两种分配方案对接收者来说都显得很不公平,但是,提议者在两个都不公平的方案中选择了较为公平的一个,从而表明了提议者的善意动机;这显示出,提议者努力实施着"为己利他"行为机理,从而被接受的可能性也最高,91.1% 的被接受的实验结果显然也证实了这一点。显然,这反映出行为"动机"对他人以及最终结局会产生明显的影响,这一点也可见 Andreoni、Brown 和 Vesterlund 的实验结果。[①]

【例6】多阶段的议价博弈。我们来看 Hoffman、McCabe 和 Smith 所做的图 4—7 所示博弈实验:两个实验的子博弈完美纳什均衡都是(40,40),因为只要轮到博弈方 2 行动,它选择底下策略后,(40,40)就是简单的占优策略均衡。相反,在实验一中,如果博弈方 2 选择上面策略,尽管存在(50,50)更优的对称结果,但博弈方 1 不会选择(50,50)而结束博弈,而是会迫使博弈方 2 选择(60,30);同样,在实验二中,如果博弈方 2 选择上面策略,尽管存在(50,50)更优的对称结果,但博弈方 1 会直接选择(60,30)而结束博弈,从而造成博弈方 2 的损失。那么,非合作的(40,40)果真更具现实性吗?事实上,人的行为不是

---

① Andreoni J., Brown P. M. & Vesterlund L., "What Makes an Allocation Fair? Some Experimental Evidence", *Games and Economic Behavior*, Vol. 40, 2002, pp. 1–24.

孤立而抽象的，而是与他人的行为有关，如果采取了某些不公平的机会主义行为，很有可能会遭到对方的惩罚。例如，在实验一中，如果博弈方2选择上面策略，而博弈方1不是选择（50，50）而是迫使博弈方2选择（60，30），但博弈方1行为也很可能会遭到博弈方2也不选择（60，30）的惩罚，结果反而遭受更大的损失；基于这种考虑，那么博弈方1更可能会选择合作的（50，50）。即使在实验二中，尽管在博弈方2选择上策略后，（60，30）是博弈方1的占优策略，而且也没有面临惩罚的风险；但是，如果考虑个体本身的社会性，具有关注社会公平的情感，那么，博弈方1的行为也会抵抗住选择（60，30）的诱惑，而很可能会让博弈方2选择（50，50）而结束博弈。这就是"为己利他"行为机理的结果。

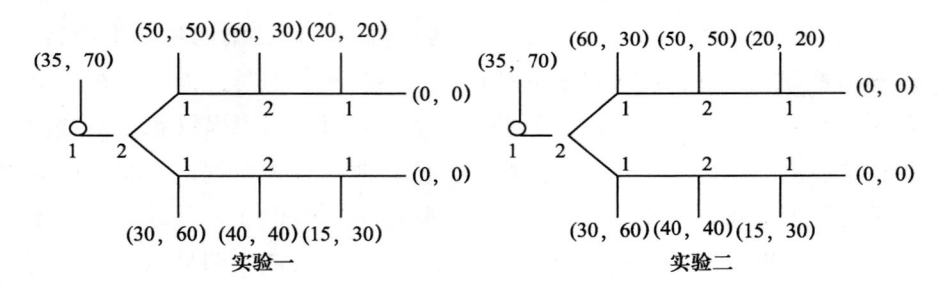

图4—7　多阶段的议价博弈

事实上，实验结果证实了上述"为己利他"行为机理。在实验一中，当博弈方2行动时，有一半人（26人中的13个）选择了上策略，轮到博弈者1行动时，有77%（13人中的10个）选择了（50，50）而结束博弈；并且，当其中3个博弈方采取迫使博弈方2的行动时，有67%（3人中的2个）接受了这种要挟而选择了（60，30），但33%（另1人）的博弈方2选择了惩罚博弈方1的行动，最后博弈方1只能接受（20，20）的结果。而当另一半人博弈方2选择下策略时，有92%（13人中的12个）的概率实现子博弈完美纳什均衡（40，40），只有一个实验的结果是（15，30）。而且，实验表明，当博弈方2选择上面策略时，可获得的平均期望支付是44.6；而在博弈方2选择上面策略后，博弈方1试图不选择（50，50）而迫使博弈方2选择更有利于博弈方1的（60，30）时，结果它的期望收益只有46.7。同时，以所有人都实现（50，50）这一合作均衡收益为基准，发现所有博弈的平均有效率达85.5%，而子博弈完美纳什均衡的有效率只有80%，这也显示出从合作动机中可以获得更高的净收益。实验二也有类似的结果，当然，由于博弈方1的行动相对不受博弈方2的惩罚，因而博弈方1直接选择（60，30）的概率更高，相应地博弈方2直接选择底下策略的概率也相对较高。具体实验结果如表4—6所示：[1]

表4—6　　　　　多阶段议价博弈的实验结果

实验	单一性实验一	单一性实验二	重复性实验一	或有性实验一
上策略	13/26＝0.5	12/26＝0.462	204/353＝0.580	9/23＝0.391
50，50	10/13＝0.769	6/12＝0.5	133/204＝0.652	8/9＝0.889
60，30	2/3＝0.667	6/6＝1	33/71＝0.549	1/9＝0.111
20，20	1/1＝1	0	36/36＝1	0
下策略	13/26＝0.5	14/26＝0.538	148/352＝0.420	14/23＝0.609
30，60	0/13＝0	0/14＝0	9/148＝0.061	3/14＝0.214
40，40	12/13＝0.92	14/14＝1	138/139＝0.993	11/11＝1
15，30	1/1＝1	0	0/1＝0	0
$E(P_2|上)$	44.6	40.0	41.5	47.8
$E(P_1|右)$	46.7	—	42.0	60
有效性%	85.5	86.9	85.1	88.7

注：单一性实验是指所有实验配对仅仅参与一次（或者博弈者1角色，或者博弈者2角色）；

重复性实验是指每个参与者分别承担博弈者1和博弈者2的角色各1次；

或有性实验（contingent game）是指每个博弈者在其行动节点宣告其选择。

第四节　结语

基于"为己利他"行为机理，我们可以对诸多博弈类型的均衡结果

---

[1] Hoffman E., McCabe K. A. & Smith V. L., "Behavioral Foundations of Reciprocity: Experimental Economics and Evolutionary Psychology", *Economic Inquiry*, Vol. XXXVI, July, 1998, pp. 335 – 352.

做更好的解释和预测：它不仅可以有效解释大量存在的不同层次的社会合作现象，而且有助于促进社会合作的实现。在很大程度上，"为己利他"行为机理也与博弈思维的基本要求更为适应，因为博弈论根本上就是研究互动行为的学问，尤其是研究现实生活中人类互动以及在互动中实现收益最大化的机制。阿克洛夫指出，"社会互动理论要解释为什么社会决策——诸如教育需求、歧视行为、结婚、离婚和生育子女的决策以及是否犯罪的决定——并不主要是基于个人考虑的简单选择。在社会决策和被微观经济学理论概括为在超市中可获得的水果之间进行选择的那种传统经济决策存在巨大差异"，而且，"将社会性因素纳入理性选择分析之中所产生的行为结果更接近于社会学家的直觉而不是经济学家的知觉"。[①] 当然，相对于主流博弈论的理性经济人思维而言，"为己利他"行为机理更加适用于对非零和博弈的分析，因为非零和博弈为博弈参与者提供了合作的空间。而且，由于人类社会中的绝大多数互动行为都是非零和博弈的，都存在明显的互利空间，因而这就为基于"为己利他"行为机理来分析现实行为提供了坚实的社会基础。

事实上，大量的行为经济学实验都表明，受试者在实验中往往会关注其他人的收益，会关注所有各方的收益之公平问题。例如，当受试者可以选择他们想参与的博弈时，进行合作的概率往往比参与指定类型博弈情形时更高。[②] 显然，这都反映出，真实世界的人类行为与经济人假说之间存在着很大差异。甚至，一些行为实验中的受试者受到博弈理论的专门训练，实验结果依旧无法支持主流博弈论专家的预测。[③] 相反，这些实验结果却似乎很好印证了"为己利他"行为机理的分析。例如，大量的最后通牒博弈实验就表明，提议者的出价大多在 40%—50%，而低于 20% 的出价几乎很少被接收者所接受；同样，大量的独裁者博弈实验也表明，独裁者一般都不会全部占有可分配金额，而是会留下 20% 以上的

---

① Akerlof G., "Social Distance and Social Decisions. *Econometrica*", Vol. 65, No. 5, 1997, pp. 1005 – 1027.

② Maier-Rigaud, Frank P. & Apesteguia Jose, "The Role of Choice in Social Dilemma Experiments", Preprint: Bonn Econ Discussion Papers, October, 2003.

③ McCabe K. A. & Smith V. L., "A Comparison of Naive and Sophisticated Subject Behavior with Game Theoretic Predictions", *Economic Science Laboratory*, University of Arizona, 1999.

份额给接收者。而且，如果对提议者的选项进行限制，那么，受试者一般都会选择更为公平的结果，如双向独裁者博弈中的分配就比单向独裁者博弈中更加公平，这也已经为大量的实验所证实。例如，在诺贝尔经济学奖得主卡尼曼和塞勒等人早期所做的独裁者博弈实验中，在面临（18，2）和（10，10）两个可选择分配方案时，76%的提议者都选择更公平的分配方案。① 显然，这些行为实验为以"为己利他"行为机理来重构博弈理论提供了事实基础。

---

① Kahneman D., Knetsch J. & Thaler R., "Fairness and the Assumptions of Economics", *Journal of Business*, Vol. 59, 1986, pp. 285–300.

第二篇
"为己利他"行为机理与经济实验

第 五 章

经济人假设何以被印证：
实验控制条件的审视

【导读】 既然"为己利他"行为机理与经济人假设是相对立的，那么，为何也有大量博弈实验为经济人假设提供支持呢？其实，实验结果往往受实验控制条件的影响，实验条件的设置不同导致了实验结果的差异性；进而，由于构建了类似经济人的双盲设置，博弈论专家所得出的实验结果往往会印证现代主流经济学的思维逻辑和相关理论。当然，博弈论专家之所以严格控制实验条件并热衷于双盲试验，则主要与他们的知识结构和研究对象有关，他们偏好于检验受试者在给定博弈情境下的行为逻辑，甚至对干扰因素对实验结果的影响感到不安。问题是，这种实验条件控制主要与有大量人员参与市场竞争行为比较相符，而与人们的日常生活情形相差巨大。因此，为了更好地通过实验来探索人们日常生活中的一般行为机理，就需要且可以改变实验条件，如博弈的矩阵类型、环境结构、受试者特性以及动态特性等，从而使得实验的博弈情境尽可能地接近现实环境，这是实验经济学和行为经济学的基本要求和发展方向。

第一节 引言

通过实验室实验来检验而反思现代经济学以及博弈论的思维逻辑和相关理论已经成为一股重要潮流，乃至实验经济学已经成为当代经济学的一个重要分支。例如，很多行为实验就反映出公平和互惠对人类行为具有显著影响：大量的最后通牒博弈实验就表明，提议者的出价大多在40%—50%，而低于20%的出价几乎很少被接收者所接受；大量的独裁者博弈实验也表明，独裁者一般都不会全部占有可分配金额，而是会留下20%以上的份额给接收者。在很大程度上，这些实验结果与"为己利他"行为机理更为相通，而与现代主流经济学的"经济人"行为则出现明显背离。不过，尽管实验经济学已经对现代主流经济学的行为假设和理论推断提出了重大挑战，但依然有一些行为实验结果似乎恰恰印证了"经济人"的行为逻辑，这也是很多经济学人依然极力维护现代主流经济学的重要依据。事实上，相类似的博弈实验在不同时空下展开时往往会产生截然不同的结果。那么，如何解释这一悖象呢？这就涉及行为实验的控制条件。在很大程度上，实验结果与实验的条件控制密切相关，这包括受试者特性、受试者之间关系、实验信息、实验支付的收益，等等。正是基于实验条件的分析，我们不仅可以理解主流博弈论专家所做的实验结果与其他领域专家所做的类似实验结果之间为何存在如此差异，也可以理解主流博弈论专家的实验结果为何往往支持而非否定现代主流经济学说。同时，通过对实验的条件控制和实践结果之间关系的考察，我们就可以更深刻地认识流行的双盲实验所存在的缺陷，进而探索如何通过实验条件的改进来更好地显示真实的人类行为机制，并由此检验和修正现有的流行经济理论。

第二节 博弈论专家对实验条件的控制及其缺陷

目前，主流博弈论专家所做的行为实验大多是标准型博弈实验，如标准最后通牒博弈、标准独裁者博弈、标准权力—掠取博弈、标准信任博弈、标准公共品投资博弈、标准礼物交换博弈实验等。同时，这些标准博弈实验往往都是在双盲程序下进行的：受试者的决策无论是对其他受试者还是实验者（数据的观测者）都是绝对保密的。也即：（1）受试者对其他受试者和实验者都是匿名的；（2）受试者之间的共同信息往往局限于实验说明书。正是在这种严格控制的实验条件下，激发了受试者的非合作行为,并获得了接近现代主流经济学和主流博弈论之思维和论断的结果。① 究其原因,绝对的私人性的和匿名性条件排除了人与人之间的互动联系,最大限度地将受试者还原为孤立的原子个体,甚至是类似机器般的成本—收益反应者,从而也就往往会最大限度地得出与经济人假设相符的结论。事实上,Hoffman、McCabe 及 Shachat 等正是为剔除可能存在的"实验者观察效应",创造性地构造了"双重匿名"的独裁式议价博弈实验:无人知道(包括实验者本人都不知道)到底是谁做出了某种决策;结果,在这种实验环境中,就得出了能够较好地印证行为者策略理性的结论。②

博弈论专家之所以倾向于这类标准实验,一个基本原因是,他们的实验所针对的主要是主流博弈论的相关理论,基本目的在于检验受试者在博弈给定的环境中将采取何种推理逻辑。例如,人们采取后向归纳推理还是前向归纳推理? 最小最大化策略原则是否合理? 等等。之所以需要实验检验,又在于迄今为止的博弈论还非常不完善,无论相关均衡的确定还是在多个均衡中做出现实选择都需要借助经验资料加以印证。问题在于,主流博弈论一开始就承袭了现代主流经济学的理性分析框架和逻辑思维,而现代主流经济学的结论又是以一系列的前提假定为基础。因此,大多数博弈论专家在做实验时也倾向于依据现代主流经济学的逻辑思维:假设前提—推理逻辑—实验结论。其中,经济学的假设前提就是经济人,推理逻辑包括后向归纳、前向归纳、最小最大原则等,实验结论则是追求收益最大化。相应地,为了检验现代主流经济学的理论和思维,博弈论专家进行实验的基本思维就是:尽可能地通过实验控制使得受试者符合经济人的要求,包括受试者是随机匿名而没有相互的信息沟通(孤立的原子)、只了解自身收益而没有其他人收益信息(追求的绝对效用而不受相对效用的影响)等。进而,在符合现代主流经济学理论所依赖的假设条件下检验实验结果:现代主流经济学的理论和思维是否

---

① Hoffman E., Mccabe K. & Smith V., "The Impact of Exchange Context on the Activation of Equity in Ultimatum Games", *Experimental Economics*, Vol. 3, 2000, pp. 5 – 9.

② Hoffman E., McCabe K., Shachat K. & Smith V., "Preferences, Property Rights, and Anonymity in Bargaining Games", *Games and Economic Behavior*, Vol. 7, 1994, pp. 346 – 380.

成立？或者，进一步剖析受试者行为究竟符合哪种推理逻辑，并由此来阐释人类的行为机理。

在很大程度上，博弈论专家所做的行为实验构成了当前实验经济学的主要内容，并由此奠定了行为经济学的基本走向。但是，这些博弈论专家所依据的实验逻辑却存在明显的缺陷，这可从两方面加以说明。

一方面，任何行为者包括实验中的受试者都具有不同程度的社会性，这些社会性根本无法通过实验条件控制而被抽象掉。正是基于这一点，无论如何控制实验条件，实验结果根本上都无法与经济人的行为逻辑和结果完全相对应。例如，在通常的最后通牒博弈实验中，提议金额往往都是在50%左右，接收者往往会拒绝30%以及40%以下的出价。不过，当实验将提议者由人改为计算机时，较低的出价就很少遭到拒绝，接收者甚至从不拒绝提议；[1] 相应地，提议者的出价也就明显变少。[2] 这是因为，在与计算机的博弈中，计算机本身是没有能动性的，从而也就没有因违背社会公平而产生的羞愧；在这种情况下，接收者就只有顺应计算机的行为规律，而不能试图改变它的行为规律。这相当于人与自然打交道，人往往只能顺应自然，而不能试图通过惩罚自然来改变自然规律。同时，由于不同受试者本身内在的社会性是有差异的，从而导致不同时空下的行为实验往往会得出很不相同的结论，这也表现在诸如最后通牒博弈实验、独裁者博弈实验、信任博弈实验等在不同社会中的结果往往存在明显差异。

另一方面，后向归纳推理、前向归纳推理以及最小最大原则等本身在很大程度上都只是数理逻辑而非行为逻辑，同时也以一系列的前提假设为基础。也正是基于这一点，只要控制实验条件以使其与某种推理的前提假设相符合，那么，实验结果往往也大致印证了该种推理结果。例

---

[1] Blount S., "When Social Outcomes Aren't Fair: The Effect of Causal Attributions on Preferences", *Organizational Behavior & Human Decision Processes*, Vol. 63, No. 2, 1995, pp. 131 – 144.

[2] Bolton G. E. & Zwick R., "Anonymity versus Punishment in Ultimatum Games", *Games and Economic Behavior*, Vol. 10, 1995, pp. 95 – 121.

如，就行为逻辑而言，不同行为实验的结果就迥然不同：[1] 有的支持后向归纳逻辑，[2] 有的支持前向归纳逻辑。[3] 其中的主要原因就在于实验条件不同：陌生人之间更倾向于采用后向归纳推理，而熟人之间的前向推理则会大大增加。而这种差异的原因又在于：前向推理有一个基本前提：受试者的以往行为是共同知识。事实上，正是由于不同推理逻辑面对的是不同的前提假设，这就导致了实验结论之间的不可通约性。即，即使在条件严格控制下的双盲实验印证了主流博弈论推理逻辑，也不能将这些结论拓展到现实生活中，更不能以一类条件下的实验结论推翻另一类条件下的实验结果。

可见，博弈论专家的双盲实验至多只能检测纯粹的数理逻辑，而并不能解释真实世界的行为机理。事实上，现实生活中任何个体都具有不同程度的社会性，这些社会性很大程度上影响了他的思维和行为方式。例如，List 列举了文化差异、机制设计、参与者数目以及参与者实现的信息交流程度等因素对行为的影响。[4] 而且，人类行为的多样性也为越来越多的行为实验结果所证实。例如，Burnham 等做了一个讨价还价的比较行为实验，只改变了实验说明书中的一个字：在提到对话对象时将对手（opponent）改成伙伴（partner），结果就导致了信任行为的明显增长。这反映出，"伙伴"有助于激发互惠行为，而"对手"则会阻碍这类行为。[5] 同样，Eckel 和 Grossman 也指出，迄今为止在男女行为上的实验结果也存在很大不同：[6] 有的实验得出了男性比女性更加大方和善于合作的

---

[1] Binmore K., McCarthy J., Ponti G., Samuelson L. & Shaked A., "A Backward Induction Experiment", *Journal of Economic Theory*, Vol. 104, No. 1, 2002, pp. 48–88.

[2] Dieter B. & Nagel R., "An Experiment on Forward versus Backward Induction: How Fairness and Levels of Reasoning Matter", Working Paper, University of Exeter, 2008.

[3] Johnson E. J., Camerer C. F., Sen S. & Rymon T., "Detecting Failures of Backward Induction: Monitoring Information Search in Sequential Bargaining", *Journal of Economic Theory*, Vol. 104, No. 1, 2002, pp. 16–47.

[4] List J. A., "Young, Selfish and Male: Field Evidence of Social Preferences", *Economic Journal*, Vol. 114, January, 2004, pp. 121–149.

[5] Burnham T., McCabe K. & Smith V. L., "Friend-or-Foe Priming in an Extensive Form Bargaining Game", *Economic Science Laboratory*, University of Arizona, 1998.

[6] Eckel C. C. & Grossman P., "Differences in the Economic Decisions of Men and Women: Experimental Evidence", *Handbook of Experimental Economics Results*, Vol. 1, 2008, pp. 509–519.

结论,[①] 而有的实验结果却恰恰相反,[②] 另一些实验结论则显示男女之间的行为方式是无差异的。[③] 同时,行为者的行为不仅受个人社会性的影响,还受互动者之间关系的影响,表现为道德距离和社会距离对实验结果的影响。在很大程度上,正是由于实验条件和实验方法的差异,导致了行为实验结果的巨大不同。

第三节 博弈论专家热衷于双盲实验的原因审视

博弈论专家之所以严格控制实验条件并热衷于双盲试验,主要原因有二:(1) 与他们的知识结构以及相应的学术旨趣有关。博弈论专家大多是数学家,从而倾向于形式逻辑思维,在行为实验中也就试图通过对社会性因素的排除来验证这种严格而简洁的数理逻辑。(2) 与他们最初的研究对象有关。物理学家和数学家等转到经济学领域后首先关注的是新古典经济学下的个体经济行为,尤其关注纯粹市场竞争

[①] Meux E. P., "Concern for the Common Good in an N-Person Game", *Journal of Personality and Social Psychology*, Vol. 13, 1973, pp. 215 – 235; Brown-Kruse J. & Hummels D., "Gender Effects in Laboratory Public Goods Contribution: Do Individuals Put Their Money Where Their Mouth Is?", *Journal of Economic Behavior and Organization*, Vol. 22, 1993, pp. 255 – 267; Sell J., Griffith W. I. & Wilson R. K., "Are Women More Cooperative than Men in Social Dilemmas?", *Social Psychology Quarterly*, Vol. 56, 1992, pp. 211 – 222.

[②] Rapoport A. & Chammah A. M., "Sex Differences in Factors Contributing to the Level of Cooperation in the Prisoner's Dilemma Game", *Journal of Personality and Social Psychology*, Vol. 2, 1965, pp. 831 – 838; Mack D., Auburn P. N. & Knight G. P., "Sex Role Identification and Behavior in a Reiterated Prisoner's Dilemma Game", *Psychonomic Science*, Vol. 24, 1971, pp. 280 – 282; Nowell C. & Tinker S., "The Influence of Gender on the Provision of a Public Good", *Journal of Economic Behavior and Organization*, Vol. 25, 1994, pp. 25 – 36; Seguino S., Stevens T. & Lutz M., "Gender and Cooperative Behaviour: Economic Man Rides Alone", *Feminist Economics*, Vol. 2, 1996, pp. 1 – 21.

[③] Stochard J., Van De Kragt & Dodge P. J., "Gender Roles and Behavior in Social Dilemmas: Are There Sex Differences in Cooperation and in Its Justification?", *Social Psychology Quarterly*, Vol. 51, 1988, pp. 154 – 163; Orbell J., Dawes R., & Schwartz-Shea P., *Trust, Social Categories, and Individuals: The Case of Gender*, Mineo, University of Oregon, 1994; Bolton G. & Elena K., "An Experimental Test for Gender Differences in Beneficent Behavior", *Economics Letters*, Vol. 48, No. 3 – 4, 1995, pp. 287 – 292; Cadsby C. B. & Maynes E., "Gender and Free Riding in a Threshold Public Goods Game: Experimental Evidence", *Journal of Economic Behavior and Organization*, Vol. 34, 1998, pp. 603 – 620.

下的大数行为规律。事实上，博弈论专家起初所做的行为实验主要集中于，有大量人员参与的拍卖行为、金融市场上的证券买卖行为以及不相关联的企业之间的国际竞争行为，等等。显然，在这些竞争性市场上，行为者之间是隔离的，相互之间不仅没有特殊的私人关系，而且还存在强烈的竞争关系。因此，这些竞争性市场上的行为方式就与经济人假设比较相符。

显然，从研究对象上看，博弈论专家对实验条件的严格控制有其合理性。但是，完全竞争的市场行为毕竟只构成人类行为的极小一部分，人类的大多数互动行为都发生在具有特殊私人关系的个体或群体之间。显然，这种真实的博弈情境具有这样的特征：（1）行为者本身都具有或多或少的亲社会性，从而会关注对方的利益和感受；（2）互动者之间也往往具有某些共同信息，从而可以识别对方的偏好和行动。因此，博弈论专家所做的随机和匿名特性的行为实验与现实情形往往又相距较远。从这个角度上说，通过实验条件的严格控制来研究人类一般行为机理往往是不合适的。

正是受知识结构和研究视野的影响，博弈论专家往往不仅不会努力构造与现实接近的实验条件，而且还对那些受到诸如实验说明书等影响的实验结果感到不安。事实上，他们往往将由此产生的与现代经济学和主流博弈论相背离的实验结果归因于不确定的"实验者效应"，并且还轻蔑地称之为不可靠的、不可预测的和超越博弈论测试的议题范围。2012年的诺贝尔经济学奖得主罗斯写道："许多实验已经研究了讨价还价理论提出的环境，一些实验甚至明确是要检验纳什理论的预测。但这些实验既不与纳什理论的假设条件有很强的对应关系，也未能测度纳什理论预测的会影响讨价还价结果的议价者属性。这主要是因为纳什理论只能在非自然讨价还价条件下运用，且依赖于难以测度的议价者属性。尤其是，纳什理论假定讨价还价可以获知包含在他人期望效用函数中的信息（即每个议价者的偏好和风险态度），且纳什理论得到的讨价还价结果取决于这种信息。一些早期的实验家选择了在他们认为更接近自然的条件下检验讨价还价理论，为了得到纳什理论的预测，他们假定所有议价者的偏好相同且都是风险中性的"；因此，尽管"实验证据并未证实有关理论预测的主要方面。但这类实验证据几乎无一例外地被博弈论家忽视，他们认为实验结果仅反映了相关参数度量的失败。毕竟，纳什理论认为议价者的偏好和风险厌恶对讨价还价结果起着决定性的作用。如果实验未能证实在议价者偏好一致和风险中性的假设条件下纳什理论的预测，也只是假设条件没有得到证明"。①

问题是，行为实验究竟是对特定假设下的数理逻辑进行检验还是对假设本身进行检验？"假设条件没有得到证明"不正反映主流博弈理论所存在的问题吗？凯莫勒就写道："一些均衡虽然看起来明显不现实，但它们在数学意义上却和已建立的均衡概念一致（甚至如序贯均衡）。……这就需要对已建立的概念进行精炼以破译'不合理'的含义"，但"很奇怪的是，这些颇具数学天赋的理论学者们可以花费数年时间讨论在不同博弈中哪些行为是最合理的，却从没有试图将人们置于这些博弈中，将'合理的'定义为多数人的行为"。② 为此，Hoffman、Mccabe 和 Smith 等强调，不能因为"实验者效应"产生了无法为传统博弈论所预测或解释的结果，就蔑视或否定这些说明书。事实上，由于所有的实验检测都需要受试者受到一定的指导，因而"指导效应"本身就必然会影响博弈理论的测试，而受试者需要了解哪些共同知识是博弈理论推理的中心。例如，如果望远镜的特性影响了恒星的观测，那么，这样的特性就不能被蔑视为与有关外部世界的论断是不相关的。同样，如果说明书等有时影响很大，有时影响并不一致，这都反映出有必要进一步探究如何以及为何会是这个样子；究其原因，这类解释可以提供一些数据：一个根据形势尽可能利用其所获得的资源以在实验中寻求最好的真实参与者是如何思维和如何行为的。③

因此，随着实验经济学的发展，越来越多的学者加入到这一领域中，从而导致实验经济学和行为经济学队伍中学者类型的多样化。目前，从事经济实验的学者大致可以归纳为两大类型：一类是数理出身的博弈论专家，另一类是来自社会科学领域的心理学家或人类学家等。一般地，

---

① 罗斯：《讨价还价现象和理论》，载罗斯编《经济学中的实验室实验：六种观点》，聂庆译，中国人民大学出版社 2007 年版，第 13 页。

② 凯莫勒：《行为博弈：对策略互动的实验研究》，贺京同等译，中国人民大学出版社 2006 年版，第 421 页。

③ Hoffman E., Mccabe K. & Smith V., "The Impact of Exchange Context on the Activation of Equity in Ultimatum Games", *Experimental Economics*, Vol. 3, 2000, pp. 5 – 9.

前一类实验者往往刻意地消除那些不同于经济人假设的社会因素以及由此带来的各种效应,其实验结论也很大程度上维护了现代主流经济学的理性思维和分析路线;相反,后一类实验者更倾向于关注不同社会性因素对实验结果产生的影响并分析其机理,从而对流行的理性选择理论提出了诸多批判。① 这种差异可以明显地从 2002 年诺贝尔经济学奖得主丹尼尔·卡尼曼和弗农·史密斯的实验兴趣和研究倾向中得到反映,两者获奖的理由是:卡尼曼是"把心理学研究和经济学研究结合在一起,特别是与在不确定状况下的决策制定有关的研究";史密斯"通过实验室试验进行经济方面的经验性分析,特别是对各种市场机制的研究"。之所以存在这种差异,很大程度上就在于,丹尼尔·卡尼曼出身于心理学领域,从而热衷于将源于认知心理学的综合洞察力应用于经济学的研究,他集中分析的是真实世界中的日常生活,并由此发现行为决策对标准经济理论所预测结果的偏离,提出了体验效用、偏好逆转、前景理论等弥补、修正或完善经济人假设的学说;相反,弗农·史密斯毕业于工程学专业,从而热衷于发展一整套实验研究方法来设定经济学研究实验的可靠标准,他集中分析的是拍卖、金融市场等大规模的市场经济活动,并由此印证了供求法则以及市场效率等标准经济学的理论结论,采用了"风洞测试"的新方法研究来进行选择性市场设计。卡尼曼和史密斯在行为实验上的差异性倾向充分体现在两者的代表性文集中:《不确定状况下的判断:启发式和偏差》② 和《实验经济学论文集》③。塞勒(R. Thaler)就曾说过,

---

① Lichtenstein S. & Slovic P., "Reversals of Preference Between Bids and Choices in Gambling Decisions", *Journal of Experimental Psychology*, Vol. 89, No. 1, 1971, pp. 46 – 55; Lichtenstein S. & Slovic P., "Response-Induced Reversals of Preference in Gambling: An Extended Replication in Las Vegas", *Journal of Experimental Psychology*, Vol. 101, No. 1, 1973, pp. 16 – 20; Grether, David M. & Plott, Charles R., "Economic Theory of Choice and the Preference Reversal Phenomenon", *American Economic Review*, Vol. 69, No. 4, 1979, pp. 623 – 638; Kahneman D. & Tversky A., "Prospect Theory: An Analysis of Decision under Risk", *Econometrica*, Vol. 47, No. 2, 1979, pp. 263 – 291; Samuelson W. & Zeckhauser R., "Status Quo Bias in Decision Making", *Journal of Risk Uncertainty*, Vol. 99, No. 1, 1991, pp. 7 – 59; Smith V., "Rational Choice: The Contrast between Economics and Psychology", *Journal of Political Economics*, Vol. 99, No. 4, pp. 877 – 897.

② 卡尼曼、斯洛维奇、特沃斯基:《不确定状况下的判断:启发式和偏差》,方文等译,中国人民大学出版社 2008 年版。

③ 史密斯:《实验经济学论文集》,李建标译,首都经济贸易大学出版社 2008 年版。

史密斯和卡尼曼的研究计划是不同的：史密斯试图证明经济学理论是多么有效，而卡尼曼则恰恰相反。

当然，由于现代经济学队伍中主要是来自数学以及其他自然科学出身的学者，经济学的研究倾向以及相应的行为实验也大多为他们所主导。为此，博弈论专家更倾向于遵循史密斯的实验途径，集中于拍卖市场、金融市场、交易市场等领域的分析，或者通过双盲实验来监视人们之间的互动行为。这样，经济学界就很难正视目前行为实验尤其是由心理学家所提供的并值得现代主流经济学反思的那些证据。罗斯·米勒就写道："一小部分经济学家非常关注卡尼曼、特沃斯基以及其他心理学家所做的实验；然而，这些实验中的大部分都不符合弗农·史密斯所设定的经济学实验标准。"[①] 正因如此，绝大多数经济学理论家都会持有这样一种不成文的看法：任何基于个人非理性行为的理论都不是正统的；相反，他们会努力增设种种"保护带"来为经济理性和经济学的硬核进行辩护。例如，豪斯曼就以显示性偏好为例来说明经济学家如何诉诸各种人为操纵来解释偏离其理论的实验证据，这主要表现在如下几个方面：（1）努力去挖掘实验设计中的错误来解释这种偏离证据；（2）当这些错误被排除后就尝试做新的实验来检测显示性偏好是否消失；（3）尝试丢掉一些支持期望效益理论的公理来对结果进行解释，从而事后提出新的效用函数假设；（4）忽视心理学理论，而偏好显示是一个不能被解释的现象则得到不断的宣传，尽管心理学家已经提出了一些已经被他们接受的解释（在实验没有实施之前这类现象就可以得到预测）。为此，豪斯曼从中得出了两点结论：（1）那些没有陷入教条主义的经济学家认识到理论需要评估：效用最大化明显不应该被当成是一个毫无疑问的规律，因而效用最大化不能被看成是拉卡托斯研究纲领中的硬核；（2）那些显示明显教条主义的经济学家则将经济学视为一个孤立的科学，任何试图强迫经济学家在行为假设上求助于心理学来解决显示性偏好问题的方案都会被拒

[①] 罗斯·米勒：《实验经济学：如何构建完美的金融市场》，于泽、李彬译，中国人民大学出版社2006年版，第87页。

绝，因为它将破坏经济学相对于其他科学的独立性。[1]

第四节　实验经济学的任务和实验条件的改进方向

马歇尔很早就指出，"经济学家所研究的是一个实际存在的人，不是一个抽象的或'经济的'人，而是一个血肉之躯的人"[2]；"经济动机不全是利己的，赚钱的欲望并不排斥金钱以外的影响，而这种欲望本身也许出于高尚的动机；（因此）经济衡量的范围可以逐渐扩大到包括许多人的活动在内。"[3] 就实验经济学以及由此衍生的行为经济学而言，其存在和发展的使命就在于通过实验条件的控制来模仿现实世界的社会环境，并由此揭示真实世界中的人类行为机理。这意味着，行为经济学要关注的是，现实生活中哪些因素会影响个体行为，又如何影响个体行为。相应地，行为实验所要做的对比研究就是：具有不同社会性的个体在不同环境下如何行为。但是，博弈论专家在实验时却尽可能地将受试者打造成一个与其他人没有任何互动、从而是相互冷淡的经济人，从而往往会得出"似乎"验证了主流博弈理论和思维的实验结论。显然，这种双盲程序实验并不能有效地深化对人们日常行为的认识，无法获取更全面的人类一般行为机理；相应地，这些实验也就难以有力地促进现代经济学的实质发展，无法打造一门真正的实验经济学或行为经济学。

那么，如何通过实验条件的控制来更好地模仿现实世界的社会环境呢？一般地，这可以通过控制某些条件的变化来做一系列的比较研究。穆勒在《逻辑体系》一书中提出的差异方法就表明：如果所研究的现象在一种事例中出现了，在另一种事例中没有出现，这两个事例的所有情况都相同而只有一种情况不同，并且这种情况只在前一事例中出现，那么这种情况就是所研究的现象的结果或原因，或者是原因不可缺少的部分。按照这一逻辑，要真正探究人们日常行为的差异性并由此总结出一

---

[1] Hausman D. M., *Essays on Philosophy and Economic Methodology*, Cambridge & New York: Cambridge University Press, Ch. 13, 1992.
[2] 马歇尔：《经济学原理》上卷，朱志泰译，商务印书馆1964年版，第47页。
[3] 同上书，第42页。

般行为机理,在实验中就可以控制其他所有条件不变而只改变其中一个条件,并由此观察产生的实验结果差异。

一般地,为了对差异性行为进行系统的比较研究,我们可以基于博弈的基本要素而从这样四大维度来改变实验条件:(1)博弈的矩阵类型。这包括博弈状态(零和博弈还是非零和博弈)、收益支付结构(对称还是非对称[1])、收益支付的大小[2](相对于个人财富如何)、可选择的策略集以及不同策略组合下的收益状况,等等。(2)博弈的环境结构。这包括信息结构如何[3]、是否存在其他外部约束、是否存在其他相关博弈、实验的匿名性如何(双盲实验、单盲实验还是公开实验),等等。(3)博弈的参与者特性。这包括参与者的年龄、[4] 性别、财富地位、文化信仰、教育程度、专业类型以及有无接受过经济学尤其是博弈论的训练,[5] 参与者之间的关系(是熟悉的还是非熟悉的、朋友还是敌人[6]、同质文化还是异质文化[7])以及博弈的规模,[8] 等等。(4)博弈的动态特性,这包括博弈的发生次数、[9] 行动的先后、[10] 双方行动还是单向行动,以及博弈的发生进

---

[1] Beckenkamp M., Hennig-Schmidt H. & Maier-Rigaud F. P., "Cooperation in Symmetric and Asymmetric Prisoner's Dilemma Games", *MPI Collective Goods Preprint*, No. 2006/25, 2007.

[2] Erev I., Bereby-Meyer1 Y. & Roth A. E., "The Effect of Adding a Constant to All Payoffs: Experimental Investigation, and Implications for Reinforcement Learning Models", *Journal of Economic Behavior & Organization*, Vol. 39, 1999, pp. 111 – 128.

[3] Roth A. E. & Malouf M. W. K., "Game-Theoretic Models and the Role of Information in Bargaining", *Psychological Review*, Vol. 86, No. 6, 1979, pp. 574 – 594.

[4] Fehr E., Bernhard H. & Rockenbach B., "Egalitarianism in Young Children", *Nature*, Vol. 454, 2008, pp. 1079 – 1084.

[5] McCabe K. & Smith V. L., "A Comparison of Naïve and Sophisticated Subject Behavior with Game Theoretic Predictions", *Proceedings of the National Academy of Sciences*, Vol. 97, 2000, pp. 3777 – 3781.

[6] Burnhama T., McCabeb K. & Smith V. L., "Friend-or-foe Intentionality Priming in an Extensive Form Trust Game", *Journal of Economic Behavior & Organization*, Vol. 43, 2000, pp. 57 – 73.

[7] Dakkak I., Hennig-Schmidt H., Selten R., Walkowitz G. & Winter E., Actions and Beliefs in a Trilateral Trust Game Involving Germans, Israelis and Palestinians, 2007, http://www.luiss.it/esa2007/programme/papers/221.pdf.

[8] Ellison G., "Learning, Local Interaction, and Coordination", *Econometrica*, Vol. 61, No. 5, 1993, pp. 1047 – 1071.

[9] Ahn T. K., Ostrom E., Schmidt D., Shupp R. & Walker J., "Cooperation in PD Games: Fear, Greed, and History of Play", *Public Choice*, Vol. 106, No. 1/2, 2001, pp. 137 – 155.

[10] Weber R. A., Camerer C. F. & Knez M., "Timing and Virtual Observability in Ultimatum Bargaining and 'Weak Link' Co-ordination Games", *Experimental Economics*, Vol. 7, No. 1, 2004, pp. 25 – 48.

程（起初回合还是最后回合）①，等等。显然，这些条件的任何改变都与博弈论专家所做的双盲实验不同，从而出现了大量的变异型博弈实验，并得出不同于双盲程序的实验结果。

例如，霍夫曼等人就做了六类实验：（1）双盲实验1［Double Blind 1（DB1）］：受试者的决策行为是绝对私密的，受试者之间没有任何社会联系（匿名的）（实际过程是，15个独裁者在房间A，而14个受助者则在房间B），这是最大程度的社会距离；（2）双盲实验2［Double Blind 2（DB2）］：实验者通过监控器可以观察受试者的行为，从而完全匿名不再保证，这放松了社会隔绝这一条件；（3）单盲实验1［Single Blind 1（SB1）］：放松DB2的条件以允许实验者连接受试者的决策（如，受试者决策后来到实验者跟前，将他没有密封的信封在一个大箱子后面打开，将他捐赠的金额记录下来，等等），从而进一步放松了社会隔绝这一条件；（4）单盲实验2［Single Blind 2（SB2）］：与SB1的条件大致相同，只不过信封利用一个信用（Credit）决策代替真实的货币，这实际上创造了受试者与实验者之间的直接交易（因为要获得支付），从而使得社会距离进一步变窄；（5）对Forsythe等人1994年的实验进行修正，如仅仅告诉他们"暂时地分配10美元，其任务也就是分割这10美元"，从而弱化独裁者与其他受试者之间的共同体关系，而获得FHSS-V和FHSS-R两类实验。六类实验的特征如表5—1所示。

表5—1　　　　　　　　六类独裁者博弈实验设计

	实验类型	观察数目	匿名条件	决策类型
1	DB1	36	双盲+空白表格	美元
2	DB2	41	双盲	美元
3	SB1	37	单盲	美元
4	SB2	43	单盲	表格
5	FHSS-V	28	单盲	不共享语言说明
6	FHSS-R	28	单独的	共享语言说明

---

① Roth A. E., Murnighan J. K. & Schoumaker F., "The Deadline Effect in Bargaining: Some Experimental Evidence", *American Economic Review*, Vol. 78, No. 4, 1988, pp. 806–823.

实验结果表明,独裁者出价的比例也依次上升:DB1 实验中出价最低,DB2 实验中出价其次,而共享语言说明 FHSS-R 实验中出价最高。如图 5—1 所示。[①]

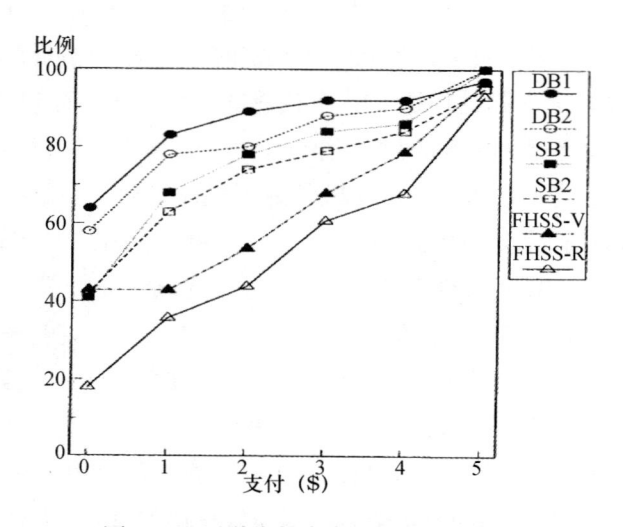

图 5—1　独裁者博弈中的累积性分配图

事实上,要通过行为实验来发觉并提炼人类行为的一般机理,根本上就要使实验条件尽可能地接近现实。在很大程度上,正是由于现实生活中的互动和交易存在着各种私人信息,从而导致现实行为与标准理论的巨大差异。波蒂特、詹森和奥斯特罗姆就指出,通过改变实验中的这样六个微观环境变量:提高人均合作边际收益率、增进收益安全性、参与者的声誉已知、更长的时期、参与者拥有进入和退出某个群体的能力、可以进行交流,那么,受试者之间的信任度就会增加,从而带来积极的合作结果。[②] 具体的例子可看 Cason 等做的两类独裁者博弈实验:(1) 所有受试者在没有对方信息的情况下选择出价 p_1(自己拥有),(2) 所有受试者随机地分成两组,其中一组的成员相互了解上次对方的出价信息,

---

[①] Hoffman E., McCabe K. & Smith V., "Social Distance and Other-regarding Behavior in Dictator Games", *American Economic Review*, Vol. 86, 1996, pp. 653–660.

[②] 波蒂特、詹森、奥斯特罗姆:《共同合作:集体行为、公共资源与实验中的多元方法》,路蒙佳译,中国人民大学出版社 2011 年版,第 208 页。

另一组的成员则没有这样的信息,再重新选择出价 p_2。实验结果,在拥有相关信息的实验中受试者往往更关注对方的收益,而没有相关信息的实验中受试者则表现出更强的利己主义倾向,具体实验数据如表 5—2 所示。[1] 在很大程度上,这些比较实验比双盲实验更好地揭示了真实世界中人类行为的特性和机理。

表 5—2　　　　　　　　两类信息下不同行为的人数比较

	$p_1 < p_2$	$p_1 = p_2$	$p_1 > p_2$	总数
没有相关信息	2 人	9 人	9 人	20 人
存在相关信息	9 人	24 人	7 人	40 人

第五节　结语

实验结果往往受实验控制条件的严重影响,在很大程度上,正是由于实验控制条件的不同,导致了不同的实验结果。同时,不同出身的经济学家往往偏好于不同的实验条件控制,从而形成了对经济学的思维和理论的不同态度。一般地,博弈论专家所做的实验结果之所以与现代主流经济学更相符,主要原因就在于,在他们的实验条件控制下,受试者更像一个孤立的经济人。波蒂特、詹森和奥斯特罗姆通过对大量行为实验的观察就发现,"在个人不掌握参与者的信息且进行匿名决策的社会困境下,许多个人参与者没有遵守规范或重视他人的结果的需要","当资源使用者不知道全部参与者是谁、没有信任或互惠的基础、无法交流、没有建立规则、缺乏有效的监督和惩罚机制时,就容易发生过度收获现象","使用双盲设计、参与者知道其决策保持匿名,即使实验者不知道受试者行为内容的一次性实验也往往会产生最自私的行为"。[2] 但是,即

---

[1] Timothy N. C. & Vai-Lam M., "Social Influence in the Sequential Dictator Gamel", *Journal of Mathematical Psychology*, Vol. 42, 1998, pp. 248 – 265.

[2] 波蒂特、詹森、奥斯特罗姆:《共同合作:集体行为、公共资源与实验中的多元方法》,路蒙佳译,中国人民大学出版社 2011 年版,第 207 页。

使现代主流经济学以及主流博弈论的某些理论被条件严格控制下的实验"证实"了,这也不意味着现实生活中人们的行为就是如此。相反,正是由于实验结果与实验环境之间存在的这种对应关系,我们应该且可以通过对实验条件的控制来模仿现实环境,从而更好地揭示真实的人类行为机理。

事实上,引入和发展实验经济学或行为经济学,根本上是为了探究现实世界中的社会人如何行为,而不是探究抽象假设下的(虚拟的)经济人如何行为,因为经济人本身就已经被定义为内在逻辑一致的最小最大原则贯彻者。同时,大量行为实验所做的比较研究主要目的在于,分析不同时空或文化下个体的行为差异,而不是揭示在严格条件下的个体行为是否会偏离经济人,因为实验室中根本就找不到绝对的经济人参照系,它只能是数理模型的符号逻辑。因此,如何通过实验条件的控制来探究真实世界的一般行为机理,不仅是实验经济学的根本任务,而且是行为经济学的中心议题。譬如,我们可以对博弈中的两类重要信息结构进行改造:(1)有关决策者自身的信息,如决策是否会被他人观察到,其他博弈方与自己的关系如何,等等;(2)决策者收到的有关其他博弈者的信息,如其他博弈方是贫困还是富裕,他获得金钱用在何处,等等。显然,通过这种改造,实验情境就与现实环境更相符;相应地,标准博弈实验就发展成了变异博弈实验,由此得出的实验结论也更有现实意义,更能审视现代经济学的理论和逻辑。

第 六 章

经济实验如何才更有效：
一个主要批判的回应

【导读】"主流"和"非主流"在当前经济学界客观存在，主流经济学体现了现代经济分析中的常规范式。这种常规范式也影响了经济实验，并产生了实验经济学的主流取向，它倾向于将数学逻辑与经济实验相结合而构建类似"双盲"的简单情境。不过，"双盲"实验由于构造与经济人相适应的社会情境而"验证"主流经济学的理论，这具有很强的同义反复性，从而并不符合科学的要求。同时，经济理论优劣和进步主要决定于它的解释力，这种解释力又以理论的内部有效性为基石，而经济理论的内部有效性根本上体现为行为逻辑的真实性而非形式逻辑的一致性。但是，主流实验经济学严格条件控制的"双盲"实验所实现的内部有效性恰恰只是体现为形式逻辑一致性，而非主流行为经济学放松条件控制的实验却发展众多有悖主流经济学的行为效应，这些效应的萃取和综合就可以形成更为完善的认知体系。通过这两方面的逻辑考辨，我们可以更加清楚，为了促使经济实验更加有效，情境设置就应该逐渐具体化和现实化而不是固守"双盲"实验。

第一节 引言

针对第五章的内容，上海财经大学的杜宁华写了一篇商榷文章，并把它视为是对实验设计方法的误读。其理由是，实验的价值恰恰就在于它有别于现实:与现实环境相比,实验环境的优势是对无关因素的"控制",从而保证研究结论的内部有效性;只有在内部有效性得到验证之后,再通过其他实证手段逐步验证市场机制的外部有效性。从理论到实验室实验,再到实地实验,最后进行社会推广并通过"事前事后分析"等观察性实证方法最终评价市场设计的效果,是市场设计的理想实践路径。进而,杜宁华还认为,对经济实验中"主流"和"非主流"的区分是一种贴标签的做法,将"双盲"实验视为对主流经济学的"迎合"更是对实验设计方法的误读。① 果真如此吗?杜宁华认为,"双盲"实验有助于使实验结果更接近理论预测。问题在于,将一个理论置于它所依赖的情境下来检验,这不是一种自我检验吗?

在很大程度上,要认识杜文与笔者在对实验经济学性质和要求上的理解差异,就涉及一系列哲学思维上的深层理解,诸如包括,经济学究竟要研究什么?如何评估经济学科的合理性?如何促进经济学的理论进步?经济学的内部有效性与自然科学存在何种差异?实验经济如何体现实质性的内部有效性?等等。为了更好地认识经济实验的要求和发展,本章基于思辨逻辑对上述诸问题做一逐层剖析;尤其是,作为对杜宁华批判的回应,本章集中对如何理解实验经济学中的主流和非主流之分以及"双盲"实验所构建的有效性为何恰恰"迎合"主流经济学的要求作一解析。在写作过程中,本章首先就经济学中"主流"与"非主流"之争及其促进经济学范式的发展做一界定和阐述,进而由此来引入对现代经济学以及经济实验的科学性分析;尤其是,通过集中考察和辨析经济理论的内部有效和外部有效,探讨如何通过优化实验来促进经济理论进步。

第二节　如何看待经济学中的主流和非主流之分

杜宁华对第五章中界分实验经济学中主流和非主流的做法提出了批判,认为这是一种"强分"的做法,而"无法概括实验经济学的研究现

---

① 杜宁华:《经济学实验的内部有效性和外部有效性——与朱富强先生商榷》,《学术月刊》2017 年第 8 期。

状"。但实际上，当今社会科学几乎所有领域都存在"主流"和"非主流"之分。所谓"主流"，也就是大多数人使用的分析范式和理论原理，体现出加尔布雷思意义上的传统智慧；相应地，在经济实验中，"主流"也就体现为大多数经济学家或者经济学院校教师在做行为实验时所采取的基本方式和典型程序。按照库恩的说法，任何时代的科学研究都在一种常规范式下进行，这种常规范式也就是流行而通用的范例；进而，正是由于使用了共同的范式，大量的学者就聚集在一起而形成一个团体，这也就是科学共同体。这意味着，任何时代出现的一种常规做法就构成了主流范式，这在现代经济学界表现得再明显不过了。

同时，社会的发展和科学的进步往往具有累积性和连续性，而正统的科学范式却往往滞后于社会发展和科学进步，因而科学范式的转换往往就呈现出跳跃性和革命性的特点。一般地，当科学范式出现转换前后，科学关注的核心主题和基本框架都会发生实质性变动。例如，古典经济学集中研究的是组织，关注的是经济增长、劳动分工、收入分配以及制度改进之类的宏观问题，并采取平均主义和权力结构的分析方法；但是，边际革命却将研究对象导向了个人，集中关注交换和消费等市场经济行为，并采取边际主义和原子主义的分析方法。那么，如何从科学进步的连续性通达科学范式的跳跃性呢？实际上，这就体现出从量变到质变的过程，而量变本身就意味着其他分析范式的存在，这些分析范式相对于占支配地位的科学范式就属于非主流。进而，正是这些少数学者对日益滞后于现实的通行分析框架和科学范式进行反思、批判和否定，最终就实现对主流常规范式的取代，从而促成科学范式的革命和转换。这也就意味着，主流和非主流学术往往并存和互动，这在经济学说史上也看得非常清楚。

由此，我们可以给所谓的主流经济学下一个通俗性定义：通常是指为一群具有极高声望的经济学家所使用并进入顶级大学的经济学教科书中的那些理论观点和研究思维。在很大程度上，由于这些经济学泰斗和顶级大学的巨大学术影响力，他们所运用的分析思维、研究范式以及相关理论原理就为其他经济学人或次级大学所接受和仿效，由此形成了学术界的多数；进而，这种多数不仅体现在研究者人数和刊物上，而且也体现在受到资助的资金额和被授予的奖项数上。基于这一通俗定义可以确定，新古典经济学确立了现代经济学中的主流范式，因为它的研究思维和理论原理在现代经济学教材中占据着绝对的统治地位，并在更高级的著作中被扩展和细化，进而这种细化和扩展的论文还构成了所谓的"前沿"研究。此外，新古典经济学教材对经济学人的学术影响，不仅来自那些基本理论和原理，更在于教材中所列的那些练习题，学子们往往需要使用相同的逻辑和技巧来解答貌似不同的问题，从而在问题的解答中学会运用"正确"的相似性来从事研究，而在找到这种相似性和类比性后就只剩下演算的困难。

显然，新古典经济学的思维和原理也深深地影响了数理专业出身并在经济学院系（或者相近的商学院或管理学院）任教的实验经济学家，他们不仅自觉地接受流行的基本思维和分析范式，而且也在教学中向学生传授这种思维和范式。更为重要的是，他们的思维和认识还深深地影响了新一代从事行为实验的经济学人，相关论文也大量发表在经济学专业刊物上，从而也就构成了当前经济实验中的主流取向。与此不同，那些从事行为实验研究的心理学家大多没有接受过新古典经济学范式的训练，甚至大多也不在经济学院系任教，这一方面有助于摆脱主流范式的束缚，另一方面则对经济学专业学生的影响甚微，从而也就构成了当前经济实验中的非主流取向。例如，行为经济学家如卡尼曼（D. Kahneman）、特沃斯基（A. Tversky）、亨里希（J. Henrich）、拉克林（H. Rachlin）、斯洛维克（P. Slovic）等人都出身于心理学，也都不是经济学教授，而是心理学教授或者公共事务教授，从而受现代主流经济学范式的影响不大；实验经济学家如弗农·史密斯（V. Smith）、查尔斯·普洛特（C. Plott）、阿尔文·罗思（A. Roth）、泽尔腾（R. Selten）、宾默尔（K. Binmore）、西勒弗（A. Shleifer）、马修·拉宾（M. Rabin）等人都是数理专业出身，也都是经济学教授，不仅接受主流经济学的范式，而且深深地影响了后来年轻经济学子的实验取向。

就2017年的诺贝尔经济学奖得主理查德·塞勒而言，尽管他也是经济学教授，但却是文学硕士和哲学博士出身，并致力于对主流经济学的批判，从而长期不为经济学界所接纳。实际上，塞勒在20世纪70年代还是一位经济学博士生时就基于对周边日常现象的观察而怀疑正统新古典经济学的一些基本假设，结果却被新古典经济学思想占统治地位的美国一流大学视作异类，大多数经济学家都对他那种没有数学的文章漠然视之，1990年的诺贝尔经济学奖得主莫顿·米勒（M. Miller）在芝加哥大学的走廊上碰见塞勒时甚至连正脸都不愿看他一眼并拒绝和他交谈，他的研究生论文导师舍温·罗森（S. Rosen）甚至说对其研究已经不抱期望。塞勒的研究引起经济学界的关注和认可是后来与当时已经成名的心理学家卡尼曼和特沃斯基发生联系和交流之后，他不仅将卡尼曼和特沃斯基系统性偏离理性行为假设的"心理学"研究引入经济学，而且将自己的发现嵌入到理论体系中，进而开创了行为经济学。其他的行为经济学家如费尔（E. Fehr）、凯莫勒（C. F. Camerer）和席勒①（R. Shiller）等人，尽管他们都是经济学教授，他们的文章也拥有极高的引用率，但他们往往都只是在商学院或者挂靠经济学单位的实验中心工作，其理论也很少被纳入主流经济学教材之中，依然属于"叫好不叫座"一族。主流经济学人甚至讽刺说，玩不转数学的人才会去搞心理学和经济学结合的行为经济学。

相反，实验经济学家大多倾向于将抽象的数学逻辑与经济实验结合起来，致力于构建简单的实验情境。譬如，针对经济实验过于简单和特殊的质疑，普洛特辩护说，只要经济学实验中提供真实的激励，使博弈方能够采取真实的行动，实验的数据就和实际发生的市场现象一样的可信；相反，在简单和特殊的实验中都经不起检验的模型，根本不可能运用于复杂的经济系统，也根本难以具备一般性。同样，弗农·史密斯也认为，实验经济学能够把可控制的实验过程作为生成科学数据的重要来源，为检验现有的经济理论提供科学的证据。问题是，我们并不能由此说，由于这些模型在简单和特殊的实验中经得起检验，从而也就一定符合更为一般性的社会现实，而人们更为关注的并且也更为重要的是恰恰印证社会现象以及解决社会问题的经济理论。在这里，普洛特又接受了弗里德曼的"似乎"（As If）假说：即使博弈当事人的行为模式等理论假说无法在实验中得到验证，但这也不影响经济学实验的功能，因为经济理论可以把博弈当事人的行为看作"似乎"是那样做的。相应地，普洛特强调，实验检验的是理论预期的结果，而非理论假说本身，从而就不关注假设的真实性。既然如此，经济实验的理论意义又何在呢？要知道，

---

① 席勒是在塞勒鼓动下转向行为经济学研究的。

弗里德曼的"似乎"（As If）假说遭到大多数方法论专家的批判，甚至被萨缪尔森称为"F－扭曲"。[①]

不管如何，从科学范式以及范式转换的角度上说，"主流"和"非主流"本身并不需要刻意回避，它存在于任何时代的学术之中；同时，"主流"范式也反映了任何时代的通行做法，体现在大多数的专业论文中。至于现代经济学界存在的主流化取向，只要跳出新古典经济学教材的框架，就可以一览无余。既然如此，国内一些经济学人为何一谈"主流""非主流"就色变呢？窃以为，这大体上有两方面的原因：一方面，担心自己的研究被已经日益僵化的主流范式所牵累，尤其是"主流"范式在遭受各种批判之际；另一方面，囿于"破窗谬误"而不能看到自己不愿意看到的一面，乃至根本不承认他所持分析范式和理论原理之外的分析范式。正因如此，在国内经济学界就常常可以看到这样的悖象：一方面，一些经济学人在推广他的观点和方法时，往往宣称符合现代高级经济学的通行做法；但另一方面，一旦其他人将此作为一种主流思潮加以批判性审视时，又马上驳斥说这是"贴标签"的做法。譬如，杜宁华一方面遵循了实验经济学的主流取向，认为"研究人员通过分析实验所产生的交易数据回答自己的研究问题""实验室里的市场也完全以激励为导向，是真实的市场"；另一方面又承认"实验室里的市场又是特殊的市场""有别于现实中的市场"。因此，也必然犯了上述相同的错误。其实，杜宁华不妨自问一下：经济实验的最终目的是什么？他所做的实验能否达到这一目的？

最后，需要指出，学术的真正进步根本上都是建立在对"主流"范式批判、反思和替换的基础之上。从学术史中也不难发现，主流学术往往具有这样两大特征：（1）现在的主流是以前的非主流，当它还处于非主流地位时具有很强的洞察力和前沿性，而在成为主流后却导致思想性迅速消逝，而是日益强化形式和规范，进而蜕变成了一种教条而构成思想的禁锢；（2）主流和非主流往往是以从事人数的多寡区分的，能够提出真正洞见的思想者在任何时代都是极少数的，而从事常规工作的大多

[①] 朱富强：《现代主流经济学中的假设特性及其问题："假设的现实无关性"假说之批判》，《社会科学战线》2010年第2期。

数人往往都是平庸者，他们所跟随和仿效的"主流"范式也就不可避免地会嵌入庸俗性。事实上，真正的思想者一生都在追求与众不同的东西，从而往往一生都只是少数派，从而也必然属于非主流。有人甚至宣称，经济学家们只是因为信仰才墨守正统经济学的。[①] 确实，主流和非主流往往被视为正统和异端，这种区分也就意味着现代主流经济学把自己当成了凭信仰而非逻辑的基础，以致一些经济学"泰斗"的著作、观点只能被解释而不能被怀疑，反对它的都成了异端。试问：在主流或正统经济学刊物上发表的文章中，有多少试图否证已有的假说？有多少经济学家真正敢于对正统观念提出挑战？事实上，尽管塞勒获得了诺贝尔经济学奖，但他的研究就曾遭受长时间的无视，甚至在未来很长一段时间也未必会纳入主流。席勒就指出，许多经济和金融专业人士仍然认为，描述人类行为的最好方式是避开心理学将人类定义为独立、无情感且受到各类预算限制的自私个体，并将其行为总结成数学优化模型；相应地，仅仅是一个经济学人持守将心理学研究纳入到经济学研究（哪怕只是其中一部分）的观念，就足以使很多经济学人对他产生多年的敌意了。[②]

第三节 经济学实验如何才能更具科学性

界定了现代经济学的"主流"和"非主流"后，我们就需要对现代经济学以及经济学实验的科学性做一分析，这里体现了笔者与杜宁华认知上的深刻分歧。一般地，现代主流经济学往往自视为科学，理由在于采用了科学的研究方法：先建立假说，然后利用现实数据进行验证；当某个理论通不过检验时就被放弃，然后进行改进或者换一个；这样，通过改进理论对现实世界的解释，最终就致使经济学不断取得进步。问题在于，任何经济理论都不能轻易地被现实数据所证实或者证伪，因为理论和现实之间总是隔着无法对应的条件。正因如此，经济学人很少会放

[①] 朱富强、王晓明：《如何理解现代经济学中的"主流"性：基于经济思想史的审视》，《教学与研究》2013 年第 1 期。

[②] Shillier R. J., Another Nobel Surprise for Economics. *Project Syndicate*, Oct. 10, 2017, https://www.project-syndicate.org/commentary/richard-thaler-nobel-behavioral-economics-by-robert-j-shiller-2017-10.

弃其曾接受的原有模型，相反，更常见的策略是，针对已有模型无法解释的特定现象或结构而创造出一个新的模型，并且会宣称，新模型也是从原有分析框架或者基本原理中演绎出来的。例如，田国强就区分两类经济理论：一是提供基准点或参照系并远离现实的基准理论，二是在基准理论上纳入更多现实因素考虑并致力于现实问题解决的现实理论。① 相应地，杜宁华强调的内部有效性和外部有效实际上也就对应了这两类理论思维：它以"双盲"实验所夯实的内部有效作为基准，在此基础上通过纳入其他因素来进行外部有效的检验。

然而，由于新模型的设计根本上是出于解释新经验和新现象的需要，因而也就无法用这个现象来检验它；尤其是，由于这些新模型仅仅是为了解释特殊的新现象，它无法拓展到对其他现象的解释，从而也就不具有一般性的解释功能。罗德里克就指出，"经济学中充满了结论互相矛盾的模型。但是，历史上被经济学家彻底放弃、被经济学界视为明显谬误的模型，是极少的。各种各样的模型，都有相当多的学术研究声称能为之提供经验支持。但这些研究通常是脆弱的，常常被后来的经验分析所动摇或推翻。因此，经济学家开发其偏好的模型时往往追逐时髦，或追逐人们对合理建模方式的品鉴，而不以证据本身的变化为依据"；相应地，"经济学知识的积累不是垂直式的，以更好的模型取代旧模型，而是水平式的，以更新的模型来解释以前未得到解释的社会现象。新模型并不会真的取代旧模型。它们只是提供更适合于解释某些情况的一些新维度"。②

同时，由于受这种"科学"研究方法的指导，经济学界形成了一股求新求变的强烈风潮，乃至构造出一个个新颖却毫不相关乃至相互对立的模型，却都被视为是经济理论的发展。不可否认，新模型往往有助于拓展经济学知识的边界，进而有助于促进经济学的水平式扩展。但是，这同时也意味着，生活世界中不存在某种等待发现的自然规律，而仅仅满足于试图解释和理解社会的多种可能性。显然，这种理解的多样性就为号称科学的经济学带来了问题：哪种科学会对各种不同对象采用不同

---

① 田国强：《高级微观经济学》，中国人民大学出版社2016年版，第5页。
② 罗德里克：《经济学规则》，刘波译，中信出版集团2017年版，第66、68页。

模型呢?① 在很大程度上,尽管诺贝尔经济学奖等奖项的设立极大地壮大了经济学的科学声誉以及经济学家的社会地位,但试问,经济学理论果真取得很大实质性发展了吗?现实社会经济问题得到令人满意的解释和解决了吗?现实情形似乎恰恰相反,求新求变的风潮导致现代经济学人的知识结构越来越狭隘,理论功底越来越浅显;相应地,现代经济学越来越难以全面地把控社会经济的整体,也无法深入到社会经济表象背后的实质。

科学主义的偏盛还导致实证主义思潮的兴起和壮大。其理据是,既然科学是稳定的,从而也就可以被验证。进而,在科学主义的支配下,实证主义思潮就逐渐渗入到经济学中;尤其是,在逻辑实证主义思维的支配下,弗里德曼等人将一整套的实证方法引入到经济学中,努力将经济学打造成像物理学一样的实证科学,这不仅使得经济学从定性探究快速转向了定量研究,而且还形成了"假说—观察—分析—验证"的一整套研究方法。一般地,现代科学观有两大基石:(1)还原主义,它把任何现象的复杂结构简化为可以实证的要素;(2)客观主义,它把可证实的经验事实视为科学的标准。问题是,按照这一标准,包括经济学在内的社会科学并不能称为真正意义的科学,因为它们所研究的对象根本上是无法重复和还原的。②

事实上,尽管自从新古典经济学确立起支配地位之后,主流经济学就一直以理论物理学与现代生物学为榜样,极力模仿自然科学的研究思维和方法,试图通过将经济思想的数理模型化以及实证分析的客观化来发展成一门硬科学。那么,这种努力又取得多大的成功了呢?现代经济学变得更加科学了吗?哈耶克写道:"在大约一百二十年的时间里,模仿科学的方法而不是其精神实质的抱负虽然一直主宰着社会研究,它对我们理解社会现象却贡献甚微。它不断给社会科学的工作造成混乱,使其失去信誉,而朝着这个方向进一步努力的要求,仍然被当作最新的革命

---

① 罗德里克:《经济学规则》,刘波译,中信出版集团2017年版,第73页。
② 朱富强:《经济学是一门科学吗?——基于科学划界标准来看》,《福建师范大学学报》2009年第3期。

性创举向我们炫耀。如果采用这些创举，进步的梦想必然迅速破灭。"[1] 进而，即使在今天，现代主流经济学现状也几乎完全证实了哈耶克的预测：经济理论越来越与现实相脱节，无论在解释还是预测上似乎都远不如人意。

此外，在自然科学尤其是物理学领域，实验方法和实验室的诞生被视为是重要的科学革命；相应地，到了 20 世纪 80 年代，实验方法开始拓展到社会科学，实验经济学也正是在这种情势下兴起的。事实上，现代主流经济学往往将模型比作实验，而实验往往又被视为可敬的科学活动。为此，美国经济科学协会（the Economic Science Association）在 1998 年创办了刊物《实验经济学》（*Experimental Economics*），在办刊单位和刊物名字之间就存在这样的联系：在主办者看来，只有可以进行实验的学科才是一门科学，因而经济学必须走实验化的道路；同时，由于目前经济学已经在做大量试验了，因而也就成了一门真正的科学。问题是，经济学可以像自然科学那样进行实验吗？通过实验来检验经济理论的合理性如何？

一般地，在自然科学的实验中，研究者往往根据假设的因果关系链而在实验室里构建一个人造的环境，从而将实验涉及的物质与真实世界的环境相隔绝，进而也就可以将其他潜在的重要因素隔离开来。譬如，为了研究重力与下降速度之间的关系，研究者就构设了真空的实验环境，从而避免空气等干扰。相应地，经济模型的创建者也采取类似的绝缘、隔离与特定化方法，其差别仅仅在于：自然科学的实验是有目的地操纵物理环境以实现严格关系所需的隔离，而经济模型则是操纵其所使用的假设，通过构建思想环境来检验假设。[2] 问题在于，任何社会经济现象都是由各种纷繁芜杂的因素共同塑造，我们不仅无法真正地分离出那些原因和结果，进而在行为实验中也无法隔离开那些扰乱因素；同时，也正因为任何社会经济现象都具有很大的不确定性和环境依赖性，所做的相关实验结果往往也具有很大差异，而不能像物理学那样在同样条件下再

---

[1] 哈耶克：《科学的反革命：理性滥用之研究》，冯克利译，译林出版社 2003 年版，第 4 页。
[2] Uskali Maki, "Models are Experiments, Experiments are Models", *Journal of Economic Methodology*, Vol. 12, No. 2, 2005, pp. 303 – 315.

现相同的结果和效应,从而也就无从把握实验结论的内部有效性。

事实上,我们常常可以看到,不同时空下对同一主体的行为研究往往会得出截然相反的结论,在同一时空下对不同主体的行为研究所得出的结论往往也相差巨大。譬如,有实验就表明,所有全由男性组成的群体比全由女性组成的群体更具有合作性,[1] 而另有实验却得出相反的结果。[2] 之所以如此,是因为参与实验的受试者本身就是异质化的个体,同时,实验的其他条件往往也存在很大差异,而这些都是无法通过实验条件控制而得以消除的,每一个经济实验都无法做到真正的还原。更进一步地,任何现实世界中的个体都具有或多或少的社会性,真实世界的经济分析就需要将这种社会性纳入而形成对行为机理的判断,而不是总是在构设与社会绝缘的虚拟行为,否则这些在实验室里也许有效的东西在现实世界中就是根本无效的。所以,罗德里克说,当将实验室的结论应用于现实需求时就需要一定的推演,而合理的推演又需要明智的判断、考察其他的证据来源以及逻辑化的推理。[3] 相应地,双盲实验的人工隔离恰恰试图消除在社会经济中极为重要的亲社会性因素,所获得的只是缺乏亲社会性的人的行为,而永远无法从中推导出具有亲社会性的真实行为,从而也就必然无法获得一个对认知社会现实有价值的理想模型。

当然,杜宁华宣称实验控制从未将实验参加者的社会性抽象掉,因为经济实验的控制目的是"能在实验环境中最大程度再现经济学理论中的结构性假设(如初始禀赋的分布、成本的结构,等等),但实验设计中并不对实验参加者的行为进行假设(参加者是否能够充分有效处理全部信息、是否逆向归纳,等等)"。这里就面临两大思考:第一,亲社会性根本上来自个体间的互动以及由此建立的私人关系,这种互动往往是长期甚至是面对面,但双盲实验在最大限度上排除这一点,难道这不是在努力舍象掉人的亲社会性?第二,确实,任何实验参与者都来自人类社

---

[1] Brown-Kruse J. & Hummels D., "Gender Effects in Laboratory Public Goods Contribution: Do Individuals Put Their Money Where Their Mouth is?", *Journal of Economic Behavior and Organization*, Vol. XXII, 1993, pp. 255–267.

[2] Clifford N. & Tinkler S., "The Influence of Gender in the Provision of a Public Good", 1994, *Journal of Economic Behavior and Organization*, Vol. XXV, 1994, pp. 25–36.

[3] 罗德里克:《经济学规则》,刘波译,中信出版集团2017年版,第25页。

会，亲社会性已经内化在他的认识乃至偏好之中，从而也就无法为控制实验所完全排除。也正因如此，我们就可以更好地理解杜宁华给出的论据：Hoffman 等人的研究结论表明"双盲"下也出现明显的利他行为。其原因恰恰在于，经济实验不像物理实验那样能够完全控制干扰因素，实验参与者内在的亲社会性是任何控制实验都无法排除的；同时，由于不同实验参与者的亲社会性是不同的，这就产生出不同的实验结果，这充分体现在跨文化的经济实验中。

此外，由于主流的经济实验致力于构造与经济人假设所需条件相适应的"双盲"程序，结果就潜含了明显的自我论证和同义反复；相应地，由于这种实验没有也无法检验真实的行为机理，从而根本上就不是科学的检验。举个例子，阿德勒的心理学认为，人类行动受到某种自卑感驱使。但是，波普尔认为，这种理论是不可证伪的，从而也就不是科学的。他举例说，当一个小孩掉入了变化莫测的河中，一个岸上的人有两种选择：要么跳入河中救这个小孩，要么不跳。显然，如果此人跳入河中，阿德勒学派就会说这个现象支持了他的理论，因为此人克服了他的自卑感而不顾危险地跳入河中；同样，如果此人没有跳入河中，阿德勒学派也会说这个现象恰恰支持了他的理论，因为此人想通过他有意志力泰然自若地留在岸上来证明他正在克服自卑感。所以，查尔默斯说，这种理论"与所有类型的人类行为都是一致的，而这恰恰是因为，它并非告诉我们人类如何行动"①。由此，经济实验要克服这种同义反复，也需要在程序设计和环境控制上做出改进。

总之，实验程序上的不足严重制约了经济实验的科学性。相应地，尽管实验经济学正成为现代经济学的一个重要分支，但对经济学发展的实质影响迄今还非常有限。关于这一点，我们可以回顾一下查尔默斯指出的两点前瞻性认识。第一，"所有实验都假定，某些理论的正确性有助于判断装置是否适当，以及仪器所显示的是否就是它们实际上应当显示的。不过预先假定的理论决不能与正在接受检验的理论是同一个理论；而且，似乎可以合理地假设，一个完善的实验设计的先决条件就是：确保这些理论与正在接受检验的理论不是同一个理论"。否则，理论和实验

---

① 查尔默斯：《科学究竟是什么》，鲁旭东译，商务印书馆2007年版，第83页。

的关系就会陷入某种循环论证之中，进而导致对立理论的支持者之间的争论也就会持续进行下去，这样，科学将无法通过诉诸实验结果来提供解决争论的办法。第二，"无论理论给一个实验提供什么信息，一个实验的结果是由世界决定的而不是由理论决定的"①。事实上，即使两人所持的理论相同，但只要他们的实验设置不同，那么实验结果也将不同。显然，这正体现出实验的真正要旨：需要参照世界来检验理论。

第四节 如何认识经济理论的内部有效和外部有效

杜宁华一再强调，"双盲"实验对条件的控制是为了验证理论的内部有效性，在此基础上再通过其他实证手段逐步验证外部有效性。那么，我们就来审视一下：何为经济理论的内部有效和外部有效？一般地，一个完美的科学的经济理论要满足两个有效性：（1）内部有效，即内在逻辑的一致性；（2）外部有效，即理论与经验事实的一致性。② 不过，迄今为止还没有一个经济理论或经济学说能够完全满足这两大标准，理论在解释和预测两方面往往也难以兼得。那么，如何评估内部有效和外部有效在经济理论中的地位呢？我们又如何促进经济理论的不断进步呢？这里就两大检验手段做一剖析，并由此来探究评估经济理论的更为周全的方式。

首先，我们审视外部有效性检验，理论与经验事实的一致性为实证主义所强调。从科学理论的发展史来看，内部有效和外部有效这两个检验并不是同步的：在自然科学领域，往往是某种猜想被经验事实证实之后，才寻求内在逻辑上的一致性检验；在社会科学领域尤其如此，一些

---

① 查尔默斯：《科学究竟是什么》，鲁旭东译，商务印书馆2007年版，第55页。
② 尽管这里对内部有效和外部有效的定义似乎与杜宁华存在不同，但主要只是在不同情境下的表述不同，而实质内涵是相通的。杜宁华将内部有效性在控制条件后来研究某一特定因素所造成的效果。这里潜含了两点含义：（1）只要将这些因素控制了，同样的实验条件就应该得出相同的结果，否则根本就不可能做所谓的内部有效检验，这就像物理实验室检验一样；（2）"双盲实验"的内部有效根本上是基于形式理性逻辑，因为其结果是在抽掉亲社会性的经济人假设上得出的，而经济人是一种被符号化的原子人。问题在于，经济实验的对象是先天带有亲社会性的能动的人，从而必然无法获得物理实验那种内部有效结果，这可以从同一实验程序在不同时空下的结果往往存在差异得到证明，这正是第六章强调要调整和改进实验思路的根本原因。

重大理论的出现几乎都是由现实问题所促生的，一些逻辑上完美的理论也往往因社会条件的变动而被抛弃。事实上，符合形式逻辑的"内在一致性"仅仅体现了语言的要求，相反，经验事实的"外在一致性"体现了现实世界的外化和理论世界的内化之间的一致性关系；显然，由于理论是从纷繁复杂的现实中抽象出事物本质特征的逻辑体系，从而需要在客观经验上对现实进行反映，因而经验性检验就显得更为重要。为此，实证主义就强调基于数据计量结果作为检验理论的主要依据。[①] 然而，事实检验说起来占理，但做起来却不是那么一回事。

第一个原因是，任何理论都建立在一系列的假设之上，都存在各种保护带。试问，在此种情况下，又如何评估核心理论得到确切的证实和证伪？经济学理论尤其会面临这一困境：（1）社会经济现象本身受诸多因素的影响，这些因素不可能都包含在经济理论的假设条件之中；（2）任何量化检验都受到一定条件的约束，从而不能完全符合理论的假定要求。罗森伯格写道："多数经济学研究者认识到：（a）经济学理论事实上是不可证伪的；（b）作为一个理论的科学性检验标准，可证伪性是不可接受的。"[②] 更不要说，（1）大多数计量分析所基于的数据往往非常片面，所选择的变量和函数关系具有明显的主观性；（2）计量分析过程也会受不同经济理论的支配，以致不同学者对同一问题以及同一理论的检验结果往往相差天壤。正因如此，目前那些基于计量分析对经济理论的证实和证伪往往并不可信。"理论与事实一致性"原则与其说适用于社会科学，不如说它主要适用于自然科学；究其原因，任何社会科学理论都不能简单地为一个或几个反例所推翻，最多可能借助"例外"的发生频度来衡量理论的可证实程度。

第二个原因是，任何理论都是不完全的，都没有也无法终结真理，都会遇到难以解释的社会经济现象，从而也就无法经受严格的证实和证伪检验。事实上，如果按照严格的证实和证伪主义原则，那么，社会科

[①] 朱富强：《数理逻辑的缺陷和经济直觉的意义：全球经济危机引发的经济学反思》，《社会科学战线》2010 年第 9 期。

[②] 罗森伯格：《经济学理论的认知地位如何》，载巴克豪斯编《经济学方法论的新趋势》，张大宝等译，经济科学出版社 2000 年版，第 286 页。

学领域甚至就不可能产生任何理论。科学发展史也表明，绝大多数社会科学理论都是在质疑和批判中逐渐成长，它们一开始就遇到许多"事实"的证伪，经济学理论尤其如此。科斯就写道："如果所有的经济学家都遵从弗里德曼选择理论的原则，那么，在一个可能产生无法检验的悖论性结果的理论被检验之前，就找不到一个愿意相信它的经济学家。这是我说的接受弗里德曼的方法论将导致科学活动瘫痪的意思"；所幸的是，"经济学家，至少有足够的经济学家，不会等到理论的预测被检验之后才做出他们的决定"，从这个角度上说，检验理论的预测力在经济学家中"常常没发挥什么作用或只发挥了非常微小的作用"。①

由此，孤立的事实检验不仅无法证实或证伪某个经济理论，而且也无法比较不同经济理论的优劣。拉卡托斯写道："没有单个的实验能在改变两个竞争的研究纲领的平衡状态中起决定性的，更不用说是'判决性的'作用"；而某些实验之所以根据事后的认识而被授予"判决性实验"的尊称，主要是"这些实验可以成功地用一种研究纲领来说明，但是用另一种研究纲领就不能如此成功地加以说明"。② 既然如此，我们又如何比较两个理论的优劣以及评估理论的进步性呢？显然，这不能简单地依据它的预测力以及被证实性。迈克尔·波兰尼写道："预测并非是科学命题的惯有属性。开普勒定律和达尔文定律都没有预测什么。无论如何，成功的预言不能从根本上改变科学命题的地位。"③ 相反，这根本上要从理论的解释力着手，因为理论的直接作用就在于：是否提高了我们对现实世界的认识能力。④ 那么，如何评判一个理论的解释力呢？这主要并不是对一个个事实的解释，而在根本上体现为理论逻辑的严密性。

其次，我们审视内部有效性检验，内在逻辑的一致性主要为布尔巴基主义所强调。布尔巴基主义认为，经济学无法像自然科学那样借助大胆假设与实验检验相结合的方法得到完善和证明，从而就只能求诸内部

---

① 科斯：《经济学家应该如何选择》，载《论经济学和经济学家》，罗君丽、茹玉骢译，格致出版社、上海三联书店、上海人民出版社2010年版，第29—30页。
② 拉卡托斯：《数学、科学和认识论》，林夏水等译，商务印书馆2010年版，第334页。
③ 波兰尼：《社会、经济和哲学：波兰尼文选》，彭锋等译，商务印书馆2006年版，第241页。
④ 朱富强：《计量结果的基本特性及其实践价值》，《天津师范大学学报》2014年第2期。

逻辑的严密性。一般认为，如果一个理论具有充分的严密逻辑，它自然就可以解释社会经济现象，进而可以对社会经济的长期变动进行有效预测，这实际上也就是奥卡姆剃刀的含义。科斯强调，"一个理论不像航空时间表或公共汽车时间表，我们不能仅仅只对其预测的精确度感兴趣。一个理论也应作为进一步思考的基础，它通过使我们有能力组织自己的思想，从而对我们理解正在发生的事实有所帮助。面对一个能给我们预测但不能提高我们对体系运行的洞察的理论，和一个能给我们这种洞察但预测很糟糕的理论，我宁愿选择后者，而且我认为大多数经济学家也会这么做。无疑，经济学家之所以这么选择，是因为他们相信，这个理论最终能使我们有能力预测真实世界将会发生的事情"[①]。

在社会科学领域，由于无法基于单一或某些因素来准确预测复杂多变的社会经济现象，同时，作为检验的"事实"与理论所依赖的条件之间总存在某种差异；因此，经济理论的进步就不应该建立在一次性证实或证伪的基础之上，相反应该体现在能够为更多的反常事实提供一个更一般性的系统解释中。一般地，随着大量新事实的出现，原来通行的范式或纲领就会被不断修正，或者原纲领"退化"标志着理论的进步。相应地，对一个经济理论的进步性评判就主要依据这两个方面：逻辑的严谨性和问题的解决度。布罗姆利就指出："如果一个人像许多经济学家那样，相信经济学的根本目的在于提供预测，那么他就应当承认，经济解释作为做出预测的必要条件，是经济学工作的核心。除此之外，如果一个人还相信，经济学的根本目的在于为社会问题的解决提供有用的、有价值的建议，那么他也同样必须承认，作为给出解决方案的必需条件，解释是经济学工作的核心。"[②]

有鉴于此，弗里德曼倡导的逻辑实证主义就对波普尔的证伪方法提出了修正和发展：并不因为存在一个反例就否定该理论，而只有不适用于这个（类）现象时才抛弃它。在弗里德曼看来，理论的应用需要确定

---

① 科斯：《经济学家应该如何选择》，载《论经济学和经济学家》，罗君丽、茹玉骢译，格致出版社、上海三联书店、上海人民出版社 2010 年版，第 20 页。
② 布罗姆利：《充分理由：能动的实用主义和经济制度的含义》，简练等译，上海人民出版社 2008 年版，第 116 页。

一个相应的范围,如果排除任何一项关于理论应用范围的任何参考,必然使得理论无法接受检验,因为每一个对理论的反驳都可能是由于理论本身被错误地运用,这都是缺乏范围限度的结果;因此,只有当该理论频繁地被证据所反驳以至于丧失其"一般化"的价值而成为"特殊的"理论时才应该被抛弃,相反,该理论如果多次成功地避免了证据的反驳,就可以大大提高其合理性。显然,正是通过弗里德曼对证伪主义的演绎,这就不仅为维护新古典经济学的分析框架夯实了基础,而且也为库恩的科学范式以及解释共同体的形成提供了思维来源。与此同时,由逻辑实证主义主导的经济学研究也带上了强烈的约定主义和工具主义色彩,这导致绝大多数经济学人都关注经济理论的一致性检验。

问题是,任何学派的理论往往都具有自成逻辑的系统性,并在一定的引导假定下形成一种解释共同体。那么,我们又如何对这些学派所依据的不同逻辑进行优劣比较呢?在很大程度上,不同逻辑关系本身是并列的,它们之间往往缺乏可通约性,从而根本上无法进行比较和评判。就现代主流经济学而言,它所强调的内部有效主要体现为形式逻辑的一致性,并且主要通过数理运算来表达;但是,这种数理化发展往往会导致经济学理论脱离经验和实践,进而蜕化为象牙塔里的文字游戏或者是基于符号的逻辑游戏。具体表现为:(1)它强调逻辑的严密性主要取决于数学上的逻辑标准,而不在于其是否契合于现实活动;(2)为了使其数学模型的结果能够套入现实的诠释,还基于高度的"抽象"方法而建立了虚拟的经济个体。① 事实上,现代主流经济学分析范式就是以非社会的、抽象的个体为出发点,具有意向性的人被假设为以稀缺性手段追求既定目标的效用函数;因此,现代主流经济学并不是与真实的对象打交道,而是把自己限定在人为想象的框架中来解释社会经济现象。显然,主流经济学的形式逻辑也深深地影响了主流的经济实验程序,这充分体现在实验程序的设计和实验结果的解释上。杜宁华认为,"双盲设计"等实验设计方法是为了通过恰当的控制实现内部有效性,而不是为了迎合"主流经济学"。但是,这种内部有效性主要追求形式逻辑一致性,恰恰

---

① 朱富强:《经济学能否仅被视为一套公理体系:兼论经济理论的基本诉求及其发展转向》,《江汉论坛》2008 年第 6 期。

符合（尽量）排除了亲社会性的经济人行为假设，难道这不恰恰是"迎合"现代主流经济学的分析范式？

第五节　如何认识现代主流经济学的内部有效

经济理论的生命力关键在于内部有效性，这是笔者与杜宁华的共识。差异在于，我们如何理解和评估经济理论的内部有效性？根本上，这需要辨析自然科学和社会科学理论所依赖的内在逻辑一致性之内涵。一般地，社会科学与自然科学依据的逻辑关系存在着根本性差异：后者表现为物体的无目的运动，主要运用数学逻辑和形式推理关系；前者则嵌入了人类的意向性行为，需要运用行为逻辑和辩证推理关系。这也意味着，数理逻辑用于工程学领域的分析具有很强的严谨性，但将之用于分析具有能动性的人类行为以及相应社会经济现象时就不再严谨了。究其原因，任何个体都具有或多或少的社会性，从而不会像"棋盘上的棋子"那样任人摆布，也不会像理性经济人一样遵行固定不变的最大化原理。也就是说，现代主流经济学所注重的数理逻辑与实际的行为逻辑并不相符，由数理模型所获得的一般性结论往往只是公理性的逻辑游戏，而与现实生活相差甚远。进而，要推动社会科学尤其是经济理论在解释力上的进步，就需要对人类行为机理做深入的挖掘，需要广泛考虑各种影响人类行为的社会性因素。

由此我们就可以明白，社会科学理论的内部有效性，与其说体现为形式逻辑，不如说主要体现为实质逻辑；同时，这种实质逻辑不是体现为数学的推理和运算，而是体现为人类真实世界中的思维和行为机理。事实上，在经济学领域，如果过度地使用数理模型进而发展出排除"例外"的"一般性"理论，那么往往只会造成理论与现实的脱节，使理论成为空泛而毫无实际操作意义的东西，进而实质上丧失解释力。相应地，在评估和推进一个经济理论时，我们必须考虑：（1）经济理论的根本目的在于促进人们对社会经济体系运行的理解，从而需要保障核心假设的真实性；（2）为了获取相对真实的假设，就需要深入对事物本体的分析，而不是构造不可能存在的逻辑世界。事实上，一个好的经济理论往往能够实现"上天"和"入地"的对接，"入地"是指理论的外部有效，"上天"则强调理论的内部有效。好的经济学理论能够将内部有效和外部有效结合起来，而这正体现在对"逻辑"的甄别和使用上。

　　根本上，新理论之所以能够提供更为合理的解释，就在于，它的认知体系更接近事物的内在结构，从而能够给出更为科学的本体论认识。从这个角度上说，经济学理论更应该注重本体的揭示而不是现象的解释，应该发掘社会经济现状之间的因果关系而不是统计关系。在很大程度上，经济危机的爆发就可归咎于现代经济学过分倚重基于数学推理的那种极其抽象的研究方法：原子个体主义使之忽视现实行为的非理性以及个体理性与集体理性之间的冲突，抽象演绎主义使之热衷于推理的形式逻辑而缺乏人文性和历史感，静态均衡主义使之把复杂不确定的市场想象成自动有效并打造人为的逻辑化市场，短视功能主义则使之把视野局限在表象层次上而看不到内在结构等实质性关系。进而，为了追求所谓的客观性和科学性，数理化趋势又使得现代经济学研究日益形式化，以至对一些明显的社会经济问题都熟视无睹，这也是为什么现代经济学没有预测到经济危机的根本原因。[①]

　　事实上，现代主流经济学的研究领域集中在工程学内容，集中研究具有稳定的外在偏好并做最大化选择的理性行为；相应地，它也就热衷于采用自然科学方法，在理论研究中采用在一定约束下的正式数理模型，在应用研究中则以计量实证分析做补充。为此，现代主流经济学也就将主要注意力放在模型的内部逻辑一致性上而非问题的实际解决上。这样，计量实证和数理建模就被赋予现代科学方法的称号，因为它们都被视为具有"严密的"逻辑并得出"客观的"结论，进而被纳入在统一的逻辑实证主义思维之下。同时，计量实证和数理建模都使用了越来越复杂的数学工具，因而数学就成为界定主流和非主流经济学的根本性标准。劳森写道："在一名主流经济学家看来，理论就意味着模型，而模型就意味着经济思想必须使用数学形式来表达……在越是高级的课程中，经济理论越是使用更多的数学模型加以阐释……因为所有的模型都是不完全的……对简化的假定提出过多的质疑是不礼貌的表现……真正有价值的

[①] 朱富强：《数理逻辑的缺陷和经济直觉的意义：全球经济危机引发的经济学反思》，《社会科学战线》2010年第9期。

工作是建立一个更好的模型,也就是更好的理论……"①

然而,尽管主流经济学的常规范式依旧如日中天,但已有越来越多的非主流经济学家开始反思经济学的方法论。在很大程度上,这也是由当前经济学的学术环境和学术使命所决定的。一方面,在学术环境方面,兰德雷斯和柯南德尔就指出,"(经济学)行业本身没有鼓励非正统思想,而是质疑非正统观点的正当性。因此,非正统经济学家一般倾向于关注研究方法,因为通过方法,他们才能质疑主流经济学家既定的假设、范围与方法的正统性。超越方法来建立自身的分析,并提供一个可行的竞争性研究计划,是几乎所有非主流集团都要面对的一个问题"②。另一方面,在学术使命方面,兰德雷斯和柯南德尔也指出,"在你开始研究解决问题之前,你必须决定你将研究什么以及你将采取什么方法——你必须做方法上的决策。一旦你着手于一项研究,你就会变得太潜心于此,以至于不能改变你的做法","要获得年轻经济学家对方法研究的支持,没有告诫是做不到的:浅尝方法论是极端危险的做法。对方法的研究是会上瘾的;它哄骗你去考虑你正在做什么,而不是怎样去做。方法上的问题被复杂因素所淹没,新的尝试者可能会错过完全使他或她的见识失效的细微点"。③

不幸的是,对方法论的关注却往往会遭到主流经济学人的蔑视。时下经济学界就流传这样的观点:只有那些思想和学说创见匮乏的人,才会转而研究所谓的方法论。门格尔在《经济学方法论探索》中也写道:"最重大的科学成果都出自那些不怎么关心方法论的人士之手,而最伟大的方法论专家反倒很少能够证明自己是某门学科中非常杰出的学者,尽管他们极其清晰地阐述了这门学科的方法。"既然如此,门格尔为何又会专门探讨方法论呢?门格尔提出的理由是,只有在错误的方法在学科中取得了支配性地位的时候,"方法论的探究才确实是对于学科的发展来说最重要、最紧迫的问题"④。在很大程度上,正是感到历史学派的方法思

---

① Lawson T., *Reorienting Economics*. Routledge Press,2003,p. 6.
② 兰德雷斯、柯南德尔:《经济思想史》,周文译,人民邮电出版社 2011 年版,第 8 页。
③ 同上书,第 11 页。
④ 门格尔:《经济学方法论探索》,姚中秋译,新星出版社 2007 年版,第 5 页。

维已经严重阻碍了对理论经济学的探索，门格尔掀起了一场方法论大战。相应地，尽管奥地利学派与新古典经济学同属于支持市场而反对政府干预的正统经济学阵营，但奥地利学派对占支配地位的新古典经济学分析思维也提出激烈的批判。例如，奥地利学派学者沃恩就写道："当奥地利学派经济学家试图谈论有关规则的时候……人们便指责他们太过于专注于那些'不过是些方法论'的东西，而方法论普遍被认为是只有那些做不了真正的经济学研究的人才去做的事情……然而，如果你的方法论遭到那些主流规则的人所误解或不屑，你又如何能够做令人信服的经济分析呢？"①

现代经济学大多在凯恩斯—新古典分析框架下做细枝末节的逻辑推演和计量实证，并试图用程式性的论文来获得新颖的见解乃至理论。但这果行乎？熊彼特很早就指出："即使在我们这个时代，距离那种不消一页纸的短文就能像物理学上那样形成国际思想的日子，还远得很呢！"②正因如此，我们对主流经济学的批判，就不能仅仅着眼于某个观点或定理，而是要从哲学思维入手剖析它的分析逻辑，要揭示它在方法上的缺陷，并提出更好的替代方法，然后后继者才能在此基础上发展出一个个替代理论。关于这一点，我们也可以从奥地利学派的学术取向中获得认识。沃恩写道："当代奥地利学派经济学的著作就反映了这样的困境：一是有过多对主流经济学进行批评的作品；二是不寻常地有太多关于方法论的作品。但这非但不会成为它的弱点，相反，这是由奥地利传统特性所带来的必然结果……从最起码的意义上讲，奥地利学派经济学对于当代经济学的方法、内容以及局限性做了全新的解释；从最深远的意义上说，它是对经济学的一次激进的甚至是革命性的重建。"③ 在很大程度上，正是由于偏重于数理化的形式逻辑，现代主流经济学也就陷入"我向思考"（Cautistic）式分析逻辑和解释体系之中，这严重影响我们对现实世界的认知和分析。

---

① 沃恩：《奥地利学派经济学在美国——一个传统的迁入》，朱全红等译，浙江大学出版社2008年版，第3页。
② 熊彼特：《经济分析史》第1卷，朱泱等译，商务印书馆1991年版，第375页。
③ 沃恩：《奥地利学派经济学在美国——一个传统的迁入》，朱全红等译，浙江大学出版社2008年版，第4页。

由此，我们可以再次审视杜宁华所遵循的主流实验方式——通过因素控制尤其是"双盲"设置来降低其他因素对实验结果的干扰而实现内部有效性。试问：把社会行为者打造成没有亲社会性的"动物人"就可以实现内部有效性？实际上，近年来已经有越来越多的学者对现代主流经济学的理论和思维展开激烈的批判，这些批判尤其集中在方法论方面，因为主流经济学的一系列原理和结论都是建立在它的思维逻辑和分析框架之上。当然，这些非主流学者目前还只是少数，但人数却正在增多，尤其是现代主流经济学在遭遇大规模经济危机之类的实践挑战之后。同时，按照库恩的观点，真正合理的范式除了能够吸引一批坚定的拥护者以使他们脱离科学活动的其他竞争模式外，还必须具有开放性以使得许多问题能够留待重新组成的一批实践者去解决。由此观之，我们能够契合那些非主流的思维和方法，并由此对流行范式进行深刻的剖析和扬弃，当然也就有利于经济学科的发展。

第六节　问题一：如何通过实验促进经济理论进步

上述逻辑分析表明，经济理论的进步和完善主要体现为不断提升的解释力，这种解释力体现在内在逻辑的一致性上；同时，要打造经济理论的逻辑一致性，与其说模仿和照搬自然科学的数理逻辑，不如说要探究人类真正的行为逻辑。事实上，通过放松实验的条件控制，行为经济学家发现了一系列不同于主流经济学理论的人类行为特征。譬如，面对亏损而宁愿承受风险的反射效应（Reflection Effect），面对正收益而呈现风险厌恶的确定性效应（Certainty Effect），在较小可能性事件中勇于冒险的"可能性效应"（Possibility Effect），面对同样数量的收益和损失时难以忍受损失的损失厌恶（Loss Aversion），人们赋予其拥有物比其未拥有的同一物更高价值的禀赋效应（Endowment Effect），选择与定价中表现出的偏好不一致的偏好逆转效应（Preference Reversal Effect），不同情境下遵循不同行为模式的框架效应（Framing Effect），人们偏好现状甚于其他备选方案的"现状偏见"（Present Bias），决策时给予最初信息过多重视的锚定效应（Anchoring Effect），效用主要体现为真实体验而非抽象数字的体验效用（Experienced Utility）以及以不同于经济学的数学运算方式进

第六章　经济实验如何才更有效：一个主要批判的回应 / 155

行记账的心理账户理论（Mental Accounting Theory）。

经济理论进步的重要途径就是将这些一个个"孤立"发现条理化和系统化，进而将之嵌入到经济理论和现有范式之中而形成一般性分析框架。譬如，卡尼曼等人提出的情境理论（Situational Theory）就纳入了框架效应、非线性偏好、路径依赖、风险偏好、损失厌恶、现状偏见以及体验效用等。当然，要真正能够将这些新发现有机地嵌入到经济学中，完善经济理论的内在逻辑，提升经济理论的内部有效性，进而构建出一个既具有很强逻辑性又能揭示事物本体的理论体系，这就对研究者提出了极高的学术要求：（1）要有系统的经济学知识；（2）要有广博的其他知识结构；（3）要有深入的经验观察；（4）要有极高的悟性和思维能力。只有这样，才能将目前那些分离的知识以及对立的思维统筹以实现知识和思维的有机契合，才能从大量孤立的经验事实中形成直觉并上升到理论层面，才能真正强化经济理论和学说体系的内部有效性。在很大程度上，正是由于卡尼曼等人并非是经济学家，缺乏对现代经济学理论体系的整体把握，因而他们的契合工作还只是一种初步尝试，并具有很强的局部性。

当然，需要指出，尽管很多效应和理论似乎是新近才为经济学所发现，但它们实际上早就存在我们的经验认知以及其他学科之中，只不过是近来经由特定数据和模型的"逻辑化"和"客观化"才为经济学所重视和接受。从科学进步史看，认知思维要比经验事实乃至数据资料重要得多。试问，普罗大众每天都在进行实践，又有多少人发现了理论？同样，绝大多数学者所面临的事实都是相似的，但他们所得出的结论却极不相同；其中，最为关键的就在于认知思维，而这又建立在对前人积累的经验数据和相关知识进行契合的基础之上。譬如，如果牛顿没有对地球物质的性质进行任何事先的调查，而是花费大量时间观察太阳系，记下它的各个星体的距离、体积、周转时间、轴线倾斜度、轨道形状、摄动，等等，然后对这积累下来的大量观察结果进行细心思考，那么他也许思考了一辈子也不能发现天体运行规律。[①] 所以，米塞斯强调，"重要的不是资料，而是处理资料的大脑。伽利略、牛顿、李嘉图、门格尔和

---

① 斯宾塞：《社会静力学》，张雄武译，商务印书馆1996年版，第9页。

弗洛伊德得出他们伟大发现所用的资料是他们同时代每一个人和许多前几代人都拥有的"①。

因此，在经济学研究中，最为重要的不是事实，而是对事实的认识；否则，我们往往自以为了解了事实，却已明显戴起了有色眼镜而不自知。在英国访学期间，一个实验经济学教授对笔者说，做行为实验的一个关键要素是控制实验条件，否则得到的数据是没有用的。笔者当时对他说，任何实验和经验数据其实都是有用的，关键在于我们有无能力解释它。这位教授也认可这一点，只是认为很多东西迄今还无法获得清楚的解释。那么，如何才能进行逻辑清楚地解释呢？关键是区分不同因素的影响。而要做到这一点的一个简单的方法是，通过对不同因素的控制进行比较分析，这实际上就是穆勒很早就提出的比较研究方法。不管如何，这都意味着，经济实验不应构设与现实毫无关联的情境，而是要在不同维度上去剖析现实因素。同时，经济学的理论研究根本意义不在于建立新的模型或理论来解释新的现象，而在于发展更好的模型或理论来取代以前的模型或理论。有鉴于此，经济理论的发展和进步的根本体现就在于，逐渐将过去熟视无睹的日常生活纳入到理论体系的解释之中；进而，这就需要观察和模拟社会实践，通过实验对这些实践进行细分以做更为深入的观察。

事实上，理论研究的真正价值在于发现现有理论无法解释新事实并揭示这些事实背后潜伏的机制，而不在于宣传和解释现有理论，更不在于用构造的特定环境和数据来不断"证实"现有理论；前者是促进经济理论不断进步的关键，后者则没有实质性理论意义。这一点在自然科学领域也看得非常清楚，查尔默斯就写道："按照否证主义者的说明，确证的重要性在很大程度上取决于它们的历史背景。如果一个确证是从对新颖的预见的检验中产生的，那么，该确证将赋予一个理论某种高度的价值。也就是说，如果根据当时的背景知识来看，人们估计不可能做出某个确证，那么该确证将是意义重大的。倘若确证是以前的结论，那么它们是没有意义的。……（例如，）当赫兹发现第一束无线电波时，他确证了麦克斯韦的理论。当我用我的无线电收音机收听时，我也确证了麦克

---

① 米塞斯：《经济学的认识论问题》，梁小民译，经济科学出版社2001年版，第70页。

斯韦的理论。在这两个事例中，逻辑情境是相似的……然而，赫兹正是由于他所完成的确定而闻名于世，而在某种科学背景中，人们对我的频繁确定却合情合理地不予理睬。当我用我的无线电收音机收听时，我只是在原地踏步。"[1]

然而，现代主流经济学却往往囿于特定的范式和框架进行分析和解释，从而也就看不到自己不愿意和不能够看到的一面。事实上，常规科学的基本旨趣在于整理现状，而不在于革新或推动学术进步，基于常规范式的研究往往趋于发现那些它期待发现的事情。问题是，真正的发现都不会出现在事物运转正常之时，而更可能出现在事情不合常规之时。当然，这种发现需要建立在大量反常的基础上，需要花费很长时间的观察，进而也就需要打开多元化的视界。同时，即使发现了大量的反常现象，其他人往往也不会把它当回事，这里的关键是要揭示这种反常背后的机制，进而将这种反常上升为一种理论认识，这也就是逻辑问题。从现实情形来看，由于缺乏良好理论的解释，大量的反常现象都被视为没有任何意义的奇事而置之一旁。在很大程度上，这也是早期行为实验发现往往被主流经济学所忽视的重要原因。

最后，需要指出，正是由于知识结构的狭隘导致统筹思考能力的不足，大多数实验经济学家更倾向于使用现代主流经济学的分析范式，打造现代主流经济学理论所需要的条件，从而进行总体上属于"证实性"的实验工作，这也构成实验经济学的主流。譬如，普洛特和史密斯就强调在实验经济学中应该设计简单情形，并强调简单性并非就是非真实性。问题是，通过简单情形的实验果真可以如他们相信的那样对相互竞争的理论进行比较和评估吗？以前向归纳思维和后向归纳思维为例，不同学者的实验所得出的结论往往是根本不同的，为什么呢？一般地，那些印证后向推理思维的实验几乎都打造了"经济人"的情境：实验者是随机匿名且没有信息沟通的。试想：如果受试者对其他互动者的信息一无所知，他又如何预期互动者的独特偏好和行为进而进行前向推理呢？相反，一旦放松行为实验的信息条件，将陌生的互动者改为熟人或朋友，或者引入受试者的收入、教育、宗教、职业等社会性特征，实验结果就与后

---

[1] 查尔默斯：《科学究竟是什么》，鲁旭东译，商务印书馆2007年版，第106页。

向归纳推理呈现明显的差异。同样，按照主流博弈论的观点，空口声明和廉价对话是无意义的，因为它对人的自利行为没有约束力；但是，大量的实验却表明，只要适当地引入一些信息交流，博弈结果往往就会有明显的改观。正因为人的行为往往受到情境的影响，而"双盲"设置则构造了经济人的行为环境，从而也就会"证实"主流经济学的相关论断，当然也就"迎合"了主流经济学。有鉴于此，我们强调，要有效促进经济理论的发展和成熟，相关经济实验的情境设置也应逐渐具体化和现实化。

第七节 问题二：如何从经济实验中识别行为逻辑

经济理论往往难以为具有明显局部性的经验数据或实验数据所证实或证伪，以至传统的证伪主义也逐渐发展为精致证伪主义。查尔默斯写道："精致否证主义对科学的说明以及它对科学成长的强调，把关注的焦点从单一理论的价值转向相互竞争的理论的相对价值。精致否证主义所提供的是一种动态的对科学的描述，而不像大多数朴素否证主义者那样提供的是静态的说明。对一个理论，精致否证主义不是问：'它是否是可否证的？''它有多大的可否证度？'以及问：'它是否已经被否证了？'而是更恰当地问：'这个新提出来的理论是否是它所挑战的一个理论的可行的替代者？'一般而言，一个新提出的理论如果比它的竞争对手更可否证，尤其是，如果它能预见它的竞争对手尚未触及的一种新的现象，那么，它可以作为一个值得科学家考虑的理论而被接受。"[1] 那么，我们又如何评判一个理论比另一个理论更优或更劣呢？一般地，判断和比较经济理论优劣的根本标准不是它的预测力而是它的解释力，这种解释力根本上体现在它的内部有效性上。[2]

问题是，我们如何评判经济理论的内部有效性？这与其说是体现在形式逻辑和数理逻辑所赋予的严谨性上，不如说更应体现在真实世界中的行为逻辑上。显然，为了对真实行为以及相应的社会经济现象给出更

---

[1] 查尔默斯：《科学究竟是什么》，鲁旭东译，商务印书馆2007年版，第96页。
[2] 朱富强：《计量结果的基本特性及其实践价值》，《天津师范大学学报》2014年第2期。

第六章 经济实验如何才更有效:一个主要批判的回应 / 159

合理、更有力的解释,经济实验的情境设计也就需要引入更多的现实因素考虑,乃至逐渐接近真实世界。当然,在任何实验室实验中,我们都无法考虑到真实世界中的所有因素,否则就等于直接观察纷繁芜杂的社会现实;相反,每次实验室实验都只是关注少数一些因素,但决不能是每次都只关注同一因素,更不能仅仅设定无关现实的因素。这样,通过一个个实验室实验及其结果,我们就可以更全面地认识真实世界的行为机理,并在此基础上构造出"极高明而道中庸"的理论体系,或者推动经济理论的不断进步和完善。在很大程度上,这是众多行为经济学家的工作路向,同时也是我对杜宁华批判的逻辑回应,他更倾向于遵循弗农·史密斯等开辟的实验经济学主流路线,把经济理论内部有效性视为行为逻辑的一致性,进而通过对"无关"因素的控制来检验经济理论和经济思维。然而,由于被检验的经济理论本身就是建立在这种被控制的环境及其衍生的假设前提之上,结果,这种检验就成了罗德里克所批判的自我确证。

当然,这里又衍生出另一个问题:我们又如何从一个个孤立的实验结论和发现中获得全面的认知、进而揭示真实世界的行为机理和行为逻辑呢?这就涉及萃取法和溯因法的运用以及由此形成的契合思维。如何进行萃取?根本上在于使用"正反合"的综合思维。如何进行溯因?根本上需要借助人的知性思维对大量的经验观察和实验发现进行契合。一般地,溯因法既不像演绎法那样准备提供一个放之四海而皆真的普适理论,而是为了解释而提供一个更为合理的理论;也不像归纳法那样试图从特殊结论中推出一般法则,而是从影响中寻求原因以提供解释。相反,我们借助溯因推理来形成假设和新的分析框架,进而为新概念、形成假说和验证假说提供依据,从而通过知识和思维的契合而不断推动经济理论的进步。[1]

因此,运用萃取法和溯因法以及由此衍生的契合思维,我们就可以摆脱先验逻辑前提和逻辑关系的束缚而深入考察真实世界中的人类行为。一方面,在分析逻辑前提时,契合思维要求充分考虑人性中的本能和亲社会性这两大内容,并把人类行为的基本目的和为此采取的社会化手段

---

[1] 贾根良:《西方异端经济学主要流派研究》,中国人民大学出版社2010年版,第63页。

结合起来；由此，就可以得到更贴近现实的"为己利他"行为机理：通过"利他"的合作手段来实现"为己"的个人目的。另一方面，在分析逻辑关系时，契合思维要求充分考虑到人们在长期互动中建立起来的习惯、惯例和习俗等非正式制度，并从社会互动中理解人类理性的演进和提升；由此，就可以在通感和移情效应的基础之上深入理解"为己利他"行为机理，认识现实生活中人们对他人和社会利益的关注。①

事实上，真实世界的人类行为与标准经济理论之间往往存在巨大差距，如他们并不是只关心个人利益的经济人，而是具有很强的社会性和正义感，这是形成分工合作以及分工和合作半径都在不断拓展的社会基础。关于这一点，最后通牒博弈、独裁者博弈以及信任博弈等实验都在一定程度上揭示了"差异厌恶"理论。泽尔腾就认为，现实生活中的人们为了达到收益的愿望水平而会寻找一些可取的线索，如序数势力和公平份额等，而公平份额和权重分派的结合就构成了公平标准。② 2017年诺贝尔经济学奖得主塞勒更早就揭示了消费者内含的公平偏好，在决策时不仅考虑哪些对自己有利，也考虑哪种是公平的行为；③ 而且，人们往往还会个人承担成本来惩罚那些背信行为。④ 甚至杜宁华也指出，"双盲"实验中同样发现了利他主义因素。在很大程度上，这些经验现象和实验结果都可以用"为己利他"行为机理加以解释。从这个角度上说，"为己利他"行为机理比理性经济人假设提供了更好的博弈思维，更有利于对互动行为进行分析，也更有利于对行为实验结果进行解释，从而为行为经济学提供了更好的分析框架。⑤ 关于这方面的工作可以参看前面几章对

---

① 朱富强：《真实世界中的"为己利他"行为机理：内涵及其合理性》，《改革与战略》2010年第8期。

② Selten R., "Equal Division Payoff Bounds for 3 - Person Characteristic Function Experiments", in: Tiets R. (ed.), *Aspiration Levels in Bargaining and Economic Dicision Making*, Springer Lecture Notes in Economics and Mathmatical Systems, No. 213, Berlin: Springer-Verlag, 1982, pp. 265 - 275.

③ Thaler R. H., "Toward a Positive Theory of Consumer Choice", *Journal of Economic Behavior and Organization*, Vol. 1, March, 1980, pp. 36 - 60.

④ Dawes R. M. & Thaler R. H., "Cooperation", *Journal of Economic Perspectives*, Vol. 2, No. 3, 1988, pp. 187 - 197.

⑤ 朱富强：《行为经济学的微观逻辑基础：基本假设和分析维度》，《社会科学战线》2011年第10期。

"为己利他"行为机理在日常生活以及行为实验中的解释和运用。

第八节 结语

上面回应了杜宁华的两大指责：（1）强分"主流经济学与非主流经济学"。实际上，现代主流经济学范式深深地影响了经济实验，塑造了大多数经济学家或者经济学院校教师在做行为实验时所采取的基本方式和典型程序，表现为"双盲"实验。（2）"双盲设计"是为了"实现内部有效性"。实际上，经济理论的内部有效性应该体现为行为逻辑的真实性而非形式逻辑的一致性，而"双盲"程序所体现的内部有效性恰恰只是形式逻辑一致性。通过两方面的逻辑考辨就可以清楚地认识到，为了促使经济实验更加有效，情境设置就应该逐渐具体化和现实化而不是固守"双盲"实验。事实上，由卡尼曼、塞勒等行为经济学家引领的非主流实验往往会放松条件控制，并且也发现了一系列有悖于主流经济学的行为效应；这样，运用萃取和综合方法将这些一个个"孤立"发现条理化和系统化，就可以形成更为完善的认知体系，有助于将内部有效和外部有效结合起来，进而推动经济理论的进步。

事实上，运用萃取法和溯因法以及由此形成的契合思维可以更好地探究真实世界的行为机理：一方面将嵌入在人性中的本能和亲社会性相契合，另一方面把人类行为的基本目的和相应的社会化手段相结合。由此，从大量的日常生活和行为实验中就可以提炼出更贴近现实的"为己利他"行为机理：通过"利他"的合作手段来实现"为己"的个人目的。"为己利他"行为机理之所以比理性经济人假设更合理，就在于，它不仅有助于分析真实世界的互动行为，而且也揭示出了真实行为互动中的收益最大化机制；同时，它不仅可以解释传统经济理论能够解释的行为和现象，而且也可以解释传统经济理论难以解释的行为和现象。因此，"为己利他"行为机理可以为行为经济学提供坚实的微观分析框架。

第 七 章

行为实验如何嵌入现实：
从标准型转到变异型

【导读】 行为实验的主要目的不应局限在"证实"或"证伪"流行理论，而更应该是发展和改进现有理论；为此，经济实验的情境设置就应该逐渐具体化和现实化，而不能重复性地进行"双盲"实验。显然，通过对标准博弈实验和变异博弈实验之特性的介绍和比较，就可以更清楚地辨识各类博弈实验收益具有的不同价值，进而通过变异博弈实验的应用案例则可以得到更好的认知。

第一节 引言

目前，行为实验所针对的主要是博弈理论，如后向归纳、前向归纳、最小最大原则等博弈思维，以及博弈的收益结构、策略结构、信息结构、参与者特性、行动次序和次数等对策略或行为选择的影响。为此，实验经济学家设计了一系列的博弈实验模型，这里分两个层次来对常用的博弈实验类型做一简要介绍：标准类型和变异类型。其中，标准的博弈实验是在双盲程序下进行的：受试者的决策无论是对其他受试者还是实验者（或数据的观测者）都是绝对保密的，这种实验控制使得受试者符合经济人的要求；正是在绝对的私人性和匿名性的条件下，博弈实验才可以获得接近主流博弈理论的结果。但是，现实生活中的互动和交易却存在着各种信息，从而往往出现与理论有巨大差异的结果。因此，要使得实验尽量模仿现实，就需要对博弈实验的一些条件进行改造。事实上，也正如前面各章指出，进行行为实验的目的并不是为了"证实"或"证伪"流行理论，而且也无法从根本上"证实"或"证伪"流行理论；相反，其根本目的在于发展和改进现有理论，使得理论更加符合社会现实。而且，有关人类行为效应的众多"发现"大多也是由行为心理学家和社会学家在变异型博弈实验中发现的。

第二节 标准的博弈实验模型

标准的博弈实验主要有：最后通牒博弈（Ultimatm Game）、独裁者博弈（Dictator Game）、权力—掠取博弈（Power-to-take Game）、强盗博弈（Bandit Game）、信任博弈（Trust Game）、公共品投资博弈（Public Good Game）以及交换礼物博弈（Gift-exchange Game）和见义勇为博弈，等等。这里做一介绍。

（1）标准的最后通牒博弈。固定数额的"蛋糕"在提议者和接收者之间分配，提议者给出"蛋糕"的分配方案 $X = (X_p, X_r)$，使得 $X_p + X_r = 1$；如果接收者接受这一方案，那么，提议者和接收者分别获得收益 X_p 和 X_r；如果接收者拒绝这一方案，那么两者的收益都为 0。

（2）标准的独裁者博弈。固定数额的"蛋糕"在独裁者和接受者之间分配，独裁者单方面决定"蛋糕"的分配方案 $X = (X_d, X_r)$，使得 $X_d + X_r = 1$，而接受者只有接受而没有拒绝的权利；这样，独裁者获得的收益为 X_d，接受者获得的收益为 X_r。

（3）标准的权力—掠取博弈。弱势者拥有初始禀赋 Y_{resp}，但强势者具有掠夺的权力，其博弈过程分两个阶段：第一阶段，作为强势者的博弈方 1 决定向作为弱势者的博弈方 2 抽取一定比率 t，$t \in [0, 1]$，这是第二阶段博弈后从作为回应者的博弈方 2 之收益 Y_{resp} 中转让给强势者的；第二阶段，作为回应者的博弈方 2 有权决定是否对其资产 Y_{resp} 进行破坏，其破坏率设定为 d，$d \in [0, 1]$。这样，作为强势者的博弈方 1 获得的转移收益就等于 $t(1-d)Y_{resp}$，而作为回应者的博弈方 2 的收益为 $(1-t)(1-d)Y_{resp}$。

（4）标准的强盗博弈。弱势者拥有初始禀赋 Y_{resp}，但强势者具有掠夺的权力，其博弈过程是，作为强势者的博弈方 1 决定从博弈方 2 手中掠取一定比率 t，$t \in [0, 1]$，而作为弱势者的博弈方 2 只能接受。因此，博弈方 1 的收益就是 tY_{resp}，而博弈方 2 的收益为 $(1-t)\ Y_{resp}$。

（5）标准的公共品投资博弈。n 个成员对公共品进行投资，每个成员拥有初始禀赋 E，成员 i 的投资额为 $e_i \leq E$，它从公共品投资中获得的边际回报为 r_i，其中，$0 < r_i < 1 < \sum_{i=1}^{n} r_i$；这样，成员 i 的最终收益是 $E - e_i + r_i \sum_{i=1}^{n} e_i$。也可以做一简化：投资回报率为 r，且 $r > 1$；而投资回报为所有成员平均分享，且 $0 < r/n < 1$；这样，每个成员从自己投资中获得的最终收益是 $E - (1 - r/n) \times e_i$。

（6）标准的信任博弈。博弈分两个阶段：第一阶段，信托人拥有资产 E，可以持有，也可以委托他人投资，假设他投资 V，那么就保留了 $(E - V)$；受托人接受资产 V 代理投资，收益率为 r，因而期末收益为 $(1 + r)\ V$。第二阶段，受托人扮演独裁者角色，对 $(1 + r)\ V$ 进行分割，如果自己留下 S，那么 $[(1 + r)\ V - S]$ 就返还给信托人。这样，作为代理者的受托人获得的最终收益为 S，而作为委托者的信托人获得的最终收益为 $(E - S + rV)$。

（7）标准的交换礼物博弈。博弈分两个阶段：①第一行动者支付一定工资 w 给第二行动者，第二行动者选择接受或拒绝；如果拒绝，两者都获益为零；如果接受，则进入博弈的第二阶段。②第二行动者花费一定的努力 e，创造的价值是 $v\ (e)$，付出的成本是 $c\ (e)$。这样，第一行动者的收益为 $v\ (e)\ - w$，第二行动者的收益为 $w - c\ (e)$。

（8）标准的见义勇为博弈。见义勇为博弈（Ready to Help Others for a Just Cause Game）类似于拾金不昧博弈（Return Sth. to Its Origin Owner Game）。该博弈分两个阶段：①行为者捡到某个物品（譬如只有身份证、驾驶证或者合同书的钱包），其对行为者的价值为 V，对失主的价值是 rV，$r > 1$，行为者决定是否归还原主。②失主得到失物之后，决定是否给予相当于失物价值一定比率 t 的酬谢，$t < 1$。这样，见义勇为者的收益是：$(tr - 1)\ \times V$，而失主的收益是：$(1 - t)\ \times rV$。

第三节 变异的博弈实验模型

为使实验尽量模仿现实，行为实验也就需要防止为基于双盲程序的标准博弈实验所束缚而引入更多变异型博弈实验。

（1）两类最后通牒博弈。一类是发生在不同受试者之间的最后通牒博弈实验，另一类是发生在不同受试者与计算机之间的最后通牒博弈实验。一般地，在前一类博弈中，受试者选择出价水平时会同时涉及其最大化自身收益的策略选择和内心深处的公平心；而在后一类博弈中，受试者选择出价水平仅仅关乎其最大化自身收益的策略，他会使用其可以使用的技术或知识来最大化自身收益。

（2）两类独裁者博弈。一类是发生在不同受试者之间的独裁者博弈实验，另一类是发生在不同受试者与计算机之间的独裁者博弈实验。在上述最后通牒博弈实验中，由于受试者在与计算机之间的博弈时需要考虑到计算机可能的策略，这种策略的存在往往会模糊受试者在出价上的道德性问题；相反，在独裁者博弈中，受试者不再需要考虑计算机可能的反应，从而可以更好地体现人类行为的道德性差异。

（3）两类3人跨代征税博弈。两个跨代主权者（Dominator）D_1、D_2和1个臣民（Subject）S；这一思维来自奥尔森的土匪理论：坐寇的掠夺性往往要比流寇轻。其博弈过程是：第一阶段，臣民S拥有初始禀赋e（Endowment），第1代主权者D_1对之征取t_1的税率，$t_1 \in [0, 1]$；第二阶段，臣民S用剩余的$(1-t_1) \times e$进行生产增殖，增殖率为r，$r > 1$；第三阶段，针对臣民S的现有财产$r \times (1-t_1) \times e$，第2代主权者$D_2$对之征取$t_2$的税率，$t_2 \in [0, 1]$。这样，3人的收益分别是：$D_1$是$t_1 \times e$，$D_2$是$t_2 \times r \times (1-t_1) \times e$，$S$是$r \times (1-t_2) \times (1-t_1) \times e$。一类跨代征税博弈是：两个主权者是熟人（朋友、亲戚），可以代表同一家族的代际传统；另一类跨代征税博弈是：两个主权者是生人（匿名），可以表示不同王朝。检测目的：（1）两类实验中的t_1存在何种差异？（2）t_1和t_2存在何种差异？

（4）两类强盗博弈。一个蒙面的盗贼（Bandit）B外出行盗而从受害者（Victim）V身上掠夺一定财产；其中，受害人V_1是熟人（朋友或亲戚），而受害人V_2是生人（匿名）。其博弈过程如下：受害者拥有相同的初始资产（Asset）A，盗贼决定从中分别夺取一定比率r_1和r_2的财产，r_1、$r_2 \in [0, 1]$；这样，3人的收益分别为：B是$(r_1 + r_2) \times A$，V_1是$(1-r_1) \times A$，V_2是$(1-r_2) \times A$。检测目的：r_1和r_2是否存在差异？

（5）两类信任博弈。一个委托人（Principle）P分别与两个代理人

（Agent）A_1 和 A_2 进行一次性投资活动；其中，代理人 A_1 是熟人（朋友或亲人），而代理人 A_2 是生人（匿名），代理人之间是社会隔绝的。其博弈分两个阶段：第一阶段，委托人从其拥有的初始禀赋（Endowment）E 中分别取出一部分 F_1 和 F_2 交于代理人 A_1 和 A_2 进行投资，投资的收益率是 r；第二阶段，代理人 A_1 和 A_2 在获得的收益 rF_1 和 rF_2 中分别拿出一部分 R_1 和 R_2 给委托人。因此，委托人从这两个投资博弈中获得的总收益分别是 $(E-F_1+R_1)$ 和 $(E-F_2+R_2)$，两个代理人获得的收益分别是 (rF_1-R_1) 和 (rF_2-R_2)。检测目的：①F_1 和 F_2 是否存在差异？②R_1 和 R_2 是否存在差异？③两类信任博弈中，各自的最后收益如何？

（6）两类公共品投资博弈。一类实验是成员各自单独报名，并控制在双盲实验条件下；另一类是成员自选择成团报名，从而保证相互之间具有一定的社会联系。其博弈过程如下：共有 4 个成员，每个成员拥有初始禀赋 E，他的投资额为 $T \leqslant E$，投资回报率为 2，投资回报为所有成员所分享；这样，每个成员因自己投资而获得的最终收益是：$E-T/2$。

（7）三类 3 人最后通牒博弈实验。一个提议方面对两个接收方，而接收方与提议方的社会距离存在不同，一个是熟人（朋友），另一个是生人（匿名）。第一类是作为接收方的两人之间是割裂的，相互之间不知道提议方给对方的出价；第二类是，作为接收方的两人之间是连通的，相互之间都知道提议方给对方的出价，但提议方和作为朋友的接收方之间仅仅知道双方是朋友，但并不知道具体是谁（名字都不公开）；第三类是，作为接收方的两人之间是连通的，相互之间都知道提议方给对方的出价，且提议方和作为朋友的接收方之间也都知道具体是谁（名字公开）。这样，我们就可以做一比较研究：①考虑市场分割的情况下，社会距离如何影响提议方和接收方的行为；②考虑市场连通的情况下，社会距离如何影响提议方和接收方的行为；③考虑市场连通的情况下，且（面对面）直接的交易过程中，社会距离如何影响提议方和接收方的行为。

（8）多人两阶段独裁者博弈实验。第一阶段，初始禀赋为 E，独裁者从中留下 D，接受方将这一分配方案提交一个由 3 人组成的委员会进行仲裁；第二阶段，仲裁委员会根据简单多数原则决定从独裁者手中转移一部分 A 给接受方，$A \in [0, D]$；而且，A 的大小取决于两类原则：一是取决于委员会中3人独立决策的平均数,二是3人委员会共同商量决定。这样,独裁者最终获得的收益是:$D-A$,而接受方获得的收益是:$E-D+A$。我们可以做这样5类实验:①委员会的成员与独裁者和接受者的社会距离相等,都没有任何关系(匿名);②委员会中有1个成员与独裁者是朋友,其他成员与独裁者和接受者的社会距离相等;③委员会中有2个成员与独裁者是朋友,其他成员与独裁者和接受者的社会距离相等;④委员会中有1个成员与接受者是朋友,其他成员与独裁者和接受者的社会距离相等;⑤委员会中有2个成员与接受者是朋友,其他成员与独裁者和接受者的社会距离相等。

(9)二阶段公共资源使用博弈(Common-pool Resource Game)。初始禀赋R由n个成员共同使用,第一阶段,成员i可以决定使用的数量R_i,从而公共资源剩余$R_s = R - \sum_{i=1}^{n} R_i$;第二阶段,剩余的公共资源$R_s$可以以$r$的增长率实现增殖,$r$与$R_s/R$之间呈现(1,2)正态分布,并且$R_s \times r$在所有成员之间平均分配。这样,成员$i$的最终收益是:$R_i + (R - \sum_{i=1}^{n} R_i) \times r/n$。我们可以做这样两类实验:①所有受试者单独报名,在实验过程中也随机组合;②受试者成团报名,并且在实验过程中作为同一组成员。

第四节 博弈实验的应用介绍

在了解了博弈实验的基本类型后,这里继续举例对博弈实验的应用做一说明。

一 对比的最后通牒博弈实验

两类三个最后通牒博弈实验:一类是两人最后通牒博弈实验,这是实验$T1$;另一类是三人最后通牒博弈实验,包含实验$T2$和实验$T3$。三人最后通牒博弈实验方案是:一个提议方,两个接收方;提议方提出在他和两个接收方之间进行固定数量金钱的分配方案,两个接收方同时决定是否接受或拒绝该提议。规则如下:如果两个接收方都接受,则每一方都获得提议方案的收益;如果至少有一个接收方拒绝该提议,则提议方的收益为零。而在至少存在一个拒绝的情况下，接收方获得的收益分两种情况实验：实验 $T2$，拒绝的接收方的收益为零，而非拒绝的接收方将获得分配方案中规定的收益；实验 $T3$，拒绝的接收方在原方案中的收益将为另一个接收方所获得，这样，当只有一个接收方拒绝时，非拒绝的接收方将得到方案给予两个接收方的总收益，而当两个接收方都拒绝时，他们分别获得分配方案给予另一个接收方的收益。显然，在上述两个实验方案中，接收方都有通过拒绝而对提议方进行单方面惩罚的权力，但是，拒绝这一惩罚措施在这两个方案中对另一接收方的收益所产生的影响是不同的：实验 $T1$ 中没有影响，实验 $T2$ 中有正面影响。

博弈矩阵如下，在两人最后通牒博弈实验中，提议方提出一项分配方案：$X=(X_P, X_r)$，使得 $X_P + X_r = 1$，其中，X_P、X_r 分别是提议方和接收方的收益。在三人最后通牒博弈实验中，提议方提出一项分配方案：$X=(X_P, X_{r1}, X_{r2})$，使得 $X_P + X_{r1} + X_{r2} = 1$，其中，$X_P$、$X_{r1}$、$X_{r2}$ 分别是提议方、接收方 1 和接收方 2 的收益。这样，表 7—1 就显示了三人最后通牒博弈实验的收益结构。

表 7—1　　　　　　　　三人最后通牒博弈实验

回应方 1		T1	T2		T3	
			回应方 2		回应方 2	
			接受	拒绝	接受	拒绝
回应方 1	接受	(X_P, X_r)	(X_P, X_{r1}, X_{r2})	$(0, X_{r1}, 0)$	(X_P, X_{r1}, X_{r2})	$(0, X_{r1}+X_{r2}, 0)$
	拒绝	$(0, 0)$	$(0, 0, X_{r2})$	$(0, 0, 0)$	$(0, 0, X_{r2}+X_{r1})$	$(0, X_{r2}, X_{r1})$

之所以做这样一个三人博弈实验，主要在于引入行为者之间的间接互动效应：在两人博弈中，互动主要体现在接收方和提议方之间，接收方是否对提议方进行惩罚主要取决于自身的公平理念，这种互动是直接性的；但在三人或多人博弈中，两个接收方之间也发生了间接的互动，一个接收方的行为还要受其他接收方的影响，因为此时的公平观不仅体现在接收方和提议方之间，也体现在接收方之间。正因如此，在三人博弈中，即使在匿名的条件下，受试者也不仅关注自身的物质福利，而且

也会关注其他人的物质福利。这个博弈实验可以检测人类社会中的"强互惠"行为。

其实，A. Riedlz 和 J. Vyrastekova 已经就上述的 $T2$ 和 $T3$ 做了实验，所缺乏的仅仅是没有与标准最后通牒博弈进行对比，而是增加了一类三人博弈的情形：任何一个接收方拒绝，那么所有受试者的获益都为零。他们的实验表明：（1）提议方为自己留下的份额大致相同，在 T2 中比 T3 稍多，而且，很多受试者留下了 33.3%；（2）提议方向两个接收方的出价大致对称，不对称的主要出现于 T3；（3）接收方在 T3 中和 T2 中的接受率并没有非常明显的差异：接收方在实验 T3 中的接受率是 63%，而在 T2 中的接受率是 55%；接受率在 T3 中比 T2 中高的接收方有 20 个，低的有 11 个，持平的有 11 个。① 显然，尽管理论上 3 人博弈中可能出现更多的机会主义行为，但实验数据却没有发现明显迹象。（见表 7—2、表 7—3）

表 7—2　　　　　　　　　提议方的决策

提议方	T2			T3		
	xp	xi	xj	xp	xi	xj
S1_P3	1400	800	800	1400	800	800
S1_P5	3000	0	0	3000	0	0
S1_P9	2000	500	500	1800	400	800
S2_P11	1700	600	700	1800	600	600
S1_P8	1700	650	650	1500	850	650
S1_P2	1200	900	900	1200	900	900
S1_P6	1200	900	900	1000	1050	950
S2_P5	1200	900	900	1200	900	900
S2_P6	1000	1000	1000	1000	1000	1000
S2_P10	1200	900	900	1200	900	900
S1_P11	1200	900	900	900	1050	1050
S1_P1	1000	1000	1000	1000	1000	1000

① Riedlz A. & Vyrastekova J., "Responder Behavior in Three-Person Ultimatum Game Experiments", Working Paper, University of Amsterdam, 2003.

续表

提议方	T2 xp	T2 xi	T2 xj	T3 xp	T3 xi	T3 xj
S1_P4	1200	900	900	1100	950	950
S1_P7	1000	1000	1000	1000	1000	1000
S1_P10	1000	1000	1000	1000	1000	1000
S2_P1	1000	1000	1000	1200	900	900
S2_P2	1200	900	900	1100	1000	900
S2_P3	1000	1000	1000	1000	1000	1000
S2_P4	1000	1000	1000	1000	1000	1000
S2_P7	1400	800	800	1600	700	700
S2_P8	1000	1000	1000	1000	1000	1000
S2_P9	1200	900	900	1400	800	800
Mean	1309	843	848	1291	855	855
St. dev.	464	234	230	465	248	227

注：（1）Sx_Py 代表实验阶段 x 的提议方 y；（2）总的分配禀赋为 3000。

表7—3　　　　　　　　　接收方的接受率　　　　　　　　　（单位：%）

反应方	S2_R4	S2_R13	S1_R14	S1_R18	S2_R8	S2_R15	S2_R16	S1_R9	S1_R15	S2_R3	S2_R18	S1_R22	S2_R17	S1_R13	S2_R2
T2	100	93	82	91	91	91	91	91	82	82	82	81	72	82	9
T3	100	100	100	99	92	91	91	72	91	82	84	80	72	82	9

反应方	S1_R5	S1_R1	S1_R17	S1_R20	S1_R11	S2_R7	S2_R20	S1_R3	S1_R12	S1 R4	S1 R16	S1 R19	S1 R21	S2_R10	S1_R6
T2	62	52	63	59	57	28	63	59	91	60	45	36	82	28	9
T3	71	32	55	70	75	100	59	72	54	44	53	36	99	63	56

反应方	S2_R12	S2_R9	S1_R2	S2_R6	S1_R7	S1_R8	S2_R22	S2_R21	S2_R1	S2_R11	S1_R10	S2_R14	S2_R5	S2_R19	Average
T2	45	43	59	14	38	54	45	28	30	28	11	17	43	15	55
T3	45	43	72	37	91	45	32	28	38	28	7	14	52	15	63

注：Sx_Ry 代表实验阶段 x 的接收方 y。

二　对比的独裁者博弈实验

一些博弈论专家还通过改变受助者信息来测试独裁者的行为，F. Aguiar 等人的做法是：受试者收到一个大信封，包含以下项目：一个小信封，3 个 5 欧元的纸币，一个问卷调查，实验说明书；信封大小保证受试者可以在绝对保密下进行操作,金钱和问卷放在中心做了标记的小信封里;受试者将小信封放在一个盒子里然后离开,而自己则保留大信封。在实验的任何阶段,受试者的名字都没有出现,也只有他们自己知道其大信封里的钱;但实验说明书标明他们所捐赠的金钱的不同流向。其实验结果如表7—4和表7—5所示。①

表7—4　　　　　　　　两类道德的独裁者博弈实验

受助者信息捐赠金额（欧元）	假设性实验			真实实验支付
	没有任何信息	来自第三世界的贫困者	来自第三世界的贫困者,且捐赠物用于购买药品	来自第三世界的贫困者,且捐赠物用于购买药品
15	0%	40.8%	68.3%	74.6%
10	0%	25.5%	18.3%	12.0%
5	28.6%	11.2%	5.1%	10.7%
0	71.4%	22.4%	8.1%	2.7%
实验数目	98	98	98	75

实验结束后,F. Aguiar等人还对受试者做了跟踪调查,询问他们的行为理由,从而便于进一步挖掘人类行为的动机和激励。实验结果如表7—5所示。

表7—5　　　　　　　　受试者对两类实验中行为的原因

原因	真实实验		假设性实验	
	数目	比率（%）	数目	比率（%）
后果论 Consequentialist	41	59.4	68	79.1
义务论 Deontological	14	20.3	4	4.6

---

① Aguiar F., Brañas-Garza P. & Miller1 L. M., "Moral Distance in Dictator Games", *Judgment and Decision Making*, Vol. 3, No. 4, 2008, pp. 344–354.

续表

原因	真实实验 数目	真实实验 比率（%）	假设性实验 数目	假设性实验 比率（%）
（不捐赠）不信任体制	4	5.8	3	3.5
（不捐赠）合法	3	4.3	3	3.5
随机决定	3	4.3	0	0
不信任实验	2	2.9	0	0
利己主义	2	2.9	8	9.3
总数	69	100.0	86	100.0

注：后果论是指：关注如果他们没有捐赠可能会发生什么事（或者有了捐赠又会发生什么事）。相应地，基于需求满足原则，捐赠是最好的结果。义务论是指：关注他们应该怎么做。

三 对比的信任博弈实验

信任博弈实验可以检测群体中成员之间的相互信任和积极互惠的程度：（1）相互之间如果是不信任的或者都是忠实的经济人行为贯彻者，那么，作为代理方的受托人就会尽可能保留更多乃至全部投资盈利，而信托人就会对自己的委托行为感到后悔，从而也就不会将资金交给受托人去投资，这样，道德风险的存在就会使得双方都无法盈利；（2）相互之间如果有很好的信任关系和互惠动机，那么，就会产生双赢的合作。这个博弈也可用于企业组织成员的行为分析，只要将第一、二行为者分别换成生产者和管理者就行了。实验程序如下：（1）企业的一般生产者为信托人，从其所有的禀赋 E 中拿出一定比率 a（$a<1$）进行投资，投资增值率为 r（$r>1$）；（2）企业的管理者为受托人，他取得信托人的资产 aE 进行投资后获得收益 aEr，然后拿出一定比率 $b<1$ 返还给信托人；（3）这样，信托人的收益就是：$E + aE(rb - 1)$，受托人的收益是：$aEr(1-b)$。

通过这个信任博弈实验，我们就可以清晰地分析不同企业中成员信任关系以及企业文化的发育状况，进一步地，我们还可以考察影响这些信任关系的具体因素，因而可以选择同一企业的员工作行为分析。事实上，在具体企业活动中，信托人的投资品可以转换成劳动支出，而受托人返还的盈利则是薪资；这个信任博弈就转换为：如果工人信任管理者，就会增加努力支出，困境时也会与企业共进退，否则相反。显然，不同社会文化下的信任关系程度有很大的不同，从而导致了工人努力程度的差异，这可以从日、美企业的比较中得到明显的反映。例如，通用汽车在2007年的经济危机和丰田汽车在2009年的召回危机中，两个企业中的工人就采取了明显不同的行为。

四 对比的交换礼物博弈实验

礼物交换行为也可以检测社会成员之间的相互信任和积极互惠的程度：一方面，如果存在良好的信任关系，那么就可以通过短期付出而获得长期利益；另一方面，如果缺乏良好的信任关系，谁都不愿意短期付出，那么也就不可能收获长期收益。这个博弈也可用于企业组织成员的行为分析，只要将第一、二行动者分别以雇主和雇员来承担。实验程序如下：（1）第一行动者（雇主）支付一定工资 w 给第二行动者（雇员），第二行动者选择接受和拒绝；如果拒绝，两者都获益为零，如果接受则进入博弈的第二阶段。（2）第二行动者（雇员）花费一定的努力 e，创造的价值是 $v(e)$，付出的成本是 $c(e)$。（3）这样，第一行动者的收益为：$v(e)-w$，第二行动者的收益为：$w-c(e)$。

一般地，按照现代主流经济学的思维，工人一旦被雇用了，厂商便难以控制工人的努力程度，这样，理性而自私的工人就会选择最低的努力支出；考虑到这种情况，追求利润最大化的厂商就会支付市场出清的低工资。但是，大量的行为实验却表明：（1）工资明显超出最低工资水平；（2）在工资和努力程度之间存在明显的正相关关系。[1] 为此，一个可替代的理论便是阿克洛夫提出来的"礼物交换"[2]：厂商会给予工人一个

---

[1] Fehr E., Kirchsteiger G. & Riedl A., "Does Fairness Prevent Market Clearing? An Experimental Investigation", *Quarterly Journal of Economics*, Vol. 108, 1993, pp. 437 – 460; Fehr E., Gachter S. & Kirchsteiger G., "Reciprocity as a Contract Enforcement Device: Experimental Evidence", *Econometrica*, Vol. 65, 1997, pp. 833 – 860; Fehr, E., & Falk, A., "Wage Rigidities in a Competitive, Incomplete Contract Market", *Journal of Political Economy*, Vol. 107, 1999, pp. 106 – 134.

[2] Akerlof G., "Labor Contracts as Partial Gift Exchange", *Quarterly Journal of Economics*, Vol. 97, 1982, pp. 543 – 569.

超出市场工资水平的"礼物"来激励工人超出他们原先的努力程度,从而可以实现(更高工资,更高努力程度)的均衡。问题是,雇主如何相信高工资能够激发工人自主地提高努力程度呢?这就与文化和信任程度有关。

五 对比的见义勇为博弈

见义勇为博弈和拾金不昧博弈一样,可以体现出一个社会中的相互信任和积极互惠的程度。一般地,根据标准的经济人模型,由于受助事件已经发生,因而理性而自私的受助者就不会再进行酬谢;而由于见义勇为行为需要付出一定的成本,因而利己主义者往往不愿意做这样的付出。在这种情况下,那么就很少出现见义勇为的现象,这对整个社会是不利的。事实上,见义勇为的成本付出相对于受助者的收益获得是微不足道的,因而如果受助者事后给予一定的回报(完全是自愿的),那么,见义勇为行为就对两者都有利,从而就会激励见义勇为行为。实验程序如下:(1)行为者捡到某个物品(譬如只有身份证、驾驶证或者合同书的钱包),其对行为者的价值为 V,对失主的价值是 rV,$r>1$,行为者决定是否归还原主;(2)失主得到失物之后,决定是否给予相当于失物价值一定比率 t 的酬谢,$t<1$;(3)这样,见义勇为者的收益是:$(tr-1)V$,而失主的收益是:$(1-t)rV$。

显然,通过这个见义勇为博弈实验,我们可以检测不同社会的文化以及成员的信任关系,从而进一步比较不同社会的合作状况。

六 多人最后通牒博弈实验

多人最后通牒博弈实验的要点是:(1)一个提议方,同时存在四个相互独立而平行存在的回应方;(2)每个回应方与提议方之间的私人关系存在差异,一个是家庭成员,一个是同乡,一个是国人,另一个是外国人,也即,提议方与这四个回应方之间的社会距离是不同的;(3)每个回应方在做出接受还是拒绝之前确切地知道提议方给其他三个回应方的出价;(4)初始可分配金额是 10 个单位。显然,如果公平观确实显著地影响人的行为,那么,根据不同的公平观,我们也可以做出不同的预测:根据传统公平观,提议方在与每个回应方之间的博弈中所需要的份额将会减少，且不同博弈者之间在最终收益上差异将会降到最低；但根据基于"为己利他"行为机理的新公平观，针对具有不同社会距离的回应方，提议方的出价应该是不同的，而具有不同社会距离的回应方对是否拒绝提议方的出价所遵行的标准也是不同的。

一般地，根据传统的公平观，提议方对每个回应方的出价应是5，如果考虑先行者优势，那么出价应该在3—5之间，但对每个人都应该相同；相应地，对回应方来说，如果提议方给他人是5，而给自己只有3或者4，那么就有强烈的不公平感觉，从而很可能会拒绝这一出价。与此不同，根据基于"为己利他"行为机理的公平观，提议方分别给兄弟、同乡、本国人、外国人可能是4.5、4、3.5、3，此时大家也许可能都可以接受；但是，如果提议方分别给兄弟、同乡、本国人、外国人可能是3.5、4.5、3、4，那么，兄弟和本国人就很可能对提议方有意见而拒绝他的出价。因此，通过多人最后通牒博弈实验，我们就需要做两类分析：一是提议方对不同回应方的出价是否存在差异以及这些差异存在何种规律？二是回应方对提议方的出价之回应是否存在差异以及这些差异存在何种规律？

七　最后通牒博弈实验解说

最后，我们以最后通牒实验为例对实验过程和结果做一解说。在分饼博弈中，两个博弈方同时进行选择，如果两人诉求的和不大于可分配的整块饼，那么两人就可以各自获得诉求的份额；如果两人诉求的和大于可分配的整块饼，那么两人将一无所获。由于博弈是连续的，而且会出现连续均衡，任何低于可分配整块饼的诉求都是可行的。在这种情形下，聚点效应就开始显现，其纳什均衡结果就是平分，即（0.5，0.5）。但是，如果博弈方是顺序行动的，先行动者就有了先动优势；那么，先行动者是否会充分利用他的先动优势而最大限度地攫取他人的利益呢？一些博弈论专家用最后通牒博弈实验来对这一问题进行了验证。

实验的条件设定：买方和卖方两个人进行"最后通牒"式（即一次性的）的分割1000单位货币（最小分割单位设定为5）的议价活动，买方出价，而卖方决定是否接受。假设买方的出价是 X，如果卖方接受，则

卖方可得 X，而买方可得 $1000-X$；如果卖方拒绝，则买卖双方的收益都为零。在卖方接受的情况下，卖方的期望收益为：$R_1 = \frac{1}{201}\sum_{i=1}^{201} X_i$；而如果拒绝，则收益为零。显然，作为一个追求最大化的理性主义者，无论买方提出何种分配方案，卖方的最优策略是"接受"。而买方为了使自己的期望收益最大化，在预期卖方的选择行为下，将尽可能选择最低分配方案 0 或者 5。因此，这种条件的议价平衡点理论上就是（0，1000）或者（5，995）。

实验程序的设计：将受试者 20 人随机地分为两组：A 组为买方，B 组为卖方。实验中，严格确保买卖双方互不知晓谈判对手，并且每对议价者也仅知道自己每轮议价的结果。实验共进行三次，每次有十轮，第一、二次选择的是从未参加过此类实验的工商管理类的本科生，而第三次则选用前两次实验有经验的受试者。每十轮实验结束后，将随机地抽取一轮实验，受试者则按照其在该轮实验中所得的收益，转换成现金支付。

实验结果：就买方出价而言，500 的出价占有最大量的比例，为 43.6%。并且，在第一轮实验中，买方的出价几乎都集中在 500 附近，占 64.3%，而到第十轮时，部分出价向 450 和 475 转移，分别占 28.6% 和 20.9%，但 500 附近的出价仍然占 39.2%。

就卖方接受的状况来说，卖方的拒绝率在 7%—43% 之间，并且具有明显的规律性：开始时和近结束的几轮，拒绝率较低，而中间几轮的拒绝率较高，如表 7—6 所示。①

表 7—6　　　　　　　　实验卖方拒绝率分布情况

实验轮次	1	2	3	4	5	6	7	8	9	10	总计
拒绝频数	2	2	8	6	12	3	3	5	6	5	52
拒绝率 P_i（%）	7	9	29	21	43	11	11	18	21	18	$P_i = 19$

最后，就买方的收益来说，如果他的出价是 X，而被拒绝率是 P_i，则

---

① 本实验取自东华大学 1999 届硕士毕业生陈绣华的硕士论文。

他的平均收益是：$(1-X)\times(1-P_i)$。其平均收益与出价的关系如图7—1所示，它表明，买方出价越接近500，其得到的收益也越大。当为500时，平均收益为485。

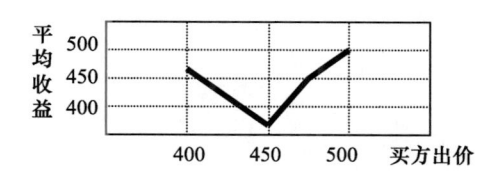

图7—1 买方指定出价的平均收益图

显然，本实验的结果与传统的纳什均衡解释发生了冲突，因为根据纳什的博弈机理，议价平衡点理论上应该是（0，1000）或者（5，995）。事实上，事后的问卷表明，34.2%的买方认为475的报价是合理的，26.9%的买方认为500的报价是合理的，19.2%的买方认为450的报价是合理的；而认为400以下、400、425是合理的买方分别占7.7%、7.7%、3.8%；但是没有买方认为500以上的报价是合理的。就卖方来说，44.4%的卖方认为500是合理的，40.7%的卖方认为475是合理的，而仅有14.8%的卖方认为450是合理的。显然，这反映出公平对人类行为具有重要的影响。事实上，大多数最后通牒博弈的实验结果都是：提议方出价的众数和中位数通常位于40%—50%之间，平均数则出现在30%—40%之间，而在1%—10%以及51%—100%区间的出价很少；同时，40%—50%的出价水平很少会被拒绝，而低于20%左右的出价则面临很高的被拒绝率。

第三篇
"为己利他"行为机理与博弈思维

第 八 章

重新理解合作博弈概念：
内涵审视和理性基础

【导读】 主流博弈论主要基于是否存在强制性协议这一标准来界定一个博弈是否属于合作博弈，但这种定义与我们日常生活中的理解往往存在很大反差。其实，合作博弈是更应该从博弈结果来进行界定的，实现最优的合作结果的博弈就是合作博弈。同时，基于这一定义，学者的中心任务就在于揭示人类社会导向合作的行为机理，从而基于这一行为机理就可以将过程理性和结果理性统一起来。

第一节 引言

一般地，基于"为己利他"行为机理的互动将有助于博弈各方的行为协调，而行为协调实际上也就导向合作的结果。但迄今为止，主流博弈论却主要探究非合作博弈：行为者从个人理性出发并遵循基于最小最大化的可理性化策略，最终却得到囚徒困境这一非合作的普遍结果。不过，与标准博弈论构成鲜明对比的是，现实生活中的人们往往并不总是时刻在寻求损害他人的机会并以此作为增进自身收益的手段，相反，经常性的是在寻求相互之间的合作，并且也能够在很大程度上实现合作，从而获得了大量的合作剩余或社会租金。因此，这就引发出这样一个问题：现实世界中的人们是如何获得这种合作剩余或社会租金的呢？既然经济学要对普遍的社会经济现象进行解释和预测，当然就必须关注且主要关注这一问题。也即，无论是对人类普遍现象的解释还是促进人类社会秩序的更健康发展，博弈理论都应该揭示为什么绝大多数情况下人们是倾向合作的以及他们是如何实现有效合作的，而不是仅限于解释为什么会出现不合作的那些少数现象。即使对人类社会的合作之所以难以顺利达成的博弈机理进行探究，也是出于为防止这种现象的出现而设立出相应机制的目的。汪丁丁认为，社会科学的根本问题是合作如何形成的问题。[1]

在某种意义上，这些内容实际上也就是合作博弈的研究课题：人类社会为何会存在合作？如何进行合作？合作程度又如何？宾默尔写道："如果要理解有关人类合作的真正困难所在，我们需要对更复杂的博弈进行研究。必须重复面对大量的合作问题的原因是，它打开了通往互惠之门的通道。"[2] 当然，有关社会经济现象的一切问题都与人们生活中的行为机理密切相关，从而对合作博弈的理解本身离不开对行为机理的探究；同时，合作本身又体现了人类理性的实质，它可以更有效地实现个人和整体的利益。斯科菲尔德（N. Schofield）就指出，"合作的根本性理论问题是：个人通过何种方式来获知他人的偏好和可能的行动。更进一步说，这是一个共同知识问题。因为个人 i 不仅需要知道其他人的偏好，还必须意识到他人也知道 i 自身的偏好与策略"，"合作的基础理论问题可以表述为：在一个给定的环境中，一个当事人至少需要掌握多少有关其他当事人的想法以及需求的信息，才能形成对他人行为的整体概念，并能够利用这种知识与其他人沟通？我认为，这个问题是任何一个有关社群、惯例以及合作分析的核心"。[3] 因此，本章就合作形成的微观机理和理性基础做一阐述。

---

[1] 汪丁丁：《何谓"社会科学根本问题"：为"跨学科社会科学研究论丛"序》，载金迪斯、鲍尔斯等《走向统一的社会科学》，浙江大学跨学科社会科学研究中心译，上海世纪出版集团2005年版，第2页。

[2] 宾默尔：《博弈论与社会契约（第1卷）：公平博弈》，王小卫、钱勇译，上海财经大学出版社2003年版，第117页。

[3] Schofield N., "Anarchy, Altruism and Cooperation: A Review", *Social Choice and Welfare*, Vol. 2, 1985, pp. 207–219.

第一节 博弈理论的发展转向及其原因

我们知，西方社会在人性认知上长期流行着性恶观：每一个都希望为了自己的利益而对他人利益漠不关心，乃至将自身以外的一切物都视为实现自身目的的工具。当将这种工具理性拓展到对人与人之间的互动行为进行分析时，现代主流经济学就发展出了非合作的博弈论，并得出了纳什均衡的分析结果。问题是，在主流博弈论中，状态的改变只能依赖于博弈者的单方面行动，而无法利用协调行动来实现更高收益水平的均衡；因此，非合作的纳什均衡往往不是帕累托有效的，甚至也不是希克斯—卡尔多有效的。既然非合作的纳什均衡结果不是帕累托最优，那么，就一定存在所有博弈方都更偏好的另一种结果；同时，这种更优结果的实现往往有赖于博弈各方之间的行动协调，从而可以展开某种有效的集体行动。在某种意义上，集体行动的最优结果就是合作博弈均衡，而实现这种最优结果的集体行动逻辑也就是合作博弈的行为机理。一般地，现实世界中的行为博弈往往会有多重均衡，从而会有多个帕累托最优点；因此，合作博弈就是基于特定目的诉求而在这多个均衡中选取特定的帕累托结果。麦克米伦就说，合作博弈理论也就是为了选出特定的帕累托最优结果而设计的。[1] 正是基于这种思路，纳什于1951年率先界定了合作博弈（Cooperative Games）和非合作博弈（Non-cooperative Games）这两个概念：合作博弈是博弈方能交换信息并且具有强制性协议的博弈，而非合作博弈则是博弈方既不能交换信息又不存在强制性协议的博弈。问题是，信息是如何交换的？强制力协议又是如何形成的？这又涉及整个社会的信息交流机制以及博弈各方的讨价还价能力。

一般地，合作博弈的基本精神就在于如何在互动中以共同利益为基础而实现共赢，同时，共同利益的追求又不能否定利益冲突的存在，存在着对共同利益的分割问题。为此，主流合作博弈论所研究的主要对象是：博弈各方在博弈开始前可以对"在博弈过程中做什么"进行谈判的情形。相应地，有关合作博弈的文献也始于并主要集中于对讨价还价问

---

[1] 麦克米伦：《国际经济学中的博弈论》，高明译，北京大学出版社2004年版，第29页。

题解的讨论。其中,合作博弈最早的文献可以追溯到泽森(Zeuthen)1930年在《垄断和经济福利问题》一书中提出的类似于纳什谈判解的对称的讨价还价问题之分析,[①] 随后希克斯1932年在《工资理论》中进一步分析了劳动力市场上的讨价还价理论,[②] 诺伊曼和摩根斯坦1944年出版的《博弈论与经济行为》一书里进一步研究了多人博弈中的形成。[③] 后来,纳什对讨价还价技巧做了一定的修正,提出有关讨价还价问题的解应该满足一系列公理,并且证明满足这些公理只有唯一的解,即纳什讨价还价解。接着,一些学者又将这种分析引申到信息不对称的情形中,分析了争论议价模型,如鲁宾斯坦等人用新的鲁宾斯坦讨价还价模型代替了纳什的非合作讨价还价模型。

事实上,在20世纪六七十年代的博弈论发展时期,博弈论专家对合作博弈理论比非合作博弈理论更感兴趣。试想,如果合作能够带来更大的收益,人们又有什么理由放弃它呢?为此,不少学者为此而做了卓有成效的探索,并提出了一系列的合作博弈解的概念,如诺伊曼—摩根斯坦(1944)解、夏普利(1953)值、吉尔斯(Gillies,1959)和施迈德勒(Schmeidler,1969)核、奥曼—马施勒(1964)谈判解以及其他一些概念。然而,尽管合作博弈理论是一门比非合作博弈理论更加灵活且更有意义的学科,但20世纪70年代以后,合作博弈理论的发展却停滞不前了,而非合作博弈却得到迅猛发展。非合作博弈的分析逻辑前提是:每个博弈方都从自己的个体理性出发,根据避免风险的最大最小化原则进行策略和行动选择,从而达到一种具有内敛性的纳什均衡;在这种均衡下,博弈方的行为一般都是自我支持的,否则他就不会采用此策略。而且,在不同行为主体的互动中,博弈方的自我支持的行为理性是与其他博弈方的行为密切相关的,这也是博弈中强调的可理性化问题;因此,

---

① 《海萨尼博弈论论文集》,郝朝艳等译,首都经济贸易大学出版社2002年版,第3页。
② 希克斯的简要分析是:只要不让步而造成的罢工给他带来的成本比让步更大,讨价还价双方就都会做出让步;工资率越高,雇主忍受的罢工时间就越长,而工资率越低,工人进行的罢工时间就越长;因此,存在一个唯一的工资率,使得双方能够忍受的与之相联系的罢工时间一样长,这也恰好是工会可以从雇主那里得到的最高工资率。
③ 在讨价还价分析中,诺伊曼和摩根斯坦认为最终的结果将是帕累托有效,并且必须至少分配给每一个讨价还价者与他们拒绝达成协议一样多的支付,而至于"讨价还价集"的确定则关系到"讨价还价技巧"。

在博弈的均衡状态时,每一博弈方的行为理性就不再仅局限于传统的个体理性,而是联合理性,此时互动博弈的解就必须是联合自我支持的。

主流博弈论之所以发生这种转向,主要与合作博弈和非合作博弈在数学上的严格性和精炼性有关。就合作博弈理论而言,它的发展遇到这样一系列困难。第一,合作解的概念和目的都是规范性的而非描述性的。这种合作解概念多样化的原因之一就在于,特征函数型博弈只是真实博弈局势的不充分描述,对协议如何做出以及协议如何达成均未明确。实际上,以不同的特殊规则控制协议谈判过程将会导致不同的结果。① 第二,合作博弈假定博弈方之间的讨价还价行动总发生在博弈实际进行以前,而不是博弈本身的一部分,从而把它们从对博弈的正式分析中完全排除了。也就是说,合作博弈并不仅仅是纳什讨价还价意义上的抽象均衡问题,而是如纳什所提出的,应该把讨价还价解定义为讨价还价问题的整个集合到所有可能的结果组成的集合的一个函数。② 第三,合作博弈的一系列解概念尽管在理论上各自都有很大的重要性,但作为一个整体却不能提供一个分析清楚而且连贯的合作博弈理论。事实上,不同的解概念在理论上几乎都不是相互关联的。第四,合作博弈在推理上以及数学表达上也存在诸多困难。相反,非合作博弈的分析却要有效和简洁得多。海萨尼列举了四点理由:(1)它有非常好的理论统一性,因为它的整个理论是建立于一个具体的解概念——即均衡点的解概念——之上的;(2)它是一个更完整的理论,因为它力图覆盖任意给定博弈的所有方面,没有将博弈方的讨价还价行动从它的分析中排除掉;(3)均衡点的概念以及在其基础上的非合作博弈能够容易地拓展到不完全信息博弈;(4)均衡点是少有的几个能同时直接应用于扩展式博弈和标准博弈的解概念之一,这使得非合作博弈能在一个统一的理论框架中同时处理两种类型的博弈。③

当然,尽管非合作博弈更适合数学逻辑的使用,从而在逻辑论述上更为严谨,在分析上更为简洁;但是,由于它使用的是具有强烈工具主

---

① 泽尔腾:《策略理性模型》,黄涛译,首都经济贸易大学出版社2000年版,第307页。
② 例如,在鲁宾斯坦的讨价还价模型中,最后的结局取决于双方的耐心,如果不考虑这些细节问题就不能预测由鲁宾斯坦方法而达成的协议。
③ 《海萨尼博弈论论文集》,郝朝艳等译,首都经济贸易大学出版社2002年版,第309页。

义的个人理性，从而导致基于可理性化策略下的最大化自己效用的行为最终带来了非合作的结果。显然，非合作结果不仅没有集体利益的最大化，往往也无法最大化个人可以获得的收益。这意味着，这种理性行为实际上并非是结果理性的。因此，这就揭示出主流博弈论所使用的联合理性本身存在问题：它并不是真正的联合理性，联合理性本质上要实现联合收益最大化。从根本上说，主流博弈思维依然是个人主义的，它忽视了行为互动性和依赖性的实质。当然，个人主义分析思路本身就体现了近现代西方社会的主流哲学思维，它将社会个体都视为是"self-centered"的，将基于行为功利主义的私利最大化行为视为理性的；这种思维为以新古典经济学为代表的主流经济学所接受，而主流博弈论也就是承袭了新古典经济学的分析思维。显然，正是由于主流博弈论并没有认真探究行为互动的理性内涵，从而也就无法预测和解释现实中大量存在的合作行为；而要真正理解合作博弈的形成，就需要重新审视主流博弈论所使用的理性概念。舒密特（C. Schmidt）在《决策理论的理性悖论》一文中就说："虽然几乎所有经济模型都要假设个体理性地行为，但经济学家并没有花费多少时间去研究一下'理性地行为'的真正意义，以及这对于经济个体来说意味着什么。"[1]

第三节 合作博弈的流行概念及其修正

要真正理解主流博弈论的转向，首先就需要对主流博弈论的合作博弈概念进行审视。在很大程度上，主流博弈论对合作博弈的界定犯了二重思维悖论：基于两个维度来界定同一事物而出现逻辑悖论。其原因是，两个维度的定义所涉及的外延不可能完全一致，除非限于两个维度都满足的更小范畴。

一 主流合作博弈的概念缺陷

纳什提出的合作博弈有两个基本标准：信息交换和强制力的协议。

---

[1] Schmidt C., "Paradoxes of Rationality in Decision-Making Theory", In: Arrow K. J., Colombatto E., Perlman M. & Schmidt C. (eds.), The Rational Foundations of Economic Behaviour, *IEA Conference Volume Series*, New York: MacMillan. Vol. 114, 1996, pp. 49 – 77.

不过，正如海萨尼指出的，根据两个不同标准的一个二元区分在逻辑上不是令人满意的。① 相反，基于两个维度来界定同一类事物往往会出现逻辑悖论，这就是二重思维悖论。其原因是，两个维度的定义所涉及的外延不可能完全一致，除非限于两个维度都满足的更小范畴。事实上，如果将一类同时具有性质 A 和性质 B 的事物定义为一种类型，而把一类既不具有性质 A 又不具有性质 B 的事物定义为另一种类型；那么，如何定义那些只具有性质 A 而不具有性质 B，或者只具有性质 B 而不具有性质 A 的事物？因此，后来的博弈论专家对合作和非合作博弈的区分标准做了一些变异：把合作博弈定义为具有强制性协议的博弈，而将非合作博弈定义为没有强制性协议的博弈；至于信息在博弈方之间的交流则被认为不是根本性的，尽管它也很重要。例如，在囚徒困境中，只要协议是强制性的，那么（不坦白，不坦白）就是一个双赢的均衡；但是，如果没有一个强制性协议，则博弈方的策略不会比（坦白，坦白）做得更好。

显然，根据是否存在强制性协议作为合作博弈衡量标准的观点，主流博弈理论家得出这样两个推论：（1）即使博弈方可以进行信息交流并协商了一个协议，但是，只要这个达成的协议不具有强制约束力，即没有一方能够强制另一方遵守协议，这种对策也被认为是非合作性的；（2）即使博弈方意识到他们之间的相互依赖性而具有合作的倾向，但只要双方各自采取独立的对策，尽管最后的后果与存在某种强制性协议下的结果一样，这种对策也被认为是非合作性的。也就是说，主流博弈理论对合作博弈和非合作博弈的区分主要在于对博弈规则的界定上。

这有两大问题：（1）如果按照博弈规则界定得出的均衡并非集体共同效用最大化，或者不是双方的帕累托改进，那么，这种博弈是否应该被视为是合作博弈？毕竟"合作"本意上含有自愿的意思，而自愿又往往要以所有人的利益都得到提高为基础。例如，在囚徒博弈中，协议规定（这种协议是出于非自愿或者在特定条件下"自愿"的）囚徒 1 必须不坦白，以获得囚徒 2 坦白得到尽早出狱的结果；我们不考虑其他因素，就这一互动行为而言，显然并非集体最优的，更不是帕累托最优的。（2）根据是否存在强制性协议的观点，即使没有强制的协议，但博弈方

---

① 《海萨尼博弈论论文集》，郝朝艳等译，首都经济贸易大学出版社 2002 年版，第 302 页。

出于其他原因的考虑或基于特定的行为机理而最终实现了合作的结果，那么，这种博弈还应该被视为是非合作博弈吗？毕竟这一博弈并不符合纳什对合作博弈均衡的界定。例如，在囚徒博弈中，双方都遵循"为己利他"行为机理（即要想增进自己的利益，至少不能使对方的利益下降），结果就可以形成皆大欢喜的（不坦白，不坦白）。

显然，根据是否存在强制性协议来判断博弈的合作性，与我们日常生活中对合作的理解存在很大的反差。实际上，经济学的理论研究的目的是对人类认为以及相应社会经济现象的探究，来寻求社会制度的完善，最终促进社会福利和个体福利的提高；因此，我们在定义一个博弈是否属于合作博弈时，就应该注重于它能否带来最大化的合作收益。其实，现代主流博弈理论的基本假设也是：参与人关心的仅仅是结果，而策略本身没有价值，它们只是手段，结果才是目的。① 同时，博弈均衡的结果多种多样，可以是防止遭受他人损害的纳什均衡结果，也可以是实现个人最终利益最大化以及帕累托最优的结果。显然，我们可以将后者视为是合作性的，它降低了行动的风险而提高了收益。问题在于：参与者如何才能实现一个最终利益最大化或帕累托改进的结果？

二 主流合作博弈的机理缺陷

一般来说，人类社会实现这种合作结果的方式是多种多样的：可以根据一个强制的协议，也可以基于其他社会信号或者特定的行为机理而采取的集体行动。事实上，如果强制的协议所带来的并不是更大收益，那么，这种协议就不能称为是（实质）合作性的，这不但不值得我们花费精力去探究如何促使它实施的机理，而且还有必要设立一系列制度来瓦解它；相反，不管是从个体角度还是从集体角度出发，只要能够达到全体成员帕累托增进的目的，就是我们需要关注的合作机理。正是由于人们更关心的是博弈的最终结果而非博弈的规则，因此，我们在判断一个博弈是不是合作性时，应该依据博弈的最终结果：其结果是不是理性的。正是基于对博弈结果的考虑，我们有必要对博弈属性重新做一修正：

---

① 萨格登：《权利、合作与福利的经济学》，方钦译，上海财经大学出版社2008年版，第22页。

非合作博弈探讨的是个人理性是如何增进自身利益而采取何种行为的；而合作博弈则主要是挖掘达致全体成员帕累托增进的机理及相应的成员行为。

问题是，这种结果理性是如何形成的呢？是依赖于强制性的协议吗？而且，这种强制性协议又是如何产生的？一般地，如果强制性协议是源于社会总功利的计算，并主要是建在行为功利主义的工具理性之上，那么，这种强制性协议很难实现真正的集体理性之结果。（1）基于计算的工具理性本身往往是短视的，依靠某一外在机构（或权威）来核算往往会犯哈耶克所指出的"致命的自负"问题；（2）在非独裁的情况下，每个人的偏好很难计量加总，这就是"阿罗不可能"困境。因此，合作博弈的达成途径和结果还是要基于个人的视角，要对个人的行为机理进行探究。事实上，泽尔腾和哈萨尼等人就曾指出，合作理应是理论的结果而不是理论的前提，应该以非合作博弈的方式建模描述合作的达成；而且，非合作博弈适用于更广阔的社会经济形势，从而也需要丰富与完善非合作博弈理论的分析工具与手段。① 正是基于这一信念，在众多的合作博弈的实验设计中，泽尔腾等人所展开的实际分析都是将博弈方置于非合作的扩展型博弈中。② 这样，合作博弈一般就可以定义为：主要是指以个人理性出发的非合作博弈的方式达致个体的或集体的结果理性之博弈。

新的问题在于，基于个体理性的分析是否可以以及如何达致合作的结果？其实，促进个体行为之间的互惠合作以及人类社会的和谐发展一直是包括经济学在内的人文社会科学的重要使命，而且，合作现象在人类社会中本来就是普遍存在。因此，主流经济学也一直在为这种合作性及和谐性提供理论基础，从孟德维尔的"私利即公益"命题、斯密的"无形的手"原理、巴斯夏的"经济和谐"论、凯里的"调和主义"直到现代主流经济学的欧拉定理和一般均衡理论等，都是朝向这方面的学术思考。然而，尽管现代主流经济学试图通过大肆应用数学逻辑、建立各种复杂的数理模型以期说明人类的合作现象以及合作的结果，甚至动用了各种实验、计算机仿真以及功能性磁共振成像技术等；但是，这些

---

① 泽尔腾：《策略理性模型》，黄涛译，首都经济贸易大学出版社 2000 年版，译者序。
② 同上书，第 307 页。

理论基本上都是依据"预定协调"原理,而"预定协调"原理根本上是抽象而先验的。事实上,由于这些理论都是建立在追求个体利益最大化的理性经济人假说之上,基于这种思维的互动所引向的却是囚徒困境。这意味着,主流博弈论的分析结论与现代主流经济学的先验信条是背道而驰的,这充分反映出现代主流经济学所崇尚的个体理性所存在的内在缺陷。

总之,主流博弈论并不能成功地揭示人类的合作现象并预测其发展走向。众所周知,互惠合作本来就是文明社会中一个非常简单而普遍的现象,那么,为何现代经济学又把它搞得这么复杂?显然,正如叶航指出的,"这一问题对当代主流经济理论构成了严重挑战,它是经济学巨人身上的阿喀琉斯之踵"[①]。同样,这个致命之"踵"是如何形成的呢?显然,主流博弈理论从个体理性出发之所以最终获得非合作的结果,根本上就在于它继承了新古典经济学的工具理性概念和内涵。但事实上,要实现社会合作的结果理性,主要依赖的不是短视的工具理性而是长期的交往理性,这种交往理性是在人类互动中逐渐产生和发展的,体现了人类的社会性。这意味着,要真正了解人类社会的合作现象,了解合作博弈的理性基础,就需要重新审视人类社会的理性内涵及其行为机理,需要对现代主流经济学的人性假设和分析思维进行反思。谢林指出,"社会科学家更像森林里的护林员而不是自然主义者。自然主义者关心导致物种灭绝的原因是什么,而不关心这种物种是否灭绝。而护林员关心的是美洲野牛是否会消失,以及如何使他们与周围的环境保持一种平衡状态"[②]。显然,通过行为机理的挖掘和贯彻来解释和促进社会合作,也就是博弈论研究的一项基本任务。

第四节 合作博弈的分析机理及其理性基础

上面分析表明,合作博弈应该基于博弈的结果来界定,主要体现为

---

① 叶航:《导读:被超越的"经济人"与"理性人"》,载金迪斯、鲍尔斯等《走向统一的社会科学》,浙江大学跨学科社会科学研究中心译,上海世纪出版集团2005年版,第8页。
② 谢林:《微观动机和宏观行为》,谢静等译,中国人民大学出版社2005年版,第8页。

集体收益或长期收益的最大化;而且,这种合作的结果不是基于外生的强制性协议,而是源于内生的协调机理,是个体自主行为的结果。在很大程度上,这种合作均衡也就根基于人类理性。究其原因,人类与其他动物的差异就在于人是理性的,能够更长远地考虑问题,从而可以形成有意识的合作,而合作实现的程度则体现了个体理性的发育程度。同时,理性本身体现了人们追求长远利益的能力,这种能力不仅体现在人们的每一次行动之中,而且体现在个人利益与集体理性的和谐共生之中。从这个角度上说,过程理性和结果理性是一致的,每个人在行动时都应该考虑其行动对长远利益的影响,都应该考虑对他人或集体利益的影响以及由此带来的对自身利益的反影响。但是,现代主流经济学和主流博弈论却将这两对利益关系割裂开来,把过程理性和结果理性、个人利益和集体利益视为对立的。事实上,现代主流经济学和主流博弈论的理论分析和不少实践就似乎证明,个体局限于追求私利最大化的过程理性行为并不会给自己带来最大的最终收益,而且,每个人基于追求私利最大化的过程理性行为也会导致集体困境。

基于这一困境,现代主流经济学选择了过程理性的概念,这种过程理性体现在:(1)人们有一系列合理的偏好,并且可以感知、排列和比较这些偏好;(2)人们的偏好顺序是可传递的,在逻辑上也是一致的;(3)人们都是"最大化的行动者",当他们以有效率的方式追求自己的偏好时就是在理性地行动;(4)人们在面临同一选择时总是做出同一决定。例如,唐斯指出,"(因为)众所周知,理性计划有时导致的结果极大地劣于由于纯粹运气而产生的结果。……既然我们模型中的行为不能由它的结果来检验,我们将'理性的'或'无理性的'这样的术语仅仅应用于行动过程,亦即手段"[①]。同时,当主流博弈论将这种理性应用于人与人之间的互动时,就产生了最小最大化策略原则,这也体现了过程理性的内涵。当然,在主流经济学看来,基于最小最大原则的行为能够保障其所遭受损失的风险最小化,从这个角度上讲,基于最小最大原则的行为所实现的结果又是个体结果理性的,而个体效用是主流经济学所关注和强调的。正是由于主流博弈论似乎关注了个体的结果理性这一角度,

---

[①] 唐斯:《民主的经济理论》,姚洋等译,上海世纪出版集团2005年版,第5页。

西蒙等人把主流博弈论看成是一个结果理性的学说。西蒙区别了结果理性和过程理性，并主张要重新关注博弈的过程理性，而不是简单地承袭新古典经济学将基于行为功利主义的经济人行为视为理性的做法。

在西蒙看来，绝大多数经济学家把他们的注意力几乎全放在了结果理性上，并用结果理性的观点来处理和研究博弈理论，而舍象掉了理性的博弈方是如何得出他们的结论的这一问题。① 不过，"将主流博弈论视为有关结果理性的学说"这一论断存在两大明显缺陷：（1）如果一个社会行为常常产生陷入囚徒困境的非合作博弈均衡，那么这种行为又如何能称为是结果理性的呢？（2）如果每个人的行为一直保持过程理性，那么又怎能够会导致非理性的结果呢？前者涉及如何理解结果理性。显然，现代主流经济学所理解的结果理性具有很大片面性：仅仅从防止个人损失的最小最大化角度看是理性的，而不是从提高个人收益的最大最小化处着手；相反，如果从个人收益最大化角度看，依据主流博弈论所得出那些非帕累托的纳什均衡显然是不理想的，从而也就不能称为结果理性。后者涉及如何理解过程理性，显然，现代主流经济学所理解的个体理性也具有很大的局限性：仅仅是基于行为功利主义的考虑，关注的是一次性或少数性行为产生的利益最大化，而将这些行为与其他千丝万缕的社会互动割裂开来；相反，如果从人类具有长远考虑能力的角度看，这种行为就不是理性的，或者是（绝对）有限理性的。正是基于这种有限理性的概念，现代主流经济学得出了集体的结果理性与个体的结果理性之间、集体利益和个体利益之间存在不一致的断言。

其实，现代主流经济学所理解的那种不一致性很大程度上仅仅体现了集体和个体之间的短期关系，而两者在长期上则往往趋于一致。显然，这也已经为一般均衡等全局性理论所证明，尽管这些理论至今没有揭示出形成这种一致性的行为逻辑基础。那么，如何将过程理性和结果理性、集体结果理性和个体结果理性这些长期被视为对立的概念有机结合起来呢？这就需要考虑行为背后的意图，而这种意图则渗透了社会的、文化的、心理的、政治的、经济的等各种因素。

---

① Simon H. A., "From Substantive to Procedural Rationality", in: Spiro Latsis (ed.), *Methodolodical Appraisal in Economics*, Cambridge: Cambridge University Press, 1976.

第八章　重新理解合作博弈概念：内涵审视和理性基础

我们知道，主流博弈论原先是将结果理性界定为个人收益最大化，以致不少博弈论专家早期都曾关注合作博弈问题；只不过，由于早期的合作博弈分析思路存在两个致命误区，从而影响了后来合作博弈理论的发展。(1) 主流博弈论承袭了新古典经济学的经济人思维，它将人类理性抽象为单维的工具理性，从而撇开了对行为意图的分析，也就得不到收益最大化的结果理性；(2) 正因为收益最大化的结果理性无法基于现代主流经济学的个体理性而获得，从而转而从非"市场"的角度来探讨合作博弈，引入了"强制性"的协议。同时，这种基于强制性协议的合作博弈也并不符合现代主流经济学的思维：(1) 它依赖的是外来的非市场机制，从而与现代主流经济学对市场的强调相违背；(2) 这种合作博弈均衡的结果理性无法取得形式逻辑上的严谨，无法用数学工具进行严格推理而获得，从而与现代主流经济学的数理化趋势相违背。正是在这种情形下，主流博弈论家就做了两方面的转换：一是放弃对合作博弈的研究，从而促使了非合作博弈的偏盛；(2) 对结果理性的含义做了调整：从收益最大化变成了损失最小化。显然，经过这种调整，主流博弈论中的结果理性就与现代主流经济学一直使用的过程理性相一致了：过程理性体现为行为者基于最大化自身利益的工具理性而展开行动，结果理性则体现为个体损失的最小化。

当然，即使如此，主流博弈论所使用的过程理性和结果理性这两个"理性"概念的内涵还是存在明显的差异：前者基于收益角度，后者基于损失角度。也即，尽管主流博弈论试图在形式上自圆其说，但其内涵上却存在严重的逻辑缺陷。其实，过程理性和结果理性本身应该是一致的：要想达到结果理性的目的，就要注重过程理性；这不仅体现在形式的一致性上，也体现在含义的一致性上。显然，如果我们把实现利益最大化的合作博弈视为是结果理性的，但它却不能由现代主流经济学基于经济人范式的过程理性推理而获得；相反，这恰恰反映出，主流博弈论所使用的推理过程或经济人的行为过程是不理性的。正是由于主流的非合作博弈理论的思维逻辑和行为逻辑实质上存在明显的过程不理性，这才会得出充满结果不理性的纳什均衡。事实上，经济人着眼于个人短期功利而采取的直接性"利己"手段本身并不是真正的过程理性，最多可看成是短视的有限理性；特别是，当经济人仅仅关注每一个孤立互动的功利量时，由此展开的行为则接近于"绝对"的有限理性。①

与此相对应，人类理性绝对不会仅仅停留在这种"绝对"有限理性的层次，而是会随着社会的发展和人性的成熟而不断地提升。事实上，凭借"绝对"有限理性来维持个人需求就相当于没有分工的自给自足生产，这只能存在于类动物化的早期社会，而现代社会中一切生产根本上都是基于社会分工而呈现迂回性。因此，这种"绝对"有限理性在现代社会中越来越难以满足个体的需求，同时也越来越无法存在。显然，一方面，遵循主流博弈论的思维而采取行动：往往只能实现短期利益最大化或者损失风险最小化的结果理性；另一方面，人类的根本特性却体现在：能够关注并实现长远利益。因此，为了建立导向结果理性的博弈机理，就必须探讨现实社会中人们行为所遵循的真正的过程理性。那么，现实社会中个体行为所呈现的过程理性究竟如何呢？一般地，过程理性与实践互动中形成的交往理性密切相关，它在很大程度上体现了人类长期实践中所逐渐形成的行为机理，而这种行为机理要到人的社会性中去挖掘，并需要剖析社会环境和文化制度的影响。正因如此，我们首先就必须对人类行为的基础性原则做一探究：个体行为是以社会伦理为拇指规则还是以功利最大化计算为基础？

事实上，个人要在社会互动中实现利益的最大化，关键在于互动者之间的行为协调，从而获得合作剩余。究其原因，现实生活中的社会互动往往呈现出非零和博弈特性，而互动双方的长期利益和共同利益一般都体现在互惠合作之中。也即，个人效用函数不仅依赖于他自己的选择，而且依赖于他人的选择，个人的最优选择是其他人选择的函数。在这种情形下，博弈方就会将其决策建立在对其他博弈方反应的预测之上：通过置身于其他博弈方的位置来预测其他博弈方的行动，并由此决定自己的最佳行动。在长期的社会实践中，人们往往通过社会伦理和社会惯例来预测他人的行动，通过互动方式的不断调整来增进双方的共同利益或长期收益。从根本上说，作为探究和协调个体之间互动行为的合作博弈理论，就是要揭示博弈各方实现合作的理性思维，以及在行为或策略上

---

① 朱富强：《"经济人"分析范式内含的理性悖论：长远利益、为己利他与行为理性的理解》，《上海财经大学学报》2012 年第 4 期。

进行协调的内在机理。显然,这种实现合作的联合行动中所体现出的理性与现代主流经济学所使用的那种单向理性有很大不同:它不是工具理性而是交往理性,不是个体理性而是社会理性。

可见,现实社会中的互动行为往往与特定的习惯、习俗、环境以及文化等密切相关,人类理性也不是先验天赋而是逐渐习得的。因此,在分析人类的社会互动行为尤其是社会合作现象时,不能简单地运用经济人思维以及工具理性。事实上,具有亲社会性的个体所着眼的往往不是一次性行为的功利结果,而是不仅会考虑到自身行为对他人的影响,而且会考虑到对方行为背后的动机。(1)具有亲社会性的个体能够通过移情和通感而体认到对方的需求,从而行为都具有一定的公平性和正义性。这已经为大量的日常经验和行为实验所证实,这表现为积极的互惠性行为和消极的互惠性行为。(2)人们对待他人的行为倾向不仅取决于他人所采取的行动,也取决于他人的行动动机。[①] 这可以举犯罪的惩罚为例:当犯罪行为是无意识时,同样的行为就可能被认为是轻微犯罪,惩罚也相对轻微。正因如此,具体社会关系中的行为理性往往不是近视的工具理性,而是具有追求长远利益的交往理性特征;这种行为理性也不是永恒不变的先验范畴,而是与社会环境密切相关的经验范畴;更不是动物性本能的简单呈现,而是体现了丰富的亲社会性。阿马蒂亚·森就指出,如果理性仅仅指行为而不与动机相联系,那么就是毫无意义的。[②] 显然,这需要借鉴其他学科的知识,如心理学就对过程理性感兴趣。

第五节 结语

主流博弈论承袭了新古典经济学中的工具理性,主要局限于非合作博弈的探究,尤其集中于非合作现象的解释,而对大量的合作现象和合作诉求却涉之甚少。这可从两个方面加以说明:(1)博弈方的行为都是

[①] Rabin M., "Psychology and Economics", *Journal of Economic Literature*, Vol. 36, 1998, pp. 11-46.

[②] Sen A. K., "Internal Consistency of Choice", *Econometrica*, Vol. 61, No. 3, 1993, pp. 495-521.

基于复杂而精确的计算基础之上而容不得半点差错,而且,它要求理性是博弈各方的共同知识,只有这样才可以产生一个确定性行动和结果。显然,这种理性的要求太高了,因而基于精确计算的行为具有很大的风险性,因为如果一方理性而另一方非理性行动,则理性者的理性行为反而可能会导致比不理性行为所面临的境遇更坏。事实上,有时不同的行为产生的后果常常有天壤之别,稍有不慎,就有可能"铸成千古憾事"。(2)经济学所使用的理性还是人处理物的工具理性,它往往是把对方视为一个外在的工具,而没有考虑博弈方之间密不可分的交往理性。显然,这种理性又不是真正的人类理性,因而所有人都按照工具理性采取行动的结果往往不是最佳的或者是令人满意的,因为根据纳什非合作博弈的推理逻辑很容易导致囚徒困境的局面。相应地,解决基于工具理性的囚徒困境的关键,也在于重新理解人类理性,这种理性是如何增进博弈者行为之间协调性的,因为博弈各方的行为只有基于相互协调才能最终产生合作的均衡结果。那么,如何才能促进互动者之间的行为协调以实现真正的联合理性呢?这就必须重新探究人类的行为机理,探究人类互动中的协调机理。

其实,人类行为不是一个单纯的收益计算问题,而是要考虑社会的、心理的、伦理的因素;尤其是,在社会互动中,必须考虑到对方的反应及其对自身利益的未来影响。正因如此,人们往往会采取对方所采取的行为方式,以及会采取能够诱使对方合作的行为方式。正如古冰岛两文学集之一的《Edda》所写的:"人们应该以朋友之心对待朋友,以礼物回赠礼物;人们应该以微笑对待微笑,以谎言对待背叛。"从这个角度上讲,人类行为的结果与过程也是一致的,要取得合作的均衡结果就必须关注行为的过程和方式;Falk 等就发展了一个互惠性理论,人们在评价一个人的行为时不仅关注最终的结果,也关注行为背后的意图。[①] 显然,将合作结果和行为意图结合起来也就是我们一直倡导的"为己利他"行为机理,它结合了个体行为的目的设定和手段选择。而且,正是基于这一行为机理,合作也就体现了人类实实在在的社会本性,成为一个社会

[①] Falk A. & Fischbacher U., "A Theory of Reciprocity", *Games and Economic Behavior*, Vol. 54, No. 2, 2006, pp. 293–315.

的普遍现象。其实,一些主流博弈论专家也将博弈看作在追求双赢的过程中的一个讨价还价策略,这种讨价还价本身也是基于个人利益最大化的考虑;问题是,人们的讨价还价是否会阻碍双赢的实现?现实中的人们是如何实现双赢的呢?这就要考虑讨价还价的理性基础以及可能存在的协调机制,这也是合作博弈的理论基石。正如汪丁丁指出的,"社会科学是建立在关于'社会'的经验基础上的知识,故而在它的传统之内,它只承认获得了经验支持的知识表达"[①]。

[①] 汪丁丁:《何谓"社会科学根本问题":为"跨学科社会科学研究论丛"序》,载金迪斯、鲍尔斯等《走向统一的社会科学》,浙江大学跨学科社会科学研究中心译,上海世纪出版集团 2005 年版,第 2 页。

第 九 章

主流博弈思维的缺陷：
理性特质和应用困境

【导读】 主流博弈理论的逻辑困境在于，它虽然注意到互动双方策略的相互依赖性，却没有考虑到互动本身对理性内涵的改变诉求；相反，它简单地承袭了新古典经济学的工具理性，将孤立而单向的个体理性联合在一起探究行为互动。相应地，主流博弈思维在应用中也就会遇到明显问题：（1）在现象解释上，主流博弈思维所得出的囚徒困境这一普遍结论与日常生活中广泛的合作现象相冲突；（2）在行为指导上，主流博弈思维所衍生出的俄狄浦斯效应强化了功利主义和机会主义倾向，从而无助于对囚徒困境的摆脱。因此，就有必要重新审视主流博弈思维及其理性基础。

第一节 引言

自罗宾斯开始，主流的新古典经济学就将经济学定义为研究稀缺性资源如何配置的学科，并建立了经济人的分析框架；随着经济学帝国主义的兴起，主流经济学又进一步将经济人分析框架拓展到了社会生活领域。显然，经济人假说的两大支柱就是：最大化原则和理性原则，以致张维迎等人把经济学视为一门研究理性人如何行为的学科。[①] 其实，马歇尔就曾指出，"经济学是一门研究财富的学问，同时也是一门研

---

① 张维迎：《博弈论与信息经济学》，上海三联书店、上海人民出版社1996年版，第2页。

究人的学问",而且,经济学作为"研究人的学科的一个部分"是更重要的方面。① 正是基于对人类行为的关注,促使了博弈论的兴起。通过博弈论的桥梁,经济学已经和其他社会科学和自然科学发生越来越紧密的联系,甚至使得经济学研究的预言和表达方式都发生了显著的改变:纳什均衡、囚徒困境、零和博弈、占优、联合理性、策略思维等都成为现代经济学范式的基本用语。事实上,博弈思维不仅成为经济学乃至政界、商界以及日常生活的基本思维方式,而且也成为微观经济学、宏观经济学、劳动经济学、环境经济学等绝大部分经济学科基本分析方式,从而极大地拓宽了经济学的研究领域。

克瑞普斯在《博弈论与经济建模》的引言中写道:"在过去一二十年内,经济学在方法论以及语言、概念等方面,经历了一场温和的革命,非合作博弈理论已经成为范式的中心……在经济学或者经济学原理相关的金融、会计、营销和政治科学等学科中,现在人们已经很难找到不懂纳什均衡能够'消费'近期文献的领域。"② 问题是,尽管现代博弈论给出了一个统一的分析框架,并且对社会科学尤其是经济学以及社会实践已经产生了巨大的影响,但它又在多大程度上提高了人们对社会经济现象的实质认知以及发挥了对社会实践的指导作用呢?罗斯坦指出,战略环境(博弈)本身并不能帮助人们决定究竟应该采取何种策略,相反,在制定行为决定时,真正重要的是他人认为其他人将使用何种策略。显然,社会其他人所使用的策略又取决于其文化心理和制度安排,文化心理和制度安排构成了战略环境的基本因素。例如,如果人们觉得对方会诚心实意,自己也就会以礼相待;如果人们认定偷税漏税和以权谋私是见怪不怪,那么他们自己也就可能偷税漏税和以权谋私。③ 因此,本章基于两大方面对现代主流经济学的博弈思维展开反思。

---

① 马歇尔:《经济学原理》上卷,朱志泰译,商务印书馆1964年版,第23页。
② Kreps D., *Game Theory and Economic Modeling*, Oxford: Oxford University Press, 1990.
③ 罗斯坦:《政府质量:执政能力与腐败、社会信任和不平等》,蒋小虎译,新华出版社2012年版,第117—118页。

第二节　主流博弈思维的理性特质及其后果

在社会经济关系中不同主体间互动就构成了博弈，理解博弈理论根本上要掌握博弈中的互动思维，以博弈思维来观察真实世界中的行为互动以及由此衍生的社会经济现象。那么，什么是博弈思维呢？一般地，如果一个人在做一项决策时考虑到其他人的可能反应，那么，这种决策过程或策略选择决定也就体现了博弈思维的运用；而且，由于任何社会经济现象都是人类互动的结果，都需要考虑到其他人的策略反应，因而博弈思维在现实世界中也必然是普遍的。当然，不同社会环境和不同时空背景下，人们的行为反应往往是不同的，从而就产生了不同类型的博弈思维。那么，现代主流博弈论的博弈思维及其理性特质又如何呢？其实，尽管人类理性的内涵是非常丰富的，但主流博弈论却采用了一种相当偷巧的方法，它继承了新古典经济学的基本思维，承袭了新古典经济学的经济人概念和工具理性概念，而只是将人处理物所形成的工具理性简单地应用到对人与人之间互动行为的分析，将人与自然的互动模式简单地拓展到人与人的互动关系中；也即，每个博弈方都是经济人，从而会选择可理性化策略来增进个人利益。显然，由于经济人本身具有强烈的机会主义倾向，因而主流博弈思维就体现为：运用最小最大化策略来尽可能降低他人的机会主义行为对自己造成的损害。

然而，基于最小最大策略的行为互动并不能有效导向互动者之间的合作，反而往往催生了相互之间不断升级的策略性行为，从而加剧了社会的紧张和对抗关系。正是基于这一现实，非合作博弈及其均衡状态就成了主流博弈论关注的基本内容。尤其是，一些经济学人还试图基于主流博弈思维来对社会制度进行修正和设计，把一种有效的制度安排简单地等同于纳什均衡的具体化，结果，基于纳什均衡的制度安排进一步误导了社会实践。一个明显的例子就是 MBA 教育：现代 MBA 教育往往教导商人如何在不违法的情况下（道德则不论）最大限度地追求私利，而那些"义中取利"和崇尚合作的利他行为在马基雅弗利式竞争中只能消亡；① 但是，工具理性偏盛而价值理性式微的最终结果就是社会交往变得日益不合理，以致整个商业竞争和市场行为都步入一种不断升级的对抗之中。事实上，西方社会的工具理性本身是人类在认识、征服和改造自然过程中逐渐形成的，它体现了人与自然之间的紧张；相应地，将这种工具理性拓展到人类之间的互动行为后，也就凸显了人与人之间的紧张关系。

正是继承了西方社会根深蒂固的自然主义和工具理性思维，现代主流经济学将人与人之间的快乐和利益都视为相互冲突的，每个人都往往希望最大限度地增进自己的快乐和福利；相应地，主流博弈论也就是探讨两个和两个以上的个体间发生利益冲突时的理性行为以及互动结果。同时，由于主流博弈论承袭了新古典经济学的经济人思维：每个人都关心自己的利益，都基于行为功利原则行事，从而往往会出现糟糕的博弈结果。譬如，在选美比赛中，过分看重社会大众的偏好，那么，那些哗众取宠的候选者反而会当选而让人大倒胃口；在高考择校中，那些好学校或者专业往往会成为某一年的冷门而让一些学子遗憾。这也就是社会中广泛存在的混沌现象，博弈论中则表现为囚徒困境。事实上，社会经济中的混沌现象和困境比比皆是，如金融泡沫，各种经济风潮都是这种预期效应强化的结果。

同时，尽管主流博弈论可以得到囚徒困境这一普遍结论，但囚徒困境在现实中出现的概率明显要少得多：无论是在目前大量的行为实验中还是日常的现实生活中，搭便车的情形要远远低于标准经济理论所推理的，人们也不会像标准经济理论所假设的那样随时准备剥削社会或其他个体。在很大程度上，主流博弈思维只能分析人类社会中相互争斗的很少一部分现象，而在分析大多数日常行为时则具有非常明显的局限性，这可从两方面加以说明：（1）人类从互动中获得的收益恰恰根本上是来自于相互的合作而非斗争，而互惠合作本质上也就是互动行为之间的协调问题。譬如，当两个人共同通过一个狭小的出口时往往就会遇到协调问题：两人同时都抢先出门就可能发生拥挤或相撞。（2）人们在日常生活的互动中往往能够且确实已经形成一些有效的协调机制，这种协调机

---

① 朱富强：《功过是非：MBA 教育反思》，《广东商学院学报》2009 年第 5 期。

制促进了普遍的社会合作。譬如，在上述进出入互动中，大多数社会都演化出了某种进出入规则：女子优先、老人优先、职务高者优先、客人优先或者事急者优先，等等。

可见，由于承袭了新古典经济学的工具理性，主流博弈论简单地把新古典经济学的个体理性联合在一起来探究人类的互动，这就产生了两个明显的后果。一是现象解释上的困境，它得出了囚徒困境这一普遍结论，但在日常生活中，人们却往往能够缓和相互之间的利益冲突，囚徒困境并不是普遍现象；二是行为指导上的困境，它会产生俄狄浦斯效应，促发个人的功利主义和机会主义行为，从而促生囚徒困境现象。之所以如此，就在于主流博弈论的博弈思维：它主要关注对抗性的互动情形，从而发展出了防止遭受他人损害的最小最大策略。通俗地说，主流博弈论体现了曹孟德"宁可我负天下人，不可天下人负我"的思维，或者说，不择手段地追求个人利益的马基雅弗利主义思维。霍布斯就写道："任何两个人如果想取得同一东西而又不能同时享用时，彼此就会成为仇敌。他们的目的主要是自我保全，有时则只是为了自己的欢娱；在达到这一目的的过程中，彼此都力图摧毁或征服对方"，"由于人们这样互相疑惧，于是自保之道最合理的就是先发制人，也就是用武力或机诈来控制一切他所能控制的人，直到他看到没有其他力量足以危害他为止"。[①] 问题是，现实生活中绝大多数互动都是互利的，合作剩余的取得往往依赖于互动者之间有意识的行为协调，因而这必然不同于零和博弈情形中的对抗思维。

第三节　主流博弈思维在行为指导上的困境

一般地，舆论和观点往往会对人的思维产生深远的影响，乃至改变人的偏好和行为方式。例如，Johnson 等人的实验就表明：在逆向归纳法方面受训的实验对象趋向于采用逆向归纳法，而没有受训的实验对象系统地偏离了逆向归纳法，行为方式接近逆向归纳法的实验对象趋向于做

[①] 霍布斯：《利维坦》，黎思复等译，商务印书馆 1996 年版，第 93 页。

接近子博弈完美均衡的出价和接受决策。① 就主流博弈论对人类行为的影响而言，它片面宣扬个人追求自身效用最大化的行为，只要有机会就准备搭便车或者采取最小最大化的行为；这样，功利主义和机会主义就成了共同知识，它通过自我预期效应而引导大家都采取基于最小最大化的可理性化策略。在很大程度上，也正是基于最小最大化的可理性化策略及其相互强化，造成了现代社会在实践上的集体理性困境，滋生了普遍的囚徒困境现象。关于这一点，我们以几个例子加以说明。

主流博弈思维主张抛弃个人的定见而揣摩其他人的心理，并基于个人利益最大化原则而采取行动；在这种行为规则的指导下，人人都害怕成为"出头鸟"，从而就会导致政治和社会的僵化。例如，尽管任何个体的力量都是非常渺小的，那么，一个力量有限的个体又如何使大多数人臣服于他，乃至在人类社会中长期存在普遍的独裁和专制现象呢？这就可以用主流博弈思维加以解释。迈克尔·波兰尼写道："事实上我们容易看到，单独一个个体在没有得到人们明显的自愿支持的情况下也很能对很多人行使命令。如果一群人中每个人都相信其他所有的人会遵循一个自称为他们共同的上级的人的命令，那么，这群人就会全都把这个人当作上级而听从他的命令，因为每个人都害怕如果他不服从这个人，其他人就会因他不服从这个上级的命令而惩罚他。这样，所有人都因仅仅假定别人总是顺从而被迫听命，而这群人中的任何成员都没有对这个上级表示过任何自愿的支持。这一群人中的每一个成员甚至会觉得应该被迫报告他的同志之间的不满迹象，因为他会害怕当着他的面做出的任何抱怨都可能是某个奸细对他的考验，如果他不把这样的颠覆性言论报告上去他就会受到惩罚。就这样，这群人的成员们相互之间可能会如此地不信任，以致他们甚至在私下也只会表现出对一个他们所有人都暗中痛恨的上级的忠心之情。"② 这反映出，人们的行为往往不是从客观的标准和独立的判断出发，而是试图猜测其他人的行为而行为，这种博弈思维就

---

① Johnson E. J., Camerer C., Sen S. & Rymon T., "Detecting Failures of Backward Induction: Monitoring Information Search in Sequential Bargaining", *Journal of Economic Theory*, Vol. 104, No. 1, 2002, pp. 16–47.

② 波兰尼：《个人知识：迈向后批判哲学》，许泽民译，贵州人民出版社2000年版，第346页。

通过俄狄浦斯效应而产生了相互之间行为的联动；显然，如果对他人行为的预期是建立在经济人基础上的，那么，每个人就会采取明哲保身的态度和行为，从而就强化某些个人的独裁统治。这也正如《皇帝的新装》这一寓言所揭示的：每个人都看到了皇帝实际上什么都没穿，但是又不知道其他人是否也看到这一点，结果每个人都对皇帝的新衣进行赞美；而只有童心未泯的小孩才愿意说出自己看到的真实情况，从而才能打破这一囚徒困境。

由相互揣摩引发囚徒困境不仅体现在社会政治领域，而且，在当今学术界也非常普遍，中国学术界更是如此。在很大程度上，正是由于媒体的宣传和追随效应的作用，一个学术平庸者很快就可以包装成为学术泰斗或思想大师。尤其是，由于当今社会存在着严重学历崇拜和崇洋媚外，一些海归学人就打着"回国效力"的旗号而招摇撞骗，略举几例。2000年，"美籍华人科学家"陈晓宁自称携带其科研成果——三个"世界上独一无二、价值无法估量"的基因库回国，被媒体追捧为"基因皇后"；但后来经查证，陈晓宁不过是洛杉矶一所私营医院的普通技术人员，其"独一无二"的基因库在美国用3000到4000美元就可以买到。2003年，上海交通大学微电子学院院长、留美"海归"陈进把从美国买来的10片芯片加上了汉芯字样的标志，谎称研制出具有自主知识产权的高端DSP芯片——"汉芯一号"，不仅搞定了中国集成电路行业知名专家，还以此为幌子，申请了数十个国家科研项目，骗取了高达上亿元的科研基金。2010年，身居加拿大的科学家刘维宁受中科院之邀计划担任中国"夸父"卫星项目的首席科学家，他在微博中却宣称是加拿大国家航天局首席科学家；但后来却被人查证：他只是加拿大航天局日地科学项目的几个"项目科学家"之一，上面还有"资深项目科学家"和主任，并非加拿大国家航天局独一无二的"首席科学家"。显然，正是基于这种博弈思维，鱼目混珠现象在近年中国社会就层出不穷，如张悟本大师、李一真人、伪娘刘著、打工皇帝唐骏、国学天才孙见坤、网络达人罗玉凤等，甚至一些以"智慧"著称的媒体人物也为之鼓吹。

事实上，博弈论思维注重的是群体认识而不是个人创见，因此，以此思维指导实践就必然会出现庸俗化现象，而以此思维来对学术评价必然会出现主流化趋势。明显的事实是，当前中国经济学界流行着一股与国际接轨的强大思潮，而这种接轨又主要体现在匿名审稿制等形式规范上；显然，这种匿名审稿制往往只能评定出符合所谓"规范"的庸俗之作，而往往扼杀了那些具有创新性的文章。在很大程度上，自匿名评审体制实行以来，经济学的主流化倾向就大大加强了，并日益局限于形式规范上，最终形成了目前这种八股文式的论文写作风格；正因如此，主要的学术刊物几乎都不愿接受不涉及数理模型和计量模型的论文，如有审稿者就宣言，他看到任何里面有"社会的"或"社会"字眼的文章都会把它扔在一边。尤其是，由于中国一些专业经济刊物盲目效仿西方的匿名审稿制，甚至滋生出了严重的匿名审稿拜物教，从而导致了大量使用数理模型的庸俗文章泛滥。如何理解呢？究其原因，匿名评审本身对匿名审稿者具有很高的要求：他具有较广的知识结构，对其领域的前沿思想有深刻的体悟，同时具有坚定的学术理念和宽容的学术态度，能够且勇于发现真正的洞见。然而，现代学人尤其是中国经济学人的知识结构却越来越狭隘，越来越局限于所谓的主流规范；同时，功利主义的盛行，使得审稿者在审稿中嵌入的是个人利益，而不是努力去发现新的洞见。一般地，每个审稿人由于其知识结构以及立场等原因对同一篇文章的评价往往是不同的，特别是对那些具有创新性的文章尤其如此；而如果一个匿名审稿者认同的文章多次被其他审稿者所否定，将会降低他个人的学术声望。在这种情况下，那些审稿者一般不会冒利益损失的风险而推荐一些完全创新的文章，相反，为了体现自己的学术水平就只能根据主流的规范和理论来选定文章。

正是由于缺乏独立的评判能力和良好的学术精神，最小最大化的保守策略就在匿名评审过程中发生功效：绝大多数审稿者并不清楚其他审稿者对那些创新性文章的确切看法，从而只能以主流观点来判断其他审稿者的取向；就此而言，显然，无论是对研究人员还是审稿人来说，用数字描绘来得安全，不会出问题。于是，就产生了大量的庸俗而无用但似乎符合某种"规范"的文章，这也就是当前学术界的囚徒困境。特别是，当前中国主要经济学刊物的匿名评审者几乎都是精于这套"八股"格式的海归学人以及在他们引导和影响下而获得博士学位不久的青年学子，即使那些所谓教授来充当匿名评审员，也往往交由他们的博士生来进行评判；因此，这些匿名评审者能够审查的主要是形式规范，而很少能够对数据来源、模型选择以及机理解释等进行考证，从而进一步扭曲和庸俗化了学术的探讨。同样，在所谓的匿名课题审批制中，那些审查者也不是看课题研究是否真有创新，而是看以前是否有过类似研究特别是是否获得过相应资助；正是这种体制造成了不断重复资助的现象，而另一些有才华的学者却自始至终无法获得丝毫的科研基金。在很大程度上，这些现象都可以用主流博弈论思维加以分析，因为它要求撇开个人的"独立"判断而依赖于对他人行为的预期，离开对事物深层次的本质认知而停留在浅层次的现象共识上；结果，社会互动产生的强化结果往往就是"锦上添花"而不是"雪中送炭"，导致"强者愈强、弱者愈弱"的马太效应日益盛行，以致主流化和单向度学术趋向日益明显。当然，这种现象也是与日益偏盛的商业主义相适应的，在日益勃兴的商业主义社会里，诸如杨敬之那种携人不利、①王旦那种荐人不言②的古仁人之风已经大大式微了。可见，正如18世纪的伯克感叹的：骑士时代已经过去，诡辩家、经济学家和算计者取得了胜利。显然，在主流博弈思维主导下的商业主义和市场经济中，人类社会更是如此。

第四节　主流博弈思维在现象解释上的困境

尽管主流经济学强调个体之间的利益对抗性和冲突性，但人们在日常生活中往往能够缓和乃至克服相互之间存在的利益冲突，"公地悲剧"等都可以在某种机制下得到克服，而主流博弈思维却往往难以很好地解释这一点。事实上，生物学家针对物种的进化就曾提出两种观点：一是，如果个人是相关的进化单位，且利他主义者必然获得比利己主义者更低的支付，那么，进化过程就会趋于消灭利他主义；二是，如果基因是进化的单位，那么，在进化确实选择利他主义——合作行为的条件下，利他主义

---

①　项斯早年科举落第，听说国子祭酒杨敬之"性爱士类"，最喜提携后辈，便带着自己的诗作前去谒见。杨敬之阅后，果然大加赞赏，赠诗云："几度见君诗总好，及观标格过于诗。平生不解藏人善，到处逢人说项斯。"

②　王旦和寇准同年，寇准轻视王旦，王旦却时时维护寇准，并不遗余力地向宋真宗推荐寇准而不告诉寇准。略举两例：一是在寇准罢枢密使后，王旦极力向宋真宗推荐寇准为其一直希望获得的使相之职；二是王旦病重之际宋真宗问以后事，他坚持推荐寇准继任宰相。

合作者可以很好地生存下来，因为那些继承了进行合作的基因（或文化）倾向的人，更可能比其他人享受到同胞合作的利益。① 前者是主流的达尔文主义自然选择论，其选择单位是单个的有机体；显然，这种思维也就是主流博弈论的思维，其得出的结论是，利他的个体将被自私的个体所取代。然而，在真实世界中，利他的例子在自然界中却似乎持续存在，甚至根本上具有扩大的一般趋势，这体现为人类分工半径的扩大。金迪斯和鲍尔斯也强调，合作行为将更有利于演化，因为它提高了个体进行配对和建立联盟的机会。② 那么，我们如何解释这种现象呢？威尔逊声称，"社会生物学的中心问题是：从定义上说将减少个人的适应性的利他主义，如何可能通过自然选择进行演化"③。

其实，具体社会中的任何个体都不是随机地与其他个体进行交易的，而是基于不同的关系而存在不同的交易频率；相应地，当与遵循"为己利他"行为机理的合作主义者相遇时，他们之间就会形成稳定的交易关系，从而最终可以取得比利己主义者随机地交往所能得到的更多收益。鲍尔斯和金迪斯建立的模型就证明，即使非合作者在与合作者的互动者具有更大的适应优势以至非合作者构成了群体的一个相当的比例，合作性的"强互惠"行为依然能够维持。④ 显然，现实世界中的任何个体都隶属于一些特定的群体，他与该群体成员的联系更为密切；同时，在交易过程中本身就逐渐培育出一定的私人关系，相互之间合作性越强，今后重复交易的可能性也越高。正是由于现实生活中的互动是长期的，因而绝大多数个体在行为决策时都不会只是考虑一次性的利益。正如古德指出的，"参与者重视长期利益，存在危险的只是小的最初或附加利益，不存在潜在的威胁，且由于周围的模糊性降低而存在成功交流的巨大潜力，参与者处于自由、便利的接触的时候，合作及一定程度的信任可以得到

---

① 杨春学：《利他主义经济学的追求》，《经济研究》2001年第4期。
② Bowles S. & Gintis H., "Origins of Human Cooperation", in: Hammerstein P. (ed.), *Genetic and Cultural Evolution of Cooperation*, Cambridge MA: MIT Press, 2003, pp. 429–443.
③ 弗罗门：《经济演化：探索新制度经济学的理论基础》，李振明等译，经济科学出版社2003年版，第172页。
④ Bowles S. & Gintis H., "The Evolution of Strong Reciprocity: Cooperation in Heterogeneous Populations", *Theoretical Population Biology*, Vol. 65, No. 1, 2004, pp. 17–28.

发展"①。

正因为任何人都不是孤立的原子个体,而是具有或多或少的社会性;这样,社会性特征就成为影响个体行为方式的重要因素,而社会性本身又是不断演化和提升的。这可以从以下两方面加以说明。

首先,在社会互动中人们所采取的行为往往源于内在的动机,这种动机与社会文化和习俗有关,从而博弈结果根本上取决于人的内在动机和对未来的预期。举一个例子:在一个初始状态缺乏竞争的社会或公司中,由于存在普遍的懒散行为,因而一个刚踏入社会或进入公司的新人预期其他人的偷懒倾向,于是一般也会采取偷懒行为;这样,演化均衡就是整个社会处于较低水平的努力程度,这在发展中国家就比较明显。相反,在一个初始状态具有高度竞争的社会或公司中,一个刚踏入社会或进入公司的新人预期其他人的努力程度较高,因而一般也会采取较高程度的努力行为;这样,演化均衡就是整个社会处于较高水平的努力程度,这在发达国家就比较明显。而且,由于人是异质性的,即使大多数人努力工作,但仍会有一部分人偷懒;如果个体周围恰好存在一群偷懒者,那么相互接触就会促使该个体也跟着偷懒。因此,如果某人周围有50%以上的人存在偷懒倾向,那么,就会促使他产生偷懒动机;如此扩散,将引起整个社会的普遍偷懒行为。由此可见,人的行为主要是深受周围环境的影响,特别是,与社会所存在的制约机制有关;当然,也与他所掌握的信息状况有关:如果了解整个社会的状况,那么也许少数的偷懒行为就不会形成扩散效应。

其次,博弈双方采取何种行为也与他们之间的互动程度有关,这包括两者的社会关系、互动频率以及互动信息等。实际上,标准的囚徒博弈之所以会导向困境,就在于其假设前提:两个囚徒今后不再有任何联系了;但是,大家经常看警匪片,影片中有多少黑帮的成员会招供同伙呢?这里的关键就在于,黑帮中的成员往往都是在一起进行犯罪行为的。正是基于这种分析思维,我们可以预测,临时凑集的犯罪团伙最容易陷入囚徒困境;所以,艾克斯罗德指出,"从社会的观点看,这两个同案犯

---

① 古德:《个体、人际关系与信任》,载郑也夫编译《信任:合作关系的建立与破坏》,中国城市出版社 2003 年版,第 42 页。

最好不要不久又在同样的情况下被抓,因为只有这样他们才能通过出卖对方得到个人的好处"①。而且,即使在一次性博弈中,博弈双方一旦有了交流,那么也会导致结果发生很大的改变。弗兰克等的实验表明,如果博弈方在一次性博弈支付前30分钟里建立了友好关系,那么博弈方合作的可能性是68%。② 所以,谢林强调,"为了协调彼此行为,双方都需要了解对方的情况,研究对方的行为模式;为了建立共同的行为模式和信息释义系统,双方还需要反复不断地沟通协调,沟通的方式也许是某种暗示或默契行为"③。

第五节　主流博弈思维的形成逻辑及其反思

我们知道,自从启蒙主义以降,实用主义在西方社会就日渐盛行,并最终支配了整个西方世界的实践标准和理论出发点;在一统天下的情形下,这种实用主义内含的工具性又孕育、发展出了工具主义。这种工具理性是通过实践的途径来确认工具(手段)的有用性,从而追求事物的最大功效,为特定主体的某种功利的实现服务;因此,工具理性就成为通过精确计算功利的方法最有效达至目的的理性,并是一种以工具崇拜和技术主义为生存目标的价值观。同时,伴随着工具主义的隆兴,价值理性受到排斥而逐渐式微,以致工具理性逐渐蜕化为一种形式逻辑,最终畸化并形式主义。以形式逻辑和形式主义为基础,理论研究便抽象掉了许多复杂多变的因素,而借助于数学、力学等工具来解释人与人之间的互动关系,结果,学术研究便集中于与"经验的事实"相脱节的所谓的"真理的事实",甚至极端化为"为形式而形式"的"优美真理"。这种形式主义的方法几乎弥漫于西方理论界的所有领域和方向,并成为主要的方法;在经济学领域表现得尤其如此,被誉为"黑板经济学"的新古典主义是如此,即使是自称对新古典经济学进行革命的新制度主义

---

① 艾克斯罗德:《对策中的制胜之道:合作的演化》,吴坚忠译,上海人民出版社1996年版,第97页。
② 参见宾默尔《博弈论与社会契约(第1卷):公平博弈》,王小卫、钱勇译,上海财经大学出版社2003年版,第220页。
③ 谢林:《冲突的战略》,赵华等译,华夏出版社2006年版,第75页。

也没能逃出此窠臼。实际上，到了20世纪70年代，新古典经济学已经遇到了严重的经济危机，甚至有人已经宣称经济学的死亡。正是在这一背景下，博弈论出现了，它通过将两个工具理性联合在一起而缓解了这种危机。

问题是，工具理性凸显了个体的单方向作用，其起源也是源于个体的孤立活动：起初是个体孤立地面对自然，从与自然的关系中获得经济人的概念；以后便是孤立地面对他者，考虑他者能动性的基础上将经济人进一步深化。然而，人类在社会活动中却不是孤立的，因而在人与自然之间以及人与人之间的两类互动之间就存在根本性差异。一方面，在解决如何最大化使用和配置自然资源的基础上，个人发展出来的理性是确定性的，它体现为在不同方式中进行选择的计算理性；因此，这种理性是单向的，因为物是被动的，没有相应的"选择"能力。另一方面，在人与人之间的互动中，对方的行动不再是不变的，而是具有随机应变性；因此，此时的理性具有双向性，因为它必须考虑到对方行为的这种变动。因此，作为其最重要现代工具之一的主流博弈理论并没有真正解决"经验的事实"与"真理的事实"相脱节这一问题，反而可能使经济学的理论研究更加抽象化和形式化，从而进一步误导了对人类行为的理解以及社会制度的设计；究其原因，主流博弈理论进一步将人在自然世界中所使用的工具理性拓展到生活世界中，只不过以貌似高深的数学分析来掩盖潜在的困境。

既然理性经济人思维只适用于人与物的单向互动，体现了人对物的利用，那么，主流经济学为何致力于在理性经济人的基础上构建博弈思维呢？这就与博弈论专家知识结构有关。事实上，主流经济学家尤其是博弈论专家都是数学和自然科学专业出身的，他们对人类的社会行为缺乏必要的了解，却擅长于数的逻辑推导，热衷于解和均衡的精炼性和一般性。宾默尔就写道："（纳什）过去和现在都是一个数学家，且习惯于用抽象而简洁的方式描述事物，而这种方式仅仅考虑与待证定理直接相关的东西。因此，他的论文不仅使经济学家们见识到纳什均衡思想的广泛应用，而且也使得他们在讨论最终将收敛的均衡时，不必再像过去那

第九章 主流博弈思维的缺陷：理性特质和应用困境 / 211

样受相关均衡过程的动态机制的束缚。"① 据说，纳什在获得诺贝尔经济学奖后曾问人：经济学界是否有一位大师叫杰文斯·马歇尔，他把斯坦利·杰文斯和阿尔弗雷德·马歇尔混为一人了。② 同样，2012 年的诺贝尔经济学奖得主夏普利也表示，自己是个数学家，从来没有上过一堂经济学课。事实上，正是由于"纳什均衡的理性主义解释在逻辑上和数学上更加严密和漂亮，且在理论分析时使用更加方便，更加容易使人'着迷'";③ 因此，主流经济学家日益热衷于以自然属性的数学公式为手段，同时又以抽象的工具理性为分析的出发点，来构建传统的主流博弈理论。例如，为了获得一般化的理论，主流博弈论学者所定义的合作解概念就忽略了与讨价还价结果密切相关的许多细节；而且，正是由于将那些少量但重要的细节省略掉了，主流博弈论就自动放弃了理解博弈的结果如何实际依赖博弈方讨价还价过程的形式的所有尝试，④ 以致迄今为止博弈论专家仍然难以处理不完全信息下的讨价还价问题。

同时，理性经济人假设使得博弈方的兴趣动机、收益支付乃至非合作模型化自身等都成了共同知识，⑤ 从而使得主流博弈论只关注博弈方在充分意识到所有变量的选择空间、拥有完全的计算能力、无须从经验中学习任何东西时的行为。⑥ 正是以工具理性和这些"共同知识"为基本假设，主流博弈理论形成了它的博弈思维：只有在工具理性的基础上，博弈方在面临多种策略选择时才可以有确定性的选择；只有工具理性以及其他信息是共同知识，博弈方才能在互动中有确定性行为，从而达到纳什均衡。然而，"共同知识"这一假设条件太强了，它要保证所有人的认知不但是同质的而且是完备的，而这一强条件在一般情况下无法达到。事实上，现实世界中任何个体都面临着信息的不完全性和认知能力的有限性等问题，因而按照这一强条件要求，实际生活中就很难存在博弈均

---

① 《纳什博弈论论文集》，张良桥等译，首都经济贸易大学出版社 2000 年版，宾默尔序。
② 赖建诚：《经济思想史的趣味》，浙江大学出版社 2016 年版，第 183 页。
③ 转引自谢识予《纳什均衡论》，上海财经大学出版社 1999 年版，第 96 页。
④ 《海萨尼博弈论论文集》，郝朝艳等译，首都经济贸易大学出版社 2002 年版，第 306 页。
⑤ Aumann R., "Game Theory", in: Eatwell J., Milgate M. & Newman P. (eds.), *The New Palgrave: A Dictionary of Economics*, Vol. 2, London: The Macmillan Press, 1987.
⑥ Simon H. A., "From Substantive to Procedural Rationality", in: Latsis S. (Ed.), *Methodological Appraisal in Economics*, Cambridge: Cambridge University Press, 1976.

衡；而且，即使考虑到外在信息可以达到同质性和完备性，但对博弈对方的动机和偏好也是无法把握的，从而也无法实现稳定的均衡；更进一步地，即使基于严格的计算理性而实现了某种博弈均衡，这种基于工具理性的均衡状态也很难实现帕累托最优状态。但是，在现实生活中，非但均衡大量存在，而且很多均衡都具有不同程度的合作性。这意味着，主流博弈论以及纳什均衡等都只是一种数学逻辑的产物，而与现实世界的关系不大。也即，主流博弈论"仅是'解析性'的。是一个关于具有不同程度理性的参与者如何行动的这一数学问题的答案集合"；按照这一理解，"如果人们不按理论的规则行动，他们的行为并不能证明数学有错误，就像发现出纳员找错零钱不能证明算术有错误一样"。[①] 问题是，大多数经济学家又不满足于将博弈论仅仅当作一种数学游戏，而是要拿它来对人类行为进行预测和指导，这样，就造成了主流博弈论的思维危机以及引发现实世界的种种乱象。

可见，尽管主流博弈理论注意到互动双方策略的相互依赖，却没有考虑到互动本身对理性内涵的改变诉求，而是简单地承袭了新古典经济学的工具理性；同时，这种工具理性与原子个体主义相结合就形成了理性经济人分析模式，而主流博弈思维正是基于理性经济人的行为机理。一般地，理性经济人行为的基本特性就是：博弈各方都是根据自己的效用最大化原则采取独立行动，而没有设身处地考虑对方的反应；尤其是，它倡导一种"一人之所得乃他人之所失"的对抗性互动，鼓吹一种基于最小最大原则的策略选择。结果，这种只关注个人短期利益的博弈思维无法促进行为的协调，从而也就无法实现最大化的合作租金。同时，主流博弈论又通过严密的数理逻辑来分析博弈行为和策略的选择，将新古典经济学中的形式主义演绎逻辑推向了新的高度，基于严格的理性计算而产生了一系列的精炼均衡概念和均衡分析方法，如子博弈完美纳什均衡和后向归纳法等。但是，这种基于个体最大化的计算理性和数理逻辑与现实世界中的人类行为逻辑之间存在很大的距离，从而将这些基本概念和方法应用到现实社会经济分析时就会遇到严重的困难。在很大程度

[①] 凯莫勒：《行为博弈：对策略互动的实验研究》，贺京同等译，中国人民大学出版社2006年版，第4—5页。

上，正是由于主流博弈论没有辨识工具理性的局限性并且热衷于形式逻辑的推理，它往往不但无法做出符合实际的预测，而且还产生明显的解释悖论。在这种情况下，主流博弈论和纳什均衡分析就逐渐遇到了信任危机，导致"理性行为"问题，也即，纳什均衡的理性基础问题，终于引起经济学家的重视和注意。

第六节 结语

从本体上说，博弈论仅仅是一种用来探讨人们的互动行为的分析工具，研究的视角不同，如"为他利己"行为机理和"为己利他"行为机理，那么就会得出不同的博弈均衡，其中所揭示的博弈机制也必然不同。但是，主流博弈论却简单地承袭新古典经济学的理性经济人思维：不仅将丰富多样的社会人还原为孤立的原子个体，并以同质化的理性经济人为假设前提来构建理论体系；同时，又通过借助于数学、力学等工具来刻画原子个体的机械运动，从而建立起了一套形式逻辑的分析框架。尤其是，基于理性经济人分析框架，主流博弈论集中关注竞争领域的非合作行为，这种非合作行为的重要特征就是，互动者之间没有明显的沟通行为，甚至还会刻意地隐瞒信息，制造信息不对称。在很大程度上，正是基于这种博弈思维和研究定位，现代博弈论的理论发展和实践应用就埋下了致命的隐患：在行为指导下，基于最小最大原则的策略性行为无助于人们摆脱困境；在现象解释上，互动者之间的沟通缺失也难以说明大量的合作现象。然而，尽管主流博弈思维在现象解释和行为指导上已经暴露出严重问题，但一些主流博弈论者非但没有对此进行反思，反而试图基于纳什均衡的思维对社会制度进行修正和设计，把一种有效的制度安排简单地等同于纳什均衡的具体化，结果，基于纳什均衡的制度安排进一步误导了社会实践。因此，我们就有必要对主流博弈思维及其赖以存在的理性概念进行重新审视，重新审视新古典经济学专注于人与物关系的工具理性和原子个人主义思维，重新审视理性经济人所包含的理性内涵及其衍生的行为机理。在很大程度上，如何构建更为合理的博弈思维，发展更为可信和可行的博弈理论，就是目前经济学界尤其博弈论领域的重要任务。

第 十 章

协作策略的博弈思维：
理论和实践的双重要求

【导读】博弈思维的根本要旨在于，不同于分析孤立个体的行为方式，它必须考虑个体行为对他人的利益影响及其相应的反应，进而探究在互动行为中获得利益增进的协调机制。然而，主流博弈思维却只是简单地承继新古典经济学的单向工具理性，它关注博弈方之间的对抗性甚于协作性，因而并不适用于日常生活中互动行为。事实上，现实世界中的人类理性及其行为嵌入在具体的社会关系之中，并随着社会演进而不断提升。因此，更为合理的博弈思维应该考虑到人类偏好的内生性和行为的演化性，而"为己利他"行为机理则可以更好地满足这一要求。

第一节 引言

一般地，正确地预测社会互动行为和解释社会经济现象，关键是要基于合理的博弈思维，而合理的博弈思维往往以现实的行为理性为基础。金迪斯曾指出，"目前，不同的行为学科（经济学、心理学、社会学、政治学、人类学和生物学）都基于特定的原则并依赖于不同类型的数据。而行为博弈论则孕育了一个统一的分析框架，可应用于所有的行为科学。这有利于跨学科信息交换，最终可能会在某种程度上使得行为科学像自然科学那样统一起来。而且，由于行为博弈论的推断可以得到系统性的检验，所得的结果可以在不同的实验室中重现，这使得社会科学真的成为了科学"①。问题是，基于主流博弈论的行为分析能够实现这一目的吗？一个明显的事实是，主流博弈思维并不能解释与囚徒困境相悖的不同形态和不同层次的社会合作，同时，也无法为跳出囚徒困境提供有效的理论指导。相反，由于承继了新古典经济学的基本思维，主流博弈论将博弈互动者都视为相互冷淡且最大化个人利益的经济人，它为了实现自身利益最大化而时刻提防他人的损害并采取一切可行的机会主义策略，最终的结果就是社会中的囚徒困境不断凸显和加剧。

大历史演化表明，人类社会的分工和合作又是不断深化的。这意味着，囚徒困境并不是必然存在且无法解决的，而是在逐渐缓和和克服的。谢林就指出，"严格来说，这并不是一个两难问题（dilemma），而只是一个困境（predicament）"②。那么，这种困境是如何产生的呢？根本上就在于，现代主流博弈论的思维存在缺陷，它不能很好地揭示或解释真实世界中的行为机理，更无法有效地解决现代世界中的某些乱象，反而会加剧这些混乱。尤为不幸的是，主流博弈论却倾向于从另一角度加以理解：合作是行为者偏离理性的结果，是一种异形而不是常态。例如，针对现实生活中的大量合作现象，两位博弈论学者 A. Rapoport 和 A. M. Chummah 在《囚徒的困境》一书中解释说："一般玩家还不至于考虑那么周全，那么讲究策略，他们还不至于精打细算分析出相互欺骗是唯一明智的防卫策略。"③ 事实上，主流博弈所承继的是新古典经济学思维以及相应的工具理性，并在数学逻辑基础上将工具理性结合在一起而形成先验的联合理性，这与现实世界中的行为理性相差甚远。正因如此，迪克西特和奈尔伯夫就指出，"博弈论这门科学远未达到完美佳境，而策略思维在某些方面看来仍然是属于一门艺术"④。那么，如何为博弈思维注入新的活力并促使博弈理论成为真正解释人类行为的科学呢？这就是本章所要探究

---

① 金迪斯:《理性的边界:博弈论与各门行为科学的统一》,董志强译,格致出版社、上海三联书店、上海人民出版社 2011 年版,第 33 页。
② 谢林:《承诺的策略》,王永钦、薛峰译,上海世纪出版集团 2009 年版,序言。
③ 里德雷:《美德的起源:人类本能与协作的进化》,刘珩译,中央编译出版社 2004 年版,第 57 页。
④ 迪克西特、奈尔伯夫:《策略思维》,王尔山译,中国人民大学出版社 2002 年版,第 3 页。

的东西,它通过对人类互动的剖析来探究基本博弈思维。

第二节 理解博弈思维中的理性内涵

博弈论探讨的就是两个和两个以上的个体间发生利益冲突时的合理行为选择及其相应的互动结果。也即,博弈思维的关键在于：行为者必须考虑利益相关者的策略反应。Elster 就指出,人类的互动策略存在如下三种依存形式：（1）每个行为人的报酬取决于所有行为人的报酬；（2）每个行为人的报酬取决于所有行为人的选择；（3）每个行为人的选择取决于所有行为人的选择。① 那么,怎样预期利益相关者的策略反应呢？常识告诉我们,社会互动的人类行为存在多种多样的基础,有感性的也有理性的,有功利主义的也有互利主义的,有遵循效率原则的也有遵循正义原则的,有注重行为过程的也有注重行为结果的,有关注个人利益的也有关注社会的规范的；同时,这些不同的行为选择往往与习俗、社会环境以及文化伦理等密切相关,也与个人的特性密切相关,更与互动者之间的社会关系有关。

然而,迄今为止,博弈理论大多集中于对那些理性行为进行探讨。问题是,何谓博弈思维中的理性？这需要从多方面加以探讨。

首先,博弈论所探讨的理性与传统经济学的个体理性是有所区别的。事实上,新古典经济学研究的是个体如何配置稀缺性资源,这主要涉及的是人与自然之间的关系。显然,由于自然是没有能动反应的,因而这种理性具有单向度性,属于个体理性,从而也具有相对的确定性。与此不同,博弈论研究的是人类互动中的策略选择,它所涉及的是人与人之间的关系。显然,由于其他个体是有能动反应的,因而这种理性也具有双向度性,属于联合理性,并具有很大的不确定性。确实,在博弈论里,个人效用函数不仅依赖于他自己的选择,而且依赖于他人的选择,个人的最优选择是其他人选择的函数；因此,在博弈的均衡状态时,每一博弈方的行为理性就不再仅局限于个体的,而是联合理性。

显然,每个博弈方均能实现个体理性的自我支持并不足以保证所有

---

① Elster, *Rational Choice*, New York: New York University Press, 1986, p.7.

博弈方实现联合理性,从这个意义上说,博弈思维就必须关注互动的理性,而互动的博弈解就必须是联合自我支持的。为此,2009年诺贝尔经济学奖得主奥曼认为,博弈论更为恰当而形象的描述性的名称应是"交互的决策论"。也即,博弈论是研究决策主体的行为发生直接相互作用时候的决策以及这种决策的均衡问题,是关于包含相互依存情况中理性行为的研究。正因如此,博弈思维的联合理性就具有这样的双重特性:(1)相互依存,即博弈中的任何博弈方都受到其他博弈方行为的影响,他的行为也将影响到其他博弈方,这是与新古典经济学的差异处;(2)理性行为,即博弈方的决策必定建立在预测其他博弈方的反应之上,并把自己置身于其他博弈方的位置预测其他博弈方的行动,再决定自己的最佳行动,这是与新古典经济学的相似处。

其次,博弈理论的理性体现在与他人的互动中实现个人收益最大化。事实上,博弈论仅仅是一种用来探讨个体之间互动行为的分析工具,互动者之所以将他人的反应纳入考虑,根本目的在于增进自己的利益或福利。那么,互动中的个体如何增进自身利益呢?显然,不同情形下博弈方所采用的博弈思维往往是不同的,从而显示出了不同的博弈机制。例如,博弈方的行为可以是为他利己的,也可以是为己利他的,不同的行为机理最终导向不同的博弈结局,或者是合作的,或者是非合作的。同时,不同的社会环境以及不同的互动关系都会带来不同的行为预期,从而带来不同的策略选择。譬如,在友好的环境中或者在敌意的环境中,个体的行为选择就往往很不一致;同样,在零和博弈的环境和非零和博弈的环境中,个体的行为选择也很不一样。

基于上述考虑,学习和运用博弈论,就要采取辩证的思维。事实上,博弈论仅仅是为我们理解社会中互动的人们的理性行为提供了一种分析思维,而究竟采取哪种思维则往往与具体的博弈情形有关,进而博弈理性的程度则与最终所获得的收益大小有关。不幸的是,尽管主流博弈论注意到互动双方之间的行动依赖关系,但并没有考虑到互动本身对理性内涵的改变诉求;相反,无论是所基于的理性概念还是博弈方的行为机理,主流博弈论都是从新古典经济学中引进基于个体主义的工具理性:每个人都是根据自己的效用最大化原则独立行动的,而没有设身处地地考虑对方的反应。正是基于这种思维,基于主流博弈原则的行为互动结果往往引发并加剧了囚徒困境，从而博弈方也就无法真正地最大化自身收益。

再次，个人最大化收益能否达致根本上取决于互动者之间的行为协调。事实上，绝大多数互动情形互动所产生的总收益都是可变的，具有非零和博弈的特征；在这种情形下，只有通过行为的协调，才可以达成合作均衡，并由此实现合作剩余。在很大程度上，现实世界中的个体正是在长期实践中通过不断的互动来调整各自行为，实现有效的分工和互惠的合作，从而最终增进双方的共同利益或长期收益，这就是哈耶克所讲的人类文明的伟大之处。因此，作为探究和协调个体之间互动行为的合作博弈理论，它的一个重要任务就是要揭示博弈各方实现合作的理性思维，以及实现行为或策略协调的内在机理。

显然，这种在互动中实现合作所体现出的联合理性与现代主流经济学所使用的那种单向理性有很大不同：它根本上不是工具理性而是交往理性，不是个体理性而是社会理性。为此，博弈论也应该充分吸收其他社会科学的理论和知识来真正剖析现实生活中的博弈思维，这种博弈思维在一定程度上也可以在大量的行为实验中得到体现。不幸的是，主流博弈论却主要集中分析敌意环境中的策略行为，关注的是博弈方之间的利益冲突而非行为协调；而且，它还将零和博弈倾向下的策略推广到其他非零和博弈的情形中，从而造成博弈的行为失调，而无法实现双赢的结果。正是基于这一研究倾向，谢林将主流博弈论所研究的领域称为"冲突的战略"，是一场冲突双方都"志在必得"的竞赛。[①]

最后，我们从对股票交易中个体行为的观察来直观体认博弈思维的运用。股市中有一个重要现象就是：人们往往买涨不买跌。这看似与一般的理性原则相悖，却有其合理的行为基础，因为它考虑到了其他相关者的反应。事实上，股市交易的价值并不是真实的，而是一种虚拟品，它的价值体现在社会需求上；如果社会需求大就会上升，而社会需求并不仅仅是个人行为的表现，而是社会大众行为的表现。正因如此，买卖股票时，每个人都必须揣摩社会大众的心态，从而出现了一个博傻规则：关键不在于在高价位购买，而在于不要成为最后一个在高价位购买的傻

[①] 谢林：《冲突的战略》，赵华等译，华夏出版社2006年版，第2页。

子,只要不是最傻就行。关于这一点,凯恩斯很早就有所认识,他把股市与选美做比较:"专业的投资者的情况可以和报纸上的选美竞赛相比拟。在竞赛中,参与者从100张照片中挑选出最漂亮的6张。选出的6张照片最接近全部参与者一起所选出的6张照片的人就是得奖者。由此可见,每一个参与者所要挑选的并不是他自己认为是最漂亮的面孔,而是他设想的其他参与者所要挑选的人。全部参与者都以与此相同的办法看待这个问题。这里的挑选并不是根据个人判断力来选出最漂亮的人,甚至也不是根据真正的平均的判断力选出最漂亮的人,而是运用智力来推测一般人所推测的一般人的意见为何。"① 显然,凯恩斯这里所讲的就是博弈思维。受凯恩斯比喻的启发,当前的实验经济学发展出了一种选美博弈实验:选定一个目标数,参与者中谁给出的数字最接近目标数,谁就赢得比赛。

第三节 审视主流博弈思维的适用性

博弈思维中的理性要求表明,博弈方在互动中应该尽可能地与其他博弈方进行行为协调,以实现个人和整体的利益最大化,这就要求建立博弈方之间的联系。但是,主流博弈论却把博弈方视为相互孤立而冷淡的个体,他并不考虑自身行为是否会损害其他博弈方,而是遵循一种既定不变的行为原则:从自己的个体理性出发,根据避免风险的最大最小化原则进行策略和行动选择,最终达到一种具有内敛性的纳什均衡。当然,这种理性行为一般都是自我支持的,否则他就不会采用此策略;而且,这种自我支持的行为理性与其他博弈方的行为又密切相关,从而符合联合理性的特质,这也是主流博弈论所强调的可理性化策略。问题在于,这种联合理性只是将经济人的工具理性联合在一起,具有内在的先验性和实质的单向性。先验性表现在行为者的理性行为是普遍而静态的,从而隔断了与具体社会环境和文化心理的联系;单向性则体现为行为者只是机械地理解对方的反应,从而制约了理性在互动中的演化和成熟。

---

① 凯恩斯:《就业、利息和货币通论》,高鸿业译,商务印书馆1999年版,第159—160页。

在很大程度上，正是由于主流博弈论的联合理性依然是先验的和单向的，从而就无法真正促进行为的协调，反而达致了囚徒困境这一普遍结论。

事实上，工具理性使得主流博弈思维关注博弈方之间的对抗性甚于协作性，甚至将现实世界中的冲突视为正常状态，并致力于冲突状态下策略选择及其后果的研究。谢林写道："在研究'冲突'的争夺理论中，对于'冲突'一词大致存在两种不同的解释；一种认为冲突是一种不正常状态，并寻找产生冲突的根源和解决冲突的办法；另一种认为冲突的产生具有合理性，并研究分析与冲突相关的各种行为。后者可进一步分为两派：一派主张对冲突主体进行综合全面的分析，包括冲突主体的'理性'与'非理性'、有意识与无意识的行为及其动机和对利弊的权衡；另一派则更关注冲突主体充满理性、意识和智谋的行为。可以说，后一派把冲突看做是一场冲突双方都'志在必夺'的竞赛。研究这些有意识的、理智的、复杂的冲突行为，特别是冲突中获胜一方的行为，如同寻找赢得竞赛的'正确'行为法则。"[1] 显然，主流博弈思维就属于最后一派，所以谢林将该研究领域称为"冲突的战略"，迪克西特和奈尔伯夫则将主流博弈思维视为"关于了解对手打算如何战胜你，然后战而胜之的艺术"[2]。

然而，尽管主流博弈思维非常适用于军事战争、商业竞争、体育比赛等领域的策略分析，因为这些领域大多呈现出显著的零和博弈特征；但是，它却很难适合于分析人们日常的生活互动，因为现实生活中的绝大多数互动都呈现出明显的非零和博弈特征，都存在通过合作而实现集体收益增进的可能。事实上，日常生活中的需要满足更体现在关系的融洽、行为的协调和有效的合作上，而且，大量的经验事实和行为实验也都表明，人们往往能够缓和相互之间的利益冲突，乃至囚徒困境也是人类社会的基本格局。因此，这就带来了理论和现实的背离问题：一方面，主流博弈论主要关注竞争领域中的囚徒困境现象，关注非合作的博弈均衡；另一方面，合作却是其他生活领域中更为普遍的现象，而日常生活的互动又构成了人类行为关系的绝对主要部分。谢林指出，"如果把研究

---

[1] 谢林：《冲突的战略》，赵华等译，华夏出版社2006年版，第2页。
[2] 迪克西特、奈尔伯夫：《策略思维》，王尔山译，中国人民大学出版社2002年版，前言。

仅仅局限于冲突论，我们将受到理性行为假设的严格限制……如果仅仅为了研究现实中的冲突行为，我们在这种局限的条件下得到的分析结论要么是对现实完美的反映，要么则是兑现的歪曲"①。那么，为什么主流经济学以及主流博弈论要抛开人类 80% 的合作现象不顾而专注于那些少量的不合作现象呢？威尔逊在《道德观念》一书中则强调，理论最需要解释的不是为什么有些人会犯罪，而是为什么大多数人不会犯罪。

一般地，博弈论之所以需要关注人类社会中更为普遍的合作倾向，可以从理论思维、理论背景以及社会现实等多方面加以解释。

第一，就理论思维而言。尽管人类理性根本上体现在对长远利益的关注和追求，但主流博弈论却简单地承袭了新古典经济学的工具理性及其分析逻辑。工具理性的重要特点就是，将行为主体以外的人和物都视为追求利益最大化的手段，从而缺乏互动主体之间的交流和关注；相应地，由两个工具理性相结合而产生的联合理性本质上依旧是分立的、机械的，两个分立的理性行为之间主要是对抗和冲突关系而不是协作和融合关系。为此，博弈方基于这种机械的联合理性所采取的以个体效用最大化为目的的行为，最终达致的结果往往也是非合作的，无法实现帕累托最优状态。同时，工具理性的偏盛还会促进人类合作的瓦解：（1）工具理性使得行动只受追求功利的动机所驱使，行动者纯粹从效果最大化的角度考虑，而漠视人的情感和精神价值；（2）工具理性的膨胀使得物质和金钱成为了人们追求的直接目的，从而导致手段成为目的进而成为人性的枷锁。正因如此，基于工具理性的主流博弈论就只能集中于非合作行为的研究，而无法建立真正的合作模型，无法真正揭示社会中的合作现象，这导致合作博弈研究取向的日益式微。

第二，就理论背景而言。尽管博弈反映了人们日常生活中基本的互动现象，但主流博弈论主要诞生于相互冲突的冷战背景之中。事实上，现代博弈理论勃兴于二战时期对战略、战术问题的关注，二战结束之后，又开始了东、西方两大阵营之间的严峻对抗，博弈论的关注也与这种生活背景相适应。例如，纳什那几篇为现代博弈理论奠定基础的论文基本上都是美国军事单位立项或资助的课题，如《非合作博弈》《n 人博弈的均衡点》

---

① 谢林：《冲突的战略》，赵华等译，华夏出版社 2006 年版，第 3 页。

《一个简单的三人扑克牌博弈》和《两人合作博弈》分别得到原子能委员会、海军研究局以及兰德公司的资助,纳什本人也是原子能委员会的成员。正因如此,早期博弈理论的研究对象是零和博弈,分析的是敌意的博弈环境;在这种情况下,主流博弈理论就具有明显的对抗性,是在探索提防被对方损害的同时尽最大可能地损害对方的策略。Erev 等就指出,博弈模型的一个重要功能就是提供了人类在策略性环境中行为的近似描述。[1] 同样,新古典经济学的创立者之一的埃几沃斯在提出"经济学的首要原则是每一个行动者都是受自利所驱使"的同时,也警告说,这个"首要原则"严格来说仅仅适用于"契约和战争"这些情形之中。[2]

第三,就社会现实而言。尽管主流博弈思维为当下社会各界所广泛采用,但这种倾向与社会结构的变化有莫大关系。一般地,社会互动往往发生在具有缘关系的个体之间,而个体之间的长期互动是形成社会合作的重要条件。但是,市场经济和商业主义的兴起却极端地渲染个体之间的竞争和对抗性,激发各种策略性行为;尤其是,与市场原教旨主义所倡导的竞争相适应,现代社会通过各种制度设施来淡化个人之间的私人关系,从而也就无法在重复博弈的基础上形成互惠合作。泰勒和克瑞雷就写道:"美国社会逐渐地不再维系长期的个人间或个人与组织之间的社会联系。在家庭中,无过错离婚的出现使得人们淡漠了人与人之间长期的责任。在工作中,'应急劳动大军'日益增多,减弱了人们对工作组织的忠诚。在这个发展的世界上,人们不能再依靠对他人的忠诚作为互惠的基础。人们不能信任他人。比如,一个妻子不能对她的丈夫说她为了家庭放弃了自己的工作,并期望以此引发丈夫履行他的责任。就像个人不能因为长年忠诚地支持所在的组织就期望组织优先考虑他的养老金需要。在一个没有这种互惠责任的世界上,人们热衷于学习如何有效地博弈以保护自己的利益也就不奇怪了。"[3] 正因如此,主流博弈论热衷于

---

[1] Erev I., Roth A. E., Slonim S. L. & Barron G., "Predictive Value and the Usefulness of Game Theoretic Models", *International Journal of Forecasting*, Vol. 18, No. 3, 2002, pp. 359–368.

[2] Edgeworth F. Y., *Mathematical Psychics: An Essay on the Application of Mathematics to the Moral Science*, London: C. Kegan Paul, 1881, p. 104.

[3] 泰勒、克瑞雷:《信任向何处去》,载《组织中的信任》,管兵等译,中国城市出版社 2003 年版,第 3 页。

在给定的社会环境下分析个人策略行为,而忽视社会互动的进行往往会改变博弈结构。

　　总之,主流博弈思维的产生和发展及其被广泛传播都有其特殊原因,但与此同时,这种博弈思维也存在严重的缺陷。事实上,主流博弈论所描述的状态与真实世界中常态性的社会互动状态之间就存在很大的距离:(1) 早期博弈论关注的主要是对抗式行为,探寻的是兵家的战斗策略;(2) 人们的日常生活不是战斗的而是合作的,人们的总体利益不是对抗式的而是互补的。有人就指出:"能在现实生活中应用博弈的人,大概只有疯癫的战争策略家,因为只有疯子或电子人才会犯这样低级的错误,那就是把世界当作一个零和博弈来看待。"[①] 事实上,只要存在互补性,就存在参与者之间的行为协调问题;而只要处于社会关系之中,任何个体的行为就必然会受到某种类型的协调和制约。显然,所有这些都必然会产生不同于标准经济人模型的社会行为。[②] 然而,主流博弈理论却将具有亲社会性的个体抽象为相互冷淡的经济人,从而舍去了对协调问题的理论兴趣;同时,它又试图将源于兵家的策略与思维拓展到一般社会互动之中,并以这样的基本假设来改造人们的日常生活:人们是以互不相干的个体来到这个世界的。在很大程度上,这种相互没有任何联系的个体仅仅是个符号,或者相当于一般性动物;事实上,很多学者就用博弈理论来研究动物之间的互动行为。[③] 正是由于专注于竞争行为而不是合作行为的研究,主流博弈论就无法解释普遍的合作现象,从而呈现出一种很不精确的漫画式画景,[④] 因为人类的互动实践显然比理论推演的结果更优。当然,早期研究博弈论的主要学者大多热衷于逻辑关系,而对理论的现实性和应用价值相对不是很看重;但随后的博弈论者却声称,他们能够证明制度如何纯粹出自个人的自利行为,并以此来指导社会现实,

---

　　① 宾默尔:《自然正义》,李晋译,上海财经大学出版社2010年版,第103页。
　　② Camerer C., *Behavioral Game Theory*, Princeton: Princeton University Press, 2003.
　　③ Maynard S. J., *Evolution and the Theory of Games*. Cambridge: Cambridge University Press, 1982; Alcock J., *Animal Behavior: An Evolutionary Approach*, Sinauer, 1993; Krebs J. R. & Davies N. B., "The Evolution of Behavioural Ecology", in: Krebs J. R. & Davies N. B. (ed.), *Behavioural Ecology: An Evolutionary Approach*, 4th edition, London: Blackwell Scientific, 1997, pp. 3 – 12.
　　④ Gintis H., "A Framework for the Unification of the Behavioral Sciences", *Behavior and Brain Sciences*, Vol. 30, 2007, pp. 1 – 61.

从而反而误导了社会实践。

第四节 解析真实世界中的理性行为

主流博弈思维以可理性化策略为基础，这种可理性化策略看似是联合的和自我支持的，但实际上，它根基于西方社会的工具理性。[①] 这种工具理性根基于西方社会的自然主义思维和行为功利主义思维：自然主义思维使得主流博弈论关注博弈的均衡结果而不是行为的协调过程，行为功利主义思维则使得主流博弈论集中关注每一次策略选择的结果而不是多次的连续性策略转换的结果。事实上，纳什非合作均衡就提供了一种静态而局部的均衡分析方法，进而获得了与全局性的"无形的手"原理相冲突的结论。但在现实生活中，常见的结果既不是囚徒困境的，也不是一般均衡的，而大多介于两者之间，进而人类社会往往会形成不同形态和不同层次的合作关系。汪丁丁强调，"贯穿人类社会以及社会性动物社会的历史的一类秩序——通常被称为'合作'——不论从行为学角度审视还是从伦理学角度审视，它对社会现象而言，都具有'根本'的意义"[②]。那么，现代主流经济学为何会得出囚徒困境和一般均衡这两个互为对立和冲突的极端理论呢？这就与西方社会的理性特质有关。

一般地，在非合作的纳什均衡分析中，主流博弈论只关注一次性策略改变对收益的影响，因而"囚徒困境"所使用的是近似理性或绝对有限理性；与此不同，在"无形的手"原理的有效市场分析中，主流经济学关注全局的行为互动，因而"一般均衡"所使用的是长远理性或绝对完全理性。[③] 不过，无论哪种理性，它们都是基于先验的假设而缺乏足够的经验支持。事实上，不仅新古典经济学使用的工具理性具有强烈的先

[①] 工具理性在近现代西方社会异常强盛，在某种程度上，现代西方社会的理性几乎可以等同于工具理性。

[②] 汪丁丁：《何谓"社会科学根本问题"：为"跨学科社会科学研究论丛"序》，载金迪斯、鲍尔斯等《走向统一的社会科学》，浙江大学跨学科社会科学研究中心译，上海世纪出版集团2005年版，第2页。

[③] 朱富强：《"经济人"分析范式内含的理性悖论：长远利益、为己利他与行为理性的理解》，《上海财经大学学报》2012年第4期。

验性和单向性，而且主流博弈论使用的由此而来的联合理性也具有强烈的静态性和机械性。结果，两者都只关注最终的均衡状态而非行为的过程，都只关注单方向的决策行为。谢林写道："在零和博弈中，研究人员往往只分析博弈双方中一方的理性因素和决策选择。事实上，博弈双方都能做出理性选择，但是最小最大策略将这一场景变为一个博弈双方必须单边决策的过程。双方之间不需要任何形式的共识、思想撞击、任何暗示、任何知觉或互谅。总之，在零和博弈中，博弈双方不需要任何社会性认知。然而，混合博弈不仅需要双方的互动，还需要多方的互动。……博弈双方能否取得满意结果取决于双方之间的社会认知和互动程度。甚至是两个完全隔离、无法进行言语沟通，甚至不知道彼此姓名和身份的选手也一定需要进行心理沟通。"[①]

学术界的人性先验观可以追溯到16世纪西方社会的关注从神性到人性的转向。当时，霍布斯用一夜之间冒出来的蘑菇比喻人类从自然状态到社会状态的突然转变，此后，西方学术界就开始先验地将人类视为理性的个体。显然，这种先验思维深深地影响了经济学：一方面，经济学将人类理性视为外生的（天赋的），是上帝赋予人类的特殊礼物，从而可以形成有效的社会契约和一般均衡；另一方面，经济学又将理性与自利结合在一起，从还原论生物学和心理学中汲取证据，从而将人类行为与动物行为等同起来。正因如此，现代主流经济学先验地将理性当成不言自明的人类特性，进而将所有行为都视为理性的，乃至将所有行为都纳入理性经济人的分析框架下；进而，随着20世纪70年代后理性预期说和最优化理论的流行，现代主流经济学又进一步将将人类个体转化为数学符号，并以数理逻辑下的内在一致性来定义理性行为。相应地，在不同情形下，现代主流经济学赋予了理性不同的内涵。例如，现代经济学一方面基于理性经济人假设将所有人乃至动物的行为都视为理性的，从而当然也就无法区分男人与女性的理性差异；另一方面又基于数理逻辑或者行为的一致性程度而认为，男性行为相较于女性更为理性。

事实上，现代经济学分析的基本前提存在明显的缺陷。一方面，它将人类个体视为理性的，但为何理性的个体往往又会陷入囚徒困境呢？

[①] 参见谢林《冲突的战略》，赵华等译，华夏出版社2006年版，第139页。

进而，同样理性的个体在现实生活中所表现出的行为为何会存在如此的不同？另一方面，它将男性视为比女性更高的理性存在，但大量的统计数据为何会显示出，女性从股市中获得的收益会普遍高于男性呢？进而女性在团队行动中为何更容易达成合作呢？显然，这些都涉及对人类理性如何理解，涉及人类理性是如何形成以及如何运作的。

既然如此，我们如何理解现实世界中的人类理性？韦伯曾指出，理性有两种内涵：（1）是指冥思苦索的系统论者靠世界观设计出来的那种理性化，其精益求精抽象的概念逐步从理论上把握现实；（2）是指通过精益求精地设计合适的手段，有计划、有步骤地达到某种特定的实际目的。① 显然，这反映了理性理解的两种不同思路：（1）从理论到现实，以理论逻辑来解释和描述现实行为，这在很大程度上正是现代主流经济学所理解和使用的理性；（2）从现实到理论，从行为的目的及其实现手段中总结和归纳行为机理，这是演化本体论的人性和行为观。

根本上说，人类理性不是先验的，不是静态不变的；相反，人们往往从社会实践中吸取经验教训而不断提高理性的水平，进而实现理性与社会实践的共同演进。奥地利学派就承认，市场主体的抉择并不都是合理的，而是会犯纯企业家错误；只有当这种错误被发现且消除时，理性程度才得到提高，才可以获得"纯企业利润"。也即，人类理性不是先验天赋的而是逐渐习得的，它随着社会环境的变化而演变。一般地，从社会互动的经验累积中理解人类理性，可以从三方面着手：（1）社会经验越丰富，积累的知识越多，就越能考虑长远，从而体现出更高的理性；（2）人类所确定的目标越明确，实现目标的意志越坚定，就越能够抵御短期的诱惑，从而体现出更高的理性；（3）与他人交往的频率和次数越多，亲社会性就越高，就越能与他人进行合作，从而体现出更高的理性。因此，要理解现实世界中多样化的理性行为，理解不同个体的理性差异，就可以考察不同个体的知识结构、意志力强度以及社会性水平。

因此，人类个体往往会从过去和社会的经验中积极吸取经验和教训，并从中不断提高自身的理性水平。斯密和哈耶克等很早就曾强调，尽管个体具有逐利的本能，但这种本能本身也是演化性的，是每个人基于特

---

① 韦伯：《儒教和道教》，王容芬译，商务印书馆1995年版，第32页。

定的默会信息而自发展开的。这意味着，人类理性具有明显的演化特性。显然，这已经为大量的行为实验所证实。例如，弗里德曼和弗拉瑟给出了一个实验：当对一群住家户进行询问：是否愿意在自家门前的草地上树一块相当大但不引人注目的有关促进安全驾驶的牌子时，仅有17%的住户表示同意；但是，当问及第二群住户时，首先问他们是否愿意在自家门前放一块小的倡导安全驾驶的牌子，几乎所有人都表示同意，几天后再问是否愿意放置一块与第一群人被问到的同样大的牌子时，有76%的人表示了同意。① 显然，这个实验反映出：人的行为不是基于理性计算的，而是具有自强化的倾向：一旦同意一个小的要求，那么也就很可能遵循更大的要求。那么，为何会出现这种逻辑不一致性的行为呢？关键就在于人类行为本身源于心理促动，而心理本身是社会互动的产物，同时，心理的萌发往往也依赖于双方的信息状况，并随着信息的变化而不断渐变。

可见，人类个体在现实世界中的行为选择往往就不会遵守理性经济人的普遍模式，而是会深受心理的、文化的等多种因素的影响。鲍尔斯就写道："长时间找不到工作会让一个自信而快乐的人变得消沉，成为对他或她的家庭或社区的一个巨大威胁。当一个团体的生存方式发生改变时，甚至整个团体的文化都会出现变化。"② 其实，越来越多的学者也已经正确地认识到，人类理性源于社会文化和习惯，是一个动态的演化过程；为此，他们不再把个体视为超级理性的博弈方，从而导致了演化博弈的出现。问题是，尽管主流的演化博弈探究了从一个均衡到另一个均衡的变动过程，分析了最终的均衡演变结果，但是，它却无法对均衡演化的过程进行剖析，更没有揭示非均衡演变的现实。特别是，尽管社会制度和历史文化因素是不能忽略的，但是，主流的演化博弈却依然排斥社会文化和习惯的因素，而是认为基于更少的数据来进行分析和预测的理论更好。事实上，不同社会文化下的博弈方往往会有不同的生活方式，

---

① Freedman J. L. & Fraser S. C., "Compliance without Pressure: The Foot-in-the-door Technique", *Journal of Personality and Social Psychology*, Vol. 4, No. 2, 1966, pp. 195–202.

② 鲍尔斯等：《理解资本主义：竞争、统制与变革》，孟捷等译，中国人民大学出版社2010年版，第30页。

如中、西方社会中人的行为方式就存在很大差异：中国人基于集体主义而往往将交往对象限制在一定范围之内，而西方人基于个体主义而不断地拓展交往对象的范围。更一般地，由于中国人主要与相熟的人交往密切，多次的重复博弈不但强化了相互之间的互惠合作，而且也有助于"设计"出推进合作的非正式制度安排；相反，由于西方人往往会随机地与陌生人进行交往，从而互惠合作很难成为演化均衡，社会合作往往是建立在正式的法律制度之上。正因为博弈过程中的细节对博弈均衡有重要影响，因而如何发现这类重要细节就是学者有待完成的重要课题。而且，即使在崇尚个体主义的西方社会，尽管在理论上个体可以随机地与其他人进行交往，但这种个体主义依然是相对的，任何个体都会首先与特定的群体相联系。显然，正是这种特殊性的联系衍生出了个体的行为习惯，这种习惯的扩展就塑造出了特定的社会习俗和文化；并且，由于这种习惯和习俗是人类社会长期互动的结果，从而也就体现了人类的长期理性或结果理性，从而也就构成合作博弈的行为基础。

第五节 导向协作的博弈思维

主流博弈思维认为，博弈行为遵守基于最小最大原则的普遍模式，博弈方会充分利用其信息并通过理性计算而选择最优行动。问题是，现实世界中任何行为主体都面临着信息的不完全性和认知能力的有限性等问题，那么，行为者又该如何进行决策或采取行动呢？显然，这就需要我们突破主流博弈论的思维模式，从互动演化中探究人类理性的成长，从具体的社会关系中分析互动行为的选择。同时，基于主流博弈思维展开行动的结果往往陷入囚徒困境，那么，这种行为又如何能够称为是理性的呢？显然，这就要求我们重新审视人类理性的内涵，而不能简单地照搬新古典经济学专注于人与物关系的互动理性。事实上，按照社群主义者的观点，"囚徒困境"往往只适用于那些把个人利益放在优先地位的"理性个人"，而不适用于具有美德的个人。譬如，对于一个具有强烈的自我奉献精神和公益精神的人来说，就根本不存在所谓的囚徒困境。[1]

---

[1] 俞可平：《社群主义》，中国社会科学出版社1998年版，第104页。

第十章 协作策略的博弈思维：理论和实践的双重要求

显然，如果考虑到人类的亲社会性及其所蕴含的合作倾向，那么我们就可以更好地揭示行为协调或社会合作得以形成和扩展的深层原因。为此，里德雷强调，"将复杂的生命简化为一项愚蠢的游戏，这正是经济学家臭名昭著的原因之一。但问题的关键不在于将生活中的所有真实问题一股脑儿塞进'囚徒的困境'里，而是在集体与个人利益发生冲突时建立一个解决冲突的理想模式"[1]。问题在于，我们如何构建合理的博弈思维来更好地解释社会经济现象并指导现实行为？一般地，一个能够刻画真实世界博弈思维的理论应该考虑到人类偏好的内生性和行为的演化性。正如 Cosmides 和 Tooby 指出的，理论应该包含一系列推论的组织体系，这一系列推论有助于解决各种家庭问题，如社会交换、威胁、结盟关系和配偶选择等；而倡导演化理论并不是要否定人类学习、推理、文化发展或获得等，而是认为这些功能至少部分通过认知机理的运行才能完成。[2]

不幸的是，现代主流经济学对这些社会性理解所提供的关注却非常少，甚至刻意地抛开它们而采用了一些先验的抽象假设。例如，阿罗就认为，理性选择理论就隐含了这种不变性的描述：选择问题的公式化就产生了同一偏好顺序。[3] 但目前大量的行为实验却反映出，人们在不同情境下的选择是可变的。例如，卡尼曼等人就表明，等量收益的获得和损失就带来不等量的效用，这也意味着存在非对称性的差序偏好。[4] 尽管如此，主流博弈理论依然继承了新古典经济学的基本思维，将基于最小最大化原则的纳什均衡视为理想的理性博弈方审慎推理的唯一结果；而且，后来的学者对理性进行了进一步的精炼和阐发，将那些不够"理性"的均衡进一步剔除出去，从而获得了集合大得惊人的纳什均衡定义。事实

---

[1] 里德雷：《美德的起源：人类本能与协作的进化》，刘珩译，中央编译出版社 2004 年版，第 54 页。

[2] Cosmides L. & Tooby J., "Cognitive Adaptations for Social Exchange", in: Barkow J. H., Cosmides L. & Tooby J. (eds.), *The Adapted Mind: Evolutionary Psychology and The Generation of Culture*, New York: Oxford University Press, 1992, p. 166.

[3] Arrow K. J., "Risk Perceion in Psychology and Economics", *Economic Lnquiry*, Vol. 20, 1982, pp. 1–9.

[4] Tversky A. & Kahneman D., "Rational Choice and the Framing of Decisions", *Journal of Business*, Vol. 59, No. 4, 1986, pp. S251–S278.

上，主流博弈理论往往假设，博弈者是具有完全理性的共同知识的人，即使个人的行为在过去曾表现出非理性的、甚至是愚蠢的倾向，但仍要假定他未来的行为将是理性的并且是聪明的，这就是宾默尔所称的哈萨尼教义；最多如泽尔滕引入一个颤抖的手对偏差进行细小的纠正和修补，基于这种逻辑假设，后向归纳推理便成了纳什均衡博弈中的一个基本的工具。问题是，如果过去是不理性的，我们又有什么理由能说，将来一定是理性的呢？

当然，确实也有一些行为实验证明，人们更愿意采用后向推理思维。[1] 问题是，这些实验往往都是在刻意地打造"经济人"的环境中进行的：实验者是随机匿名且没有信息沟通的，从而就失去了前向推理的社会基础。试想：如果受试者对其他互动者的信息一无所知，他又如何预期互动者的独特偏好和行为呢？相反，如果放松行为实验的信息条件，将陌生的互动者改为熟人或朋友，或者引入受试者的其他社会性特征，如收入状况、教育水平、能力层次、宗教信仰、社会职业等，那么，受试者的利益偏好以及诉求就在一定程度上成为了共同知识，由此获得的实验结果就必然会与基于后向归纳推理以及最小最大原则的行为均衡具有明显的不一致。[2] 事实上，现实社会中的互动行为往往有这样两大特征：（1）与行为者的自身特性有关，而个人特性又与特定的习惯、习俗、环境以及文化等密切相关；（2）与互动双方之间的关系有关，互动的最终结果取决于相互依存的策略选择。[3] 但是，由于主流博弈思维沿用了新古典经济学中静态而抽象的工具理性思维，从而就无法全面地刻画和理解多样化的具体行为；同时，由于主流博弈思维基于理性经济人假说而构建了相互提防的最小最大战略模式，从而就无法对经验事实和行为实

---

[1] Dieter B. & Nagel R., "An Experiment on Forward versus Backward Induction: How Fairness and Levels of Reasoning Matter", Working Paper, University of Exeter, 2008.

[2] Johnson E. J., Camerer C., Sen S. & Rymon T., "Detecting Failures of Backward Induction: Monitoring Information Search in Sequential Bargaining", *Journal of Economic Theory*, Vol. 1, 104, No. 1, 2002, pp. 16 - 47; Aymard S. & Serra D., "Do Individuals Use Backward Induction in Dynamic Optimization Problems? An Experimental Investigation", *Economics Letters*, Vol. 73, No. 3, 2001, pp. 287 - 292.

[3] 朱富强：《行为经济学的微观逻辑基础：基本假设和分析维度》，《社会科学战线》2011年第10期。

验中所存在的不同程度的合作状态提供有效的解释。为此，谢林质疑道：
"难道博弈论的触角已经扩散到整个社会心理领域了吗？难道博弈论将我们引入到了一个更狭隘的博弈论领域？是否存在混合博弈需要合作的普遍规律，而且能够被实验观察所发现，并对谈判具有普遍的指导价值？"①

我们知道，经济学研究的根本目的在于增进个体或社会快乐或福利，博弈论的发展意义也在于通过促进行为协调以实现社会合作。但是，主流博弈思维却不仅难以为广泛的合作现象提供理论解释，而且也无法有效地增进行为协调和社会合作。因此，我们有必要换一种博弈思维来理解和分析现实生活中的人类行为，它不仅能够更好地解释社会合作现象，而且能够更好地指导日常行为以促进社会合作。同时，由于理性的理解是博弈思维的基础，因此，我们就有必要对传统的理性概念进行审查，重塑真实世界中的人类理性概念，这种理性有助于更合理地预测行为、解释现象，从而为博弈论的发展提供更为合理的微观基础。

前面的分析表明，真实世界中的人类理性具有这样几大特性：（1）演化性，呈现出从绝对有限理性到绝对完全理性之间的多重形态；（2）合作性，可以增进社会合作并在合作深化中实现自身利益的最大化；（3）可塑性，深受自身特质、互动者特质以及其他社会因素的影响。显然，"为己利他"行为机理就兼具这些特性：（1）"为己利他"行为机理本身源于人类长期的社会互动，并随着深化互动而成熟和扩展；（2）"为己利他"行为机理注重通过增进他人利益的合作方式来实现"为己"目的，其行为方式具有明显的亲社会性；（3）"为己利他"行为机理被遵行的广度和深度也受各种因素的影响，包括当事者的亲社会性、互动双方间的关系以及其他社会性因素。在很大程度上，"为己利他"行为机理实施的广度和深度体现了人类个体和社会的理性发育水平，从而可以解释主流博弈论所不能理解的那些形形色色的具体行为，可以解释不同程度的合作现象。

正是通过对人类理性的重新理解和内涵界定，我们可以对主流博弈思维进行审视，并引入以"为己利他"行为机理为基石的博弈思维。事实上，主流博弈论所依赖的理性经济人假设中的两大含义——内在逻辑

---

① 谢林：《冲突的战略》，赵华等译，华夏出版社2006年版，第141页。

一致性的理性和效用最大化的偏好——都已经被大量的经验事实和行为实验所证伪了，而"为己利他"行为机理通过赋予理性的演化性和偏好的社会性有效地弥补理性经济学的这两方面缺陷；因此，"为己利他"行为机理为理解现实社会行为提供了一个更为可信和可行的思维，从而有助于发展出更合理的博弈论。事实上，在现实生活中，具有社会性的人类行为往往要受到一定社会制度的制约，从而必然遵循一定的社会规范；而且，这种规范并不是作为其他目的的手段或约束，而是作为个体偏好函数最大化的自变量来影响人的行为。显然，基于"为己利他"行为机理，我们可以更好地理解人类行为对这些社会伦理规范的遵守，这些社会伦理规范本身就是基于"为己利他"行为机理的行为互动所衍生出来的，有助于社会利益和长远利益的实现。最后，需要指出，之所以以"为己利他"行为机理为基础来构建博弈思维以及相应的理论，这也与社会科学的抽象要求相符。一般地，科学研究的流行步骤是：先有理论假说，然后再对理论假说进行实证或实验的检验。[①] 但是，对经济学以及其他社会科学而言，理论假说本身不是先验的逻辑抽象，而是源于对丰富多样的具体社会现象之抽象；这与自然科学存在明显的不同，因为对自然现象的理解往往会在直接的经验事实之外，自然科学的抽象往往更具逻辑性和先验性。显然，"为己利他"行为机理来自社会科学各分支知识的契合，并得到大量行为实验的印证，从而可以作为分析人类行为的一般思维。

第六节　结语

我们分析和运用博弈思维目的是在行为互动中增进收益，尤其是长期收益的提高，而收益的增加主要是在合作中实现，因而如何理解和促进行为协调以实现合作也就是基本的博弈思维。但是，现代主流经济学

[①] 但是，目前计量经济学和实验经济学的流行方式却是，依据特定模式进行计量分析和实验，然后由此得出某些结论。其实，基于特定控制条件和数据所得出的种种结论必然是特殊的和零碎的，以致不同时空下的实验结果往往是相互矛盾的，从而也就无法上升到一般性的理论层次。

却简单地引入了新古典经济学的工具理性,从而就无法真正理解行为协调和合作,而主要侧重于竞争领域和冲突现象。在很大程度上,正是由于现代主流经济学的影响和市场经济的偏盛,个人主义和工具理性就逐渐成为人们在经济行为中的思维支柱,人们试图通过一些策略性行为来追求个人利益。例如,布艾斯基在加州大学柏克莱分校的商学院学生毕业典礼上甚至宣称,贪欲"是可以的","我个人认为贪欲是健康的","你可以是贪婪的,但仍可以自我感觉良好"。① 相应地,1996 年一项民意调查表明,大多数人都认为,华尔街的人"如果相信他们自己能挣得很多钱并能逃脱,他们会主观地愿意违反法律",华尔街的这些人只关心"挣钱,对其他的事一律不管"。② 其实,对那些商场上的人士来说,故意破产甚至可以被视为最大化个人利益的一种高级策略。③ 问题是,这种贪婪和工具主义行为果真能够最大化自身的利益吗?

谢林强调,即使在这些竞争领域,人们之间除了冲突利益外还存在某些共同利益,从而存在对立冲突和合作依赖并存的事实;因此,"将冲突视为一个谈判过程,有助于我们摆脱非敌即友的传统思维模式。我们把有限战争看作是一个讨价还价的过程,意在强调冲突双方之间除了存在利益分歧外,寻求双赢的结果也是共同利益之所在"④。进一步,博弈思维不仅要把冲突视为一个谈判过程,更重要的是探索冲突如何化解的过程,只有在行为协调和合作过程中才可以真正实现双赢。这意味着,博弈论更重要的研究课题是寻求协作的策略。那么,现实世界的人们是如何实现协作的呢?谢林总结和归纳了日常生活中的诸多协作因素:(1)整数性思维,销售商开出的价格为 2507.63 美元的汽车去掉尾数 7.63 后将会吸引更多消费者的眼球;(2)简化原则,国民生产总值 1% 的援助建议为联合国救济总署所接受也就是因为它简洁而易操作;(3)5—5 对称原则,100美元在默式谈判中的更可行结果是五五分成。问题是,人类社会中是否

---

① 博特莱特:《金融伦理学》,静也译,北京大学出版社 2002 年版,第 3 页。
② Herman T. , "Survey Says Think Selfishness, Greed Are Widespread on Wall Street", *Wall Street Journal*, October 18, B3, 1996.
③ Moulton W. W. & Thomas H. , "Bankruptcy as a Deliberate Strategy: Theoretical Considerations and Empirical Evidence", *Strategic Management Journal*, Vol. 14, 1993, pp. 125 – 135.
④ 谢林:《冲突的战略》,赵华等译,华夏出版社 2006 年版,第 4 页。

存在一个更基本的机制或协作因素来化解冲突并促进行为协调呢？这就涉及对人类理性真实内涵的理解。

一般地，人类理性的根本特点在于它关注长期利益，从而会有意识地抑制短期的私欲。正因如此，人类社会中就广泛盛行着礼物交换现象，不仅个人会注重和维护自身的社会声誉，而且企业在市场中也会注重品牌的建设。同时，人类理性的一个重要特点就是它的亲社会性，亲社会性使得行为者关注社会规范和他人利益。正因如此，就出现了德蕾莎或雷锋这样乐于帮助别人的人，大量的行为实验也证实一般人都具有某种差异厌恶、公平互惠等偏好。尤其是，人类理性不是先验的，而是在行为互动和社会实践中不断发展的；正因如此，人们的日常行为不是相互冷淡的，而是受移情和通感的影响，呈现出明显的社会差序性和道德差序性。基于这种理解，我们就可以提炼出"为己利他"行为机理：一方面，"为己利他"行为机理借助通感和移情效应而促进行为协调，并最终导向互惠合作，从而成为更为合理的博弈思维；另一方面，以"为己利他"行为机理为基础，我们可以更好地剖析现实世界中的合作形态以及社会合作的演化和拓展。显然，只有嵌入了演化的人性思维，我们才能真正理解现实世界中的社会互动。莱昂斯和瓦罗法基斯就写道：现代"博弈论为研究相互联系的行为提供了一种迷人的启示。但要将其作为一种合适的综合性冲突理论的基础，必须使之更为成熟，从而能够包容在与社会关系演进的联系中人性所发生的根本性变化"[①]。

[①] 莱昂斯、Y. 瓦罗法基斯：《博弈论、寡头垄断与讨价还价》，载 J. D. 海主编《微观经济学前沿问题》，王询等译，中国税务出版社、北京腾图电子出版社 2000 年版，第 148 页。

第四篇
"为己利他"行为机理的应用分析

第十一章

认识"强互惠"行为：形成机理及意义

【导读】主流博弈理论面临着合作现象的解释困境：它将社会合作建立在多次乃至无穷次重复博弈的基础之上，但在现实世界中市场主体间的交易往往是一次性的或者少次数性的。其实，尽管孤立个体之间直接性交易是一次或者少量的，但其他个体作为媒介的存在却通过迂回的途径使特定个体间联系多次化乃至无穷化。正是基于这种网络化联系，每个人都既是委托人又是代理人，从而更合理的治理机制就是社会共同治理模式；同时，人们往往更倾向于采取"强互惠"行为，这为大量的社会现实和行为实验所证实。

第一节 引言

在主流博弈理论看来，无穷次重复博弈将会导向互动双方之间的合作，而这种合作又主要由两种机理来保证：（1）"针锋相对"策略（Tit-for-Tat）：即一个博弈者在眼前的博弈中采取的是另一个博弈者在上一轮博弈中所用的那种策略。如果所有的博弈者都将采取这种策略，并且一开始就使用合作策略，那么，在每一轮博弈中都将会出现合作的结果。（2）"冷酷"策略（Grim Strategies）：即只要其他博弈者采取合作策略，那么，每个博弈者都将采取这一策略，并且，随之对其他博弈者在转向合作策略之前的一系列博弈中实施非合作策略的背叛行为进行惩罚。例如，在囚徒博弈中，采取冷酷策略的囚徒将选择不坦白，直到有一方选择了坦白，以后就将永远选择坦白。显然，如果所有博弈者一开始就相互合作，那么，这种合作结果就会贯穿整个博弈过程。因此，这个策略也被形象地称为"触发策略"(Triggers Strategies)。R. 艾克斯罗德的计算机模拟实验证实了这种策略的有效性：最有效的策略是针锋相对策略，而次佳的是冷酷策略。①

基于"以牙还牙"或者"冷酷策略"对合作的解释依赖于两个条件：一是可自动实施均衡，二是声誉资本。那么，这两大条件是否现实呢？（1）就可自动实施均衡而言。它是基于这一思想：参与者可以对那些非合作者进行有效惩罚。但是，现实生活中却往往并不存在这一条件，因为对非合作者的惩罚往往会造成惩罚实施者自身更大的损失。同时，它还依赖于：合作均衡是唯一均衡。但是，现实生活中往往也不存在这一条件，因为更常见的是，合作均衡仅仅是多重均衡中的一个。（2）就声誉资本而言。它是基于这一思想：当参与者不能确定其他人的行为类型时，参与者模仿不同自身的他人行为的情形就会出现；因此，在那种合作是互利的情形中，参与者就会模仿合作行为。事实上，许多学者都强调了声誉在不完全信息情形下的重要性。② 问题是，声誉机制本身是如何形成的？尤其是，按照主流经济学的观点，无论是可自动实施均衡还是声誉资本的形成，都依赖于这样一个基本前提：博弈双方之间必须发生次数较多的乃至无穷次的重复博弈。

然而，在现实世界中，特定市场主体间发生非常大量的直接互动这一情形往往并不多见。与此同时，大量的社会现实却表明，人们通常能很好地进行合作；而且，大量的行为实验也证明，在相对有限次重复的博弈中，受试者也愿意采取合作的态度。③ 那么，现实世界中人们为何能够合作以及促进这种合作的机制又何在呢？

举个例子：一般认为，经理市场的竞争会对经理施加有效的压力，如果一个经理业绩不佳，那么在经理市场上，其人力资本就会贬值，在未来谋职时就会遇上很多麻烦；因此，如果从动态而不是从静态的观点

---

① 艾克斯罗德：《对策中的制胜之道：合作的演化》，吴坚忠译，上海人民出版社 1996 年版。

② Kreps D., Milgrom P., Roberts J. & Wilson R., "Rational Cooperation in the Finitely Repeated Prisoners' Dilemma", *Journal of Economic Theory*, Vol. 27, No. 2, 1982, pp. 245 – 252.

③ Selten R. & Stoecker R., "End Behavior in Sequences of Finite Prisoner's Dilemma Supergames", *Journal of Economic Behavior and Organization*, March, 1986, pp. 47 – 70.

看问题,即使不考虑直接报酬的激励作用,代理费用也不会很多。究其原因,按照现代主流经济学的理解,经理人员之所以会努力工作,就在于经理市场无形中起到了监督和记录经理人员过去的业绩的作用,考虑到长久的声誉,经理人员不得不对自己的行为有所约束。问题在于,声誉市场是如何起到监督约束的作用呢?因为如果交易互动不是发生在固定个人之间,那么,声誉的自动执行功能显然是值得怀疑的。事实上,参与交易的 x 可能对 y 实行了机会主义,但他并不一定对 z 也会实行机会主义;那么,z 在与 x 进行明显有利可图的交易时,为何要通过断绝交易而惩罚 x 曾经对 y 所犯下的机会主义行为呢?显然,由于对 x 的惩罚也往往意味着 z 自身收益的损失,这不符合"经济人"的行为逻辑。

可见,尽管很多理论家长期在探究合作的基础问题,但是,社会有效的合作结果却很难为有限博弈均衡所支持。[1] 例如,弗登伯格和梯若尔就指出,尽管包含折扣和无限次的重复博弈理论可以产生合作结果,但是,它并不能产生预测这种结果的条件。[2] 那么,在缺少对合作激励的情况下,合作行为是如何产生的呢?金迪斯和鲍尔斯等人提出了"强互惠"(Strong Reciprocity)行为:具有亲社会性的个体往往愿意乐于与那些守信者进行合作并惩罚那些背信者。这种"强互惠"行为是相对于那种基于互惠利他主义或直接互惠主义相对应的"弱互惠"而言的,"弱互惠"行为主要是源于自利个体之间的重复行为所形成的均衡。事实上,强互惠行为已经为大量的实验所证实,如 Berg 等所做的公共品投资实验,[3] Fehr 等所做的礼物交换试验。[4] 显然,由于"强互惠"行为需要承担一定的私人成本,而收益却由所有人分享,因此,"强互惠"行为并不符合主流经

---

[1] Hoffman E., McCabe K. A. & Smith V. L., "Behavioral Foundantions of Reciprocity: Experimental Economics and Evolutionary Psychology", *Economic Inquiry*, Vol. XXXVI, July, 1998, pp. 335 – 352.

[2] Fudenberg D. & Tirole J., *Game Theory*, Cambridge, MA.: MIT Press, 1991.

[3] Ber J., Dickhaut J. & McCabe K., "Trust, Reciprocity, and Social History", *Games and Economic Behavior*, Vol. 10, 1995, pp. 122 – 142.

[4] Fehr E., Kirchsteiger G. & Riedl A., "Does Fairness Prevent Market Clearing? An Experimental Investigation", *Quarterly Journal of Economics*, Vol. 108, 1993, pp. 437 – 460.

济学的理性选择理论。[①] 不过，这种行为却与"为己利他"行为机理相通：如果自己不想他人背叛，那么自己首先不应该背叛他人；如果希望他人惩罚对自己的背信者，那么自己首先应该惩罚那些对他人的背信者。在某种程度上，"强互惠"行为就是"为己利他"行为机理的一个表现方式，是基于"为己利他"行为机理所展现出来的亲社会性的一个表现。问题是，在现实世界中，这种"强互惠"行为是如何形成的？是否存在坚实的社会基础？本章就此展开探索。

第二节　网络化的社会联系

为了说明人类社会中普遍存在的互惠合作现象，这里以学术界有点熟视无睹的日常生活为例：现代社会的消费信贷很发达，以至"今日用明日的钱"已经成为生活常态，那么，是什么机制保证了借款者在"明日"会履行契约还钱呢？现代经济学认为，声誉在其中充当了自我实施机制，因为每位借款者都明白，如果他这次赖账了，那么就失去了信誉，下次也就难以再获得透支了。进一步的问题是，为什么那些没有被欠账的贷款者也不愿对之提供透支呢？为此，美国马萨诸塞州桑塔费学派的金迪斯和鲍尔斯等用"强互惠"行为机理取代主流经济学中的经济人假设来加以解释。根据这种"强互惠"理论，强互惠主义者倾向于通过维持或提高他的合作水平来对其他人的合作做出回应，并惩罚他人的不合作行为，即使这种惩罚行为也可能损害自身的收益；而且，当"强互惠主义"者来到一个新的社会环境时，他也倾向于采取合作态度，从而使得这种"强互惠"行为得以不断扩展而形成广泛的市场互利合作主义。[②]

关于现实中大量合作现象和利他行为背后的逻辑和机理，这里可以

[①] Henrich J., Boyd R., Bowles S., Camerer C., Fehr E., Gintis H. & McElreath R., "In Search of Homo Economicus: Behavioral Experiments in 15 Small-scale Societies", *American Economic Review*, Vol. 91, 2001, pp. 73 – 78; Gintis H., Bowles S., Boyd R. & Fehr E., "Explaining Altruistic Behavior in Humans", *Evolution of Human Behavior*, Vol. 24, 2003, pp. 153 – 172; Boyd R., Gintis H., Bowles S. & Richerson P. J., "The Evolution of Altruistic Punishment", *Proceedings of the National Academy of Sciences USA*, Vol. 100, 2003, pp. 3531 – 3535.

[②] 金迪斯、鲍尔斯：《走向统一的社会科学：来自桑塔费学派的看法》，浙江大学跨学科社会科学研究中心译，上海世纪出版集团2005年版。

第十一章 认识"强互惠"行为：形成机理及意义 / 241

通过系列情形分解剖析。

【情境1】客户 a 依靠无抵押的信用方式向银行 A 获得了贷款却赖账不还，因而银行 A 决定对客户 a 采取"冷酷"策略的惩罚；这样，两者之间从此失去了交易关系：银行 A 不愿再贷款给客户 a，客户 a 也不再向银行 A 申请贷款。显然，在市场中只有 A 一家银行的情况下，客户 a 没有其他选择而所有贷款行为都只能发生在与银行 A 的互动中，客户 a 和银行 A 之间所发生的就是多次乃至无穷次的博弈；此时，银行 A 就可以运用 carrot-and-stick（胡萝卜加大棒）式的 tit-for-tat（以牙还牙）策略或者 grim strategies（冷酷策略）策略来"迫使"客户 a 遵守契约，由此也就可以形成合作均衡。这种孤立的双边交易关系如图 11—1 所示，这也正是现代主流经济学所着力分析的情形。问题是，在现实世界中，客户 a 所能获得贷款的银行并非 A 这一家，相应地，客户 a 和银行 A 之间的交易往往是少数性的。那么，在这种情况下，他们之间的互动行为又是如何达到合作均衡的呢？

A ⟶ a

图 11—1　孤立的双边交易关系

【情境2】进一步地假设，市场中还有另一家银行 B，相应地，客户 a 在不到银行 A 贷款的情况下，就会转向银行 B 申请贷款。显然，如果社会交易之间的联系是割裂的，那么，客户 a 和银行 B 之间就会重复客户 a 和银行 A 之间的那种博弈关系，这在某种意义上也是一种开环结构的重复博弈。事实上，在行为功利主义原则的思维下，只要与客户 a 的交易有利可图，银行 B 显然不会因为银行 A 与客户 a 之间的契约状况而对客户 a 实施惩罚；特别是，如果客户 a 能够提供足够保证银行 B 能够获利的情况下更是如此，譬如，客户 a 此时向银行 B 申请的是抵押贷款，尽管这种抵押品很可能与银行 A 的贷款有关。三方交易关系如图 11—2 所示。在这种情形下，客户 a 对银行 A 所实行的机会主义行为就没有得到惩罚，进而也就导致客户 a 的不合作策略获得优胜。问题是，此时银行 B 果真应该为获得这点交易利益而置银行 A 对顾客 a 的惩罚呼吁于不顾吗？这就涉及银行 B 的功利主义行为是否会引发其他连锁反应，与银行 A 是否也会采取类似手段而损害银行 B 的利益有关。

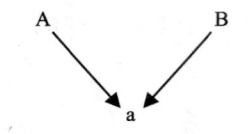

图 11—2　三方交易关系

【情境 3】进一步地再假设，市场上还有另一客户 b，他原先与银行 B 发生交易后也出现了违约行为，相应地，他同样采取转而向银行 A 申请贷款的策略。那么，基于类似的行为功利主义原则，银行 A 也应该采取类似于银行 B 的行为策略；这样，客户 b 的机会主义行为也同样没有得到惩罚，这反过来又损害了银行 B 的利益。显然，正是基于行为功利主义原则，两个银行的"经济人"行为最终反而损害了自身，并鼓励了社会上的机会主义行为，由此也导致社会无法形成有效合作。在某种意义上讲，原本没有任何直接交往而处于割裂状态的银行 A 和银行 B，通过客户 a 和客户 b 这些媒介而联系在一起；并且，它们基于行为功利主义的短视行为实际上产生了相互的机会主义，从而损害了对方及自身。四方交易关系如图 11—3 所示。显然，作为理性的行为者，就应该预见到这一点，在这种情况下，当曾经实施机会主义行为的客户 a 来向银行 B 申请贷款时，银行 B 应该加以拒绝，尽管这种策略可能损害自身的暂时利益。进一步地，如果存在更多的银行，它们都会采取类似于银行 B 的行为，那么银行 B 的最佳行为就是采取有利于其他银行的惩罚措施；也即，间接惩罚可以促使银行 B 更乐于采取"强互惠"的合作行为，对那些甚至与己无关的机会主义行为实行惩罚。

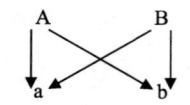

图 11—3　四方交易关系

【情境 4】更进一步地，上面考虑的还是这样一类简单情形：银行 A

永远作为委托人,而客户 a 永远作为代理人;但在真实的人类社会中,处在不同时空下的行为主体所扮演的角色是多样的,因而往往可能同时兼有委托人和代理人的角色,如银行和企业间的交叉持股。譬如,客户 a 相对于银行 A 而言是代理人,但在另一场合 a 也可能借钱给 a',从而又成为了委托人;在这种情况下,如果 a 对于银行 A 违约,没有归还贷款,那么,同样也存在 a'对于 a 违约的可能性。如果对 a 有违约行为的 a'再转向银行 A 进行抵押贷款,此时,银行 A 就可以采取不惩罚 a'的方式(即贷款给 a');这样,就变相地鼓励了 a'对 a 的违约行为,从而间接地使得 a 为其对 A 的违约承担了代价。显然,尽管银行 A 和客户 a 仅仅发生一次性交易,但通过 a'这一桥梁实际上也发生了另外更广泛的联系;推而广之,如果这种的间接媒介足够多(现实中正是如此),a 和 A 实际上发生的就是多次重复博弈,这时 Tit-for-Tat 或者 Grim Strategies 策略就可以发挥效用了。对边交叉的交易关系如图 11—4 所示。

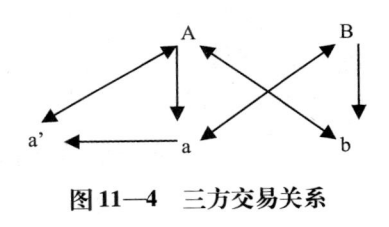

图 11—4 三方交易关系

【情境 5】最后,需要指出,上面分析的还是相对简化的情形,仅仅说明了少量市场参与者的情形;但在现实社会中,存在着大量的互为委托人和代理人的客户和银行,他们之间通过借贷网络而千丝万缕地联系在一起。正因如此,现实生活中的每个成员在采取行为前就不得不考虑其他利益相关者的感受,既不会轻易地损害其他利益相关者的利益,也更愿意对那些明显的机会主义行为进行惩罚,尽管似乎从中并没有得到多少直接的利益甚至还会损害当前的利益。正因为任何成员的机会主义行为实际上都会损害所有成员的利益,并最终反过来损害自身利益;因此,人类社会中就会出现大量的强互惠现象,存在普遍性的合作关系。与此相适应,也就出现了社会共同治理的治理机制,它不是基于孤立的委托—代理的单向治理,而是依赖于一套共同的社会规范或行业规范,一个人的机会主义行为将会受到其他所有成员的处罚。

一般地，社会共同治理模式可以用图11—5来加以表示，其中，图中箭头表示利益的流向，如从A指向a就表示由于a对A实行机会主义而导致利益从A流向a；显然，这里A可看成是传统意义上的委托人，a看成是传统意义上的代理人。同时，单向箭头表示利益的单向流动，而双向箭头表示互利行为。基于传统的狭义理解，交易仅仅是指直接交易，因而A与a之间发生的交易似乎是一次性的或少量性的，其交易关系为：A→a；但是，如果考虑到B和b等作为媒介的存在，那么A与a之间就会存在其他诸多的间接联系：A↔b↔B↔a。此外，考虑到a作为潜在的委托人角色，那么，也同样存在A↔a'↔a的联系。进一步地，如果考虑到社会任何主体所充当的角色是千千万万的话，那么就构成了社会中密密麻麻的社会联系，用图11—5中的虚线表示。

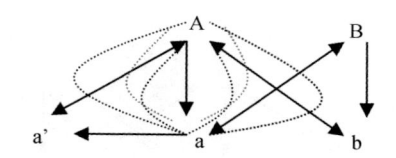

图11—5　社会共同治理的互动示意图

上面层层的分析表明，本来貌似偶然性联系的个体性互动实质上暗含了普遍性的社会性互动。这样，通过社会共同治理机制，就可以有效避免双边治理中因博弈次数较少而导致惩罚机制失效的问题。事实上，艾克斯罗德所设计的计算机对策游戏并不在固定的两个博弈者之间开展，相反，每个人是以自己的策略参与到群体的互动中，这就构成了类似上述的社会网络；在社会网络中，任何参与方都与其他参与方发生无数的直接或间接的联系，从而更容易形成合作的结果。当然，达致这种结果的关键在于信息披露，这也是克莱因强调自动实施协议的基础。克莱因说："市场上过去的行为提供了有关这类交易者性质的有价值的信息。交易者将接触与违约者的关系而完全拒绝与过去违约的人打交道，因为它们从这些违约交易者那里知道了很多东西，或者因为它们不解除这关系将会导致市场上另外的交易者从他那里得到这些不利的信息。"①

而且,基于社会网络关系而形成的社会共同治理机制在实践中也得到了广泛的应用,这不仅可以从中国古代社会的家族组织、行会组织乃至票号和钱庄的治理关系中看到,而且也可以从现代社会的日本和德国的企业治理关系中窥见一斑。在日本,企业大多不会欢迎一个为了高薪而(频繁)跳槽的员工,这样的员工最后很可能沦落到无处容身的下场;同样,如果某公司挖其他企业的墙角,那么,通常也会遭受同业其他公司的集体抵制。在德国,职业技能的培训有两个途径:一是公司自己培训,二是国家支持的技术学校培训。由于训练学员的公司不能要求这些学员保证将来终身为公司效命,事实上,德国员工的离职率也相当高;因此,公司训练学徒的成本是相当高的。那么,是否公司就会搭其他公司训练计划的便车呢?这种情况在德国就不很严重,这有如下几方面的原因:(1)训练计划是百分之百普及的,因而即使自己训练的学徒离职后也可以从市场上招来同样接受过同等训练的人才;(2)训练的内容通常是结合了一般性项目和公司自己的特有项目,因而对公司和学徒而言,留住对方是最有利的;(3)最为关键的是,如果某一雇主搭便车而没有给他的员工最好的训练和谋职的一技之长,那么,公司将面对同业或社会的排斥,员工和公司之间的信任关系也会降低;(4)此外,如果道德压力还不足以使公司致力于训练制度,那么国家劳动会议还可以动用法律权力去建立一些法规来限制雇主自由聘用和解聘员工的能力。②

可见,基于社会网络联系,我们就比较容易理解人们为何愿意对那些曾有过机会主义行为的人进行惩罚,尽管这种惩罚往往需要花费一定的个人成本;同时,也就比较容易理解个体之间的自律行为和合作取向,容易理解促进合作的团体规范之形成。事实上,正是在这种网络化联系中,原本看似孤立的行为就成了重复性的互动,此时每个人的行为也就更容易受到奖励或惩罚;同时,这种网络化联系更接近于罗尔斯所言的

---

① 克莱因:《契约与激励:契约条款在确保履约中的作用》,载沃因、韦坎德等编《契约经济学》,李风圣主译,经济科学出版社1999年版,第206页。

② 参见福山《信任:社会道德与繁荣的创造》,李宛蓉译,远方出版社1998年版,第258页。

无知之幕，从而更容易形成一些一致同意的规则，而这进一步有助于稳定个体的形成。① 其实，尽管主流博弈论倾向于用无限次重复博弈来解释自利者之间的合作现象，这就是民间定理；但是，正如金迪斯和鲍尔斯等指出的，民间定理主要适用于两人互动的情形，而在n人的团体中就显得不适用了。（1）随着人数的增加，偶然的或有意识的背信数目就会增加，这样，"颤抖"就会急剧地增加惩罚背信者的成本；（2）在一个由异质个体组成的大集体中，需要足够大部分进行合作的利润往往会随着人数的增加而下降；（3）在这种情况下，就需要建立一系列合作和激励机制，如共同保险、信息分享以及有利于群体的社会规范的维持，等等。② 为此，金迪斯和鲍尔斯等人结合了人的特殊性而提出了"强互惠"机制，它反映出，现实社会中的个体往往愿意承担某种私人成本来惩罚那些曾实施不公正行为的人。

第三节 "强互惠"行为的模型解释

上面的分析表明，我们进行策略选择时不能只看到一次性行为，也不能只关注短期利益，而是要看到行为之间的相互联系，要对整体而长期的收益进行综合衡量。事实上，正是由于相互间互为媒介使得一个个看似孤立的个体之间却存在着千丝万缕的联系，这就是社会网络关系；相应地，任何特定个体之间的关系也就无法简单地区分为委托人和代理人这两极，相反，每个人都既是委托人又是代理人。显然，与这种社会情形相适应的治理机制就不应该是单向的委托—代理治理机制，而应该是双方互动的社会共同治理机制，进而，这种社会共同治理机制又是建立在成员之间相互信任的基础之上。关于在这方面的历史研究和模型分

---

① Boyd R. & Richerson P. J. , "How Microevolutionary Processes Give Rise to History", in: Niteki M. H. & Nitecki D. V. （eds.）, *Evolution and History*, Albany: State University of New York Press, 1992, pp. 179 - 209; Henrich J. & Boyd R. , "Why People Punish Defectors: Weak Conformist Transmission can Stabilize Costly Enforcement of Norms in Cooperative Dilemmas", *Journal of Theoretical Biology*, Vol. 208, 2001, pp. 79 - 89.

② Bowles S. & Gintis H. , "Origins of Human Cooperation", in: Hammerstein P. （eds.）, *Genetic and Cultural Evolution of Cooperation*, MIT Press, 2003, pp. 429 - 443.

析，格雷夫做了突破性的工作，他比较了来自拉丁世界的热那亚商人和来自北非的马格里布商人解决海外代理问题的不同方式，并根据马格里布商人的贸易方式建立了重复性商人—代理商博弈模型来进行分析。[①] 为此，这里主要借鉴格雷夫提供的基本思维以及青木昌彦发展的简化模型对社会共同治理机制的效率做一分析。[②]

考虑阶段博弈如下：从商人按一定的工资水平雇用一个代理商开始，并在观察代理商的业绩之后决定是否继续雇用；同时，代理商有诚实和欺骗两种策略，而商人总希望开除不诚实的代理商。我们假设，雇佣关系的终止不仅由于代理人的欺骗，其他某些外在的原因也可能导致以 σ 的概率终止雇佣关系，而终止时代理商的效用为零；那么，商人应该选择什么样的工资政策以使代理商在欺骗时有被解雇的威胁转而诚实行事。这里还假设，雇佣关系终止后，从未有过欺骗行为的失业的代理商被重新雇用的概率为 π_h，而有过欺骗行为的失业的代理商被重新雇用的概率为 π_c；并且，如果行骗一次即对代理商不利的话，行骗的代理商在重新被雇用之后就不再行骗。那么，

当期被雇用而且受雇时一直恪守诚实策略的代理商的终生预期收入之现值为：

$$V^\alpha = w + \delta[(1-\sigma)V^\alpha + \sigma V_h^u]$$

其中，w 为市场工资，σ 是下期失业的概率，δ 是收益贴现因子，V_h^u 是诚实代理商失业的保留效用。

正在失业的代理商的终生预期收入之现值为：

$$V_i^u = \pi_i V^\alpha + \delta(1-\pi_i)V_i^u$$

其中，π_i 是重新被雇用的概率，而 $i = h$ 或 c，分别表示一直诚实和

[①] Greif A., "Reputation and Coalitions in Medieval Trade: Evidence on the Maghribi Traders", *Journal of Economic History*, Vol. 49, No. 4, 1989, pp. 857 – 882; Greif A., Milgrom P. & Weingast B., "The Merchant Gild as a Nexus of Contracts", *Working Paper*, No. E – 90 – 23, Hoover Institution, Stanford University, 1990; Greif A., "Contract Enforceability and Economic Institutions in Early Trade: The Maghribi Traders' Coalition", *American Economic Review*, Vol. 83, No. 3, 1993, pp. 525 – 548; Greif A., "Cultural Beliefs and the Organization of Society: A Historical and the Theotetical Reflection on Collectivist and Individualist Societies", *Journal of Political Economic*, Vol. 102, No. 5, 1994, pp. 912 – 950.

[②] 青木昌彦：《比较制度分析》，周黎安译，上海远东出版社2001年版，第75页。

曾经行骗过的代理商的收入现值。

因此,行骗一次的终生预期收入是:
$$V^c = \alpha + \delta V_c^u$$

一般地,要使代理商不会选择行骗,那么就必须满足:$V^c < V^u$,此时有:

$$w \geq \alpha[1 - \delta(1 - \pi_h)(1 - \sigma)] \frac{[1 - \delta(1 - \pi_c)]}{[1 - \delta(1 - \pi_h)]}$$

显然,商人选择工资的最优策略与概率估计 π_i 有关,而且,最优工资随 π_c 的增加而增加。

一般地,当商人不加区分地雇用代理人时,即 $\pi_c = \pi_h$,那么,此时商人设定的最优工资应为:

$$w = \alpha[1 - \delta(1 - \pi_h)(1 - \sigma)] = w_I$$

相反,当商人不雇用那些曾经有过欺骗行为的代理人时,即 $\pi_c = 0$,那么,商人设定的最优工资为:

$$w = \frac{1 - \delta}{[1 - \delta(1 - \pi_h)]} w_I = w_C$$

显然有,$w_I > w_C$。也即,此时每个代理商只要付出更低的工资就行了。

在上述商人中各成员互为代理人的情形中,我们根据商人的雇用策略区分了两种极端情形:(1)企业采取不雇用行为有污点的代理人,而给受雇用的代理人提供工资 W_C;(2)商人采取不加区分地雇用任何失业的代理人,并一律提供工资 W_I。一般地,如果某商人兼代理人 X 在代理过程中有不诚实行为,那么,其他商人也就可以通过自身的经济人行为而对 X 实行集体惩罚:不惩罚那些曾骗过 X 的其他商人兼代理人;此时,商人 X 就必须支付给他的代理人更高的工资 W_I 以控制代理人的欺骗行为,结果使得作为代理人的商人 X 选择欺骗的成本大大增加了。相反,如果某商人兼代理人 X 在代理过程中一直没有不诚实行为,那么,其他商人就可以通过"强互惠"行为而帮助 X 对其代理人作间接的集体惩罚:不雇用那些曾骗过 X 的其他商人兼代理人;此时,即使商人 X 的代理费规定得比 W_C 低一些,但仍然足以控制其他商人兼代理人的不诚实行为。可见,在商人—代理人博弈中,当每个人同时扮演着商人和代理人的双重

第十一章 认识"强互惠"行为:形成机理及意义 / 249

角色时,即使代理费很低以致一些商人在做代理时禁不住想欺骗委托人,但是,他自身也会具强有力的自律而不这样做,否则,当他在雇用别的代理商时就会招致惩罚。因此,这一简单的模型说明了社会共同治理机制的有效性。

当然,社会共同治理机制的有效性往往依赖于一些基本前提条件:有充分的信息披露和足够大的惩罚力度。例如,在上述贷款情形中,银行 B 必须知道客户 a 以前的行为,而银行 A 也知道银行 B 针对客户 a 所采取的行为;同时,银行 B 以及其他银行不提供贷款这一惩罚对客户 a 的影响是深远的,也即客户 a 要有经常贷款的需求。事实上,在还没有形成偏好于借贷这一普遍习惯的当前中国社会,这种社会共同治理机制的有效性就很值得怀疑,以致大多数银行都不得不寻找能够提高惩罚力度的其他措施,其中的一个典型措施就是提供抵押。而且,在上述商人兼代理人的两种策略中:共同惩罚的策略只有在商人之间存在密切的信息网络,且行骗者容易识别的情况下才是可行的;相反,市场竞争策略则不用与任何其他人配合,商人自己就可以单方面决策。一般地,信息传播机制主要有两个层次:一是显性传播机制,二是隐性传播机制。其中,前者依赖于一般的抽象规则和社会监督体系,后者则与具体的风俗习惯和交往方式有关。

同时,社会共同治理机制之所以得以形成,还在于成员之间存在某种信任。显然,这种信任化为一种声誉机制对经济活动产生作用,正是这种声誉机制使得人们获得的收益取决于其过去的行为,使得从今天的欺骗行为中获得的短期收益要少于诚实行为带来的长期收益。由此可看出,这种思维与现代主流经济学存在很大差异,因为现代主流经济学往往将市场视为匿名的、离散的和无伦理的。格雷夫写道:"如果信任是一个问题,一个为代理人服务的新古典市场就无法提供一种制度以将代理关系组织起来……在一个新古典市场,一个代理人一旦被雇佣,他就会充分利用不对称信息以及夸大损失来最大化自身利益。在一个匿名市场,特定时期的行为对随后时期的收益没有影响。这样,代理人对雇主的欺骗就不会有任何损失。意识到代理人的这类行为,那么,雇主一开始也就不会有任何雇佣。"显然,现代商业社会存在大量的雇佣行为这一事实本身就反映出,人类市场根本就不是如新古典经济学假设的那样是匿名的和无伦理的，而是能够对成员的行为特征做出一定程度的识别。而且，正如格雷夫指出的，"一个贸易商一旦识别出一个'诚实的'代理人，他就会尽可能长地与他保持商业关系"[1]。

上述两点也表明，基于委托—代理关系的单向治理和基于社会网络关系的共同治理在不同社会的应用状况也就与特定的历史背景和社会文化密切相关。事实上，在迄今为止的现实世界中，这两者往往同时存在、相互演化，都是历史演化的产物。也即，这种社会共同治理模式与具体的社会背景密切相关，这涉及了各个国家的习惯、对委托—代理关系的认知以及历史形成的监督体系等。格雷夫将实行共同治理的称为集体主义策略，而将实行单边治理的称为个人主义策略。并且，格雷夫还将不同策略下结果的预期称为文化信念，认为文化信念构成了对经济参与人行为的制度性约束；究其原因，社会的文化遗产连同参与人相互作用而形成的历史过程使得人们的预期趋向于诸多可能性的一种变成自然而然的"聚点"，从而强调了文化在制度框架的路径依赖中的理论的和历史的重要性。在格雷夫看来，正是文化信念的差异推动了社会组织沿不同的轨道发展并产生了不同的组织形态。例如，来自伊斯兰世界的贸易商形成的社会组织就具有集体主义特征，而来自拉丁世界的贸易商形成的社会组织则具有个人主义特征。格雷夫写道："集体主义文化信念使得社会组织建立在团体力量的基础之上，从而得以利用经济的、社会的以及更可能是道德的制裁来防止行为的偏离"，相反，"个人主义文化信念使得社会组织依赖法律的、政治的以及（第二方）经济组织的力量来得以运行和协调"。[2] 事实上，根据格雷夫的研究，中世纪时期热那亚人的社会组织就类似于今天发达的西方世界，而马格里布人的制度结构类似于那些发展中国家。

可见，社会共同治理机制的有效性有赖于制度的、文化的一系列条件。（1）依赖于一整套较为健全的信息披露机制和较为有力的惩罚约束

---

[1] Greif A., "Reputation and Coalitions in Medieval Trade: Evidence on the Maghribi Traders", *Journal of Economic History*, Vol. 49, No. 4, 1989, pp. 857–882.

[2] Greif A., "Cultural Beliefs and the Organization of Society: A Historical and the Theotetical Reflection on Collectivist and Individualist Societies", *Journal of Political Economic*, Vol. 102, No. 5, 1994, pp. 912–950.

机制，这种正式性的制度安排在现代西方社会获得了较为充分的建设；（2）依赖于相互信任的社会伦理关系和社会认同的集体主义文化，这种非正式性的制度安排深植于儒家传统支柱。而且，委托—代理治理机制和社会共同治理机制所依赖的不同文化恰恰典型地对应于儒家社会和西方社会中。西方社会主要关注个人的内在状态，从而形成以个体为中心的价值取向；正是基于个人主义的分析思路，学术界也常常撇开千丝万缕的社会联系而仅仅考虑发生直接互动双方的局部关系，这种局部性的理论思维也就衍生出了基于契约的委托—代理的治理模式。相反，儒家社会关注的是处于社会关系中社会我，从而形成以社会为中心的价值取向；正是基于集体主义的分析思路，儒家社会更倾向于考虑相互联系的所有成员的整体利益以及历时性的利益联系，这种普遍联系的理论思维也就衍生出了社会共同治理模式。显然，在寻求中国企业组织的合理治理机制时，必须考察这种治理机制与传统儒家文化的相容性，这就是企业组织内在治理机制与文化之间的根植性（embeddedness）问题。这也意味着，当前中国社会要建立相对有效的社会共同治理机制，不仅需要充分借鉴和吸收西方社会已经较为成熟的一般性规则，而且要从传统儒家中汲取营养以培育相互认同的社会文化伦理。

第四节 "强互惠"行为的实验证据

我们知道，在17世纪英国斯图亚特王朝的詹姆士二世时期，英国存在辉格党和托利党两个主要政党，詹姆士二世先是与托利党相勾结以削弱辉格党的政治影响力，随后又将矛头转向了托利党；在这种情形下，两个原本利益不相容的两个政党开始协调合作，最终将詹姆士二世赶下台并扶植了新国王威廉。同时，为了防止国王轮番侵权的事再次发生，两党还达成协议，将他们所不能容许的国王对自由权的侵害行为在《权利宣言》中加以列举：国王未经议会同意不能停止任何法律效力；不经议会同意不能征收赋税；天主教徒不能担任国王，国王不能与天主教徒结婚等。为此，两党建立了实行共同行动的信号机制：一旦发现国王未经议会同意擅自终止法律或者征税以及拘捕臣民等，就联合起来共同废除国王。显然，这实质上就是"强互惠主义"的应用。

事实上，无论是简单社会的人种学史文献、[1] 集体行动的历史解释、[2] 可控的行为实验还是日常生活的观察，都展示了"强互惠"现象大量存在的证据。譬如，在现实生活中，我们常常可以看到，参与工会罢工的工人们往往会将罢工的持续时间拉长到远大于其物质利益的获得的程度，其目的仅仅是为了对公司的"不公平"行为进行惩罚；参与政治运动的利益集团往往也会将游行示威的持续时间拉长到远大于其物质利益的获得的程度，其目的仅仅是为了对主政者的"不公平"行为进行惩罚。同样，一些群众往往会自发地抵制某些国家的商品，或者某些领导人的来访，尽管同时也损害了自身的物质利益；其原因仅仅在于：该国存在"不公正"竞争、"不友好"行为或者限制"人权"行为。

首先，大量的文献都表明，在群体行动中，大多数个体都愿意承担一定的成本对那些不友好地对待他们的背信者进行惩罚，尽管他从中获得的好处往往小于其成本。[3] 事实上，大量的公共品投资博弈、公共资源使用博弈以及独裁者博弈等行为实验都表明，受试者都不是像经济人那样行为而导致共赢为零，相反往往愿意付出一定的成本来惩罚那些不合作者，从而促进了整个群体的利益提升。[4]

例如，埃莉诺·奥斯特罗姆等人设计了一个受试者可以通过支付一定费用对其他受试者进行罚款的公共品投资博弈实验，就发现受试者明显具有惩罚不合作者的行为；后来，实验又在受试者有权沟通但不能达成有约束力的协议下进行重复，结果导致了在只有很少的制裁（4%）的

---

[1] Klein R. G., *Human Career: Human Biological and Cultural*, Chicago: University of Chicago Press, 1989; Boehm, Christopher, *Cooperation in Simple Societies*, Working Paper, University of Southern California, 1999.

[2] Moore B., *Injustice: The Social Bases of Obedience and Revolt*, White Plains: M. E. Sharpe, 1978; Scott J. C., *The Moral Economy of the Peasant: Rebellion and Subsistence in Southeast Asia*, New Haven, CT: Yale University Press, 1976.

[3] Camerer C., *Behavioral Game Theory*, New Jersey: Princeton University Press, 2003.

[4] Dawes R. M., Orbell J. M. & Van de Kragt J. C., "Organizing Groups for Collective Action", *American Political Science Review*, Vol. 80, 1986, pp. 1171 – 1185; Sato K., "Distribution and the Cost of Maintaining Common Property Resources", *Journal of Experimental Social Psychology*, Vol. 23, 1987, pp. 19 – 31; Fehr E. & Gächter S., *Homo Reciprocans and Human Cooperation*, Working Paper, University of Zurich, 1999.

情况下几乎实现了完美的合作（93%）。① 当然，后来大量的实验也发现，在 10 个回合的公共品博弈实验中捐献水平往往会随着博弈过程的进行而不断衰减，以至最后几轮绝大多数受试者会采取经济人行为。针对这一结果，一些实验专家的解释是：当受试者拥有更具建设性的方式去惩罚背叛者时，才会使用该方式以有助于维持合作。②

再如，卡尼曼等做了两个阶段的实验：第一个阶段是独裁者博弈，受试者与其他人共同分配 20 美元，有两个选项选择：A 是平分各得 10 美元，B 是自己得 18 美元；第二阶段是惩罚博弈，受试者分别与在上阶段选择 A 和 B 的人在一组，他愿意与选择 A 者平分 10 美元还是与选择 B 者平分 12 美元。实验结果：在第一阶段，有 74% 的受试者选择平分 10 美元；在第二阶段，81% 选择与选择 A 者共享 10 美元而不愿与选择 B 者共享 12 美元。③ 这个实验意味着，受试者愿意支付 1 美元对不公平的分配者进行惩罚并奖励公平分配者。

其次，大量的文献还表明，大多数个体都倾向于惩罚那些背信者，即使他自身并没有从中获得实际的利益。在很大程度上，正是这种惩恶扬善的风气促进了亲社会行为的扩散，促进了社会规范的完善，从而使得社会秩序保持有效。这种行为也为大量的信任博弈、独裁者博弈、最后通牒博弈等行为实验所证实。

例如，Fehr 和 Fischbacher 就利用囚徒困境和独裁者博弈做了一系列第三方惩罚实验：实验一是独裁者实验，A 被赋予 100 分，并可以选择 0、10、20、30、40 或 50 分赠予 B；第二阶段是，收益不受 A 之决策影响的 C 被赋予 50 分，他有权扣减 A 的分，且从 A 的得分中每扣除 3 分 C 就会消耗掉 1 分。实验结果表明：A 据为己有的超过 50 分的每一分都会被 C 以平均牺牲 0.28 分予以惩罚，使得 A 的每一额外分被惩罚达到 0.84 分；这样，即使独裁者 A 试图将 100 分都据为己有，他实际获得的分数

---

① Ostrom E., Walker J. & Gardner R., "Covenants with and without a Sword: Self-Governance Is Possible", *American Political Science Review*, Vol. 86, No. 2, 1992, pp. 404 – 417.

② Sato K., "Distribution and the Cost of Maintaining Common Property Resources", *Journal of Experimental Social Psychology*, Vol. 23, 1987, pp. 19 – 31.

③ Kahneman D., Knetsch J. & Thaler R., "Fairness and the Assumions of Economics", *Journal of Business*, Vol. 59, 1986, pp. 285 – 300.

也只有58分。实验二是囚徒困境实验,受试者 A 和 B 的初始禀赋是 10分,它可以将之保留也可以转让给对方,而转让时实验者将 3 倍返还积分;这样,双方合作时各自可得 30 分,都不合作时则各得 10 分,一方合作时转让方得 0 分而背信者得 40 分。第二阶段,收益不受他们之决策影响的 C 被赋予 40 分,他有权扣减 A 或 B 的得分。实验结果表明:当一人背信而另一人合作时,背信者被 C 扣减的平均分数为 10.05;而如果两人都背信时,平均损失只有 1.75;同时,有 45.8% 的 C 会惩罚背叛合作者的受试者,而只有 20.8% 的 C 会惩罚背叛不合作者的受试者。[1]

显然,上面的实验都揭示出了社会中广泛存在的强互惠现象。问题是,多个互惠者的存在如何影响个体的惩罚行动呢?一般来说,在自身遭受不公平对待后,任何个体的惩罚行动可以简单地看成是在造成对方损害获得快感和为惩罚所付出的成本之间进行替代抉择;但是,其他潜在惩罚者的存在却可能使决策变得更加复杂。(1)如果快感仅仅来自那些不法行为者受到伤害,那么,由谁来进行惩罚呢?显然,这就出现了减少惩罚这种搭便车的外部性问题。(2)如果个人也关注其他惩罚者的行动,那么惩罚决策就成了一个协调问题。事实上,任何个体都希望自己的"强互惠"行动带来有利的结果,也希望激发起其他人的"强互惠"行动;从这个角度上说,"强互惠"行为要能够持续和扩展下去,就有赖于两个以上个体的共同行动。那么,现实生活中不同个体的"强互惠"行为之间是如何协调的?一般地,具有共同生活、工作乃至文化背景的个体之间更容易实现行动协调,从而就更容易产生互惠现象。例如,Ackert 等分别做了三个信任投资博弈,[2] 就发现身份信息对互惠程度产生深远的影响。[3]

为了寻找"强互惠"行为之间的协调机理,E. Reuben 和 F. van Winden 做了两个三人权力—掠取(power-to-take)博弈的对比实验:1 个提

---

[1] Fehr E. & Fischbacher U., "Third Party Punishment and Social Norms", *Evolution & Human Behavior*, Vol. 25, 2004, pp. 63–87.

[2] 一个是基本类型:完全匿名的受试者分别在不同房间,博弈人 1 不知道博弈人 2 所获得的投资回报率;一个是支付类型,博弈人 1 知道博弈人 2 所获得的投资回报率;一个是识别类型,博弈人 1 有机会知道博弈人 2 的照片。

[3] Ackert L. F., Church B. K. & Davis S., *Social Distance and Reciprocity*, Economics Center Working Paper, Kennesaw State University, March, 2006.

议方，2个回应方；回应方又分两类：一是两个回应方是相互不认识的陌生人（匿名的），二是两个回应方是相互认识的朋友。三人权力—掠取博弈分为两阶段：第一阶段，提议者（权威者）决定对两个回应方的资源E_i^{resp}各提出一定比率要求权$t_i \in [0,1]$（$i \in \{1,2\}$）；在第二阶段，两个回应方分别对自己的资源实施一定比率的破坏$d_i \in [0,1]$。这样，提议方的收益就是：$t_1(1-d_1)E_1^{resp} + t_2(1-d_2)E_2^{resp}$；而回应方的收益则是：$(1-t_i)(1-d_i)E_i^{resp}$。而且，实验做了简化处理，设定：$t_1 = t_2 = t$，$E_1^{resp} = E_2^{resp} = E^{resp}$。显然，这种3人博弈与2人博弈的主要不同就在于：这给予了回应方减少惩罚这种搭便车的机会，回应方需要关注他们的相对收益，关注相互的行为反应；正因为任何回应方的收益都依赖于其他回应方的行动，因而惩罚就成为一个协调问题。

实验结果如下：权势者在陌生人实验和朋友实验中提出的平均征取率 t 分别是 58.6% 和 62.3%，相应地，在陌生人实验和朋友实验中分别有 21.4% 和 40.0% 的回应方对其资源实施了一定程度的破坏，平均破坏率 d 分别是 13.2% 和 29.4%。而且，实验还进一步发现，在两个实验中愤怒的回应方对资源实施破坏的频率相差很大：陌生人博弈中有 35% 的人实施了一定的破坏，而朋友博弈中有 62.5% 的人实施了破坏；同样，在破坏率上也存在明显差异：陌生人博弈中愤怒者破坏率 d 是 32%，而朋友博弈中愤怒者破坏率 d 是 52.2%。因此，E. Reuben 和 F. van Winden 得出了两点结论：（1）朋友比陌生人更容易对提议方的行为进行惩罚；（2）朋友比陌生人更容易协调他们的惩罚行动（尽管没有任何交流）。[①]

表11—1　　　　　　　权力—掠取博弈实验的行为平均数

	陌生人实验		朋友实验	
	%	方差	%	方差
掠取率 t	58.61	19.72	62.29	22.87
破坏率 d	13.23	20.68	29.43	38.24

---

① Reuben E. & van Winden F., "Social Ties and Coordination on Negative Reciprocity: The Role of Affect", *Journal of Public Economics*, Vol. 92, 2008, pp. 34–53.

续表

	陌生人实验		朋友实验	
	%	方差	%	方差
期望破坏率 d*	18.75	28.00	26.14	26.37
公平掠取率*	35.00	22.97	29.57	29.34

可见，大量的实验都表明，受试者往往情愿花费一定的成本来改变物质收益的分配结构：奖励那些以亲社会性方式行为的人，而惩罚那些以反社会性方式行为的人。前者会导致"帕累托改进"，而后者则往往造成"帕累托损害"，两者都是出于降低受试者之间的不平等程度，从而也用"差异厌恶"理论来加以解释。当然，正如 Charness 和 Rabin 指出的，这类"帕累托损害"行为之所以会实施，就在于它有助于降低不平等性。[1] 这也就是说，强互惠行为对行动者造成的损害要小于受动者，如最后通牒实验中方案被回应方拒绝时，提议方的损害往往更大。

第五节 尾论

欺骗和背信往往构成了合作演化的重大障碍，要降低欺骗行为、促进合作，就需要对背信者进行惩罚。一般地，对背信者的惩罚主要来自两个方面：（1）第二方惩罚，即受损者直接惩罚那些损害他的背信者；（2）第三方惩罚，即有其他人参与对背信者的惩罚。显然，由于社会交往次数的有限性以及力量的不对称性，以牙还牙式的第二方惩罚的有效性往往受到限制，因此，第三方的惩罚就成为促进合作的一个重要保障。问题是，第三方的惩罚本身属于公共品的范畴：它有利于所有人，却需要自己投入成本；在这种情况下，人们就有搭便车的激励，从而会导致合作的瓦解。[2] 那么，在这种情况下，如何保障第三方惩罚的存在以及合

---

[1] Charness G. & Rabin M., "Understanding Social Preferences with Simple Tests", *Quarterly Journal of Economics*, Vol. 117, 2000, pp. 817–869.

[2] Hawkes K., "Sharing and Collective Action", in: Smith E. A. & Winterhalder B. (eds.), *Evolutionary Ecology and Human Behavior*, New York：Aldine de Gruyter, 1992, pp. 269–300.

作的进行呢？这就需要对人类个体之间的互动联系进行剖析。

其实，人类的社会互动并不仅仅是指直接的互动，相反，在人类社会中存在无穷的网络化的间接互动；而且，这种网络化互动不仅体现于共时性的人们之间，也存在于历时性的人们之间，这就表现为社会文化、伦理等对个体行为的影响，而这种社会文化伦理等因素又是人类在漫长的互动中逐渐形成的。正因如此，尽管特定社会个体之间的互动行为看似一次性的或少数性的，但通过其他社会个体的媒介，却形成了大量乃至无穷次的互动联系；在这种网络关系中，每个人都愿意采取"强互惠"行为对合作者进行奖励而对不合作者进行惩罚。

正是由于人们倾向于与合作者进行合作，而对非合作者愿意花费一定成本进行惩罚，这就产生了鲍尔斯和金迪斯等所关注的"强互惠"现象。这种"强互惠"行为有效地降低了欺骗和背信行为，从而夯实了社会合作。事实上，大量的行为实验都证明，人类社会的合作在很大程度上可以通过这种"强互惠"行为来解释，人们往往愿意遵循共同设立的规则。[1] 例如，金迪斯构建的一个模型就证明，当集体经常性地面临灭绝事件的威胁时，一般的互利主义往往无法激发自利的个体进行合作以避免灾难的发生，而当"强互惠"主义足够强大时就可以进行有效的合作以降低团体灭绝的可能性。[2] 为此，鲍尔斯和金迪斯提出了一个"社会学基本定理"：如果一个社会里面没有维护强互惠的制度，那么这个社会就无法长期维持和发展。

事实上，现代经济学关注的公地悲剧也就是人类社会的灾难和集体行动的困局，而要避免这种悲剧有赖于"强互惠"行为；相应地，现实生活中的公共资源之使用往往保持着非常高的效率，这也反映出"强互惠"行为的广泛存在。同时，Marlowe 等人的实验证明，这种强互惠现象在大而复杂的社会中往往比小规模的社会中更有意义，其原因是，在更

---

[1] Yamagishi Toshio, "The Provision of a Sanctioning System in the United States and Japan", *Social Psychology Quarterly*, Vol. 51, No. 3, 1988, pp. 265 – 271; Yamagishi, Toshio, "Seriousness of Social Dilemmas and the Provision of a Sanctioning System", *Social Psychology Quarterly*, Vol. 51, No. 1, 1988, pp. 32 – 42.

[2] Gintis H., "Strong Reciprocity and Human Sociality", *Journal of Theoretical Biology*, Vol. 206, 2000, pp. 169 – 179.

大规模的社会中,交往者之间的信息更不对称,而强互惠行为所施行的第三方惩罚有助于抑制这类欺骗和背信行为。[①] 问题是,在大规模社会中的"强互惠"行为是如何形成的? 在很大程度上,正是这种社会网络关系的存在为"强互惠"行为提供了社会基础,从而提升了整个社会的生存能力;而这种社会网络关系本身是不断扩展的,大社会的网络关系是有效社会的网络关系扩展而来,"强互惠"行为也会在社会中进行扩展和传承。

同时,正是社会成员之间存在着这种千丝万缕的联系,不仅使得多次乃至无穷次重复博弈成为现实,而且使得每个社会成员都互为委托人和代理人;这样,就为社会共同治理机制的形成提供了社会基础,在社会共同治理机制的作用下,人们往往会自觉地对那些违反社会一般规范的行为进行惩罚。不过,尽管马格里布的商人组织曾表现出很高的效率,但格雷夫却认为,集体主义文化却阻碍了它对多样化制度的采纳和适应。相反,在格雷夫看来,个人主义的社会组织从长期来看可能是有益的,因为维系匿名交易的正式实施机制有利于经济的发展,而个人主义文化信仰孕育了这种组织制度的发展,从而使社会得以获取这些效率的增进。格雷夫写道:"社会组织与现代社会的人均收入之间存在高度相关性:大多数发展中国家都是集体主义的,而发达的西方世界则是个人主义的。在集体主义社会,社会结构在某种意义上是'分裂的',因为每个个体的社会的、经济的交往主要发生在与特殊的宗教、种族的和家庭团体的成员之间。契约的履行主要依靠'非正式的'经济的、社会的制度,集体主义社会中的成员感觉到被卷入了其团体的其他成员的生活之中。与此同时,非合作则是不同团体的成员之间的基本特性。在个人主义社会,社会结构在某种意义上是'整合的',因为经济交易发生在不同团体的成员之间,个体也频繁地从一个团体转换到另一团体。契约的履行也主要依赖于法院这样的专门组织,因而能够高度地自我依赖。"[②]

---

① Marlowe F. W., Berbesque J. C., Barr A., Barrett C., Bolyantaz A., et al., "More 'Altruistic' Punishment in Large Societies", *Proceedings of the Royal Society B Biological Sciences*, Vol. 275, 2008, pp. 587 – 590.

② Greif A., "Cultural Beliefs and the Organization of Society: A Historical and the Theotetical Reflection on Collectivist and Individualist Societies", *Journal of Political Economic*, Vol. 102, No. 5, 1994, pp. 912 – 950.

在很大程度上，格雷夫的这一结论主要是以西方社会最早出现资本主义和工业革命这一点为依据的。但问题是，优胜并不代表着优秀，在过去环境中表现出来的优胜也并不意味着现在以及未来依然可以保持。相反，在过去半个多世纪里，不同社会文化下的企业组织所展示出来的经济绩效往往是此消彼长，而且一个明显的特征就是那些传统上具有浓郁集体主义文化的社会一旦建立了相对规范的组织规则之后往往就会产生引人瞩目的效率。究其原因，正是在于千丝万缕的社会网络将市场个体联系了起来，从而使得他们从看似孤立的个体变成了共生的群体，从而合作就是他们的最佳选择。也即，现实社会中绝大多数的人类行为都具有强烈的集体主义倾向，所采取的策略都具有社会共同治理的特质。事实上，正如 Sober 和 Wilson 指出的，许多由文化传承的规范都是对团体有益的，如财产权利有助于激励生产的努力，反谋杀和袭击的法规有助于维护内部秩序，整合政治机构的规范有助于降低内在的危险，而诸如产品标准、建筑编码以及职业行为规范都有助于更高效率的商业。[1] 而且，正是基于网络联系产生的高效率的社会共同治理机制，使得"强互惠"行为可以逐渐渗入到原先那些非合作的人群当中。鲍尔斯和金迪斯所建立的模型就说明：由于互惠者在有效相互监督的群体中更容易存在，而那些规则的违反者则往往被逐出群体，因而"强互惠"主义就会不断演化和扩展，从而形成稳定的"强互惠"群体均衡。[2]

正是由于现代主流经济学往往将优胜等同于优秀，从而往往热衷于将其所具有的一系列特性视为进步的，并为实在的合理性提供逻辑化的理论支持。例如，由于近现代西方在商业经济和军事科技上的强盛，现代主流经济学就将西方社会基于个体主义的文化传统及其制度视为合理的，将西方社会基于行为功利的行为方式视为理性的，而东方基于集体主义的文化传统和制度则是专制的和不合理的，遵循社会伦理的个人行为也是非理性的。显然，在这里，现代主流经济学简单地承袭了西方中心观，它将 15 世纪以前的人类世界视为割裂的和停滞的，只是由 15 世纪

---

[1] Sober E. & Wilson D. S., *Unto Others*, Cambridge: Harvard University Press, 1998.

[2] Bowles S. & Gintis H., "The Evolution of Strong Reciprocity: Cooperation in Heterogeneous Populations", *Theoretical Population Biology*, Vol. 65, No. 1, 2004, pp. 17–28.

前后西方个体主义滋生出的创新和科学精神所掀起的商业革命、航海革命和金融革命才最终导向现代社会，而这一切又源于意大利的威尼斯人和热那亚人等。但是，正如霍布森指出的，"'意大利开创者'的形象展示一个神话。意大利的经济力量源于它置身于其中的一种先前已经存在的全球经济，这种全球经济是由主要的东方国家开创并保持下来的。并非意大利人发现了世界，然后改变了世界。……事实上，推动意大利资本主义发展的所有主要创新，都源于更先进的东方，尤其是中东和中国，这些技术创新是随着东方的全球化，通过伊斯兰世界这个桥梁向西方传播的"[1]。在很大程度上，现代主流经济学就是将还远没有得到事实证明的东西进行逻辑化论证。

---

[1] 约翰·霍布森：《西方文明的东方起源》，孙建党译，山东画报出版社2009年版，第105页。

第十二章

理解行为的差序结构：
道德性和社会性

【导读】变异型的独裁者博弈、权力—掠取博弈、强盗博弈、公共品投资博弈等实验表明，受试者除了关注自身的物质收益之外，还重视公平和互惠，这体现了行为者的社会性和道德性。同时，这种互惠和公平并非是平面性的而是立体性的，不是等序性的而是差序性的，这体现了人类行为的道德差序性和社会差序性。显然，这些实验结果与主流博弈理论的逻辑推论存在很大差异。

第一节 引言

现代主流经济学倾向于将冷淡的经济人视为人之天性，因为人具有"为己"的动物性本能；而且，在主流经济学看来，无论是"利己主义的"还是"利他主义的"行为，最终都可以归结为行为者的效用之增加或偏好之满足。与此不同，儒家倾向于将善良和关爱视为人之天性，因为人性中天然地包含了亲社会性的"四端"：恻隐、羞恶、辞让、是非。《孟子·告子上》写道："恻隐之心，人皆有之；羞恶之心，人皆有之；恭敬之心，人皆有之；是非之心，人皆有之。"进而，《孟子·公孙丑上》举例说："今人乍见孺子将入于井，皆有怵惕恻隐之心。非所以内交于孺子之父母也，非所以要誉于乡党朋友也，非恶其声而然也。"正是以这"四端"为基础，人类扩而充之而衍生出人性"四善"：仁、义、礼、智。《孟子·告子上》解释道："恻隐之心，仁也；羞恶之心，义也；恭敬之心，礼也；是非之心，智也。仁义礼智，非由外铄我也，我固有之也。"显然，这种恻隐、羞恶、辞让、是非之心体现了凝结在人身上的亲社会性，任何社会个体都具有或多或少的亲社会性。同样，人类这种善性也为早期的西方学者所认识，无论是亚里士多德、卢梭、斯密以及穆勒等都有所阐述。例如，斯密在《道德情操论》中写道："无论人们会认为某人怎样自私，这个人的天赋中总是明显地存在着这样一些本性，这些本性使他关心别人的命运，把别人的幸福看成是自己的事情，虽然他除了看到别人的幸福而感到高兴外一无所得；……最大的恶棍，极其严重地违犯社会法律的人，也不会全然丧失同情心。"[1]

同时，大量的经验事实也反映出了浸透在人身上的这种善性。这可从两方面得到印证：(1) 日常生活中存在大量的利他行为；(2) 任何人的自私行为都具有容忍上限。就前者而言，譬如，据估计，美国社会1995 年有超过 68% 的家庭对慈善组织进行了捐赠，1998 年私人家庭捐赠的数额超过了 1340 亿美元。[2] 再如，1998 年美国成人中有超过一半的人都承担了志工活动，总数相当于 500 万个全日制工作，在欧洲 10 个国家中，有 32.1% 的人口充当了志愿者，所有这些志愿者的工作总数相当于 450 万个全日制工作。[3] 就后者而言，譬如，除非在极端情形下现代人类一般是不相食的，甚至也不食那些曾朝夕相伴的猫狗等宠物，这在很大程度上就是由互动产生的亲社会性使然。[4] 同样，无论被认为是多么的残暴和自私，绝大多数凶徒、土匪、军阀乃至暴君都无法做到一直以征战杀人为乐而无恻然，在面对曾与其有过私人关系的人类个体时更是如此。正因如此，近年来有大量的模型被发展出来以说明人们是如何关注其他人的利益以及这些行为动机如何来解释那些亲社会性的行为。

---

[1] 斯密：《道德情操论》，蒋自强等译，商务印书馆 1997 年版，第 5 页。

[2] Andreoni J., "The Economics of Philanthropy", in: Smelser N. J. & Baltes P. B. (eds.), International Encyclopedia of Social and Behavioral Sciences, Oxford: Elsevier, 2002, pp. 11369 – 11376.

[3] Anheier H. K. & Salamon L. M., "Volunteering in Cross-National Perspective: Initial Comparisons", Law and Contemporary Problems, Vol. 62, No. 4, 1999, pp. 43 – 65.

[4] 显然，自利的经济人假说无法解释人类不相食这一普遍现象，最多将之归咎为法律约束和个人偏好。问题是，人类世界还存在很多法律管不到的地方，更不要说这并不能有效解释法律约束所强加的成本已经远大于食人所获得的效用；同时，经济学也根本无法解释人类不相食的偏好如何产生的，是普遍的还是特定的倾向。

第十二章　理解行为的差序结构：道德性和社会性　/　263

一般地，人类所内化的亲社会性是在长期的社会互动中逐渐形成的，而这种社会互动又可分成两种类型：个体之间的直接互动和社会其他个体的间接互动。就前者而言，个体之间关系的紧密程度往往会影响社会互动的频率，而社会互动频率又影响个体亲社会性的形成和发育，从而影响了其行为方式。正因如此，在不同关系的交往中，个体的行为就呈现出差异性，这种差异性基于不同社会关系而呈现出差序性。进而，行为的差序性典型地体现在道德和社会两方面：道德差序性主要体现为个体的利他行为与对方的属性有关，社会差序性则主要体现为个体的利他行为与对方和自己之间的互动关系有关。正因如此，判断和预测一个人行为的利他特性，我们也就可以基于这样两个角度：一是行为者本身的社会化程度如何；二是行为者与互动对象之间的互动关系如何。事实上，Branas-Garza 等人的独裁者博弈实验就表明，社会距离和社会化程度相互补充、共同决定了受试者的利他行为。[①] 因此，本章选择几个实验来对行为的道德差序性和社会差序性做一阐述和论证。

第二节　行为的道德性及道德差序结构

关于行为的道德差序性和社会差序性，我们可以通过对如下几类标准的博弈实验进行适当的改造来获得认识。一般地，我们可以从两方面对博弈实验中的信息结构进行改造：（1）有关决策者自身的信息，如决策是否会被他人观察到，其他博弈方与自己的关系如何，等等；（2）决策者收到的有关其他博弈方（recipient）的信息，如其他博弈方是贫困还是富裕，他获得金钱用在何处，等等。显然，就前者而言，它主要体现了互动者之间的社会距离（Social Distance or Sence of Coupling），博弈结果也就反映了社会距离对博弈方的决策影响。霍夫曼等人对社会距离的定义是：行为主体相信在与其他博弈方进行社会互动时所存在互惠的程

[①] Branas-Garza P., Cobo-Reyes R., Espinosa M. Paz, Jimenez N., Kovarik J. & Ponti G., "Altruism and Social Integration", *Games and Economic Behavior*, Vol. 69, No. 2, 2010, pp. 249 – 257.

度。[1] 就后者而言，它主要体现了博弈方决策时考虑的道德距离（Moral Distance），博弈结果也就反映了道德距离对博弈方的决策影响。F. Aguiar 等人对道德距离的定义是：行为主体对其他博弈方所拥有的道德义务的程度。[2] 一般地，由社会距离产生的行为差异性结构称为行为的社会差序性，而由道德距离产生的行为差异性结构称为行为的道德差序性。

关于行为的道德性，我们可以从大量的行为实验中窥见一斑。例如，在最后通牒博弈中，理论上提议方可以获得整块蛋糕，而接收方则应该接受任何正的份额。但实验结果，提议方的分配方案却相当平均：接收方获得的份额一般都会在40%—50%之间。同样，在权力—掠取博弈中，强势者也可以尽可能地攫取最大比率。但实验结果，无论是博弈实验还是现实实践中，强势者都只征取较低的比率。例如，Reuben做了一个两期的权力—掠取博弈实验，在每一期中，受试者都被随机地分派给提议方或接收方角色，结果表明，提议方的平均掠取率是56.4%。Reuben给出的解释是：提议方给出一个不公平的出价时往往具有羞愧之情，在他们受到惩罚时尤其如此；正是这种情感经历，使提议方宁愿降低自身的份额要求。[3] 如表12—1所示。

表12—1　　　　　　两期的权力—掠取博弈中的提议方行为

	提议方两期都参与		提议方只参与第1期	提议方只参与第2期
	第1期	第2期	第1期	第1期
掠取率	53.8%	59.0%	59.1%	65.0%
破坏率	12.0%	9.0%	11.9%	17.8%
期望破坏率	14.0%	9.9%	15.2%	24.6%
破坏频率	21.8%	14.5%	26.5%	24.5%
公平掠取率	33.3%		43.6%	37.0%

---

[1] Hoffman E., McCabe K., & Smith V., "Social Distance and Other-regarding Behavior in Dictator Games", *American Economic Review*, Vol. 86, 1996, pp. 653 – 660.

[2] Aguiar F., Brañas-Garza P. & Miller L. M., "Moral Distance in Dictator Games", *Judgment and Decision Making*, Vol. 3, No. 4, 2008, pp. 344 – 354.

[3] Ernesto Reuben & Frans van Winden, "Fairness and Shame in the Power to Take", *Tinbergen Institute Discussion Paper*, 2007, pp. 5 – 14.

第十二章 理解行为的差序结构：道德性和社会性 / 265

在很大程度上，权力—掠取博弈在实践中就类似于征税博弈（Taxation Game）。一般地，作为强势者的政府有权力向企业或个人征税，而古代社会王朝政府的权力更大。但是，从历史经验看，各王朝政府征收的税率并不很高，这在具有专制特性的传统儒家社会非常明显。事实上，古代中国长期实行"什一税"乃至"三十税一"这样极低的税率：《汉书·食货志》记载："（高祖）约法省禁，轻田租，十五而税一，量吏禄，度官用，以赋于民。"这种"什五税一"制实施了39年，直到汉文帝即位后，施行"三十税一"的农业税制，而景帝则将"三十税一"的征收比例作为基本政策固定下来，一直实行到西汉末年，长达193年。而且，即使东汉初年，因战争多、军费开支致"三十税一"之政策暂停5年而改行"什一税"，但光武帝不久又恢复了西汉的"三十税一"制，直到东汉献帝时期。[①]

尤其是在独裁者博弈中，在理论上作为理性博弈方的独裁者可以拿走整个"蛋糕"，而留给受助者的收益为零；但是，实验观测到的受试者行为却显得非常"反常"，简直与非合作博弈的理论预测结果存在天壤之别。Forsythe、Horowita及Savin等人1988年首次对独裁式议价博弈做了实验模拟，结果发现，独裁者的支付额几乎都未能超出平均分配水平。Forsythe等人随后又对实验做了处理：将潜在的激励水平增大了1倍（即"蛋糕"由5美元增至10美元），观测结果虽有所改善，但仍不能支持独裁式议价博弈策略均衡结果的理论预测。为评估可能存在的匿名效应，Forsythe等人构造了一个处理和控制相对严格的实验：被试都是志愿者，其来源较为广泛，相互间保持严格的匿名性。也即，无论在实验前、实验中还是在实验后，对对方的具体身份都不具备信息。但是，实验结果却非常耐人寻味：（1）多数最后通牒式议价博弈结果仍为平均分配；（2）独裁式议价博弈的平均分配结果则显著降低，且有小部分被试行为体现了最优策略选择（即拿走了整个"蛋糕"）。

如何理解这一实验结果呢？对于前一个发现，Forsythe等人认为，有理由将实验结果归结为最后通牒式议价博弈的情境本身：（1）作为先行者的被试，缺乏对其优势地位的充分感知；（2）倾向于平均分配在一定

---

① 在某种意义上，这也就是制度经济学中探讨的统治者目标问题。

程度上是对冲突结果可能性的策略反应。① 显然，Forsythe 等人的实验表明，我们不能单凭公平性就可以对博弈方的慷慨行为进行解释，相反诸如策略考虑等也发挥了重要作用。

事实上，迄今为止的大量实验也已经显示出，独裁者博弈的实验结果往往与实验者提供的信息类型存在密切关联。例如，霍夫曼等 1994 年所做的独裁者博弈实验中，将实验控制在双盲程序下以保证受试者的决策在完全社会隔绝下进行，受试者没有任何受助者的信息；结果就发现，有 64% 受试者留给受助者的份额是 0，只有 8% 的受试者留给受助者的份额达到 40%。② 一个解释是：当没有受助者的相关资料时，受试者可能怀疑受助者是否存在，从而就不会与受助者分享这些金钱。但是，当受试者收到有关受助者的可靠信息时，譬如被告知受助者的姓氏，即使实验仍然保持匿名进行，受试者留给受助者的比例就大大增加了。例如，在受试者被显示有关受助者图片的特定实验中，有高达 25% 的受试者给予受助者的份额超过了总额的一半，尽管仍然有 58% 的受试者保留所有的钱。③ 再如，在受试者被告知受助者是红十字会的实验中，有 31% 的受试者捐出了部分金钱（其中 17% 捐出的份额达到了一半），而 10% 的受试者捐出了全部份额。④

可见，众多实验都表明，独裁者捐赠的程度往往依赖于受助者的类型。也即，决策与道德距离存在密切联系。关于行为的道德差序性，我们还可以来做一系列的三人博弈，如三人公地博弈（Common Pools Game）、两类最后通牒博弈、两类独裁者博弈等。事实上，道德本质上体现在人与人之间，而在人与物或自然之间只存在利用的关系，因而受试者在面对其他受试者和计算机时所采取的策略往往是不同的，在与计算机博弈过程中往往会模糊受试者在出价上的道德性问题。进而，在两类独裁者

---

① Forsythe R., Horowits J. L., Savin N. E. & Sefton M., "Fairness in Simple Bargaining Experiments", *Game and Economic Behavior*, Vol. 6, No. 3, 1994, pp. 347–369.

② Hoffman E., McCabe K., Shachat K. & Smith V., "Preferences, Property Rights and Anonimity in Bargaining Games", *Games and Economic Bahavior*, Vol. 7, 1994, pp. 346–380.

③ Burnham T. C., "Engineering Altruism: A Theoretical and Experimental Investigation of Anonymity and Gift Giving", *Journal of Economic Behavior & Organization*, Vol. 50, 2003, pp. 133–144.

④ Eckel C. & Grossman P., "Altruism in Anonymous Dictator Games", *Games and Economic Behavior*, Vol. 16, 1996, pp. 181–191.

博弈中,受试者将更加不会考虑计算机可能的反应,从而可以更好地体现出人类行为中的道德性。正是基于这种道德性,人们往往乐于对那些遭受地震、洪水等灾难的人们进行援助;同时,人们对不同受难人群所捐助的力度又是不同的,这种差异性又体现出了行为的道德差序性。

道德差序性往往可以用道德距离来衡量:一般地,道德距离越大,受试者的行为越具有利他性。事实上,人类的"为己利他"行为机理并不是普遍性的,而是会随着互动者的特征而变化。在某种程度上,这也可以体现为人类行为的道德成本:受助方越弱势,自利行为所衍生的道德成本就越高。之所以如此,就在于人具有亲社会性,能够基于移情效应而关爱他人。这也就是笔者一直强调的:"己所不欲勿施于人"和"己所欲施于人",这显然体现了"为己利他"行为机理。同时,在上述 Reuben 所做的两期权力—掠取博弈实验中,在同时参与 2 期的提议者中有 61.8% 在第 2 期改变了他的掠取率,且有 25.5% 的提议者的掠取率改变幅度超过 10%。这表明,提议者有关掠取率的决定深受回应者在第 1 期中行为的影响。[1] 显然,这也体现了"为己利他"行为机理。

当然,现实生活中个体的亲社会性又是不同的,这体现为其行为的道德性存在明显的差异。F. Aguiar 等人对各种行为差异划分成了四种类型:(1) 如果独裁者和受助者之间的道德距离是零,其捐赠也是零或非常低,那么,独裁者的行为就是道德本位主义(利己主义)方式;(2) 如果独裁者和受助者之间的道德距离是最大,但其捐赠也是零或非常低,那么,独裁者的行为就是理性的自利人方式;(3) 如果独裁者和受助者之间的道德距离是最大,而独裁者捐赠部分或者全部金额,那么,独裁者的行为就是慷慨仁慈的表现;(4) 如果独裁者和受助者之间的道德距离为零,而独裁者捐赠部分或者全部金额,那么,独裁者的行为就是追求道德正确主义。

---

[1] Ernesto Reuben & Frans van Winden, "Fairness and Shame in the Power to Take", *Tinbergen Institute Discussion Paper*, 2007, pp. 5–14.

第三节 行为的社会性及社会差序结构

上面的一些博弈实验表明了人类行为中的道德性以及道德差序性，同样，这些博弈实验也可以显示出人类行为的亲社会性以及社会差序性。事实上，正如前面指出的，一些实验之所以似乎印证了经济人行为，一个重要原因就在于，实验是在双盲程序下进行的，匿名实验导致受试者的社会隔绝而缺乏共同体意识；这样，受试者就不会关注自身行为对他人的影响，也无法预测他人的社会性行为，从而导致了自利行为的偏盛。但在现实生活中，（1）互动的个体之间或多或少地拥有某些信息，而这些信息也会影响个体的行为选择；（2）个体行为不仅受对方以前行为的影响，也深受今后可能的互动行为之影响。例如，Bahr 和 Requate 所做的独裁者实验就分别让两个博弈方在决策之后和决策之前进行社会互动，而实验结果几乎没有差异。他们的解释是，事后互动的博弈中之所以出现慷慨行为，是避免互动时出现尴尬；事前互动则增进了在博弈中的友爱。[①] 显然，正是由于个体的现实行为往往要受互动方的影响，从而就带上了明显的社会性。例如，普鲁提（Pruitt）和金莫尔（Kimmel）的囚徒博弈实验就表明：如果受试者们相信在实验结束后他们还需要与对方接触，那么在实验中的暂时隔离就显得无关紧要了，他们的行为也会变得更有合作性。再如，维奇曼（Wichman）的实验也表明：当女性被试者处于互相看不到也听不见另一方的情况下时，她们之间的合作很少；而当她们非常接近并相互能看到听见对方时，合作便增多了。[②]

同时，尽管任何社会个体都具有或多或少的社会性，但是，这种社会性在不同的社会互动中往往又存在明显的差异，从而产生了人类行为的差异性。大量的心理学文献都证实了这一点。例如，霍夫曼等用受试者和实验者之间的匿名程度来表示社会距离，就发现受试者的自私性随

---

① Gunter Bahr & Till Requate, *Fairness in a Sequential Dictator Game With Social Interaction*, Working Paper, Kiel University, November, 2007.

② 以上参见古德《个体、人际关系与信任》，载郑也夫编译《信任：合作关系的建立与破坏》，中国城市出版社 2003 年版，第 41 页。

着社会距离的增长而增长。① 同样，Tajfel 等人发现，受试者往往表现出强烈的有利于他们同一集团的实验成员。② 究其原因，具有直接的亲密联系的人们之间的感觉往往要比时空相距较远的人们之间更为强烈，因而行为的社会差序性就体现为互动者之间的社会关系之差异。一般地，互动越频繁，关系越密切，那么行为也就更加体现出互惠和利他的特征。关于这一点，我们还可以看一个 Dufwenberg 和 Gneezy 提出的丢钱包博弈（Lost-wallet Game）：捡者捡到一个钱包，钱包的价值对失主来说要大于捡者，如果捡者将钱包上交给警察，捡者的信息将被记录下来以便失主会提供一定的酬谢；假设钱包对失主的价值为 100，而对捡者的价值 $X \in \{0, 10, 20……, 100\}$，失主的酬谢金 $Y \in \{0, 10, 20……, 100\}$。③ 如图 12—1 所示。

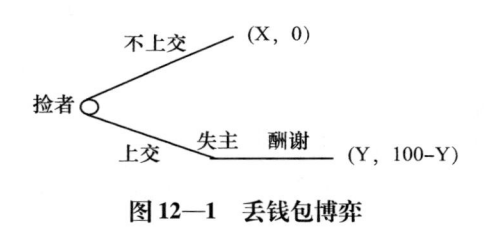

```
                不上交    (X, 0)
        捡者○
                上交    失主  酬谢
                                    (Y, 100-Y)
```

图 12—1　丢钱包博弈

为了反映出行为主体面对熟人和陌生人时在行为上所展示的差异，G. Charness 等人分别做了互联网实验、教室实验室实验和介于两者之间的实验室实验，实验结果就显示出了差别：在互联网实验中有 80% 的捡者会在 X 值是正的情况下上交钱包而进入第二阶段博弈，在教室实验中有 91% 会在 X 值是正的情况下上交钱包而进入第二阶段博弈，而在介于两者中间状态的实验中有 83% 会在 X 值是正的情况下上交钱包而进入第二阶段博弈。而且，G. Charness 等人还设计了一个转换值（Cutoff Val-

---

① Hoffman E., McCabe K. & Smith V., "Social Distance and Other-regarding Behavior in Dictator Games", *American Economic Review*, Vol. 86, 1996, pp. 653 – 660.

② Tajfel H., Billig M., Bundy R. & Flament C., "Social Categorization and Intergroup Behavior", *European Journal of Social Psychology*, Vol. 1, 1970, pp. 149 – 178.

③ Dufwenberg M. & Gneezy U., "Measuring Beliefs in an Experimental Lost Wallet Game", *Games and Economic Behavior*, Vol. 30, 2000, pp. 163 – 182.

ue)：钱包对捡者的价值在转换值之下时，他选择上交，否则选择不上交。实验结果也出现明显的差异：在互联网实验中，中位转换值是25，平均转换值是28.97；在教室实验中，中位转换值是40，平均转换值是34.83；在介于两者的中间状态实验中，中位转换值是35，平均转换值是38.21。显然，实验结果表明：受试者之间的社会距离越远，捡者上交钱包的转换值就越高。实验还表明：在教室实验中，失主更乐于给予钱包对捡者的价值而支付酬金；而在互联网实验中，失主不支付酬金的比例比其他情形都高很多。[1]（见表12—2、表12—3、表12—4）

表12—2　　　　　　　　丢钱包博弈中捡者的行为选择

转换值 Cutoff Value	选择这一转换值的比率（%）		
	互联网实验	教室实验	中间状态实验
0	21	10	18
10	7	7	7
20	22	8	14
30	19	17	11
40	12	38	21
50	9	14	7
60	3	2	0
70	0	1	4
80	0	1	4
90	0	0	4
100	7	2	11

表12—3　　　　　　　　丢钱包博弈中失主的行为选择

类别	互联网实验	教室实验	中间状态实验
固定 Y = 0	23（36%）	18（22%）	5（17%）
固定 Y = 50	8（13%）	11（13%）	3（10%）

---

[1] Charness G., Haruvy E. & Sonsino D., "Social Distance and Reciprocity: An Internet Experiment", *Journal of Economic Behavior & Organization*, Vol. 63, No. 1, 2007, pp. 88 – 103.

续表

类别	互联网实验	教室实验	中间状态实验
其他固定 Y	6（9%）	0（0%）	4（13%）
弱单调上升	18（28%）	35（43%）	10（33%）
弱单调下降	4（6%）	7（8%）	0（0%）
其他模式	5（8%）	11（13%）	8（27%）

注：弱单调上升和弱单调下降是指失主的酬谢金额相对于钱包对捡者的价值。

表 12—4　　　　相对于捡者 X 值的失主平均支付 Y

X	0	10	20	30	40	50	60	70	80	90	100
互联网实验 Y	15.0	16.4	16.6	19.1	20.2	23.0	23.2	26.2	26.2	27.6	25.8
教室实验 Y	16.4	18.5	21.6	25.6	28.7	31.5	33.4	34.7	35.6	37.9	33.4
中间状态实验 Y	14.4	14.4	15.8	16.1	17.1	22.3	19.5	22.5	20.3	22.2	26.5

事实上，大量的行为实验都表明，行为者往往因互动双方间的社会距离差异而表现出明显不同的行为特征。[1] 例如，在霍夫曼等人早期所做的独裁者博弈实验中，他们就将行为差异归因为独裁者和他的受助方的社会距离，或者独裁者与其他知道其决策的人之间的社会距离。[2] 关于行为的社会差序性，我们还可以来做一系列的三人博弈，如两类三人跨代征税博弈、两类强盗博弈、两类信任博弈、两类公共品投资博弈等。这些实验都能够反映出社会距离对行为的影响：社会距离越小，互动双方的关系越紧密，行为也越具有利他性。这也反映出，人类行为并不是普遍性的，而是会随着互动双方的关系而变化。这种反应在某种程度上也可以被视为人类行为的机会主义成本：互动双方的关系越紧密，自利行为产生的机会主义成本就越高。之所以如此，实际上，无论是为满足生理需求的物质金钱还是满足精神需求的名誉、地位、成就感等，人类都依赖于大量个体之间的合作；尤其是，作为一个社会性动物，任何个体

---

[1] Cox J. & Deck C., *On the Nature of Reciprocal Motives*, Working Paper, University of Arkansas, 2002.

[2] Hoffman E., McCabe K. & Smith V., "Social Distance and Other-regarding Behavior in Dictator Games", *American Economic Review*, Vol. 86, 1996, pp. 653–660.

关注的都不是短期利益,而是会关注长期利益,这也是建立在合作基础之上。当然,任何个体间的合作并不是随机配对的,而是具有强烈的血缘、亲缘、业缘、地缘、德缘等特性,这些共同体内成员之间的互动更为频繁,合作收益更高,自利的机会主义成本也更高,从而更容易产生利他主义倾向。事实上,一些文献就将人类的共享行为称为"互惠利他主义"(Reciprocal Altruism),这种互惠利他主义源于实行互惠行动的私人(直接或机会)成本;① 正因如此,互惠利他主义者往往会歧视和惩罚那些并不带来回报的个体,显然,这也正是"为己利他"行为机理的重要体现。

当然,这种社会差序性在不同社会文化下的表现也有所不同。例如,恩斯明格以居住在索马里边界的肯尼亚东北部的奥玛人为对象做了类似的独裁者博弈,发现奥玛人在独裁者博弈中的平均出价为31%,这比发达世界的平均出价范围20%—30%要稍高;而且,只有9%的博弈参与者拿走全部的收益,而美国和加拿大人有30%—40%是纯粹的自利人,他们拿走全部收益。在上述奥玛人和其他地区人的比较中,奥玛人似乎更注重公平性;而之所以存在如此差异,这很可能与恩斯明格的实验对象因来自相邻的村庄而具有较强的缘关系性质有关,这实际上涉及了行为的社会差序性。为了检测这种行为的社会差序性,恩斯明格又做了另外一个公共产品博弈:给4个参与者各50先令,他们可以把这50先令贡献出一部分或者全部给一个团体项目,他们共享出的份额会被实验者乘以2倍并在4个参与者之间平分,相互之间都不知道其他人的贡献数目;结果奥玛人的贡献达到了58%,而美国人的贡献范围在40%—60%附近。这意味着,奥玛人更加愿意相信他们邻村朋友不会在公共产品博弈中搭便车。② 显然,这些实验结论实际上都反映了人类行为的社会差序性,以及不同文化对行为的社会差序性之影响。事实上,正是由于社会文化的

---

① Hawkes K., "Sharing and Collective Action", in: Smith E. A. & Winterhalder B. (eds.), *Ecology, Evolution, and Human Behavior*, New York: Aldline de Gruyter; Hawkes K., "Why Hunter-Gatherers Work, An Ancient Version of the Problem of Public Goods", *Current Anthropology*, Vol. 34, 1993, pp. 341–361.

② 参见恩斯明格《未开垦的实验经济学:为何制度会发生作用》,载《制度、契约与组织》,刘刚等译,经济科学出版社2003年版,第189页。

差异,导致了不同个体的行为呈现出明显差异。例如,Buchan 等人就做了一个实验来研究国家来源、文化归属和社会距离三者对社会偏好的影响,他们选择的对象是三个亚洲国家和美国,方式是将受试者分成内集团(in-group)和外集团(out-group);实验结果表明,文化归属是影响行为的最重要因素,它比国家来源明显强烈。[①]

第四节 差序性行为的"为己利他"行为机理解释

迄今为止,学术界基于各种博弈结构和实验工具所做的上百个行为实验都表明,受试者除了关注自身的物质收益之外,还重视公平和互惠。同时,这种互惠和公平所体现的行为并非是平面性的而是立体性的,不是等序性的而是差序性的。这显然与主流博弈理论的逻辑推论存在很大差异。究其原因,主流博弈思维往往撇开具体人性和社会文化的考虑,而将人类行为抽象为一种形式化的理性推理,从而得出了与狭隘自利假设相适应的推论;但是,现实生活中的人类互动往往具有某些信息,而这些信息将极大地影响人们的决策,从而形成了与主流博弈理论的巨大反差。例如,Charness 和 Gneezy 所做的独裁者博弈实验就发现,仅仅披露对方的姓氏信息,独裁者分配给回应方的份额就会显著增加。[②] 正因如此,现实生活中的人类行为并非如经济人假设那样基于一般性的抽象规则,而是呈现出明显的差序性:不仅在同一社会环境下的不同个体具有不同偏好,而且同一个体在面对不同环境时也表现出明显的行为差异。

一般地,个体行为的差异主要与两个因素有关:(1)"己"本身的内涵,由此衍生出了行为的社会差序性;(2)个体本身的社会性,由此衍生出了行为的道德差序性。就前者而言,凡是被纳入"己"之范围内的,相互之间的利他性和合作性就明显;而被排除在"己"之范围外的,不同"己"之间就往往呈现出明显的竞争性。同时,"己"的定位又与相互

[①] Buchan N. R., Johnson E. J. & Croson R. T. A., "Let's Get Personal: An International Examination of the Influence of Communication, Culture and Social Distance on Other Regarding Preferences", *Journal of Economic Behavior & Organization*, Vol. 60, No. 3, 2006, pp. 373 – 398.

[②] Charness G. & Gneezy U., *What's in a Name? Anonymity and Social Distance in Dictator and Ultimatum Games*, Working Papers, Department of Economics, UCSB, wp11 – 01, 2000.

之间利益关联性和交往互动频率有关，其中核心"己"往往体现为亲族之间。孟子说："孩提之童，无不知爱其亲者；及其长也，无不知敬其兄也。"（《孟子·尽心上》）而荀子则说："夫好利而欲得者，此人之情性也。"（《荀子·性恶》）实际上，孟子和荀子的分析所依赖的参照系是不同的：在自己的亲人和生人之间进行选择，就会出现孟子所谓的"无不爱其亲"的现象；相反，在个体"小我"和他者之间进行选择，则每个人都会呈现出"好利而欲得"的情性，对那些社会性相对缺乏的孩提之童更是如此。推而广之，我们可以基于"为己利他"行为机理分析同乡人之间和异乡人之间、同族人之间和异族人之间、共同体成员之间和共同体成员之外的行为差异。就后者而言，长期互惠合作使得"为己利他"行为机理内化成为人类行为的习惯、习俗，乃至凝结成为制约和协调人类行为的社会伦理，这种社会伦理又内化为个人的偏好，从而产生了对弱势者的关爱情感；并且，基于这种关爱情感，社会发展出了除行为功利之外的一系列社会性原则，如平等原则、需要原则等。显然，正是基于平等、需要等社会性原则，人们更愿意帮助那些更需要的人，从而使得个体行为呈现出明显的道德差序性。

当然，关于道德距离和社会距离对人类行为的影响，有两点值得补充说明。

第一，两者对人类行为的影响在不同社会是不同的。一般地，这种影响主要源于这样两个因素：（1）该社会的文化伦理特征，它主要与道德距离对人类行为的影响强度有关；（2）该社会的交易行为特征，它主要与社会距离对人类行为的影响强度有关。就社会的文化伦理特征而言，一般地，如果一个社会的文化具有创唱性，崇尚伦理的绝对律令，那么道德距离对人类行为的影响就相对较大；相反，如果一个社会的文化具有自发性，崇尚伦理的相对律令，那么道德距离对人类行为的影响就相对较小。就社会的交易行为特征而言，一般地，如果一个社会的交易对象随机流动，普遍主义和个体主义特征比较明显，那么社会距离对人类行为的影响就相对较小；相反，如果一个社会的交易对象相对固定，特殊主义和集体主义特征比较明显，那么社会距离对人类行为的影响就相

第十二章 理解行为的差序结构：道德性和社会性 / 275

对较大。①

　　第二，社会距离对人类行为的影响对所有社会来说都是根本性的。一般地，主要有这样两方面原因：（1）任何社会的伦理本质上是自然演化而来的，从而文化伦理往往具有相对主义特征；（2）任何个体都隶属于不同类型的共同体，从而交易行为也往往具有某种特殊主义特征。关于社会距离和道德距离对人类行为的影响之地位，我们可以典型地从两个事实中获得认识：（1）跨国企业的薪酬：跨国公司给予发展中国家工人的工资远低于发达国家工人的工资，甚至工资—生产率比也远低于发达国家，尽管发展中国家工人更贫困，更需要提高收入。（2）慈善基金的使用：发达国家的一些富人或企业主要向国内慈善机构而不是发展中国家的慈善机构进行捐赠，尽管发展中国家的慈善机构更需要资金。Falk 等有关变异型的最后通牒博弈实验也对道德差序性所关注的后果论行为主张提出怀疑，因为在提议方存在不同可选择分配方案的情况下，尽管接收方获得的收益是相同的，但接收方的拒绝率却存在很大差异。②

---

① 这两方面的差异明显体现在儒家社会和基督教社会中，可以就此进行深入的实验研究。
② Falk A., Fehr E. & Fischbacher U., *On the Nature of Fair Behavior*, Working Paper No. 17, Institute for Empirical Research in Economics, University of Zurich, August, 1999.

第十三章

审视真实的社会公平：差序性的公平观

【导读】 传统公平观往往从平等主义的角度来理解公平，但是，人类的现实行为往往存在明显的差序性，这些差序性行为也为绝大多数社会所认同和接受。显然，如果公平心确实应渗透在人们的日常生活中的话，那么，真实的社会公平也是差序性的。这种差序性的公平观与"为己利他"行为机理相一致，并为大量的社会事实和行为实验所证实。

第一节 引言

迄今为止，大量行为实验揭示出了这样一些重要特点。第一，公平的考虑在很多重要领域都对经济行为产生影响：（1）处于罗尔斯的"无知之幕"之中的双边议价往往会同意一个相当公平的结果，尽管基于纯粹自利人假设的标准经济学模型往往会得出相当不平等的结果；[1]（2）在信息很不对称的劳动市场中，公平观的考虑也往往导致有效工资稳定偏离完全竞争的理论结果；[2]（3）即使在力量不对称的独裁者博弈以及权力—掠取博弈实验中，受试者留给回应方的份额也远大于子博弈精炼均

---

[1] Camerer C. & Thaler R., "Ultimatums, Dictators, and Manners", *Journal of Economic Perspectives*, Vol. 9, 1995, pp. 209–219.

[2] Fehr E. & Falk A., "Wage Rigidities in a Competitive Incomplete Contract Market", *Journal of Political Economy*, Vol. 107, 1999, pp. 106–134.

衡的理论结果。① 正因如此，人类行为很难抽象为经济人假说。第二，人们的行为并非是完全公平的，无论是在独裁者博弈实验还是最后通牒博弈实验中，提议者的出价很少超出50%，而且，独裁者博弈实验中的出价往往比最后通牒博弈实验中的出价相对要低。正因如此，人类行为又很难用纯粹的利他主义来进行解释。第三，个体的行为往往还受文化的、社会的、心理的、教育的、环境的因素之影响，② 尤其是，同一个体在同一实验中面对不同对象时的行为往往呈现出明显的差序性，这包括道德差序性和社会差序性。正因如此，"为己利他"行为机理可以更好地对人类的普遍行为加以解释和预测。

事实上，为了对大量行为实验和真实行为提供有效的分析，引入公平观以及深化对公平观的理解就显得非常重要，不少行为实验也致力于对互惠和公平进行检测。③ 然而，迄今为止，经济学界却很少有人对何谓"公平"之概念给出一个明确而有说服力的界定，尤其没有基于人类行为的差序性来理解具体社会中的公平含义。有鉴于此，本章尝试通过经验统计的数据和行为实验的数据来揭示现实社会中具体而复杂的社会公平观，并基于"为己利他"行为机制做一解释。

第二节　现实公平观中的差序性

毋庸置疑，无论是在行为实验中还是日常生活中，人们的行为往往都不能做到一视同仁，如宜家、沃尔玛之类的跨国零售厂商在全球实行

---

① Bosman R., Sutter M. & van Winden F., "On the Impact of Real Effort and Emotions in Power-to-take Experiments", *Journal of Economic Psychology*, Vol. 26, 2005, pp. 407 – 429.

② Henrich J., Boyd R., Bowles S., Camerer C., Gintis H., McElreath R. & Fehr E., "In Search of Homo Economicus: Experiments in 15 Small-Scale Societies", *American Economic Review*, Vol. 91, No. 2, 2001, pp. 73 – 79.

③ Konow J., "Which Is the Fairest One of All? A Positive Analysis of Justice Theories", *Journal of Economic Literature*, Vol. 41, No. 4, 2003, pp. 1188 – 1239; Fehr E. & Schmidt K., "Theories of Fairness and Reciprocity: Evidence and Economic Application", in: Dewatripont M., Hansen L. P. & Turnovsky S. J., *Advances in Economics and Econometrics: 8th World Congress*, Econometric Society Monographs, Cambridge: Cambridge University Press, 2003, pp. 208 – 257.

的劳工标准就很不相同。[1] 通过观察那些慈善捐赠者的行为,我们往往可以发现这样一些特点:(1)他们往往更关注那些与他们同一集团的受害人;[2](2)他们往往更关注那些与他们更相似的受害者;[3](3)他们往往更关注那些与他们在地理上更接近的受害者。[4] 同时,从大量的行为实验中,我们还可以发现这样两点:(1)受试者往往愿意付出一定成本来惩罚那些实行不公平行为的人;[5](2)大多数的差序性行为往往又能够为其他受试者所认同。这也就是说,这些差序性行为在很大程度上也就显示出了人们对公平的实际理解。

事实上,差序性行为也为绝大多数社会所认同和接受,甚至被视为理所当然的。例如,儒家就指出这样两点:(1)利他行为(即"仁")主要是在互动中产生的,所谓"仁者,相人偶";(2)利他行为的实践也应当遵循差序性的自然原则,所谓"能近取譬,可谓仁之方也已"。显然,正是由于家庭成员之间的互动更为频繁、利益关系更为密切,因而体现"公平心"的利他行为也首先并集中体现在家庭成员之间。所以,孟子指出,"事孰为大?事亲为大。……事亲,事之本也"(《孟子·离娄上》);而且,"未有仁而遗其亲者也"(《孟子·梁惠王上》)。实际上,在汉字构造中,"仁"本身是"人"从"二"而成,它具有二人合而为一、乃亲如一体之意;而且,由于二人能相容相合,故有视人如己之意,从而本意又做"亲"解。既然人类行为存在明显的"公平"感而"公平"感又存在着差异,那么,基于大量存在的这些差序性个体行为,我们就有必要对社会公平观加以重新审视。

---

[1] Christopherson S. & Lillie N., "Neither Global Nor Standard: Corporate Strategies in the New Era of Labor Standards", *Environment and Planning*, Vol. 37, 2005, pp. 1919–1938.

[2] Flippen A. R., Hornstein H. A., Siegal W. E. & Weitman E. A., "A Comparison of Similarity and Interdependence as Triggers for Ingroup Formation", *Personality and Social Psychology Bulletin*, Vol. 76, 1996, pp. 338–402.

[3] Krebs D., "Empathy and Altruism", *Journal of Personality & Social Psychology*, Vol. 32, No. 6, 1975, pp. 1134–1146.

[4] Charness G., Haruvy E. & Sonsino D., "Social Distance and Reciprocity: An Internet Experiment", *Journal of Economic Behavior and Organization*, Vol. 63, No. 1, 2007, pp. 88–103.

[5] Fehr E., Fischbacher U. & Gächter S., "Strong Reciprocity, Human Cooperation, and the Enforcement of Social Norms", *Human Nature*, Vol. 13, 2002, pp. 1–25; Falk A. & Fischbacher U., "A Theory of Reciprocity", *Games and Economic Behavior*, Vol. 54, No. 2, 2006, pp. 293–315.

第十三章 审视真实的社会公平：差序性的公平观

一般地，社会公平观往往有两种理解：（1）基于与经济人的自利行为相对应的传统公平观，它从平等主义的角度理解公平：公平体现为对一切有关的人一视同仁、平等对待；（2）"为己利他"行为机理观，它从人类的自然差序性的角度理解公平：公平在不同社会关系的人们之间是有差别的，存在"亲亲之杀"。其实，在心理学上，我们在判断一个人的行为是否公平时，往往会将其行为与行为的情景联系起来，而不是仅仅看行为的结果。譬如，一个人为了尽快将产妇送到医院而闯红灯，这往往可以得到大众的理解和体谅；但是，一个人为了在音像店关门之前赶到那里买影碟而闯红灯，那么就很难为一般大众所接受。[①] 同样，国家为了提高弱势者的生活水平而对低收入者实行免所得税政策，社会大众往往可以接受；但是，如果政府为了刺激消费品消费而免除富人的所得税，那么大多数人是不能理解的。此外，卡尼曼等人调查表明，当厂商因为竞争的压力而提高价格时，消费者往往可以接受；但是，厂商因为需求的上升而提价，那就会被认为是不公正的。[②]

而且，在很大意义上，公平概念本身是与正义概念联系在一起的，而根据 D. 米勒的分类，正义原则在不同的关系模式中所体现的内容是不同的：在由亲戚关系或相互熟识或者由共同的信仰或文化联系在一起的团结性社群中，实质性的正义原则是按需分配；在以获取报酬、升迁以及其他类似私人目标的功利方式而相互联系在一起的工具性联合体中，相应的正义原则是依据应得分配；而在以同等公民身份相互联系在一起的联合体中，首要的分配原则是平等。[③] 相应地，平等的概念本身也是充满歧义的，例如，维拉曼特就列举了八种平等含义：个人所得相同、个人按功得其所得、个人按劳得其所得、个人按需得其所得、个人按身份得其所得、个人按法律权利得其所得、个人按适应性得其所得、个人按

[①] 凯莫勒：《行为博弈：对策略互动的实验研究》，贺京同等译，中国人民大学出版社 2006 年版，第 77 页。

[②] Kahneman D., Knetsch J. L. & Thaler R., "Fairness as a Constraint on Profit Seeking: Entitlements in the Market", *American Economic Review*, Vol. 76, 1986, pp. 728–741.

[③] D. 米勒：《社会正义原则》，应奇译，江苏人民出版社 2001 年版，第 28—32 页。

地位得其所得。① 王海明强调,"墨家和基督教的爱无差等是没有科学根据的,因而是不可能实行的,也是不应该实行的。试想:我怎么能够同等地爱自己的父母与别人的父母呢?即使能够,难道我应该吗?'的确,'弗洛伊德答道,'我这样做是错误的。因为我的爱被我自己的亲友珍视为一种我偏爱他们的表示。如果我把一个人和他们同等对待,这对他们来说是不公平的。'"②

由此,我们就可以审视两类公平观:在很大程度上,与经济人假设相联系的传统公平观是一种客观的绝对存在,也是一种简单的抽象臆想;相反,"为己利他"行为机理所内含的公平观则是一种主观的感受,也是一种复杂的具体形态。例如,弗兰克就认为,经常用抽象、哲学化的术语进行讨论的"公平"和"平等"实际上与乡土状态的概念(the conce of local status)紧密地联系在一起。③ 因此,从传统公平观到"为己利他"公平观的转变,实际上体现了公平观从抽象到具体、从简单到复杂化的演化。当然,对公平观的理解,在不同社会文化下也是不一致的。例如,Roth 等对最后通牒式议价博弈做了一项跨国实验(分别在耶路撒冷、卢布尔雅那、匹兹堡及东京),就发现了跨文化因素对行为的影响,即,不同文化背景下的受试者对分配结果公平性的社会认知是不尽一致的。④ 一般地,在崇尚绝对伦理的基督教社会中,道德距离对个体行为的影响较大,从而比较信奉平等主义的公平观;相反,在崇尚相对伦理的儒家社会中,社会距离对个体行为的影响较大,从而比较信奉差等主义的公平观。

第三节 差序性社会公平观的解释

在现实生活中,人们之间的行为是相互的:一般地,人们会帮助那

---

① 维拉曼特:《法律导引》,张智仁、周伟文译,上海人民出版社 2003 年版,第 220—222 页。
② 王海明:《新伦理学》,商务印书馆 2001 年版,第 283 页。
③ Frank R., *Choosing the Right Pond*, Oxford: Oxford University Press, 1985.
④ Roth A. E., Prasnider V., Fujiwara M. O. & Zamir S., "Bargaining and Market Behavior in Jerusalem, Ljubljana, Pittsburgh and Tokyo: An Experimental Study", *American Economic Review*, Vol. 81, 1991, pp. 1068 – 1095.

些曾经帮助过他的人,而会伤害那些曾经伤害过他的人。相应地,这种行为结果就表现为两种特色:(1)当每个人都最大化其他人的收益时,就形成了相互最大化均衡;(2)当每个人都最小化其他人的收益时,就形成了相互最小化均衡。为此,M. Rabin 将反映这种行为动机的结果称为公平均衡,每个相互最大化和相互最小化的纳什均衡都可被视为是一个公平均衡。① 当然,相互最大化和相互最小化的形成都源于个体间的社会互动,并与特定的文化伦理有关:如果个体间互动频繁且文化伦理注重合作,那么就可以形成相互最大化的公平均衡;相反,如果个体间互动稀少且文化伦理崇尚竞争,那么就很可能导向相互最小化的公平均衡,这也就是常见的基于最小最大化行为原则的纳什均衡。显然,从这个意义上讲,社会公平观不是抽象的而是具体的;而且,个体对他人行为的公平性之感受与他们之间的关系有关,而这种关系又可以由社会距离来衡量。

其实,尽管现代经济学只是最近十几年才开始重新探究社会互动对个体行为的影响,但是,社会距离一词却很早就用于社会科学文献。它至少可以追溯到 Bogardus 的《移民和种族态度》一书,他提出了一个测量社会距离的尺度:我应该和这个人结婚吗?我应该将这个人排除在国家之外吗?② 一般地,社会距离的长短往往体现出个体之间的相似程度,为此,Charness 和 Gneezy 用由一定社会环境造成的情感的近似性来表示社会距离。③ 同时,由于社会距离短的个体之间的相似性较高,他们的社会行为产生的相互影响就较大;为此,阿克洛夫用社会决策的外部性来测算人们之间的社会距离。④ 这意味着,自身行为对他人带来的外部性越大,说明两者的利益关系越密切,从而社会联结程度越高。

同时,由于社会距离短的个体之间存在强烈的相互影响,从而就形

---

① Rabin M., "In Corporating Fairness into Game Theory and Economics", *American Economic Review*, Vol. 83, No. 5, 1993, pp. 1281–1302.

② Bogardus E., *Immigration and Race Attitudes*, Boston: Heath, 1928.

③ Charness G. & Gneezy U., *What's in a Name? Anonymity and Social Distance in Dictator and Ultimatum Games*, Working Paper, University of California at Santa Barbara, 2003.

④ Akerlof G., "Social Distance and Social Decisions", *Econometrica*, Vol. 65, No. 5, 1997, pp. 1005–1027.

成了利益共同体。进而，正是置于同一共同体之中，他们不仅相互攀比，而且相互补充。一方面，从相互独立的个体层面上，他们往往相互攀比；例如，Frank 就认为，人们更倾向于与那些看起来社会距离更短的人进行比较。[1] 另一方面，从相互依赖的共同体层面上，他们往往相互补充；在面对共同体内部成员和外部成员之间的利益竞争时，他们往往更乐于维护共同体内部成员的利益，这也就是"为己利他"行为机理的实施。正因如此，学术界往往用"社会距离"一词来说明，人们往往被预期会采取更有利于那些与其社会的、血缘的联系程度更高的人之行为，而社会距离的典型决定因素则包括民族、种族、宗教、阶级、国家、家庭、职业、单位，等等。相应地，Dijk 等将社会距离转换为社会联结（Social Tie），其定义为：人们相互关心对方福利的程度，它依赖于社会互动的成功，如对公共品的共同投资等。[2]

由此，我们就可以理解这一社会现象：某些人热衷于成立基金来资助对阿尔茨海默症的研究，而另一些人则热衷于捐资支持对白血病的研究；某些人热衷于赞助对肺癌的研究，而另一些人则资助对各种硬化症的研究；某些人热衷于捐资高校建大楼，而另一些人则捐资贫困儿童读书；某些人热衷于为中国汶川地震捐资，而另一些人更愿意为海地地震捐资；等等。在很大程度上，这都体现出捐助者与其中某些受害者之间所存在的特殊（私人）关系，从而促进了捐赠者的捐资意愿以帮助其他遭受类似不幸的人。例如，由于鸿海集团董事长郭台铭的妻子与弟弟皆因癌症过世，因此，他的"永龄基金会"斥资150亿台币成立"台成干细胞治疗中心"。同样，在海外，包括南希·里根、米亚·哈姆以及罗布·洛在内的名人所发起成立的慈善基金往往有利于这样的受害者：他们正遭受这些名人的家庭成员曾经遭受过的那种痛苦。

事实上，大量的证据也表明，当人们事先所认识的其他人曾遭受过某种不幸时，他们往往就有更强意愿加入这类慈善组织而成为志愿者。例如，阿尔茨海默症协会的志愿者中有89%在他们加入协会之前就已经

---

[1] Frank R., *Choosing the Right Pond*, Oxford: Oxford University Press, 1985.

[2] van Dijk F., Sonnemans J. & van Winden F., "Social Ties in a Public Good Experiment", *Journal of Public Economics*, Vol. 85, No. 2, 2002, pp. 275 – 299.

认识阿尔茨海默症患者，艾滋病行动组织的志愿者中有 60% 之前已经认识艾滋病患者，而特奥会的志愿者中有 46% 之前已经认识残障人。[①] 具体实验结果如图 13—1 和图 13—2 所示。

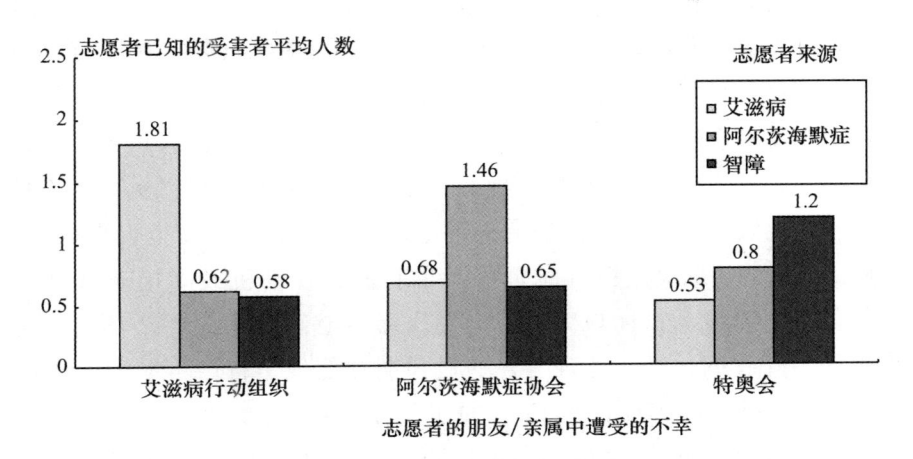

图 13—1　每个组织中志愿者与每个不幸受害者间人际关系的平均人数

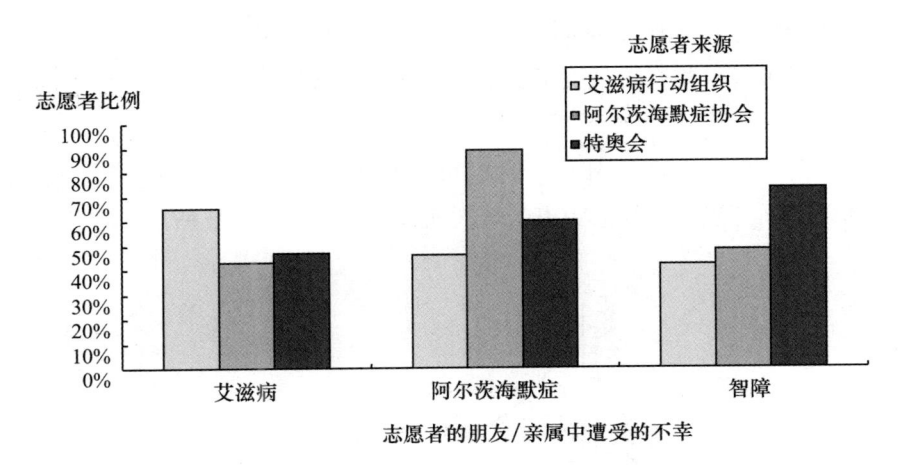

图 13—2　在成为组织的志愿者之前与受害者有私人关系的志愿者的比例

[①] Small D. A. & Simonsohn U., "Friends of Victims: Personal Experience and Prosocial Behavior", *Journal of Consumer Research*, Vol. 35, No. 3, 2008, pp. 532–542.

那么，了解一个特定不幸的受害者和从事有助于同一不幸的其他受害者的亲社会活动之间为何存在这种正相关联系？迄今为止，有这样几类解释机理：（1）虚假联系：受害者的朋友与非受害者的朋友之间仅仅存在不可观测的差异，他们更倾向于援助其他受害者主要源于不可观测的异质性驱动而不是私人关系本身。例如，不可观测的特征可能是地理上的距离：人们当志愿者也许因为它离家近，而慈善组织也许坐落在特定不幸高发率的地区；这样，在了解一个特定不幸的受害者和从事此类亲社会的志愿活动之间就构成了虚假联系。（2）自私动机：受害者的朋友可能对他们所爱的人所经历的那种不幸显示出更高的（主观）概率，因此，他们的捐助决定很可能是由其私利的直接动机或间接动机所激发。例如，直接动机体现为，帮助寻找那些他们感觉与自己有联系的疾病的治疗；间接动机体现为，通过预期补偿他们自己可能患上的那种疾病。（3）信息突出：受害者的朋友可能会更好地被告知帮助类似不幸的其他受害者的途径，也可以更好地被告知他的痛苦经验。而且，即使是同等地获知信息，与受害人之间的个人关系也可能作为一个提醒而促进其行为。（4）社会偏好效应：知道一个受害人往往可以直接影响社会偏好：它产生对同样不幸的受害人的效用之关注。换句话说，有一个受害者的关系可能会导致捐助者在很大程度上将其他受害者的效用内部化。

因此，根据上面的分析，我们可以得出具体社会关系中的公平观，这体现在平等程度随社会距离的增大而递减。如图13—3所示。

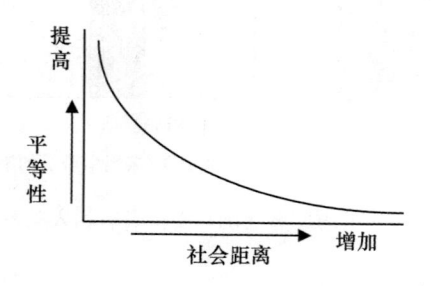

图13—3 新公平观：平等程度与社会距离之关系

当然，公平观本身就是社会文化和习惯的函数，这体现在大量的行为实验中,如最后通牒博弈实验以及独裁者博弈实验等都表明,提议者和回应者都共享一个观念:即社会中什么会被认为是公平的,而提议者会调整其出价来反映共享观念。也正因如此,在不同类型文化的社会中,公平的具体表现或批判标准也就有所不同。事实上,Henrich 等人的实验就表明,在不同国家所做的最后通牒博弈实验中,尽管提议者的出价水平差异相对较小,但当更大程度的文化多元性纳入研究时,就会发现更大的行为差异。[1]

第四节 行为经济学的实验证据

差序性的社会公平观体现在人类日常生活的方方面面,譬如,一个母亲往往会花更多的精力去照顾那些能力相对欠缺的小孩,父母也往往为那些无法照料自身的生活的儿女留下更多的遗产。同时,也有不少学者通过系列的行为实验对真实世界中的公平观展开探究和分析。

例如,Andreoni、Brown 和 Vesterlund 等人所做的两人公共品投资博弈实验就反映出,公平远不止是最后收入分配结果的函数,而很大程度上依赖于选择和没有选择的那些行动。[2] 同样,Abbink 等人也做了一个涉及集团规模和社会关系的公共品投资实验:按照经济人分析范式,没有人会自愿投资的,但实验结果却表明,绝大多数人都愿意为共同投资做出贡献;而且,开始回合的贡献率尤其高,尤其是社会关系紧密的成员在开始回合的投资倾向非常高。具体的实验数据如表 13—1 所示。[3]

---

[1] Henrich J., Boyd R., Bowles S., Camerer C., Fehr E., Gintis H. & McElreath R., "In Search of Homo Economicus: Behavioral Experiments in 15 Small-scale Societies", *American Economic Review*, Vol. 91, 2001, pp. 73–78.

[2] Andreoni J., Brown P. M. & Vesterlund L., "What Makes an Allocation Fair? Some Experimental Evidence", *Games and Economic Behavior*, Vol. 40, 2002, pp. 1–24.

[3] Abbink K., Irlenbusch B. & Renner E., "Group Size and Social Ties in Microfinance Institutions", *Economic Inquiry*, Vol. 44, No. 4, 2006, pp. 614–628.

表 13—1　　　　　　　　　公共品投资的贡献决定

实验类型		受试者单独登记参与（IR）*			受试者以4人一组组团登记参与（GR）**
		2人团	4人团	8人团	
赞同投资的比率	第一轮	93.4%	85.7%	82.3%	98.9%
	第一至九轮	81.3%	79.4%	72.3%	75.9%
	全部	79.8%	76.0%	72.3%	74.1%

注：*确保将受试者之间的社会联结降到最低；**确保团队是受试者自己所选择。

再如，Güth、Huck 和 Ockenfels 较早地做了一个三人两阶段的最后通牒博弈实验以观测公平心和信息对行为的影响：受试者 1 了解到所分金额是大（DM24.6）还是小（DM12.6），然后对另外两个不知所分金额大小的受试者出价 x；受试者 2 可以拒绝这个出价而使得博弈结束，同时也可以接受这个出价并以 x 作为总金额与受试者 3 进行最后通牒博弈。显然，按照绝对主义的公平原则，当三人平分较小金额 DM12.6 时，受试者 1 应该出价 8.4。但实验结果表明，只有六分之一的受试者的出价达到了 8.0；而平分较大金额 DM24.6 时，70% 的受试者出价在 8.4 左右，以让其他两个受试者总金额是较小的 DM12.6。而且，这些出价通常都被接受了，而受试者 2 通常会将从受试者 1 那儿得到的份额的一半分给受试者 3。[①]

随后，Güth 和 Damme 又分别在知道总金额大小和不知道总金额大小的不同信息条件下做了最后通牒博弈和独裁者博弈相结合的三人博弈实验：提议者将约值 6.8 美元的 120 个筹码分成三份（x, y, z），x 是提议者的收益，y 是具有行动权的回应方的收益，z 是没有行动权的接收方的收益；其中，回应方可以拒绝提议者分给他的 y 而使三人都一无所获，也可以为了接受者的收益而接受 y。实验又分三种信息条件：（1）回应方知道（y, z）的总额，从而可算出 x；（2）回应方只知道 y 的大小；（3）回应方只知道 z 的大小。实验结果表明，（1）当回应方知道分给他的份额时，提议方会像两人博弈时那样给 y 30%—40% 的份额，而只给接收方

---

① Güth W., Huck S. & Ockenfels P., "Two-level Ultimatum Bargaining with Incomplete Information", *Economic Journal*, Vol. 106, 1996, pp. 593–604.

5%—10%；（2）当回应方不知道分给他的份额大小而知道分给接收方的份额时，提议方会比在其他两种情形下给接收方更多的份额，以此显示自己并不过于自私；（3）总体上看，回应方拒绝的比率很低，且往往并不太在意接收方能够获得多少份额。①

显然，在 Güth 和 Damme 的多人博弈实验主要是利用第三者做"哑变量"来检测公平对行为的影响，但实验结果表明，回应方的行为往往不受它的影响，这往往被解释为是"哑变量"的赋值相当低的缘故；为此，Kagel 和 Wolfe 在变动"哑变量"的大小的情形下又做了进一步的检测，最后还是没有发现"哑变量"对回应方行为的显著影响。② 同时，在 Güth 和 Damme 的多人博弈实验中，具有行动权的回应方在接收方获益很少的情况下仍旧会接受提议方的出价；这反映出，受试者在判断某人的公平程度时并不是依赖于此人的总体慷慨程度，而主要依赖于此人对自己及他人的出价差异。当然，这种出价差异是否被接受，又有赖于提议者与回应者以及接受者或其他回应者之间的特殊关系，也即社会距离。

为了更好地考察社会距离对个人行为以及公平观的影响，从而对具体生活中的公平概念有更清晰的理解，我们可以在前人工作的基础上做一系列对比实验。例如，Small 和 Simonsohn 等曾做过一个测试受害人身份如何影响人类行为的独裁者博弈实验：所有受试者开始被分配到 10 美元的初始禀赋，每对朋友给编排为一个单一号码，而在每个配对中，其中一个人的标签为 A 而作为独裁者，另一人的标签为 B 而作为接受者；这样，每个受试者都知道自己及其朋友的编号和字母标签，但不知道其他任何人的编号和字母标签。同时，通过投硬币的方式决定 B 方中的一半（单数或双数）失去了初始禀赋而成为受害者，这样所有的独裁者 A 都知道这一点，但只知道其中其朋友一人身份。实验结果就表明：如果其朋友是一个受害者，该独裁者就表现得更为大方，其平均捐赠是 3.06 美元；相反，如果其朋友不是一个受害者，该独裁者的平均捐赠是 1.95

---

① Güth W. & Van Damme E., "Information, Strategic Behavior, and Fairness in Ultimatum Bargaining: An Experimental Study", *Journal of Mathematical Psychology*, Vol. 42, No. 23, 1998, pp. 227-247.

② Kagel J. H. & Wolfe K. W., "Tests of Fairness Models Based on Equity Considerations in a Three-person Ultimatum Game", *Experimental Economics*, Vol. 4, No. 3, 2001, pp. 203-219.

美元。[1]

最后，社会公平观影响经济活动的一个重要体现就是在工资结构中：早期的古典经济学家就指出，工资不仅要满足于生产和再生产劳动力的需要，也受一定社会的道德文化的影响；而且，现代社会的各种工资和劳动立法也体现了伦理正义的影响，而道德文化、伦理正义等都与公平观联系在一起。事实上，按照主流经济学的理论，只要存在失业，厂商就可以削减工资，但现实生活中却很少有企业能够且确实这样做的。一些经济学者就从公平角度进行分析，[2] 另一些经济学者和心理学家则为之提供了实验的证据。[3] 而且，每个企业中的工人工资还存在明显的差异性，这种差异性最明显地体现在家族企业中：家族企业的工资决定权在家族董事会或者董事长，他在决定工资结构时往往潜意识地遵循一种"亲亲之杀"原则，在同一岗位上的家族成员和非家族成员所获得的工资或薪水是不同的，非家族成员往往并不感到这是歧视或不公平；但是，一旦非家族成员所获得的工资明显高于家族成员，家族成员就会感到受到了最高管理者的歧视。正因如此，我们就可以通过对家族企业中的工资结构差异来剖析具有差序性的公平观，并比较这种差序性在不同社会文化下的差异。

第五节 结语

经验和实验表明，人们在社会互动中并不存在一个客观而普遍的公正原则，"公正"的具体行为特征本身就随人际关系而不同。一般地，人们有关公平的理念往往展现出某种"距离"原则。谢林就写道："在通过转移支付进行收入再分配（如提供国际援助、慈善捐款等）时，人们会

---

[1] Small D. A. & Simonsohn U., "Friends of Victims: Personal Experience and Prosocial Behavior", *Journal of Consumer Research*, Vol. 35, No. 3, 2008, pp. 532–542.

[2] Blinder A. S. & Choi D. H., "A Shred of Evidence on Theories of Wage Stickiness", *Quarterly Journal of Economics*, Vol. 105, No. 4, 1990, pp. 1003–1015; Bewley T. F., "Why Not Cut Pay?", *European Economic Review*, Vol. 42, No. 3–5, 1998, pp. 459–490.

[3] Kahneman D., Knetch J. L. & Thaler R. H., "Fairness as a Constraint on Profit Seeking: Entitlements in the Market", *American Economic Review*, Vol. 76, No. 4, 1986, pp. 728–741.

根据各种不同的'距离'概念对转移的接受者加以区别。"一般地，这包括以下四方面：（1）地理距离，"美国人对自己所在的城市比其他较远的城市更感兴趣，对自己的国家也比对其他国家更感兴趣"；（2）政治距离，"东海岸美国人对洛杉矶人比对加拿大魁北克省的人更感兴趣"；（3）文化距离，"有些人在语言、宗教和其他文化传统方面更为接近"；（4）亲属距离，"表现为横向和纵向两个维度：纵向来看，子女比孙辈离得更近；横向来看，子女比侄女（甥女）侄子（外甥）更为亲近"。[1]

显然，正是存在这种"距离"概念，公平概念不具有先验的自然属性，而呈现出私人关系的社会性。相应地，人类社会有关公平的理念就不等同于一视同仁。当然，在不同文化中，由于有关社会价值的信念不同，具有社会性的公平概念的理解也往往不同。事实上，Dana 等认为，对"利他主义"或"公平"行为的更好描述是：人们不喜欢采取不符合其相关信念的行动。这种解释的关键在于：人们不仅关注自己选择所导致的结果，而且也关注选择本身及其隐含的这些"自我信念"。具体来说，人们往往持有这样的一些信念：他们是什么样的人以及"应该"做的事又意味着什么。对大多数人（在大多数情况下）来说，相关的自我信念有"我是一个好的、公平的人"和"好的、公平的不会采取牺牲它人的自私行为"。为此，Dana 等提出了"自我信念的一致性"理论来解释社会互动行为。[2]

因此，本章对真实世界中的"社会公平观"做了经验的论证和理论的提升，这显然不同于现代主流经济学的抽象分析以及给出的相应制度安排。阿马蒂亚·森就写道："公正最终是与人们的生活方式相关，而并非仅仅与周遭的制度有关。许多主流的公正理论却用大量的笔墨关注如何建立'公正制度'，而行为特征只是被赋予了派生和辅助的功能。比如，约翰·罗尔斯著名的'作为公平的正义'理论产生出一套独特的'公正原则'，这些原则所关注的仅仅是建立'公正制度'，同时要求人们的行为完全符合这些制度的要求。本书认为，过于关注制度方面（假定

---

[1] 谢林：《承诺的策略》，王永钦、薛峰译，上海世纪出版集团 2009 年版，第 51 页。
[2] Dana J., Weber R. & Kuang J. X., "Do People Value Being Fair or Not Being Unfair? Behavior Inconsistent with Fairness Preferences", Working Paper, 2003.

行为处于从属地位),而忽略人们的实际生活,是有严重缺陷的。"① 这也暗示了,我们应该对现代主流经济学的抽象化研究思维及其相应的政策主张提出审慎的反思和批判。

---

① 森:《正义的理念》,王磊、李航译,中国人民大学出版社2012年版,序第4页。

第五篇
"为己利他"行为机理的社会基础

第十四章

质疑经济人的两大内涵：来自行为实验的证据

【导读】 现代主流经济学以理性的经济人假设为基石，它所依据的标准理性概念具有内在一致性和效用最大化的双重特征。但大量的行为经济学实验却表明，社会互动中体现出的人类理性与这种假设之间却存在明显的差异：（1）任何个体都不仅仅关注物质利益的最大化，而能够关注社会性需求，这使得他要关注其他人的偏好；（2）任何个体都不仅仅关注一次性行为带来的收益，而是能够综合地考虑长期利益，这使得他更倾向于遵守由历史的经验和教训所形成的规则和习俗。

第一节 引言

在现代经济学理论中，非理性行为是一个不受欢迎的添加物。究其原因，正如罗斯·米勒指出的，"（如果）经济理论的基础是个人会做出非理性选择的话，那就没有什么是不可能发生的了"[1]。为此，现代主流经济学将其理论体系建立在理性经济人假设的基础上。问题在于，我们如何理解人类理性。一般地，经济人分析范式是，将具有丰富社会性的人还原为抽象的原子个体，并且局部地考虑实现行为功利的手段选择问题。相应地，现代主流经济学所使用的标准理性概念就具有这样两大基本

---

[1] 罗斯·米勒：《实验经济学：如何构建完美的金融市场》，于泽、李彬译，中国人民大学出版社2006年版，第87页。

特征：一是追求个人利益的最大化；二是体现为行为逻辑的内在一致性。问题是，这种理性假设是否合理？我们可以做两方面的审视。（1）就"追求个人利益的最大化"而言，现代主流经济学往往将它追溯到斯密有关自利人的评论。但是，无论是在《道德情操论》中还是在《国富论》中，斯密都没有把牟取私利当作唯一的理性，而是对人类行为动机持有广泛的观点。（2）就"行为逻辑的内在一致性"而言，现代主流经济学注重在追求目标与相应的行为选择之间保持一致关系。但是，囚徒困境却明显证伪了这种一致性，以致阿马蒂亚·森把"经济人"视为"理性的白痴"。这意味着，现代主流经济学所使用的理性概念所嵌入的两层含义都存在严重缺陷。

事实上，正是由于坚持理性的这两重内涵，现代主流经济学迄今都不能很好地解释现实生活中普遍存在的合作现象，也一直无法为合作博弈提供坚实的理论基础，进而也就无法揭示合作博弈的内在机理。宾默尔甚至认为，博弈理论还是一团乱麻。事实上，宾默尔不仅认为"仅以自己狭隘地认为的自利而行动的人将经常会做出愚蠢的举动"，而且也不同意"用'理性人'来替代'经济人'"。相反，在宾默尔看来，"那些确实理解什么才是真正地符合其最大利益的人，没有理由去像一个傻子一样行动……人类的多样性将不是人为地将其注意力限制在很容易衡量或度量的个人生活的方面。他的关心与他自己的自利一道，同样是考虑得很周全的"[①]。为此，我们也应该重新反思现代经济学的理性假设：（1）人类的行为或者经济行为都是理性的吗？（2）经济学一定要关注人类的理性行为吗？前者的答案是否定的，人类行为显然并非总是理性的，因为人类社会中各种事件都可能发生，只不过各种事件发生的概率不同而已。后者的答案则是肯定的，经济学显然要研究人类的理性行为，因为理性可以提高个体效用、促进社会合作。更进一步的问题是，我们究竟该如何理解人类的理性行为呢？本章就此做一阐述。

[①] 宾默尔：《博弈论与社会契约（第1卷）：公平博弈》，王小卫、钱勇译，上海财经大学出版社2003年版，第28页。

第二节　人类理性并非是指行为逻辑的内在一致性

以经济人假设为基石的现代主流经济学认为，人类是理性的动物，这种理性在逻辑计算的基础上具有行为的内在一致性。而且，这种计算理性是人们选择行动的基础，贝克尔甚至认为，理性的人只有在阅读的价值超过其妻子失眠所损失的价值时才会躺在床上阅读。然而，现实世界中的人们并非是成本—收益的简单反应器，在很大程度上，这种计算理性只是那些主流经济学家的臆想。这里举一个笔者有次做饭时突然体悟到（这往往为大多数人所熟视无睹）的例子：我们在用微波炉加热食物时往往习惯上将时间设定为（数字按钮型的微波炉）：1.00、2.00、3.00……或者1.30、2.30、3.30……（单位为分），或者1.10、2.20、3.40等。但实际上，如果将时间设定为1.11、2.22、3.33……那么，与那种设定整数时间所获得的加热效果几乎没有差异，而这种设定因省却了更换按钮的麻烦而节省了成本。既然如此，我们在现实生活中为何很少会做1.11、2.22、3.33……这样的时间设定，而更倾向于将时间设定为1.00、2.00、3.00……呢？一个关键性因素就在于，我们存在一种思维定势和行为习惯，存在谢林所指出的那种整数型（round）的惯性思维。

一　受惯性思维支配的日常行为

韦伯就指出，这些看似理性的"意向性"取向的行为往往是根据以往习惯方式展开的反应，我们日常的传统行为都在不同程度或者不同意向地自觉保持习惯对自身行为的约束。[①] 事实上，不仅日常生活的经验告诉我们，人们的真实行为机理确实不是纯粹利益反应性的；而且，近年来大量的行为实验文献也反映出，现实决策者在面对不确定情形时往往不会理性地行动，或无论如何不会一致地遵行期望效用法则。[②] 为了说明

[①] 韦伯：《社会学的基本概念》，胡景北译，上海人民出版社2000年版，第31页。
[②] 赫什莱佛、赖利：《不确定性与信息分析》，刘广灵等译，中国社会科学出版社2000年版，第39页。

这一点，我们首先来看两个著名的悖论：

【例1】埃尔斯伯格（D. Ellsberg）悖论。[①] 有两个盒子，其中，盒1中的白球和黑球各占50%，而盒2中白球和黑球的比例未知。现从这其中一个盒中取1球，问：如取白球，你愿意从哪个盒子取？如取黑球，又愿意从哪个盒子取球？实验结果表明，无论是取白球还是黑球，绝大多数实验者都偏好于从盒1中选取。问题是，从盒1取白球的合理逻辑应该是从盒2取黑球。显然，这里体现了人类行为中的逻辑不一致性。而且，这个实验也反映出，人们的行为具有资源依赖性，而非仅仅取决于不确定的程度，这也为后来的一些实验所证实。[②]

【例2】纽科姆（Newcombe）悖论。一个具有深刻洞察力、能预先知道人的心理和行为的"神怪"在A、B两个盒子中放入一定数量的金钱，A中放有100元，而B中可能放有100元，也可能是0元。他允许某人既可只拿B，也可以拿走A和B。但如果"神怪"猜测到该人会取走A、B两个盒子，就会在盒子B中放0元，而预知该人只拿B盒，就会在B盒中放100元。显然，根据后向推理逻辑，将A、B两个盒子都取走是合理的。但是，由于永不犯错误的"神怪"实质上让该人无论如何只是获得100元，因而从直觉上看，只取走一个盒子是理性的。因此，拿走两个盒子和拿走一个盒子的最后收益都是一样的，但由于计算是要投入时间和精力的，也即，是要花费成本的，因而经过推理的行动就是不合算的。这个悖论体现在现实生活中，那些斤斤计较的人往往并不能有更好的收益。

这两个博弈悖论都反映出，人类的现实行为与理论给出的答案之间存在明显的不一致性。诺齐克认为，纽科姆悖论揭示了"占优"和"预期效益最大化"之间的冲突。[③] 事实上，大量的行为实验都反映出，人类理性具有这样两个特征：（1）人类理性是有限度的；（2）人类理性不等

[①] Ellsberg D., "Risk, Ambiguity, and the Savage Axioms", *Quarterly Journal of Economics*, Vol. 75, 1961, pp. 643 – 669.

[②] Chip H. & Tversky A., "Preference and Belief: Ambiguity and Competence in Choice Under Uncertainty", *Journal of Risk and Uncertainty*, Vol. 4, 1991, pp. 5 – 28.

[③] Nozick R., "Newcomb's Problem and Two Principles of Choice", in: Rescher N. (ed.), *Essays in Honor of Carl G. Hempel*, Netherlands: Reidel, Dordrecht, 1969.

于数理的逻辑。人类行为并非是基于数理的逻辑。就前者而言，即使考虑人类行为是工具理性的，但也无法时刻基于计算理性的基础之上。赫什莱佛和赖利指出，不能把人脑视为电脑，用已提出过的问题来欺骗人的脑袋是可能的，就像可利用光学幻觉的安排来欺骗眼睛一样。[1] 关于后者，我们可以从人们对会计成本和机会成本的认识差异中获得明显的经验证据，目前一些学生对学费等教育成本的调涨就非常敏感，但对极有益于其人生发展的那些学术讲座却无动于衷，也即，对进入大学后继续承担的机会成本往往不关心。

针对现实行为与理论逻辑间的不一致性，我们可以看一下特沃斯基和卡尼曼所做的两个对比实验。[2]

【实验一】首先，受试者在方案一、二中进行选择。方案一：A. 确定地获得 240 美元；B. 以 25% 的概率获得 1000 美元，以 25% 的概率获得 0 美元。方案二：C. 确定地获得损失 750 美元；D. 以 75% 的概率损失 1000 美元，以 25% 的概率损失 0 美元。实验结果：A 和 B、C 和 D 选项获得选择概率分别是 84% 和 16%、13% 和 87%。其次，受试者在方案三中选择：E. 以 25% 的概率获得 240 美元，以 75% 的概率损失 760 美元；F. 以 25% 的概率获得 250 美元，以 75% 的概率损失 750 美元。实验结果：E 和 F 选项获得选择概率分别是 0% 和 100%。方案一反映了受试者在收益领域内的风险厌恶，而方案二反映了受试者在损失领域内的风险偏好；实际上，有 75% 选择了组合 A 和 D，而仅有 3% 选择了组合 B 和 C。但是，方案三中 E 选项实际上是组合 A 和 D 的重新表述，而 F 选项则是组合 B 和 C 的重新表述；显然，受试者在两种不同的表述中选择并不一致。

【实验二】受试者在方案一、二和三中进行选择。方案一：A. 确定地获得 30 美元；B. 以 80% 的概率获得 45 美元。方案二：考虑一个两阶段博弈，第一阶段以 75% 的概率结束博弈而一无所获，以 25% 的概率进

---

[1] 赫什莱佛、赖利：《不确定性与信息分析》，刘广灵等译，中国社会科学出版社 2000 年版，第 40 页。

[2] Tversky A. & Kahneman D., "The Framing of Decision and the Psychology of Choice", *Science*, Vol. 211, January, 1981, pp. 453–458.

入第二阶段，而进入第二阶段后面临如下选择：A. 确定地获得 30 美元；B. 以 80% 的概率获得 45 美元。方案三，A. 以 25% 的概率获得 30 美元；B. 以 20% 的概率获得 45 美元。实验结果：在方案一、二、三中 A 和 B 选项获得选择概率分别是（78%，22%）、（74%，26%）和（42%，58%）。显然，方案二和方案三是一致的，而与方案一并不一致，但实验结果却与方案一相一致，而与方案三不一致。在方案一中，确定性效应使得人们选择 A，而两阶段形式造成的确定性幻觉也使得人们在方案二中选择 A，特沃斯基和卡尼曼将之称为伪确定性效应（Pseudocertainty Effect）。

显然，能够始终遵循现代主流经济学的理性逻辑以追求收益最大化的情形是罕见的。Gottfries 和 Hylton 就做了这样一个实验：麻省理工学院的学生按照进度表制订用餐计划，当销售量达到一定程度后，每餐的价格就会降低很多；这些学生被询问是否愿意转到其他食堂用两个星期的餐，替代价格高于用餐计划的边际成本而低于平均成本。实验结果：68% 的学生选择转换到其他食堂，并认为这样做是为了"省钱"。[1] 但试想，他们的行为果真省钱吗？符合现代经济学基于边际收益等于边际成本的选择原则吗？显然，具有高度智力水平的麻省理工学院的大学生都不能有效辨识边际成本和平均成本，那么，我们可以期待一般社会大众遵循边际原则行为吗？事实上，在日常生活中，人们行为更常见和可靠的依据是习惯，主要借助于经验和启发而非理性计算和推理进行决策。沙克尔说："在经济学理论中，行为是对环境的理性应对；在真实的生活中，它只是风中摇摆的树叶。"[2]

二　不确定下的系统性偏差

根据经验法则，当我们思考某件事发生的频率时，往往会问自己能够想起多少类似的事。相应地，当某件事的发生次数与你能想到的实例不具有明显相关性时，经验法则往往就会失效。这样，人们在使用这样

---

[1] Gottfries N. & Hylton K., *Are MIT Students Rational?*, Unpublished Manuscri, MIT, Cambridge, 1983.

[2] 转引自雷斯曼《保守资本主义》，吴敏译，社会科学文献出版社 2003 年版，第 17 页。

的经验法则时就会犯下"可预测的错误"（predictable error）。塞勒举例说，假如问你"德鲁弗"（Dhruv）是不是一个常见的名字，来自印度以外的人很可能会说不是；但实际上，"德鲁弗"这个名字在印度却很常见，而印度人口众多，因而以全球人口的角度来看也属于常见名。同样，塞勒还举例说，如果我们问美国人，被枪杀的人数多还是饮弹自杀的人数多？大多数人都会说他杀的人数更多，但实际上，用枪自杀的人几乎是被枪杀的人数的 2 倍。为此，卡尼曼和特沃斯基就提出了区分人类判断大小、频率和概率的三种具体启发——可得性启发（Availability Heuristics）、表征性启发（Representative Heuristics）和锚定性启发（Anchoring Heuristics），并以此来分析人们的预测和判断。

　　首先，就锚定性启发而言。它是指当人们需要对某个事件做评估时，往往对大脑所接受的最初信息给予特别重视并将它作为评估的参照值。显然，如果这些"锚"定的方向有误，那么导致估测也会产生偏差。譬如，面对一个提问：甘地去世时比 144 岁大还是小？虽然你完全不会相信甘地活到了 144 岁，但联想机制仍然促使你产生出一位逝去老人的印象。但如果换一种问法：甘地去世时比 35 岁大还是小？你的答案就可能相差很大。同样，我们可以看几个实验。实验一：给你一张纸，把这张纸对折了 100 次的时候，你估计所达到的厚度有多少？许多人估计会有一个冰箱那么厚或者两层楼那么厚。然而，通过计算机的模拟，这个厚度远远超过地球到月球之间的距离。为何有这种差异呢？这就涉及抛锚调节启发的作用，人们的思维被锚定在纸是很薄的东西这个事实上了，因而觉得即使折上 100 次也厚不到哪里去。实验二：请在 5 秒钟内估计 1 到 8 相乘的大致结果，其中，A. 列式为 $1\times2\times3\times4\times5\times6\times7\times8$；B. 列式为 $8\times7\times6\times5\times4\times3\times2\times1$。结果，A 列式的中位估计值为 512，B 列式的中位估计值为 2250。[①] 那么，为何两个列式中的中位估计值存在如此差异呢？就在于人们对答案的估计往往"锚定"在刚开始计算的几步上。当然，两者的估计值都小于实际计算出来的答案 40320，这反映出人类行为并不能像理性经济人所宣扬的那样理性。

[①] Tversky A. & Kahneman D., "Judgment under Uncertainty: Heuristics and Biases", *Science*, Vol. 185, September, 1974, pp. 1124 – 1131.

其次，就表征性启发而言。它是指人们凭经验已经掌握了一些事物的代表性特征，当人们判断某一事物是否出现时往往只看这一事物的代表性特征是否出现；因此，它往往会忽略先验概率的影响，而犯小数法则偏差的错误。我们先看卡尼曼和特沃斯基所做的两个实验。实验一：A. 在一本小说的四页（大约 2000 字）中，你预期将会发现多少具有"——ing"形式的词（以 ing 形式结尾的 7 字母的单词）？选择下列一个值代表你的最好估计：0、1—2、3—4、5—7、8—10、11—15、16 及以上。B. 在一本小说的四页（大约 2000 字）中，你预期将会发现多少具有"——n－"形式的词（以 7 字母组成且第 6 个是 n 的单词）？选择下列一个值代表你的最好估计：0、1—2、3—4、5—7、8—10、11—15、16 及以上。实验结果是：在 A 中的均值为 13.4，而 B 中的均值为 4.7。实验二：考察有规则的六面骰子，4 面绿色 G，2 面红色 R，骰子滚动 20 次，要求你从以下 3 个答案中选出一个顺序，如果与骰子连续滚动时出现的结果相符就可以获得 25 美元：A. RGRRR，B. GRGRRR，C. GRRRRR。实验结果是：63% 的受试者选择 B，仅有 35% 选择 A，其余选择 C。[①] 显然，这两个实验结果都违背概率的联合原理：联合概率 p（A∪B）不可能超过其组成部分的单个概率 p（A）和 p（B）。在实验一中，具有"——n－"形式的词只是具有"——ing"形式的词的组成部分，因而出现的概率应该更高；在实验二中，A 是在 B 中删掉一个 G，从而出现的可能性更大。为什么会出现这种悖象呢？关键在于：在实验一中，以 ing 结尾的词很多，从而容易让人产生联想；而在实验二中，B 中有 2 个 G 而显得更具表征性。

在现实世界中还有大量的类似例子：（1）中风致死的数量几乎是所有意外事故致死总数的 2 倍，但 80% 的受试者却判断意外事故致死的可能性更大；（2）哮喘的致死率是龙卷风的 20 倍，但人们往往认为龙卷风更容易致死；（3）被闪电击中致死的概率是食物中毒致死的 52 倍，但人们往往认为被闪电击中致死的概率更小；（4）得病死是意外死亡的 18 倍，但人们却认为概率相等；（5）意外死亡与糖尿病死亡的比率是 1：4，

---

① Tversky A. & Kahneman D.，"Extension versus Intuition Reasoning: the Conjunction Fallacy in Probability Judgement"，*Psychological Review*，Vol. 90，October，1983，pp. 293 – 315.

但人们却认为前者是后者的 300 倍。为此，卡尼曼说："我们脑海中的世界并不是真实世界的准确反映，我们对事件发生频率的估测也会受到自己接触这些信息和频率与个人情感强烈程度等因素的影响。"① 再如，某医院在几小时内出生的婴儿性别如下：A. 男男男女女女，B. 男男男男男男，C. 男女男男女男。那么，问：这些情形的可能性哪个大？一般的回答往往是 C 的概率最大，因为它体现了随机性。但实际上，这三种情形的概率是一样的，因为每个婴儿的出生都是独立事件。

再次，就可得性启发而言。它是指人们在判断中容易受到记忆效应的影响，通常会赋予一些容易得到的、容易记忆的信息以很高的权重。也即，人们倾向于根据客体或事件在知觉或记忆中的可得性程度来评估其相对概率，因而容易知觉到的或回想起的客体或事物被估计的概率往往更高。认知心理学就指出，与不太熟悉的信息相比，熟悉的信息更容易给人们留下深刻的印象，从而被认为是更真实，更相关；同时，人们对引起强烈情感体验的事件记忆深刻，在判断中给予更高的权重。例如，卡尼曼和特沃斯基在实验中发现，如果被试者私下里听人提起生活中熟悉的某个人曾经被犯罪分子抢劫，尽管他们可以接触到更全面、更具体的统计数据，但仍会高估该城市的暴力犯罪率。② 再如，在问夫妻双方"你为保持家庭整洁做了多大贡献"这一问题时，夫妻双方给出的贡献率加总往往超过 100%。其重要原因就在于，夫妻二人对自己的努力和贡献记得比对方清楚。这样的事例也是比比皆是，如娱乐明星的离婚事件和政客的性丑闻事件就格外引人注目，因为这些实例往往很容易从各种媒体上得到；航空交通风险更容易引起人们的担心，因为飞机失事事件往往会引起媒体的广泛报道。③ 在很大程度上，也正是由于这种可得性启发，地震或飞机失事后的购买保险行为就显著增加。我们再来看一个实验：字母 K 常出现在英文单词的第一个位置还是第三个位置？实验结果，绝大多数选择第一个位置。但实际上，第三个字母是 K 的单词数是以 K

---

① 卡尼曼：《思考，快与慢》，胡晓姣等译，中信出版社 2012 年版，第 120 页。
② Tversky A. & Kahneman D., "Availability: A Heuristic for Judging Frequency and Probability", *Cognitive Psychology*, Vol. 5, No. 2, 1973, pp. 207–232.
③ 卡尼曼：《思考，快与慢》，胡晓姣等译，中信出版社 2012 年版，第 112 页。

字母开头的单词数的 3 倍。同样，在字母 R 出现在单词第一个位置还是第三个位置的概率估计中，绝大多数被试者也是认为出现在第一个位置的概率更高。之所以出现这种错误的判断，就在于人们往往更容易回忆起以某个特定字母开头的单词而不容易回忆出有特定的第 3 个字母的单词，这就是可得性启发的作用。

  总之，大量的实验都表明，现实生活中的个体行为往往并不能遵循数理逻辑上的完备性（complete，可以排序）、传递性（transitive，不出现悖论）以及单调性（mononity，更喜欢数量大的组合）等原则，相反，它往往受一些"焦点"意识的影响，而这种"焦点"体现为过去经验、社会习惯以及流行风潮等。例如，鲍尔斯就写道："个体有意识地追求他们的目标，但是其行为的事实受到诸多限制，即这些行为受制于过去的经验，而不是像瓦尔拉斯范式和绝大多数古典博弈论所假定的那样，参与人能够按照一个认知上所要求的前向预期的最优计算程序行动。"[①] 关于人的认知，迈克尔·波兰尼曾将之分为焦点觉知和附带觉知两种。他举例说，我们用锤子钉钉子的时候，既留意钉子又留意锤子，但留意的方法是不一样的；因为当我们甩下锤子的时候，我们并不觉得锤柄打着我们的手掌，而是觉得锤头击中了钉子，我们看着钉子却对手掌的感觉保持着高度的知觉，这种对手掌的感觉就是附带觉知，而对钉子则是焦点觉知。附带觉知和焦点觉知往往是相互排斥的，如果将焦点注意点引向一个动作的附带因素，那么就会使我们的行为发生混乱现象；当然，焦点觉知和附带觉知往往又是不可分的，它们构成了一个对事物认知或行动的统一整体，整个行动过程的细节也是不可言传和连续难分的，如果把注意力过分集中在某些细节上反而导致行为的崩溃。[②] 因此，迈克尔·波兰尼认为，这种把某些事物附带地整合到我们焦点关注中心之中的是依赖一种个人寄托，这种个人寄托是我们面临着我们的种种信念在自己

---

  ① 鲍尔斯：《微观经济学：行为，制度和演化》，江艇等译，中国人民大学出版社 2006 年版，第 8 页。
  ② 波兰尼：《个人知识：迈向后批判哲学》，许泽民译，贵州人民出版社 2000 年版，第 82—84 页。

的心中得到维系所凭借的一般原则。① 显然，这里的焦点觉知可以看成是狭义的计算理性，而附带觉知则可以看成是源于经验的积累感觉，只有结合了焦点觉知和附带觉知才形成全面的行为理性，而这种全面理性则源于经验的积累。在哈耶克看来，人们获得知识并利用知识绝非是一种基本受意识支配的过程，相反，经验更多体现在未经大脑思考的、个人的习惯性行为中。② 这意味着，人们日常生活所依赖的是广义理性，这种理性渗入了人类长期的经验，因而使得行为者的认知更为全面、系统。

第三节 人类理性也不等同追求私利的最大化

上面指出，日常生活乃至市场交易中人类经济的和非经济的行为并不体现为具有内在一致性的计算理性，既然如此，当然也就否定了人类行为是单纯地追求利益最大化的观点。究其原因，经济学中的内在一致性本身就是以自身利益（效用）最大化为基础的，离开这一点根本也就谈不上行为的一致性了。在很大程度上，人们的行为并非是时刻基于最优化计算和选择，而主要是受过去经验、个人信念、他人行为以及社会偏好等因素的影响。鲍尔斯写道："人们的行为反应部分来源于对类似场合中的他人行为的模仿，即模仿者按照某种标准判定被模仿者在某种意义上成功了，模仿者观察到这些，就会模仿所谓的成功行为。"③

一 日常生活和行为实验的证据

塞勒在《消费者的选择：经济学家的行为理论》一文中指出，只有经济学家的行为才会像经济人一样，而社会大众的生活行为与利益最大化原则之间存在明显偏差。关于这一点，我们可以看一些周边的现实事例，也可以看一些行为经济学的实验结果。

---

① 波兰尼：《个人知识：迈向后批判哲学》，许泽民译，贵州人民出版社2000年版，第92页。
② 帕普克：《知识问题及其影响：序》，载帕普克主编《知识、自由与秩序》，黄冰源等译，中国社会科学出版社2001年版。
③ 鲍尔斯：《微观经济学：行为，制度和演化》，江艇等译，中国人民大学出版社2006年版，第8页。

首先，就日常生活而言。

我们每到一个新地方时往往会购买一些当地的土特产，尽管这种土特产并不好吃，甚至也并不比在自己住所附近购买更便宜；同样，人们往往愿意排很长的队来购买某些小有名气的生煎、小笼包、烤鸭或猪血糕，尽管就在它旁边的类似食品的口味并不差到哪里，甚至还便宜很多。在日常生活中，人们的行为往往也会偏离自身的狭隘目标，经常会关注到其他人的利益和目标；也即，个人行为不仅仅以自己的目标为基础，其他人的目标也是行为的基础。正因为意识到共同目标的重要性，互动的人们之间所呈现的主要是相互合作而非恶性竞争的现象。试想：如果雇主、管理者以及生产者都一心追求自身的利益和目标，又如何能够保证企业、市场高效率地运行呢？

而且，即使在现代经济学所关注的市场行为中，也并不是所有市场行为都是出于利益最大化的考虑，甚至利益最大化也并非是其主要考虑。例如，大厂商 C 面临两个市场供应者：其中 A 与 C 之间存在一定的私人关系，而 B 则是完全市场随机者；在这种情况下，即使 A 标定的价格比 B 稍高，C 也很有可能会选择购买 A 的产品。究其原因，人们从市场交易中获取的效用并非仅仅体现在纯粹物品上，也包含了一定的情感效用；而且，人们追求的并非是短期一次性收益，而是长期收益。事实上，日本大公司往往乐于以更高的价格购买其长期供应商的产品，这显然不同于现代主流经济学的论断：厂商往往乐于看到供应商之间的竞争、从而选择更便宜的供货品，现代主流经济学的论断主要是崇尚个人主义的美国以及其他欧洲国家的典型做法。显然，所有这些都与主流博弈理论的纳什均衡不一致。

其次，就行为实验而言。

在现实世界中，发展中国家的工资比发达国家低很多，但工人愿意支出的劳动却比发达国家更多。显然，这是无法简单地用劳动负效用论或效用最大化理论加以解释的。对此，我们可以看一个例子。卡尼曼曾对出租车司机提出这样一个问题：你是在生意好的日子工作时间长还是在生意不好的日子工作时间长？几乎所有司机的回答都是，当然在生意不好的日子工作时间长。其理由是，当生意不好时，只有工作更多的时间才能赚到和生意好时同样的钱。但显然，这与追求收益最大化的理性经济人假设相冲突：生意好时，花费同样的时间可以赚到更多的钱，理性经济人当然愿意增加劳动时间。同时，不以最大化为目标的行为也为其他实验所证实。我们可以设想这样两种情景。情景 1. 在一次购物中，你发现了一款自己喜欢的闹钟收音机，价格为 100 元，正要购买时，有人告知这款收音机在离这 10 分钟车程的另一家商店只要 90 元。那么，你会驱车前往另一家分店购买吗？情景 2. 如果你发现的是一款自己喜欢且售价 1000 元的手机，而 10 分钟车程外另一家商店的这款手机售价 990 元。那么，你还会驱车前往另一家分店购买吗？

塞勒指出，人们往往为了节约 5 美元而更可能花 20 分钟去购买一台 50 美元的收音机而不是一台 500 美元的电视机。[1] 塞勒的设想后来为他的研究生 Knetsch 和 Sinden 所做的实验所证实：假设你打算花 15 美元购买一件夹克，或花 125 美元购买一个计算器；销售人员告诉你，你想购买的夹克或计算器在其他分店正在降价，价格为 10 美元（或 120 美元），车程是 20 分钟。那么你愿意开车到其他分店购买吗？实验表明，当购买价格为 125 美元的计算器时，仅有 29% 的受试者愿意开车到其他分店购买；而当购买价格为 15 美元的夹克时，有 68% 的受试者愿意开车到其他分店购买。[2] 显然，同样是节省 5 美元，但面对不同的价格情境时，消费者的选择是不同的。塞勒等行为经济学家用最小可觉差加以解释：节省 5 美元对购买 15 美元的夹克是显著可察觉的。当然，这也用现实世界中的相对效用来解释：人们追求的是相对效用而不是绝对效用的最大化，相对效用取决于价格差额与售价的比例。显然，当夹克的价格从 15 美元降价到 10 美元时，价格下降了 33.3%；而当计算器的价格从 125 美元降价到 120 美元时，价格仅仅下降了 4%。因此，在前一种情境下，消费者开车到打折分店购买获得的效用就明显较大。

显然，这些经验事实和实验结果都说明，人类在采取行动时并非有意识地以满足现代主流经济学所宣扬的效用最大化为目标，相反往往是

---

[1] Thaler R. H., "Toward a Positive Theory of Consumer Choice", *Journal of Economic Behavior and Organization*, Vol. 1, March, 1980, pp. 36-60.

[2] Knetsch J. L. & Sinden J. A., "Willingness to Pay and Compasation Demanded: Experimental Evidence of an Unexpected Disparity in Measures of Value", *Quarterly Journal of Economics*, Vol. 99, August, 1984, pp. 507-521.

由其他特定的动机、习惯所激发。例如，A女士在未办理信用卡之前使用现金消费时，往往将超过100美元的衣服视为过于昂贵而不买；但当她使用信用卡之后，这种心疼的感觉就减轻了，开始慢慢消费起100美元的衣服。这也是为什么信用卡制推行之后社会消费倾向得到明显提升的重要原因。当然，宾默尔指出，人们是否会基于计算理性而采取行动，主要取决于行为的收益。一般地，由于到超市购物之类的日常生活所影响的收益比较小，因而人们的行为往往会遵循习惯；但是，在诸如选房子、办理抵押贷款或找工作之类所涉利益很大时，人们就会充分利用理性做出正确的选择。然而，塞勒的观点恰恰相反：人们往往在小事情上做得更好。究其原因，日常生活中的小事因为多次重复进行，人们有机会学习如何做好这些事情；但是，存钱养老之类的事情一生只有一次，不会有很多的学习机会。由此塞勒得出结论说：如果学习很重要，学习意味着需要不断练习，那么，随着利益不断增大，决策的质量将会逐渐下降。同时，又有经济学人说，当利益很大、选择很难时，人们会花钱找专家帮忙。但塞勒却指出，要想找到一个完全不存在利益冲突困扰的专家非常困难，一个没有能力为自己的退休计划选择正确的投资组合的人，却能够找到合适的金融顾问、抵押经纪人或房产经纪人，这种想法是不合逻辑的。事实上，很多人通过庞氏骗局等诈骗手段大发横财，但几乎没有专家因为告诉客户"别买"而赚到钱。

二　习惯性行为与广义理性

针对现实世界中的人类行为，西蒙提出了有限理性这一假设。有限理性假设强调，人们有时是健忘的、冲动的、混乱的、有感情的和目光短浅的，不能真正地总是追求其最优目标；甚至即使有更好的选择，也不会随时地变动决策，而是获得满意的结果即可。尤其是，在涉及人与人之间关系的社会互动中，由于不同个体的利益目标之间往往存在冲突，因而如果单纯地追求自身的利益，那么就必然会产生集体行动的困境，甚至因囚徒困境而损害自身利益。但是，人类社会在大多数情况下却可以有效地规避囚徒困境，这也正反映出人类行为并不是以个体利益为鹄的的。阿马蒂亚·森指出，对自身利益的追逐只是人类许许多多动机中最为重要的动机，其他如人性、公正、慈善和公共精神等品质也相当重要；因此，如果把追求私利以外的人类动机都排除在外，我们将无法理解人的理性，理性的人类对别人的事情不管不顾是没有道理的。那么，我们如何理解理性这一概念呢？

在很大程度上，人们的日常行为往往受理念或情绪的驱动，这些都是广义理性的内容。例如，在战争期间，很多战士为了掩护同志用自己的身体扑住手榴弹，冒着生命危险到战场上抢救战友，在这千钧一发之时，他们能够理性地衡量自己的最大化吗？再如，德蕾莎修女之所以具有无私的精神也不在于她的理性计算，而是坚信自己在为基督服务，坚信她所属的教会是永恒不朽的。正如一位作家写道："德蕾莎修女每天见到耶稣；先是在做弥撒的时候，她从耶稣那里汲取力量；然后，是在她看到和照顾的每一个受苦人身上。他们是同一个耶稣，一个在祭坛，一个在街头，两者缺一不可。"[①] 人们之所以会潜意识地采取这类行为，关键在于，与此相关的社会道德已经内化在他们的偏好之中；显然，由于社会道德本身是从社会角度着眼的，因而这种潜意识的行为往往有利于社会和他人。事实上，启蒙运动所启动的理性是基于世俗利益考虑的，强调的是审慎的思考而非固守传统；但是，几乎所有的启蒙主义者如卢梭、休谟都认为，人更经常地受到情绪或习惯的支配，而不是受逻辑或计算的支配。所以，正如韦森所说，如果我们承继斯密—哈耶克传统，并坚信社会制度是基于人类互动而演进的话，那么我们更有理由抛弃新古典那种超级理性人的研究思路，因为根据这种思路分析必然会得出结论：社会制度是决定性和确定性的，甚至是唯一的。[②]

其实，尽管功利主义的偏盛使得经济学日益着眼于计算理性的探究，但社会科学的其他分支如心理学、社会学、人类学等，往往特别关注人的习惯和本能行为，把大多数人类行为都视为是在规范制约下的习惯性产物。例如，弗洛伊德就认为，人类具有因循守旧和重复过去那些令人满意的经验的取向，甚至其行为牢牢地扎根在婴儿的生性资质之中；正因如此，许多人都是习惯的奴隶，愿意毫无怨言或毫无质疑地承受现状，

[①] 威尔逊：《论人性》，方展画译，浙江教育出版社2001年版，第150页。
[②] 转引自 P. 扬《个人策略与社会结构：制度的演化理论》，王勇译，上海三联书店、上海人民出版社2004年版，译者前言。

尽管改变现存事态完全有可能对他们有益。① 早期的行为主义心理学家华生则把人的反应区分为四个方面：（1）明显的遗传反应，如抓握等；（2）潜在的遗传反应，如内分泌腺的分泌；（3）明显的习惯反应，如打球、游泳等；（4）潜在的习惯反应，如思维等。显然，在华生看来，经济学作为理论基础的理性思维仅仅是潜在的习惯反应。当然，早期行为主义采取的是"机械反射论"，而不考虑意识或经验的问题，这是美国机能主义的发展；而在同期的英国则盛行着相反的联想主义传统，认为意识是心理状态的单纯的连续。事实上，遗传反应是一种低级的、本能的反应，而习惯反应则是人类在社会交往中不断学习和发展的较高级的反应；因此，在此基础上，沃德（Ward）等强调了人类经验和行为的统一性。进一步地，麦独孤则强调，行为是有目的的并受意识经验调节的；因此，后来的学者如托尔曼等把内省心理学和行为主义结合了起来，并发展出了新的目的性行为主义。此外，勒温、马斯洛等也进一步否定了人类基于本能反应的现实性，如勒温否定了基于本能的次级反应公式，而是提出反映行为随个体和环境变化而变化的行为公式：$B = f(PE)$；其中，B 表示行为，f 表示函数关系，P 表示个体，E 表示环境。②

在很大程度上，人类的行为动机和习惯往往受到周围环境或其他人示范行为的影响，从而是一定社会环境和文化心理的产物；而且，人们的过去经历往往会影响今后的行为，以致人们的日常生活往往呈现出明显的路径依赖特征。学术界往往把由一种特殊问题产生的独特的固定行为而支配个体其他行为的现象称为"定式效应"，这个效应在现实生活中也广泛存在，这里可以用 Luchins 的实验来加以说明。如表14—1所示，受试者被要求只用下述 A、B、C 三个罐子来灌水以获得指定的量，显然，除了第 8 个实验外，指定的量都可以通过从 B 中倒去一次 A 的容量及两次 C 的容量来得到；其中，1—5 实验相对简单，而后面的相对复杂一些。实验表明，被试者在成功地将这一简单方法运用于实验 1—5 之后，大部分都坚持将它继续运用于 6—10；结果，64% 的受试者在实验 8 中都没有

---

① 博登海默：《法理学：法律哲学与法律方法》，邓正来译，中国政法大学出版社 2004 年版，第 238 页。

② 勒温：《拓扑心理学原理》，竺培梁译，浙江教育出版社 1997 年版，第 11 页。

得到指定量的水，尽管实验 8 对任何水平的人来说都是一道非常简单的计算题。显然，这个缺乏效率的例子反映了这样一个事实：人们在遇到问题时并不是首先借助计算理性来解决，相反，经常愿意将过去实验成功的策略广泛应用到其他场合，尽管它们不是解决新问题的最佳方法。[1]

表 14—1　　　　　　　　　　罐子的容量

	A	B	C	目标量
1	21	127	3	100
2	14	163	25	99
3	18	43	10	5
4	9	42	26	21
5	20	59	4	31
6	23	49	3	20
7	15	39	3	18
8	28	76	3	25
9	18	48	4	22
10	14	36	8	6

不幸的是，自边际效用开始，理性化行为者就逐渐成为经济学的基本假设。当然，随着理性人在经济学体系中的地位越强，遭遇的批评也就越大。例如，哈耶克、西蒙、威廉姆森、纳尔逊等都强调人的有限理性，并尝试用作为习惯、决策规则以及试探程序建立者和修正者的个人的思想取代最大化计算概念和最优概念。甚至在主流经济学的成员中也出现了越来越多的反思者。例如，芝加哥学派的代表人物贝克尔就强调指出，在所有的社会中，很多选择在很大程度上由过去的经历和社会力量的影响决定，如一个人上个月吸烟和吸毒的严重程度将会显著地影响他这个月是否继续吸毒或吸烟；个人之所以会有不同的效用函数，就是因为他们"继承"了不同水平的个人和社会资本，而人们的行为之所以

---

[1] 参见古德《个体、人际关系与信任》，载郑也夫编译《信任：合作关系的建立与破坏》，中国城市出版社 2003 年版，第 48 页。

可能出现前后不一致，仅仅是因为在个人资本存量方面的变化。[1] 再如，奈特则从成本比较的角度认为，由于纯粹的个人决定是有成本的，因此，个人总是把他所做出的许多日常决定惯例化，也就是说，他采用或选定一种支配他行为的"规则"以处理许多个别的选择。这种方法减少了个人决策的成本，因为除非某种现行的行为规则会以某种方式而被打破、被修正，否则便不需要有意识的努力和投入。[2] 正因如此，弗兰克明确地指出，我们大多数人都是靠习惯和拇指规则来做日常决策的。[3]

总之，人类行为并不总是遵循基于计算理性的效用最大化原则，相反更多时候是遵循既定习惯或社会规范，并获得正常的平均收益。事实上，一些博弈论专家也已经开始把这种基于习惯的人类行为的分析引入到博弈理论的研究中。例如，拉德纳1980年就提出了ε-纳什均衡概念，这个均衡概念表明，博弈者并不一定精确地最大化他们的收益，如果偏离某个策略组合带来的利益足够小的话，博弈者常常缺乏改变策略的积极性，因此，这种策略也往往具有稳定性。用数学方式表示就是：如果策略组合σ^*满足对所有博弈者的所有策略σ_i，都有$U_i(\sigma B_i^*, \sigma_{-i}^*) \geq U_i(\sigma_i, \sigma_{-i}^*) - \varepsilon$，其中$\varepsilon$是小正数，那么$\sigma^*$就是一个ε-纳什均衡。显然，这个均衡的概念反映了博弈行为中的惰性，或博弈的习惯性而非事事算计的完全理性。后来，卡尼曼与特沃斯基1979年发表开创性论文《预期理论：风险下的决策分析》将认知心理学成果和实验方法引入经济学分析，不仅使大家真正意识到心理认知偏差的存在和重要性，而且为认知心理学在经济分析中的应用树立了典范。[4] 所以，宾默尔说，学术界之所以出现如此的变化，"很大的原因在于已经找到了作为基础机制的保持最优化的范式，不必再将经济行为人作为全知全能的数学天才。这种新的范式将演化力量——生物的、社会的及经济的——作为使事物最大

---

[1] 贝克尔：《习惯、成瘾性行为与传统》，载《口味的经济学分析》，李杰等译，首都经济贸易大学出版社2000年版。

[2] 布坎南、塔洛克：《同意的计算：立宪民主的逻辑基础》，陈光金译，中国社会科学出版社2000年版，第10页。

[3] 卢瑟福：《经济学中的制度》，陈剑波等译，中国社会科学出版社1999年版，第82页。

[4] Kahneman D. & Tversky A., "Prospect Theory: An Analysis of Decision Under Risk", *Econometrica*, Vol. 47, 1979, pp. 263–291.

化的责任方"①。

第四节 结语

尽管自亚里士多德起，西方学术界就强调"人是理性的动物"，而且，从有意识地实现目的这一角度上讲，人类的行为确实体现出明显的理性特性；但是，这并不意味着，"理性"一词就一定等同于现代主流经济学或主流博弈论所宣称的那种具有内在一致性的计算理性，相反，这种强调内在一致的计算理性简单地混淆了人的理性思维逻辑和数理逻辑，从而撇开了认知的主体性因素。从某种意义上讲，建立在确定的、可靠的、明确的知识基础上的计算理性仅仅是狭义的理性范畴，按照这种狭义理性的理解，只有那种被认为具有绝对必然性的而且不会被质疑的东西才属于理性认识的范围。相反，对人类行为的理解应该建立在更为广义的理性概念之上，这种广义理性是建立在如下基础之上：（1）详尽考虑所有同解决某个规范性问题有关的事实方面；（2）根据历史经验、心理学上的发现和社会学上的洞识去捍卫规范性解决方案中所固有的价值判断。显然，这种广义理性不是数理逻辑所确定的必然性认识，但是，它也具有高度的说服力，因为这种行为"所依赖的乃是累积的理性力量，而这些力量则是从不同的但却通常是相互联系的人类经验的领域中获得的"②。正因如此，凡勃伦接受了詹姆士的工具主义哲学和斯宾塞—达尔文的社会—生物进化论，而极力怀疑数学和统计学作为科学研究工具的有效性，并辛辣地将那些依赖于这种计算的人称为"活的计数尺"。正因为人类理性并非是简单地遵循数理逻辑，因而黄有光建议经济学积极吸纳非正统研究的成果：制度、文化、行为与实验经济学、快乐研究等。其实，经济学及经济学人在这方面已经有很大的进展，这体现在大量的行为试验文献中，不过主流的教科书以及其他热衷于数理建模的经济学

---

① 宾默尔：《博弈论与社会契约（第1卷）：公平博弈》，王小卫、钱勇译，上海财经大学出版社2003年版，第28页。

② 博登海默：《法理学：法律哲学与法律方法》，邓正来译，中国政法大学出版社2004年版，第272页。

人并没有能够跟紧这一"潮流"。

同时，尽管人类与其他动物的重要区别就在于理性，但是，人类理性并非局限于那些可以度量的个人效用之最大化，相反，人类会关注生活、情感之类的东西；同时，真正的理性甚至也不是局限于个人目标，而是会关注集体的利益乃至整个人类社会的发展。试想：历史上的圣贤大儒往往愿以毕生的精力为人类社会探究科学知识和理顺社会秩序，有时往往要冒着生命的危险，这种行为难道是非理性的吗？事实上，任何人除了本能外还有社会性，社会性的差异是决定日常行为异同的根本所在；因此，那种把肆无忌惮地追求个人私利作为对人们行为的一般描述，根本上得不到充分证明。同时，社会性本身又是人类社会文化的产物，因而人类的理性本身就是产生于历史习惯、并融合在历时习惯之中。正如哈耶克指出的，"文明的发展之所以有可能，在很大程度上就是因为人类用那些理性不及的习俗约束了自己所具有的先天性动物本能；而且一如我们所知，也正是那些理性不及的习俗，才使得规模日益扩大的有序之群体的形成具有了可能"[①]。正因如此，人类的行为往往不仅受一定的规范制约，并且还适应特定情境而做出相应的互动。这意味着，人类的行为既不仅限于动物性的本能，也无法达到完全的计算理性，相反，更主要的是体现为以介于两者之间的习惯为基础的广义理性。事实上，正如韦伯指出的，"有意向的行为与单纯反应性的、无主观意向的行为之间，没有任何确定的界限。……（人类社会的很大一部分行为，）尤其是纯粹的习惯性行为就处于两者的界线上"。同样，哈耶克在其最后一部著作《致命的自负》中也强调，如同"本能比习俗和传统更久远一样，习俗和传统也比理性更久远：习俗和传统处在本能和理性之间"[②]。

可见，现代主流经济学的理性经济人假设所赋予的双重特征——内在一致性和效用最大化——都是有问题的，都无法得到充分的证据。事实上，现实生活中的人类行为往往很难保持内在一致性，基于理性计算的行为往往也不一定可以实现效益最大化。相应地，迄今为止的大量行

[①] 哈耶克：《法律、立法与自由》第2、3卷，邓正来译，中国大百科全书出版社2000年版，第500页。

[②] 哈耶克：《致命的自负》，冯克利等译，中国社会科学出版社2000年版，第21页。

第十四章 质疑经济人的两大内涵：来自行为实验的证据 / 313

为实验就揭示出了这样几点：（1）人类日常生活中的社会行为往往不是基于理性计算的；（2）即使理性再高的人也无法在日常生活中的每时每刻都能做出理性的决定，更无法保持这种逻辑一致性；（3）过分的理性计算反而会使自己的行为变得不可预测或者陷于停顿。郑也夫就指出，"要求人们事事理性，本身就是不理性"[①]。试想，如果我们总是盘算着与自己交易的人获得多大利益、是否趁出租车司机不注意而一走了之，那么，我们的生活是多么累！这显然是与人们追求全面自由以及快乐幸福这一目的相悖的。而且，如果事事计算而依据最大化行动的话，就不可避免地会陷入那可怜的布里丹之驴的理性困境：面临着一些永远无法选择因而也无法采取行动的局面。为此，阿马蒂亚·森指出，"明确赋值虽然有着理性主义的优势，但作为一个原则也不是没有问题。如果一个人在全部私生活中都坚持这一点，生活将会变得无法忍受的复杂。日复一日的决策使时间远远不够用，而对决策的辩护将成为难以忍受的迂腐"[②]。因此，现代主流经济学的经济人假设所包含的两个基本含义都存在问题，我们在应用理性经济人进行社会行为分析时应持审慎的态度。究其原因，从根本上说，这两个含义都是先验的假定，而不是对实在的描述，更不符合历史和逻辑的一致性要求。在很大程度上，正是大量悖论的发现推动了构建替代理论的大量尝试，这些理论试图使理论与观察到的选择行为一致，其中，广为流传的就是卡尼曼和特沃斯基从实验中归纳出的一套前景理论。

[①] 郑也夫：《信任论》，中国广播电视出版社2001年版，第68页。
[②] 森：《理性与自由》，李凤华译，中国人民大学出版社2006年版，第516页。

第十五章

期望效用并非决策基础：
前景理论提供的替代

【导读】现代主流经济学将不确定下的决策建立在期望效用理论之上，但大量的行为或选择悖论却对期望效用理论提出了挑战。事实上，人类行为并非追求期望效用最大化，而是包含了对风险的规避；风险厌恶也并非是普遍定律，而是更为凸显损失厌恶；同一问题也并非有相同决策，而是受不同框架的影响；决策权重与概率也不同，存在非线性关系；心理买价和心理卖价也不同，存在明显的禀赋效应；人们的选择与其评价往往也不一致，会出现偏好逆转现象。基于这些悖论，卡尼曼等提出了前景理论，它比预期效用理论更贴近现实，也更有利于理解和解释现实行为。

第一节 引言

现代主流经济学基于理性选择框架来分析人的行为，将人的行为等同于利益最大化的选择。其中，在确定性条件下，人的选择依据就是直接的效用最大化，这包括戈森的效用递减规律和等边际效用规律，后来则发展为无差异曲线与预算线的相切点；而在不确定性条件下，人的选择依据则是期望效用最大化，即，风险状态下最终效用水平是由决策主体对各种可能出现的结果的加权估价后获得的，决策者谋求的是加权估价后形成的预期效用最大化。期望效用函数理论是20世纪50年代冯·诺伊曼和摩根斯坦从个体的一系列严格的公理化理性偏好假定出发并运用逻辑和数学工具而发展出的，后来阿罗和德布鲁将其吸收进瓦尔拉斯均衡的框架中，成为处理不确定性决策问题的一般分析范式，进而构筑起现代微观经济学并由此展开的包括宏观、金融、计量等在内的宏伟而又优美的理论大厦。在这个公理体系之上，经济学家运用日益先进的数学工具建立了无数精致的经济学模型，分析个体和组织行为及经济金融问题，甚至四面出击，用经济学方法分析方方面面的人类行为。

显然，期望效用理论具有这样两个特点：（1）它把个体的决策过程看成"黑箱"，经济学家们把决策过程抽象为理性的个体追求主观预期效用的最大化；（2）它假设在不确定性条件下，理性投资者的信念和主观概率是无偏的，他们追求均值/方差的有效性。但是，卡尼曼与特沃斯基1979年在《计量经济学》上发表的开创性论文《预期理论：风险下的决策分析》就将认知心理学成果和实验方法引入经济学分析，这不仅使大家真正意识到心理认知偏差的存在和重要性，而且为认知心理学在经济分析中的应用树立了典范。卡尼曼通过对比实验发现，大多数个体并不总是理性的和风险规避的，人们的决策也不总是依据期望效用理论。那么，现实世界中人们是如何行为的呢？人类行为有何特点呢？大量的行为实验更好地解释了真实世界中的日常行为机理，因此，本章就此做一梳理和总结。

第二节 行为悖论对期望效用理论的挑战

尽管早在20世纪50年代，一些学者如Mosteller和Nogee等人就用实验来研究不确定条件下的偏好问题，大多数实验结果支持效用理论；然而，一些非主流的经济学家却发现，期望效用理论存在严重缺陷，现实中特别是金融市场里人类的很多决策行为无法用期望效用函数来解释。行为经济学家和实验经济学家提出了许多著名的"悖论"，像"阿莱悖论""损失厌恶""偏好逆转""股权风险溢价难题"和"羊群效应"等；这些实验结果对期望效用理论和效用理论构成了强有力的挑战，并进而对现代主流经济学的理论和思维提出了质疑。因此，这里首先从行为实验给出的各种悖论来分析期望效用理论的问题。

一 人类行为并非基于期望效用理论

现代经济学的理性选择分析的主要依据是诺伊曼和摩根斯坦在1944年推出的期望效用理论，它认为，人们往往根据风险决策的期望值大小来进行选择。那么，人类在日常生活的行为选择果真是基于期望效用原则吗？这里继续看两个经典悖论。

1. 圣彼得堡悖论

18世纪瑞士数学家D. 伯努利（Bernoulli）分析了一个著名的圣彼得堡悖论（St. Peterburg）：一个机会的数学价值与人们通常给它的较低价值不一致。如一个赌徒只要买入场券就可以参加一个抛掷硬币游戏：在第一次抛掷中，如果铸币正面朝上获得1元，二次如此获得2元，三次如此获得4元，n次如此，就获得2^{n-1}元；而他的期望的数学价值是无限大的，因为$2^0 (1/2)^1 + 2^1 (1/2)^2 + 2^2 (1/2)^3 + \cdots + 2^{n-1} (1/2)^n = n/2$。显然，这个圣彼得堡悖论显示出，人们对待彩票的价值测度与其期望价值是不一致的。

为此，伯努利引入效用U（R）这个主观因素来做价值的决定因素，分析效用和钱数量之间的关系。在他看来，10元对于已经拥有100元的人的效用相当于20元对于已经拥有200元的人的效用。当然，在这个抛掷硬币游戏中，出价的多少往往依赖于人进行估价的特殊条件，只有把每个人的特殊情况特别是他的财富考虑在内才能解决圣彼得堡悖论。伯努利提出把x数量的钱的效用表示为：$u(x) = \log x$，如果以2为底数的话就有$U(R) = u(2^0)(1/2) + u(2^1)(1/2)^2 + u(2^2)(1/2)^3 + \cdots + u(2^{n-1})(1/2)^n$。如图15—1所示。

伯努利的分析表明，财富变化引起的心理反应与已积累的财富值成反比，也即，财富的边际价值递减。譬如，对一个农民来说，10万美元的意外收获足以改变他的一生；相反，对比尔·盖茨来说，10万美元根本无足轻重。显然，正是由于财富的边际价值是递减的，因而人们往往更愿意选择收益较小的确定事件而非具有相同或稍高预期值的风险收益。例如，人们更愿意得到一个10000元现款，而不是冒险等待一个不确定的20000元。这就是风险厌恶理论，它也就成了现代经济学的一般假设，表现为，博弈中风险占优的策略组合往往是纳什的均衡结果，即使是帕累

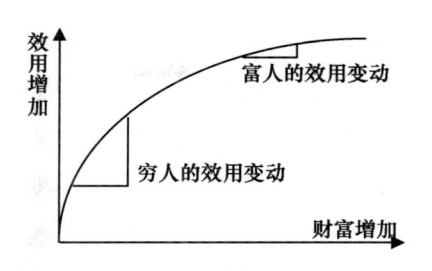

第十五章　期望效用并非决策基础：前景理论提供的替代　　317

图 15—1　效用和钱数量间的关系

托优化的得益占优策略组合也常常会被人们所放弃。

2. 阿莱悖论

诺贝尔经济学奖得主阿莱1953年提出了与期望效用理论相反的观点，这被称为阿莱悖论。他要求受试者在两组彩票中分别进行选择。方案一：A. 确定地接受100万美元；B. 以0.10的概率接受500万美元，以0.89的概率接受100万美元，以0.01的概率接受零。方案二：A. 以0.11的概率接受100万美元，以0.89的概率接受零；B. 以0.10的概率接受500万美元，以0.90的概率接受零。实验结果表明，在方案一中绝大多数人偏好A，而在方案二中绝大多数人偏好B。[①] 事实上，在方案一中，如果A > B，则v（100）> 0.10v（500）+ 0.89v（100）+ 0.01v（0），通过简单的代数运算就有：0.11v（100）+ 0.89v（0）> 0.10v（500）+ 0.90v（0），这意味着，在方案二中实际上应该是：A > B，这与在方案二中选择B矛盾。显然，实验结果违反了Luce和Krantz提出的独立性公理，[②] 因为方案一与方案二相比的唯一区别在于增加了以0.89的概率接受100万美元这一选项，结果就导致了选择偏好的改变。

事实上，阿莱1952年在巴黎举行的一次风险经济学盛会上就向出席会议的萨缪尔森、阿罗、弗里德曼以及萨维奇（J. Savage）等提出了这一想法，目的是为了证明当今的决策理论体系有着很大缺陷。其中，萨维奇师从数学大师和计算机理论的开山鼻祖诺伊曼，并且是弗里德曼的关

[①] Allais M., "Le Comportement de L'homme Rationnel Devant le Risque: Critique des Postulats et Axiomes de L'Ecole Americaine", *Econometrica*, Vol. 21, 1953, pp. 503-546.

[②] Luce R. D. & Krantz D. H., "Conditional Expected Utility", *Econometrica*, Vol. 39, March, 1971, pp. 253-271.

门弟子，是统计学界的带头人，是许多风险决策理论模型的开拓者；但是，萨维奇同样落入了阿莱设下的陷阱，他们的选择都违背期望效用的独立性、传递性以及替代性公理化假设。阿莱本打算在大会结束后向外界公布这一爆炸性新闻：世界顶尖的决策理论家所存在的偏好与他们自己对理性的见解完全背道而驰。但是，那些对决策理论不很热衷的经济学家大都忽视阿莱提出的问题，仅仅将之归结为非常规问题，而依旧使用期望效用理论来解决这一问题，而哲学家、心理学家以及一些决策理论专家却对阿莱悖论引发的挑战非常重视。

在阿莱之后，一些心理学家和决策理论专家进行了大量的相似实验，结果都与此类似。例如，针对有人认为，阿莱设计的实验中所提供的巨额资金是人们行为违背独立性的根本原因，卡尼曼和特沃斯基降低金额而设计了另外一个实验，同样得出了行为的不一致性。方案一：A. 以 0.33 的概率得到 2500 美元，以 0.66 的概率得到 2400 美元，以 0.01 的概率接受零；B. 确定性地得到 2400 美元。方案二：A. 以 0.33 的概率得到 2500 美元，以 0.67 的概率得到零；B. 以 0.34 的概率得到 2400 美元，以 0.66 的概率得到零。实验结果表明，在方案一中 82% 偏好 B，在方案二中 83% 偏好 A。[1]

显然，阿莱悖论揭示出，人类偏好并非主流经济学所假设的那样是线性的，人类行为逻辑与数理逻辑之间存在不一致，这一点也为其他学者的大量替代设计所证实。[2] 阿莱对该悖论的解释：在方案一中由于把 0.01 的概率接受零摆在了突出位置，而导致 B 选项不受偏好。而在方案二中 A、B 间接受零的 0.01 的概率差异则不再显著。因此，阿莱认为，行动 x 的效用没有必要理性地遵从由简单的期望效用公式 $U(x) = Ev(c_{xs})$ 给出的结果效用；而是还要考虑结果的方差，即人们更偏好于平稳。这样，更为一般化的公式就可表示为：$U(x) = F\{E[v(c_{xs})], \sigma^2[v(c_{xs})]\}$。这一方面反映了人们对风险的规避，事实上，社会中存在彩票买卖就反映

---

[1] Kahneman D. & Tversky A., "Prospect Theory: An Analysis of Decision under Risk", *Econometrica*, Vol. 47, No. 2, 1979, pp. 263–291.

[2] Camerer C. E. & Teck-Hua Ho., "Nonlinear Weighting of Probabilities and Violations of the Betweenness Axiom", *Journal of Risk and Uncertainty*, Vol. 8, 1991, pp. 167–196.

出人们对同一彩票的评价并不一样。

二 不同情境下的决策存在框架效应

伯努利对圣彼得堡悖论的解释表明，财富给人们带来的效用与其已经拥有的财富量有关，并由此得出风险厌恶理论。问题是，风险厌恶是普遍定律吗？我们可以看两个实验。

【实验一】有这样一个两组方案的选择实验。方案一，在拥有200美元的条件下进行选择：A. 额外再增加50美元；B. 以25%的机会赢得200美元。方案二，在拥有400美元的条件下进行选择：C. 放弃150美元；D. 以75%的机会失去200美元。实验结果是：在方案一中，84%的受试者选择了获得确定性收入的方案A，而方案二中，87%的受试者选择了以75%：25%概率损失的方案D。显然，受试者在A和C，B和D中面对的最终财富状态都是一致的，但他们在两个实验中的风险偏好类型是不同的。

【实验二】看特沃斯基和卡尼曼的实验。方案一，假设你比现在多300美元，你面临着两个选择：A. 确定地得到100美元收益；B. 以50%的概率获得200美元和50%的概率获得0美元。方案二，假设你比现在多500美元，你面临着两个选择：A. 确定地损失100美元；B. 以50%的概率损失200美元和50%的概率损失0美元。结果：在方案一中，72%的人选择A；在方案二中，64%的人选择B。[①] 显然，受试者面对的依然是相同的选择项，但他们在两个实验中的风险偏好类型是不同的。

那么，为何会出现这种行为选择和风险态度的差异呢？这就体现了卡尼曼等提出的框架效应（Framing Effect）：行为者在不同情境下的行为往往遵循不同的行为模式，尤其是以肯定或否定的方式做出一种选择对后来的选择具有戏剧性的影响。其实，上述两个实验中的两个方案所设置的情景是不同的：其中，方案一设定的是正收益情景，即获得收益；方案二设定的是负收益情景，即遭受损失。一般地，当面临的收益增加时，即在获得框架下，人们更偏好于确定性选项，更倾向于规避风险，这就是确定性效应（Certainty Effect），它导向了风险厌恶心理。相反，当

---

① Tversky A. & Kahneman D., "Rational Choice and the Framing of Decisions", *Journal of Business*, Vol. 59, No. 4, 1986, pp. 251–278.

面临的收益减少时，即在损失框架下，受试者更偏好于风险选项，更愿意选择赌一把，这就是反射效应（Reflection Effect）。

可见，人们对于获得和损失的偏好是不对称的，面对获得（或盈利）时有风险规避倾向，面对可能损失时有风险追求的倾向。显然，在上述实验中，受试者在方案一中面对着"获得"的机会，确定性获得 50 美元或 100 美元的效用较大，这里风险厌恶起主要作用；相反，受试者在方案二中则面对着"失去"的机会，确定性损失 150 美元或 100 美元要比以 75% 的可能失去 200 美元或以 50% 的概率损失 200 美元所带来的痛苦更强烈，更令人反感，这里风险偏好起主要作用。那么，不同的得失情景下人们对待风险的态度为何会如此不同呢？这就涉及卡尼曼提出的损失厌恶（Loss Aversion）问题：面对同样数量的收益和损失时，损失往往令人们更加难以忍受。

关于这一点，我们再来看塞勒给出的一个例子。情景 1. 假设来上这堂课会接触到一种罕见的致命疾病，患病的概率是千分之一，但你买到解药就可以将死亡风险降至零。那么，你最多愿意为此出多少钱？情景 2. 研究人员为研究一种罕见的疾病而招募一些志愿者，志愿者只需走进房间待 5 分钟将有千分之一概率染上致命疾病，但目前这种病没有任何解药。那么，你至少要获得多少报酬才愿意充当志愿者？显然，根据经济学模型的预测，两个问题的答案几乎是一样的。但是，现实答案却很不相同：第一种情景下往往不多于 2000 美元，第二种情景下则不低于 50 万美元。如何解释这一点呢？这就涉及损失厌恶问题。

三　事件发生概率并非就是决策权重

针对阿莱悖论，卡尼曼等人并没有步大多数决策理论家的后尘，他们不是试图改变理性选择的规则以使阿莱悖论可以为人们所接受，而是提出用"确定性效应"来解释"小概率"的影响以及阿莱悖论。例如，根据阿莱悖论，卡尼曼设计了这样两个简化题目。方案一：A. 61% 的概率赢得 52 万美元；B. 63% 的概率赢得 50 万美元。方案二：C. 98% 的概率赢得 52 万美元；D. 100% 的概率赢得 50 万美元。那么，面对这两个方案，你又如何选择呢？显然，按照期望效用理论，你的选择是 A 和 D，从而犯了阿莱悖论中的错误。"确定性效应"表明，人们往往过于重视那些微小的损失概率。① 显然，这些选择与期望效用理论并不相符，所以，卡尼曼说，"面对风险，我们不是理性的经济人"②。

"确定性效应"是指，较大可能性事件中人们往往担忧风险、害怕失败，即那些几乎可以确定的事件所受到的重视程度往往会小于其理应受到的重视程度。与"确定性效应"相对应的是"可能性效应"（Possibility Effect）。"可能性效应"是指，较小可能性事件中人们往往期望有更多所得而勇于冒险，即人们往往高估那些出现可能性极低的结果的发生概率。事实上，卡尼曼等人对决策权重做了长期的研究，得出了表15—1的评估信息。③

表15—1　　　　　　　发生概率与决策权重关系

概率（%）	0	1	2	5	10	20	50	80	90	95	98	99	100
决策权重	0	5.5	8.1	13.2	18.6	26.1	42.1	60.1	71.2	79.3	87.1	91.2	100

表15—1还显示出，确定性效应比可能性效应更为显著。之所以如此，这可以运用损失厌恶来加以解释：在确定性状态下失去一定收益的焦虑情绪往往比在不可能状态下获得相同收益的期望心理更明显。相应地，在面临"获得"还是"失去"的不同情形时，"确定性效应"和"可能性效应"对行为选择的影响方式是不同的。这样，将决策参照点和发生概率结合起来就形成了表15—2所示的四重模式决策理论。④

表15—2　　　　　　　　决策的四重模式

	所得	损失
较大可能性事件 确定性效应	95%的概率赢得1万元 害怕失败 风险规避 接受自己不喜欢的解决方式	95%的概率损失1万元 希望能避免损失 冒险 拒绝自己喜欢的解决方式

---

① 卡尼曼：《思考，快与慢》，胡晓姣等译，中信出版社2012年版，第286页。
② 同上书，第244页。
③ 同上书，第287页。
④ 同上书，第289页。

续表

	所得	损失
较小可能性事件 可能性效应	5%的概率赢得1万元 希望能有更多的所得 冒险 拒绝自己喜欢的解决方式	5%的概率损失1万元 害怕有更大的损失 风险规避 接受自己不喜欢的解决方式

四 不同情境下的物品评价并不相同

现代主流经济学认为，市场竞争和效用最大化使得卖价和买价趋于相同，但现实生活中却存在大量的反例。例如，某A教授有收藏葡萄酒的爱好，他经常从拍卖会上买葡萄酒，其中有些酒买来时只有60元，现在已经涨到了600元；A教授在某些特殊日子会打开一瓶葡萄酒喝，但绝不会花600元买一瓶葡萄酒喝，他也不愿意按照市场价出售自己收藏的葡萄酒，即使有人出价800元一瓶也不行。事实上，如果价格在300元到800元之间，A教授往往是既不买也不卖。问题是，如果A教授愿意喝掉一瓶能卖600元的酒，为何他又不愿意花高于300元买一瓶这样的酒呢？如果他不愿意买这样的酒，为何又拒绝价格接近800元的卖价呢？

塞勒将这种现象称为禀赋效应（Endowment Effect）：你拥有的东西属于你的一部分禀赋，与你即将拥有的那些东西相比，你更看重自己已经拥有的东西。[1] 也即，人们对其拥有的东西比他们未拥有的同样东西往往会赋予更高的价值。显然，禀赋效应带来的巨大价格差与标准经济理论是矛盾的，却可以用厌恶损失理论得到很好的解释。事实上，A教授在决定买还是卖时取决于参照点，即A教授是否拥有这瓶酒：如果拥有这瓶酒，那么他卖时就需要考虑放弃这瓶酒的痛苦；如果不拥有这瓶酒，那么他买时就要考虑得到这瓶酒的乐趣。显然，根据损失厌恶理论，两者的价值并不相等。正是由于A教授因藏酒被拿走所遭受的痛苦远大于他得到同样一瓶酒的快乐，因而他不会购买一瓶价钱一样高的酒。

为解释这一现象，塞勒做了两个实验进行验证。方案一：他准备了

---

[1] Thaler R. H., "Toward a Positive Theory of Consumer Choice", *Journal of Economic Behavior and Organization*, Vol. 1, March, 1980, pp. 36–60.

几十个印有校名和校徽的且学校超市零售价为 5 元的马克杯，教授在拿到教室之前已把标价签撕掉，并问学生愿意花多少钱买这个杯子（给出了 0.5 元到 9.5 元之间的选择）。方案二：他一进教室就送给每个同学这样一个杯子，但过了一会儿说因学校组织活动而需收回一些杯子，他让学生写出自己愿意以什么价格卖出这个杯子（给出了 0.5 元到 9.5 元之间的选择）。实验结果显示，在方案一中，学生平均愿意用 3 元钱的价格去买一个带校徽的杯子；而在方案二中，学生的出价陡然增加到 7 元钱。

同时，禀赋效应也意味着，支付意愿和接受补偿意愿在个人对事物价值的评价上是不同的。事实上，大量的现象都表明，人们对同一商品的意愿支付价格（WTP）和意愿接受价格（WTA）之间往往存在巨大差异，而且，大量的实验也表明，WTA 平均值经常比 WTP 平均值大好几倍。例如，根据北美猎鸭者提供的数字：他们每人最多愿付 247 美元维护湿地，但最少要 1044 美元才同意转让。[①] 同样，Knetsch 和 Sinden 做了这样的实验：给一半受试者发彩票，另一半发 3 美元；然而，为持彩票的受试者提供以 3 美元出售彩票的机会，并允许持货币的受试者用 3 美元购买彩票。结果：82% 的持彩票受试者保留彩票，而 38% 的持货币受试者愿意买彩票。[②]

禀赋效应表明，人们往往不愿意放弃自己拥有的东西，这部分是源于损失厌恶，也体现了现状偏好。正是由于损失厌恶和现状偏好的共同作用，别人送 A 一瓶价值 1000 元的茅台，A 会喝掉它而不是卖掉它，但 A 无论如此也不会自己买一瓶 1000 元的茅台喝。同样，即使我幸运地花 10 元钱获得了一场比赛门票，但我也不愿意以 50 元的价格卖掉它，尽管如果这张门票丢失了，我甚至不愿花 20 元钱来买它。更为典型的例子是，目前社会中广泛存在的钉子户事件也表明，如果让他们掏钱来购买目前这种环境的住宅，这是无论如何也达不到要他们搬迁时所索取的这种高价。

[①] 雷斯曼：《保守资本主义》，吴敏译，社会科学文献出版社 2003 年版，第 48 页。
[②] Knetsch J. L. & Sinden J. A. , "Willingness to Pay and Compasation Demanded: Experimental Evidence of an Unexpected Disparity in Measures of Value", *Quarterly Journal of Economics*, Vol. 99, August, 1984, pp. 507 – 521.

此外，在当前房价水平下，社会大众普遍不愿意买房，同时那些只有一套住房且又暂时闲置的人又往往不愿意以目前的价格出售房产；这也意味着，当住房配置在不同人手中并不必然导致交易的进行，初始产权配置在投机者手中时会导致闲置，而当初始产权配置在自住者手中时则会导致使用。为此，德沃金写道："得到财富最大化的最终配置将会有所不同，即使在相同的初始配置条件下，它也得依赖于直接交易得以产生的某个秩序。"① 显然，禀赋效应将人的心理偏好视为是环境依赖的，这是对现代经济学交换理论尤其是科斯中性定理的挑战。现代经济学强调，只要买主对物品的评价高于卖主，交易就可以进行，资源配置并最终会达到最优状态；但现实生活中，一个人的评价却不是固定的，而是随着他的位置而变化，因而初始产权的界定往往会影响到资源配置的最终状态。

五 选择与评价往往会出现偏好逆转

心理学家利希滕斯坦（Lichtenstein）和保罗·斯洛维奇（Slovic）做了一个实验，他们要求受试者在期望价值大致相似的两个赌局之间进行选择。一是赢钱概率大的 P（即可能性 Probability）赌局：以大概率赢得少量的钱（如以 35/36 的概率赢得 4 美元），这是相对确定的；二是赢钱金额大的 S（即美元符号"＄"）赌局：以小概率赢得大量的钱（如以 11/36 的概率赢得 16 美元），这是比较冒险的。首先，受试者被询问愿意选择哪一个选项？结果，大多数人都选择了 P 赌局，因为他们更希望赢钱的概率大一些。其次，受试者被要求对每个赌局做出评价。评价方式是：假定受试者拥有赌局权，那么，他们愿意出售每个赌局的最低金额是多少？假设受试者没有选择赌局权，那么，他们购买每个赌局时所愿意支付的最高金额是多少？结果是：选择时偏好 P 赌局的受试者在评价时往往会赋予 S 赌局更高的价值。②

利希滕斯坦和斯洛维奇将这种现象称为偏好逆转效应（Preference

---

① 德沃金：《原则问题》，张国清译，江苏人民出版社 2005 年版，第 309 页。
② Lichtenstein S. & Slovic P. , "Reversals of Preference between Bids and Choice in Gambling Decisions", *Journal of Experimental Psychology*, Vol. 89, January, 1971, pp. 46 – 55.

Reversal Effect），其基本含义是：偏好物品 A 而不是 B 的受试者，他们中的大部分人对物品 A 的意愿支付价格（WTP）或意愿接受价格（WTA）都小于物品 B。在上述实验中，如果在两者之间做出选择，大部分受试者会选择 P；如果给两者标出最低卖价，大部分受试者会选择 S。再如，以 80% 的机会赢 5 美元和以 11% 的机会赢 40 美元的赌局，你更倾向于哪个呢？一般地，绝大多数人都会选择前者。但哪个赌局的价值更高呢？绝大多数人会选择后者。

显然，偏好逆转效应表明，人类偏好具有不可传递性。同时，偏好逆转效应还对"稳定性偏好"理论提出反思，因为现代主流经济学的基本假定是，任何行为人都一直都知道自己的偏好，这也是现代经济学理论的基础。但是，偏好逆转效应却表明，通过诱导，受试者可能同时喜欢 A 和 B 两个选项。

关于偏好逆转效应，我们也可以看阿莱 1953 年提供的悖论。方案一：A. p 的机会得到 X 美元，以 $1-p$ 的机会得到 0 美元；B. q 的机会得到 Y 美元，以 $1-q$ 的机会得到 0 美元。方案二：C. rp 的机会得到 X 美元，以 $1-rp$ 的机会得到 0 美元；D. rq 的机会得到 Y 美元，以 $1-rq$ 的机会得到 0 美元。其中 $p>q$，$0<X<Y$，$0<r<1$；因此，A 和 C 也称机会赌局，即可能赢的机会较大；B 和 D 也称金钱赌局，即可能赢的金额较大。实验结果：人们更倾向于选择 A 和 D。也即，当给定风险水平较小时，人们往往偏好机会赌局；当给定风险水平较大时，人们往往偏好金钱赌局。实际上，只要令 $p=1$，这个悖论就可以用"确定性效应"加以解释。

六 其他更多的行为选择悖论

除了上述做了初步归类的几类悖论外，我们的日常生活中也充斥了类似的选择或行为悖论。这些悖论体现了卡尼曼和特沃斯基所归纳的几种趋势：（1）对于中或高概率的收益，人们担忧风险；（2）六合彩吸引人的是大量的概率收益；（3）保险吸引人的是大量的概率损失；（4）对有把握的事物赋予高的权重；（5）当不受损失的概率增加时，人们惦念着有损失的风险。举例如下：

【实验一】有两种选择：A. 其他同事一年挣 6 万元的情况下，你的年收入 7 万元；B. 其他同事年收入为 9 万元的情况下，你一年有 8 万元进账。实验结果：大部分人选择了前者。

【实验二】在地区经济不景气和失业率较高时，有很多人想来工作，一家赢利较少的公司在两种情景中采取了两种政策：A. 没有通货膨胀，因而公司决定今年降薪 7%；B. 出现了 12% 的通货膨胀，因而公司决定今年只加薪 5%。实验结果：有 62% 的人认为前者是不公平的，有 78% 的人认为后者是可以接受的。

【实验三】一款备受欢迎的汽车供应紧缺，需要等两个月才能提货，于是，A. 一直按标价销售的销售商将销售价格提高了 200 美元；B. 一直以低于标价 200 美元销售的销售商改为按原价销售。实验结果：在 A 中有 71% 的人认为是不公平的，在 B 中有 58% 的人认为是可接受的。

【实验四】在企业利润停止增加的情况下，只有 20% 的人认为消取红利是不公平的；但是，有 62% 的人认为减少 5% 的工资是不公平的。

【实验五】面对两种情形：A. 你愿意支付多少钱将你的死亡风险降低 0.001？B. 你愿意接受多少钱冒 0.001 的死亡风险？实验结果：B 答案中的货币额远远超过 A。

【实验六】人们通常不愿意以 x 美元出售其财富中的一项物品，但该物品丢失或被偷，他们也不会以少于 x 美元的成本购买该物品的替代物（青毡旧物）。

【实验七】面对两个问题：问题 A. 最高的那棵红杉树是高于还是低于 1200 英尺？你认为那些最高的红杉树有多高？问题 B. 最高的那棵红杉树是高于还是低于 180 英尺？你认为那些最高的红杉树有多高？实验结果：对问题 A 的回答是 844 英尺，对问题 B 的回答是 282 英尺，两者差距有 562 英尺。

【实验八】某超市秋刀鱼降价 30% 促销，有几天货架上写着"每人限购 10 条"，有几天货架上写着"不限购"。实验结果：消费者在限购时平均购买 6 条，是不限购时购买量的 2 倍。

【实验九】肺癌治疗有手术治疗和放射治疗两种，其中手术治疗可保证有 5 年的存活时间，但在短期内手术治疗比放射治疗的风险更大，受试者受到手术短期结果的描述是：A. 第一个月的存活率为 90%；B. 在第一个月里有 10% 的死亡率。实验结果：在第一个框架下，84% 的受试者选择手术治疗；在第二个框架下，50% 的受试者选择放射治疗。

【实验十】小型企业能够生存 5 年以上的概率是 35%，但实验结果表明，有 81% 的小型企业创办人认为他人的胜算达到 70% 甚至更高，有 33% 的人甚至认为他们失败的概率为零。

【实验十一】A 教授每个周末都要修剪自己的草坪，甚至为此染上了严重的枯草热。邻居的小孩愿意为 10 美元的酬金替他修剪草地，但 A 教授却不愿意；同时，A 教授也不愿为 20 美元的酬金替他的邻居修剪同样面积的草坪。

【实验十二】A 教授在店里看到一件高级西装，觉得价格太贵而没有买；但是，他的妻子买来当作 A 教授的生日礼物，A 教授很高兴地接受了。问题是，A 教授和他的妻子的钱都放在一起作为共同的财产。

第三节　前景理论对期望效用理论的替代

卡尼曼与特沃斯基提出的前景理论（Prospect Theory）认为，个体在前景决策中对相同的决策问题往往会形成不同的构架，从而产生偏好与选择方面各种不一致的现象。[①] 例如，在面临"得"还是"失"的不同情境时就产生不同的风险态度，对不同程度的发生概率所引起的重视程度就相差很大，人类行动也会深受初始信息的影响，受描述的不同措辞的影响。一般地，前景理论假设风险决策过程分为编辑和评价两个过程：在编辑阶段，行为者凭借"框架"（Frame）、参照点（Reference Point）等采集和处理信息；在评价阶段，则依赖价值函数（Value Function）和主观概率的权重函数（Weighting Function）对信息予以判断。同时，结合早期的情境理论（Situational Theory），卡尼曼等又进一步发展出累积性情境理论，它强调，人类的选择决定是一系列前后联系的情境累积性决定的而非孤立的情境决定，从而也引起了对待风险的不同态度。在累积性情境理论中，卡尼曼与特沃斯基考虑了行为选择中出现这样五种主要现象，这些现象都与标准经济模型相悖：（1）框架效应（Framing Effects）；（2）非线性偏好（Nonlinear Preferences）；（3）路径依赖（Source Depend-

---

[①] Kahneman D. & Tversky A., "Prospect Theory: An Analysis of Decision Under Risk", *Econometrica*, Vol. 47, 1979, pp. 263-291.

ence）；（4）风险偏好（Risk Seeking）；（5）损失厌恶（Loss' Aversion）。①

一 框架效应

决策者在决定时往往受自身经历和认知所影响，往往偏好于特定的状态，从而出现所谓的框架效应：同一问题由于不一样表达而导致不一样的决策判断。例如，你今年业绩奖励是 10 万元，那么你是否高兴呢？这就取决于你的目标，如果你的奋斗目标是 8 万元，你也许会感到愉快；但目标是 15 万元，那么你就会感到失落。同时，为理解框架效应对选择的影响，我们看一个特沃斯基和卡尼曼使用的例子。有两个方案，方案一：某赌注有 10% 的概率赢得 95 元，有 90% 的概率损失 5 元，你会接受这个赌注吗？方案二：某彩票有 10% 的概率赢得 100 元，90% 的概率什么也没有，你愿意花 5 元来购买这张彩票吗？更多人对方案二给予了正面的答复。② 显然，尽管这两个方案的期望效用都是一样的，但由于所面临的情景不同，从而就会产生不同的结果。

谢林举了一个例子：如果一个 6 岁的棕发小女孩需要几千美元来做手术，从而就能活到圣诞节，结果，各地的汇款单塞满邮局；但是，如果取消征收一项销售税使得社会医疗设施老旧耗损，从而导致本可避免死亡的人数因机器难以探查而增多，结果，没有几个人会为此流下同情的泪水或是捐款。谢林的解释是，医院代表的是"统计意义上的生命"（statistical life），女孩代表的则是"可识别的生命"（identified life）；同时，人们对待"可识别的生命"和"不可识别的生命"的体悟和态度是不一样的：人们几乎不会让任何可识别的生命只是因为缺钱而消逝，但每天都有成千上万"不可识别的"人因缺少蚊帐、疫苗或干净的水而死亡。正因如此，美国的公共政策一般都很抽象，缺少对人情感上的冲击，从而也就得不到民众的支持。譬如，如果安全工程师告诉人们中央隔离带如果加宽 1 米需要耗资 4200 万美元，但平均每年可以减少 1.4 次死亡事故，如此可以持续 30 年。那么，我们应该加宽隔离带吗？

---

① Tversky A. & Kahneman D., "Advances in Prospect Theory: Cumulative Representation of Uncertainty", *Journal of Risk and Uncertainty*, Vol. 5, 1992, pp. 297 – 323.

② 卡尼曼：《思考，快与慢》，胡晓姣等译，中信出版社 2012 年版，第 335 页。

同时，框架效应往往与参照依赖（Reference Dependence）联系在一起，它强调，所谓的损失和获得都是相对于一定参照点而言。显然，当决策者不清楚恰当的参照点时，其选择往往表现出严重的不一致性；尤其是，由于人们往往以不同的方式看待等价的结果，而这又取决于结果或决策环境被描述的方式，从而可能导致偏好逆转效应。至于框架效应引起的行为不一致性，我们可看特沃斯基和卡尼曼做的一个传染病实验：假设有一场罕见的传染病，预计有600人死去，现有两组医疗方案可供选择。问题1：采用方案A，200人将得救；采用方案B，1/3的概率是600人都得救，2/3的概率是600人都不能得救。那么，如何选择？问题2：采用方案C，400人将死亡；采用方案D，1/3的概率是无人死亡，2/3的概率是都死亡。那么，如何选择？实验的结果是：在问题1中，绝大多数人（72%）偏好方案A，而在问题2中则有78%的人偏好方案D。显然，问题1和问题2是完全相同的，区别仅在于对前景描述——即问题的构架——不同：问题1以"得救人数"来表示，而问题2以"死亡人数"来表示；参照系的不同导致了不一致的选择。[1] 至于偏好逆转效应，利希滕斯坦和斯洛维奇的实验就证明了这一点。

二　锚定效应

框架效应的一个重要表现就是，人们的决策往往会不自觉地给予最初获得的信息过多的重视，这就是所谓锚定效应（Anchoring Effect）。锚定效应是指，当人们需要对某个事件做定量估测时，会将某些特定数值作为起始值，起始值像锚一样制约着估测值。究其原因，人们在做决定时，大脑会对得到的第一个信息给予特别的重视；这也就是所谓的"先入为主"，第一印象或数据就像固定船的锚一样，把我们的思维固定在了某一处。

例如，卡尼曼和特沃斯基就通过实验来证明锚定效应的存在：要求受试者对非洲国家在联合国所占席位的百分比进行估计，其中分母为100，从而实际上要求受试者对分子进行估值。实验程序：首先，受试者

---

[1] Tversky A. & Kahneman D., "The Framing of Decision and the Psychology of Choice", Science, Vol. 30, January, 1981, pp. 453–458.

被要求旋转摆放在其前面的罗盘并随机地选择一个在 0 到 100 之间的数字；接着，受试者被暗示他所选择的数字比实际值是大还是小；然后，要求受试者对随机选择的数字向下或向上调整来估计分子值。实验结果表明，当不同的小组随机确定的数字不同时，这些随机确定的数字对后面的估计有显著的影响。例如，两个分别随机选定 10 和 65 作为开始点的小组，他们对分子值的平均估计分别为 25 和 45。[1] 也即，尽管实验者对随机确定的数字有所调整，但他们还是将分子值的估计锚定在这一数字的一定范围内。

锚定效应在众多领域判断与决策问题的研究中得到验证，例如，一项关于法庭惩罚性标准评估的研究发现，随着提供的惩罚金和补偿金额度上限锚值的增长，被试评估的金额数量及变化幅度均在增长，显著高于未提供任何数量参照的控制组。[2] 同样，锚定效应也广泛出现在金融和经济现象中，不仅股票等有价证券的当前价格很大程度上决定于过去价格的影响，而且资源、黄金、古董、奢侈品乃至不同品牌的商品价格和不同行业的劳动工资都受过去给定的锚定值的影响。事实上，在同一品牌系列产品中，厂商往往会制造一款"极品"并标出高价；尽管这个极品往往并不能卖出，但它却可以将其产品的价格"锚定"在高位，从而改变了相关产品的参照值。例如，英国的 Luvaglio 公司推出的钻石笔记本电脑标价 100 万美元，德国史蒂福公司推出的全球限量 125 只的黄金绒毛泰迪熊标价约合 8.6 万美元。

三 权重函数

框架效应还表明，人们的效用是非线性的，不同情形下对风险的态度也是不同的；表现在决策中，决策权重与概率之间也呈非线性关系：低概率往往被高估，而中概率和高概率则往往会被低估，且后者的效应不如前者明显，从而不能简单地根据期望效用来评价风险决策。因此，

---

[1] Tversky A. & Kahneman D., "Judgment under Uncertainty: Heuristics and Biases", *Science*, Vol. 185, September, 1974, pp. 1124–1131.

[2] Robbennolt J. K. & Studebaker C. A., "Anchoring in the Courtroom: The Effect of Caps on Punitive Damages", *Law and Human Behavior*. Vol. 23, 1999, pp. 353–373.

决策权重与主观概率之间的函数关系就可用图 15—2 表示。

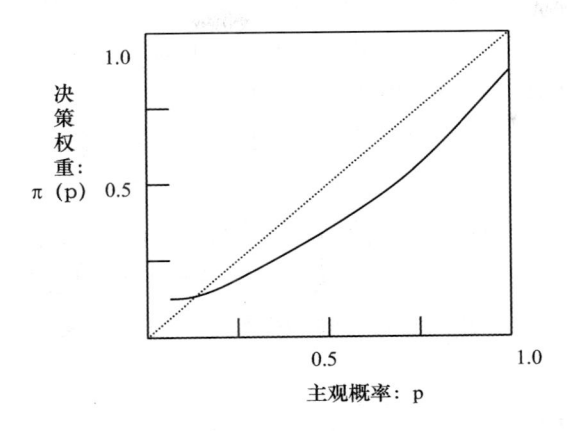

图 15—2　决策权重与主观概率的关系

例如，卡尼曼和特沃斯基提供了一个实验，要求人们分别在以下两种情形中进行选择：方案一：A. 可以确定性地获得 3000 元；B. 以 0.8 的概率获得 4000 元和 0.2 的概率获得 0 元。方案二：C. 以 0.2 的概率获得 4000 元和 0.8 的概率获得 0 元；D. 以 0.25 的概率获得 3000 元和 0.75 的概率获得 0 元。实验结果表明，有 65% 的实验对象选择了 C，80% 的人选择 A。卡尼曼和特沃斯基对这个结果的解释是，当处于概率较低的时候，一定程度的概率的增加（从 C 的 20% 上升到 D 的 25%）不会较大地改变人们对这些低概率事件赋予的选择权重，此时起决定作用的就是报酬的多寡。反过来，在概率较高时，人们对概率的变化十分敏感，偏好选择中的概率权重变得十分重要。事实上，在如下四种情形中得到 100 万元的概率都上升了 5%：A. 从零提升到 5%；B. 从 5% 提升到 10%；C. 从 60% 提升到 65%；D. 从 95% 提升到 100%。那么，这个消息给你的感觉都是一样的吗？

一般地，确定会发生的事件和以概率 $1-\varepsilon$ 发生的事件具有相当大的差异，不管 ε 有多少。例如，知道一个人艾滋病检测不呈阳性和知道一个人有可能以极小的概率 ε 检测呈阳性完全是两回事，这也是萨缪尔森称之的 "小正数不为零" 的问题。因此，在这里，从零提升到 5% 和从 95% 提升到 100% 要比从 5% 提升到 10% 和从 60% 提升到 65% 更具诱惑力。究其原因，从零提升到5%意味着情况的实质性改变：从无到有；而从5%提升到10%只是一种数量上的提升，而在心理价值上并没有翻倍。因此，从零提升到5%的巨大转变表明了"可能性效应"，而从95%提升到100%则是另一种实质性改变，产生了"确定性效应"。① 正是由于"可能性效应"和"确定性效应"的作用，那些不可能出现的事件或小概率事件往往受到过分重视，从而导致了非线性决策：一方面，人们往往愿意花超出预期价值的钱来换取赢得大奖的渺茫机会，从而出现了彩票热衷现象；另一方面，人们往往愿意花费更大的费用或努力降低不利事件发生的微小概率，从而导致风险和保险契约等往往具有很大诱惑力。

四 价值函数

框架效应还表明，人们往往根据相应于某个参照点的收益和损失而不是根据最终状态来评价前景，个人给状态赋予的价值取决于该状态与现状之间的关系；因此，价值主要定义在财富的变化而非财富水平上，且一般地，人们对自身财富水平的减少比增加更加敏感，这就是认知心理学中的"损失厌恶"理论。一般地，随着财富的增加，人们越来越不看重获益；相反，随着财富的减少，人们会越来越看重损失。价值和财富变化之间的关系如图15—3所示：损失函数曲线比获益函数曲线的走势更陡峭。也即，损失曲线的下降速度比获益曲线的上升速度要快。

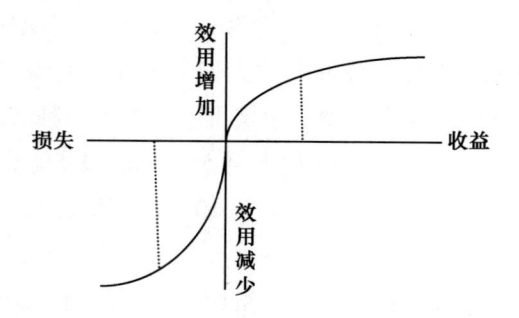

图15—3 损失厌恶与价值函数

---

① 参见卡尼曼《思考，快与慢》，胡晓姣等译，中信出版社2012年版，第284页。

例如，在抛硬币赌局中，如果是正面就赢得150元，如果是反面就输掉100元。那么，有多少人愿意参加这个赌注呢？显然，这时参与者必须平衡得到150元的满足感和失去100元的失落感。对大多数人来说，对失去100元的恐惧比得到150元的愿望更强烈，从而不愿参与这个赌局。那么，要平衡100元的可能损失，一般人需要得到最少收益是多少呢？卡尼曼通过大量的经验做出了估计，在适度规模的损失和收益之间，"损失厌恶系数"通常在1.5—2.5之间。也即，放弃某样东西损失的效用是获得它增加的效用的2倍。因此，对很多人来说，这个问题的答案约200元。[①] 事实上，股票回报率之所以远高于债券回报率，在很大程度上不能简单地用投资者风险厌恶来解释，而是应该更好地用损失厌恶来解释，因为一年之内股票回报率为负的时候远比债券要多。

一般地，在行为金融理论中，典型的投资者应被称为"行为投资者"——而非"理性投资者"：理性投资者的效用依赖于财富或消费的绝对水平；行为投资者的"效用"则反映在预期理论的价值函数中，是一条中间有一拐点的S形曲线（横轴的正半轴表示盈利，负半轴表示损失）——在盈利范围内通常是凹的、在损失范围内通常是凸的，且曲线的斜度在损失范围内比在盈利范围内要陡。卡尼曼在1990—1991年进一步阐述这一思想，并用损失函数与盈利函数在原点的斜率之比来度量"损失厌恶"的程度，给出了经验的估计值2.0。显然，损失厌恶意味着，在一个公平赌博的情景中，一个人如果赢了X单位金钱所获得的效用会小于他可能输而下降的效用，因而赌博对双方都是不利的交易。

五　现状偏好

情境依存的功能宽泛地表现为现状偏好：人们常常偏好现状甚于其他的备选方案，而一旦某个备选方案成为现状时，人们就会偏好它甚于其他备选方案。典型表现就是：人们往往不改变契约条款中的默认选择项。例如，在加入退休金计划时，往往需要填一大堆表格，但如果雇主把加入401K储蓄计划（美国的一项退休储蓄计划）作为默认的状态，而不加入则需要选择退出，那么，几乎所有的雇员都会加入；相反，如果

[①] 参见卡尼曼《思考，快与慢》，胡晓姣等译，中信出版社2012年版，第258页。

不把401K储蓄计划作为默认的状态,那么,绝大多数雇员都不会加入。再如,如果州汽车保险委员会宣布某种政策为默认选项,而保险公司让投保的个人依其偏好作不同于默认项的选择,那么,不管条款是什么,投保人都倾向于不改变默认选择。① 例如,芝加哥大学的 B. Madrian 对一家公司退休金计划的调查就发现,在采用自动加入计划之前,只有49%的员工选择加入退休金计划;而在自动加入之后,只有14%的员工选择退出。事实上,在现实生活中,除非在改变工作时又有一堆表格要填,很少人会在中途改变退休金计划或者保险计划。这也是与经济人假设相悖的,因为每个人的情况不一样,根据自己的特定全新选择退休金或保险计划可能会省下一大笔钱。

同时,现状偏好也表现为,选民往往更认同现有领导者。例如,小布什在与戈尔竞选总统时曾经非常不被看好,在任时的很多政策也深受质疑,但一旦他当选总统后人们就开始认同他作为总统的秉性,乃至可以大比分击败2004年的挑战者克里。这种情形在当前各国各界(学术界、娱乐界、商业界、官场界)都非常明显:一个默默无闻的学人、艺人、商人或政客一旦上位,就开始有很多人宣扬他的事迹、能力和胆略;而一旦开始被调查,他的事迹马上又是另一番审查。例如,很多官员在台上往往能言善道,似乎举手投足间都展示了魅力和胆识,一言一语都体现了学识或幽默,但一旦被留置后,他的所有行为和言语都被发现是空洞无物的,其雷厉风行的政策竟然是亢奋状态下的拍脑袋行为。

同样,也正是现状偏好的存在,尽管人们的生活状态往往会起伏跌宕,但其幸福程度却没有相应的变化。例如,现代社会的人们往往愿意花很多钱、很多时间去买福利彩票,希望中头奖,他们中奖的时候确实很快乐,但一两个星期后这种快乐就会跌下来。事实上,那些中了头奖的人和那些没有中奖的人,平均快乐水平没有什么差异。同样,经历损失的个人最终也会将新的情境视为合理状态,从而其幸福感也不会下降很多,那些因意外而残疾的人最终往往也会获得心境的平和。

---

① Camerer C. , "Prospect Theory in the Wild: Evidence from the Fried", in: Kahneman D. & Tvesky A. (eds.), *Choice, Values and Frames*, Cambridge: Cambridge University Press, 2000, pp. 200 – 300.

六 体验效用

情境依存的功能还表现为体验效用（Experienced Utility）：效用主要体现为真实的体验而非抽象的数字，因为人类本身就是通过变化来体验生活的。卡尼曼等人认为期望效用是控制决策效用的合理性原则，但它与快乐体验没有关系。[1] 为此，他们借鉴边沁的效用观念：快乐与痛苦的享用体验统治我们的生活，告诉我们应当做什么以及决定我们实际上做什么；并由此提出以"体验效用"一词取代传统经济学中的"效用"以及"期望效用"一词，并断言体验效用可以被测度。

例如，1998 年卡尼曼与其同事 Schkade 就做了一项研究，两位研究者要求身处加州和中西部的 2000 名本科生为自己的生活满意度打分；结果这两个地区学生的评分几乎没有差异，虽然两组受测者都认为在加州会更幸福。[2] 两个地区的学生之所以都认为加州会更幸福，主要原因是他们对天气的态度是不同的：加州人很享受当地的气候，而中西部人却厌恶当地的气候。但实验结果却表明，学生们正确地假定加州人会比中西部人对于自己所处的气候环境更为满意，但没有认识到天气并不能够影响人们对自己生活的总体评价。基于这一现象，卡尼曼就指出，人们往往并不知道他们究竟有多么幸福，因为幸福是相对的。

其他例子有，2007 年 100 所中国大学的 5000 名大四学生给出的一张大学满意度排行榜显示，名列前 20 名的分别是：中央美院、香港大学、清华大学、上海交通大学、西安交通大学、东北大学、大连外国语学院、中国音乐学院、陕西师范大学、北京大学、北京交通大学、哈尔滨工程大学、浙江大学、重庆大学、南京航空航天大学、东北师范大学、大连理工大学、厦门大学、河北大学、华中科技大学。[3] 显然，原先在各项指

---

[1] Kahneman D., Wakker P. P. & Sarin R., "Back to Bentham? Explorations of Experienced Utility", *Quarterly Journal of Economics*, Vol. 112, No. 2, 1997, pp. 375 – 405; Kahneman D. & Thaler R. H., "Anomalies: Utility Maximization and Experienced Utility", *Journal of Economic Perspectives*, Vol. 20, No. 1, 2006, pp. 221 – 234.

[2] Schkade D. A. & Kahneman D., "Does Living in California Make People Happy? A Focusing Illusion in Judgments of Life Satisfaction", *Psychological Science*, Vol. 9, No. 5, 1998, pp. 340 – 346.

[3] 《2007 年百所中国大学满意度排行榜 中央美院居首》，2019 年 7 月 10 日，http://edu.sina.com.cn/gaokao/2007 – 05 – 29/193985019.html。

标中公认为名校那些大学在榜中并不具备优势,而公众认知中相对冷僻的大学排名则持续靠前;其中,反差特别大的一些投报热点名校如北京大学、复旦大学、中国科技大学、吉林大学、南京大学、南开大学、中国人民大学、中山大学、上海财经大学、武汉大学等的排名分别是:3、24、26、27、30、31、50、51、66、78。同样,根据华盛顿皮尤民众与新闻研究中心(Pew Research Center for the People and the Press)于 2011 年 5 至 9 月所做的民调,约有 47% 的受访美国民众表示中国经济实力独领风骚,而选择美国的比例则有 31%;而在 2008 年 2 月的访调中,有 41% 的美国人认为美国经济实力最强,30% 指名中国。但实际上,美国的 GDP 是中国的近 3 倍,人均 GDP 更是让中国相形见绌。究其原因就在于一些直接的感受:过去 30 年来中国经济扩张幅度逾 89 倍,而美国至今还陷在经济危机之中。[①]

　　事实上,无论是框架效用、损失厌恶、权重函数、价值函数还是体验效用,都体现了心理学上的"韦伯—费希纳定律"(Weber – Fechner Law):对任何变量而言,刚刚可以感觉到的差别与变量的级别成比例。譬如,一个人的体重增加了 1 斤,他往往察觉不到;但如果所买的西瓜从 5 斤增加到 6 斤,就非常明显;进一步地,如果所买的奶油蛋糕从 2 斤增加到 3 斤,则更显而易见了。为此,心理学家将刚刚可以感觉到的差别称为"最小可觉差"(Just-Noticeable Difference,简写为:JND)。譬如,在实行车牌拍卖的上海,人们为何更趋向于买更贵的车,因为这可以使得车牌拍卖费小于最小可觉差;人们为何愿意多开 15 分钟的车去购买一台便宜 20 元的收音机,而不愿多开 15 分钟的车去购买一台便宜 20 元的电视机,就是因为 20 元小于购买电视机的最小可觉差。

第四节　结语

　　行为实验中的大量悖论都揭示出,理性选择分析所依据的期望效用理论具有重大缺陷:期望效用理论在很大程度上只是依据非现实的先验

---

① 《美民调:中国为世界经济最强权》,2012 年 12 月 20 日,http://gb.chinatimes.com/gate/gb/news.chinatimes.com/world/50405364/132011011400609.html。

假设以及形式化的数理逻辑，而没有考虑到心理效应。事实上，现实世界中的人类行为往往是由心理意识所促动，这种心理意识又受各种社会的、文化的、制度的、情感的以及特定情境的等因素影响。为此，近来一些学者从四个方面对现代经济学的期望效用理论进行修正和发展。一是扩展性效用模型，它要求放松期望效用函数的线性特征，或对独立性、无差异性公理进行重新表述，如马勋纳（M. Machina）于1982年将基于概率三角形的预期效用函数线性特征的无差异曲线扩展成为体现局部线性近似的扇形展开；二是非传递性效用模型，其特征是放弃传递性公理，如卢姆斯（Loomes）和叔基恩（Sudgen）于1982年提出后悔模型，通过引入后悔函数将效用奠定在个体对过去"不选择"结果的心理体验上；三是非可加性效用模型，它主要针对埃尔斯伯格悖论，认为概率在其测量上是不可加的；四是卡尼曼和特沃斯基1979年提出的前景理论，它认为个体进行决策实际上是对"前景"的选择，这种选择所遵循的是特殊的心理过程和规律，而非预期效用理论所假设的各种偏好公理。

前景理论由与标准经济人模型相悖的框架效应、锚定效应、禀赋效应、损失厌恶、非线性偏好、路径依赖、风险偏好、现状偏好以及体验效用等组成，它强调，人类行为选择所遵循的是特殊的心理过程和规律，而非预期效用理论所假设的各种偏好公理。显然，该理论更贴近现实，从而有助于更好地解释和理解现实，也利于更好地制定社会政策。例如，每逢公布平均工资数据的时候，总有很多人感觉自己拿到手的工资没这么多，感叹"拖了平均工资的后腿"。但试问：如果绝大多数人都拖了平均工资的后腿，这平均工资水平又如何能够形成呢？固然，这可能与极端悬殊的收入分配有关：大多数收入都集中在少数人手中；同时，也与人们的直接感受有关，物价上涨、富裕者的奢侈生活都使他们感到自己的生活不如意，从而自然地将自己归入"拖后腿"的行列。再如，对司机的调查显示，绝大多数司机都认为自己的驾驶水平比平均水平高。但试问：这可能吗？究其原因，或者司机往往把自己所认为的品质给予较高的评价，或者主要是与那些最差劲的司机进行比较；因为这些差劲司机经常造成交通事故，而这些事件给了他们最为深刻的感受。这样的事例比比皆是，如1976年对SAT考生进行调查，有50%以上的人认为自己比一般以上的 SAT 考生更有领导力。① 事实上，正是由于与人们的幸福感直接相连的是即期性的体验效用，而不是经济增长、国民收入水平等客观性指标，所以在当前社会，房价、交通、安全就成了影响人们幸福感的主要因素，甚至成为社会焦虑和不安定的重要因素。因此，要提高人们的福祉和幸福感，就更应该关注那些与体验效用更直接相关的民生议题。

---

① 摩尔、帕克：《批判性思维》，朱素梅译，机械工业出版社 2016 年版，第 19 页。

第十六章

理性选择论的三重检视：
重审真实的行为基础

【导读】 基于理性经济人假设，现代主流经济学把人类个体视为基于计算理性的自利实现者，并由此发展了系列经济理论；但是，这种分析思维仅仅依赖于非现实的先验假设，而与现实世界的人类行为反差巨大。同时，结合需求定律，现代主流经济学又发展出了成本—收益分析范式，并将之作为行为和决策的基础；但是，这种分析范式往往只是考虑短期的和局部的利益，而忽视了经济以外其他社会目标。此外，基于"无形的手"原理，现代主流经济学认为由理性个体构成的市场也是有效的，并热衷于基于理性原则的市场机制设计；但是，大量经验事实和实验数据却表明，这些市场设计在实践中并非是有效的。所有这些，都对现代主流经济学的基石——理性经济人构成了挑战，要求重新审视真实世界中的行为基础。

第一节 引言

根植于自然主义思维，现代主流经济学在行为分析上具有这样的特点：（1）将丰富多样且具有高度社会性的人类还原为同质化的且只具动物性本能的原子个体，其目的在于追求自身利益的最大化；（2）先验地赋予原子个体以高度理性，其目的在于方便进行基于数学逻辑的运算。这样，现代主流经济学就发展出了一套统一的理性选择分析框架，行为者能够逻辑一致地追求并实现其利益最大化，甚至像电脑一样迅速地计算成本—收益并以此展开行动。进一步地,主流博弈论还将理性选择说拓展到互动行为中,将这种高超的计算理性视为共同知识,并由此发展出了基于可理性化策略的纳什均衡。

然而,大量的经验事实和行为实验表明,人类行为既不能保持内在一致性,也不是局限于个人利益的最大化;同时,行为互动的结果既不会总是陷入囚徒困境,也无法实现充分合作。进一步地,基于理性原则的市场设计以及基于成本—收益分析的行为选择也没有导向有效结果,反而加剧了个体间的冲突,导致了社会福利的下降。显然,这些都促使我们对现代主流经济学的理性选择理论和可理性化策略思维进行审视,促使我们对成本—收益分析范式以及作为不确定情形下决策基础的期望效用理论进行质疑,促使我们对理性经济人假设以及理性分析框架进行批判。金迪斯就写道:"除非在一些特殊情形下(匿名的市场交易),正统博弈论有关个体是利己主义的假设必须放弃,正统博弈论专家根据理性行为原则的逻辑含意所推出的很多特性,包括后向归纳的使用,实际上并不是理性所含的。依赖正统博弈理论已经导致经济学家和心理学家将许多日常行为视为非理性的。"[1] 因此,本章从三个方面就理性分析框架做一系统检视,通过对既有理论的解构来深化对真实行为的认知。

第二节 理性原则的日常行为检视

现代主流经济学把人类个体视为一个基于计算理性的机械反应者,它始终追求着收益最大化。正是基于这一理性原则,现代主流经济学发展出价格替代理论、沉没成本理论、独立性偏好理论以及边际效用价格论等一系列学说,人们的日常生活行为与这些标准的经济学理论之间存在明显冲突。人们的日常行为果真遵循这种理性原则吗?这里通过大量的行为实验和经验事实来对这些理论逐一加以检视,并由此来审视理性原则的可应用性。

---

[1] Gintis H., "A Framework for the Unification of the Behavioral Sciences", *Behavioral and Brain Sciences*, Vol. 30, 2007, pp. 1 – 61.

一 就价格替代理论而言

现代主流经济学认为，相同价格的物品具有替代性，因为它们给消费者相同的效用。但是，在现实生活中往往出现与此相悖的现象。看一个特沃斯基和卡尼曼所做的对比试验：假设你决定去看戏，戏票的价格是每张10美元，此时你面临两种情境。实验一，当进入戏院时发现丢了10美元，你仍然愿意支付10美元来购买该演出门票吗？实验二，当进入戏院时发现票丢了而找不回来，你仍然愿意支付10美元来购买该演出门票吗？实验结果：实验一中有88%的人选择愿意购票，而实验二中只有46%的人选择愿意购票。① 显然，不管丢的是戏票还是10美元，其价格都一样，但引发的行为后果却很不同，因而价格替代理论对此缺乏足够信服的解释。为此，塞勒提出了心理账户理论（Mental Accounting Theory）：在做经济决策时，潜在的账户系统常常遵循一种与现代经济学的运算规律相矛盾的潜在心理运算规则，其心理记账方式与经济学和数学的运算方式都不相同，因此经常以非预期的方式影响着决策，使个体的决策违背最简单的经济法则。② 上述实验的差异就在于，人们将戏票和金钱归类于不同的消费支出账户，而不同类别的消费支出账户具有非替代性：显然，丢失了金钱不会影响戏剧所在账户的预算和支出，从而大部分人仍旧选择去看戏；相反，丢了戏票和后来需要再买的票都被归入同一个账户，因而听一场戏看上去就好像要花20元。

这样的例子非常多。例1. 塞勒的调查问卷：假设你以前买了一箱上等的波尔多葡萄酒，每瓶的价格是20美元，现在这瓶酒的拍卖价格是75美元，此时你决定喝掉一瓶；那么，你认为自己喝掉这瓶酒的成本是多少。选项有5个：（1）0美元，因为我已经付过钱了；（2）20美元，这是我买酒时的价格；（3）20美元加上这些年的利息；（4）75美元，这是将酒卖掉我能挣到的钱；（5）－55美元，我喝一瓶75美元的酒只花了

---

① Tversky A. & Kahneman D., "The Framing of Decision and the Psychology of Choice", *Science*, Vol. 30, January, 1981, pp. 453－458.

② Thaler R. H., "Mental Accounting and Consumer Choice", *Marketing Science*, Vol. 4, No. 3, 1985, pp. 199－214.

20 美元，因而赚了 55 美元。5 个选项所占的比例分别是 30%、18%、7%、20% 和 25%。按照经济学理论，正确的答案应该是 75 美元，这也是几乎所有经济学家的选项。但是，有超过一半的人认为，喝一瓶价值 75 美元的酒是免费的或者是省钱的行为。这里的原因也就在于，他们将原来付出的 20 美元划入了"投资账户"，而不是分摊到所购买的所有商品上。例 2. 某 A 先生因为工作优秀而被多发了 1000 元奖金时，他通常会请同事吃饭而花费掉；但如果 A 先生因优秀而增加了 1000 元的工资，他就很少会有这种奢侈消费。究其原因也在于，前者中他将奖金归入了"意外横财"和"食品"账户，后者中他将工资归入了"正常收入"账户，两者不具有替代性。例 3. 某 A 先生带 300 元去赌博，赢了 200 元；于是，他就将原来的 300 元放在一个兜里，认为是自己的，而将 200 元放在另外一个兜里，而不认为是自己的。正因为不将赢得的钱当作自己的钱，因而赢钱的人往往更愿意继续赌下去，更愿意承担风险。赌徒的一个常用语就是"用庄家的钱去赌"。在现实生活中，很多个人、家庭和公司都有财务预算，每个类别的开支都有限制。预算的存在，就意味着金钱不是任意替代的。例如，这个月已经看过一场球赛，因而就不太会去看演出。显然，"心理账户"理论对现代经济学的价格替代理论提出了挑战。

二　就沉没成本理论而言

现代主流经济学认为，理性人应该忽略沉没成本，因为过去的事已经过去了，唯一有价值的是未来努力的收益。但是，大量的事实和实验却表明，人们往往无法成功地忽略沉没成本。[①] 例 1. 塞勒做了一个比较实验：你有几张在 60 公里之外城市举办的篮球赛票，开车一般需要一个半小时，比赛当前出现了罕见的暴风雪天气，那么，在下述哪种情况下你更可能去观看比赛？A. 每张票花费 20 美元买的，B. 票是免费获得

---

① Laughhunn D. J. & Payne J. W., "The Impact of Sunk Outcomes on Risk Choice Behavior", *Canadian Journal of Operations Research and Information Processing*, Vol. 22, January, 1984, pp. 151 – 181.

的。① 经济学学生也许认为不去看比赛比较好，但一般人往往会冒着风雪驱车前往。例2. Arkes 和 Blumer 做了一个自然环境下的沉没成本测试实验：随机被安排实验组和控制组的顾客去观看10场演出，实验组能从15美元的正常票价中获得2美元或7美元的折扣，而控制组没有折扣。实验表明，在头5场演出中，支付了全票的观众比获得票价折扣的观众明显看了更多场次，而在季后5场中沉没成本的影响不很明显。② 塞勒的解释是，如果你买了门票却没有使用，在你的心理账户里就会认为这是一个损失。而且，对已经买到的产品，你使用的次数越多，就会越觉得划算。正因如此，一些人会刻意地办一些健身卡，以达到自我控制的效果。

现实生活中也常会出现类似现象。例1. 某 A 通过付费租了一个室内网球场，租期到了而天气又很好，尽管 A 在这种天气下更愿意在室外打网球，但他最终还是选择在室内。其原因就在于，人类的效用并不是抽象、恒定的，这里，A 更享受通过在室内打网球而使其付出的沉没成本更充分体现所带来的效用。例2. 某 A 在室内网球俱乐部交了1000元的年度会员费，每周可以打球一次，两月后他得了"网球肘"（肱骨外上髁炎）；但是，他还是忍痛坚持打了3个月，直到实在无法忍受才停止打网球。显然，如果你此时邀请 A 打网球，他肯定会拒绝的。例3. 你买了一张话剧票，但看话剧的过程中感觉很乏味，那么你会忍受着看完还是退场去做别的事情？显然，话剧票的钱已经作为沉没成本而收不回了，从而继续看下去实际上有进一步的损失，但实际上却很少有退场的。例4. 当一对恋人中的一方提出分手时，另一方往往会哭哭啼啼甚至会寻死觅活的，旁边的亲朋好友都会劝他（她），既然对方已经对他（她）无情无义了，何必还要努力和她（他）在一起呢？关键在于，失恋者已经投入了巨大的沉没成本，他（她）是不甘心沉没成本不产生任何收益的，而旁人却因没有为此付出沉没成本而缺乏这种感受。塞勒甚至认为，美国之所以持续在越南进行一场徒劳无益的战争，一个重要原因就是投入太

---

① Thaler R. H., "Toward a Positive Theory of Consumer Choice", *Journal of Economic Behavior and Organization*, Vol. 1, March, 1980, pp. 36–60.

② Arkes H. R. & Blumer C., "The Psychology of Sunk Cost", *Organizational Behavior and Human Decision Processes*, Vol. 35, No. 1, 1985, pp. 124–140.

多而无法中途放弃。

三 就独立性偏好理论而言

现代主流经济学认为，物品的偏好次序具有独立性和传递性，因而理性消费者在选择时往往不受其他无关因素的影响。但是，大量的经验事实和实验证据却表明，引入一个无关物品后，人们的偏好往往会出现重大变化。例如，看《经济学人》杂志网站的订阅广告：电子版每年59美元，印刷版每年125美元，电子版加印刷版每年125美元；显然，这个广告其实是一种操纵伎俩，目的是想让人们直接选择订电子版加印刷版。麻省理工斯隆管理学院的 D. Ariely 让100位学生做了这个实验。实验一：在上述三个选项中进行选择；实验二：去掉每年125美元的印刷版选项，而在每年59美元的电子版和每年125美元的电子版加印刷版之间二选一。结果：在实验一中，单订电子版为16人，单订印刷版为0人，订印刷版加电子版125元套餐为84人；在实验二中，选择单订电子版的人数从16上升为68，而选择125美元套餐的人数则从84下降到32。显然，仅仅加入一个无关变量，人们的选择就发生了明显改变。

实际上，上述例子反映了"交替对比"对行为选择的影响：各种选择之间的利弊相比往往会使某些选择显得更有吸引力，而使另一些选择的吸引力大为降低。例如，特沃斯基做过类似这样的实验。有两种微波炉供被试者选购：A. 三星微波炉，售价110美元，7折出售；B. 松下A型微波炉，售价180美元，7折出售。结果，有57%的人选择了三星，43%的人选择了松下A型。现在加入了一组C供3选1，C组是松下B型微波炉，售价200美元，但要9折出售；结果，约有60%的人选择松下A型，27%的人选择了三星，另外13%的人选择了松下B型。

四 就边际效用价格论而言

现代主流经济学认为，人们往往按照边际效用支付的价格，而边际效用具有递减趋势乃至为负，因而理性人对超额需求量愿意支付的价格为零。但是，在现实生活中，人们往往关注的是商品的平均价格而不是商品的边际效用价格。事实上，市场上很多商品供给量的边际成本很小，如雪糕、茶、咖啡、饮料等大小份之间的成本相差不了多少，而定价却相差很大；因为，商家往往希望顾客能够选择更大份的，从而采用使大份平均价更低的策略来进行促销。例如，某咖啡馆推出一款咖啡：大杯（620 毫升）19 元，中杯（500 毫升）14 元，小杯（380 毫升）12 元。显然，除非是对咖啡特别上瘾的人士，小杯咖啡一般可以满足消费者的需求；因此，根据边际效用递减理论，理性人应选择"小杯"。但是，大多数人却忽视自己的真实需求而选择"中杯"，一个重要原因就是"中杯"的平均单价更低，这就是"中杯效应"（Medium Effect）。

进一步地，特沃斯基通过实验证明：如果 A 优于 B，大家通常会选择 A；但是，如果 B 碰巧优于 C，而且拥有 A 没有的优点，那么许多人就会选择 B。究其原因，与 C 相比，B 的吸引力显著加强了。例如，某超市卖四种不同规格的松露牌消毒液：A. 180 毫升售 18 元；B. 330 毫升售 32 元；C. 330 毫升售 32 元，并附赠一瓶 120 毫升的非卖品；D. 450 毫升售 42 元。显然，C 具有较强的吸引力而成为首选，因为它与 D 的净含量一样却便宜了 10 元钱，与 B 的价格一致却多出了 120 毫升。问题是，如果直接将 A 和 C 放在一起，那么更多人将选择 A。更进一步地，我们再看这样两组实验。实验一：在两种美能达相机之间选择，一是售价 1700 元的 A 型，二是售价 2300 元的 B 型。实验结果，选择两种机型的人各占一半。实验二：在三种机型之间做选择，除上面两种机型外，加上另一种售价 4600 元的 C 型。实验结果，很多人改选了价格适中的 B 型，比选择最便宜的 A 型的人多出了 1 倍。这也是"中杯效应"，反映了人们偏好中庸而厌恶极端的心理。

同样，根据新古典经济学的边际分析方法，追求利润最大化的企业将会雇用员工直到最后一个员工的边际成本等于他所带来的边际收益。为此，《美国经济评论》在 20 世纪 40 年代掀起一场辩论。发起者为普林斯顿大学经济学副教授理查德·莱斯特（R. Lester），他写信给制造业企业要求他们解释如何决定雇用多少员工以及生产多少产品，但没有一个管理者的做法符合边际分析方法：他们既不会考虑产品价格变化的影响，也不会考虑员工薪酬变化的影响，而是会尽量卖出更多的产品，员工人数的增减则要符合这一需求。莱斯特的同事弗里茨·马克卢普（F. Machlup）则完全无视莱斯特的调查数据而支持边际理论，其理由是经济学家实际上并不真的关心人们说他们自己在做什么，也不要求公司实际计算成本和边际收益，但管理者的行为却和边际理论所预测的出入不大。不久，年轻经济学家米尔顿·弗里德曼加入进来，他写了篇《实证经济学方法论》支持马克卢普的看法，衡量理论的最重要标准是预测的准确性而非假设的现实性，并提出了影响深远且为经济学界广泛接受的"as if"假说。但行为经济学中的前景理论以及启发法和偏见等却表明，人们的行为根本不像理性经济学模型预测的那样"似乎"做出了正确判断。塞勒进一步指出，经济学应该提供针对所有人而非只是专家的理论，应该建立对普通人如何购物、存钱养老、找工作或做饭有用的理论，而不是假设人们会像专家一样行事。事实上，尽管老练的台球选手打球时"似乎"知道所有相关的几何学和物理学知识，但台球的业余玩家往往会瞄准离球洞最近的球，而且球也常常进不了洞。

五 就消费剩余最大化而言

现代主流经济学认为，经济人在多个商品间进行选择时所基于的根本原则是消费剩余最大化，因而不会购买那些对自己没有用途的便宜商品。但塞勒却举反例来加以驳斥：A女士来到超市为她的双人床买一条被子，发现一款自己喜欢的被子正在打折。正常售价是超大码豪华双人被为300美元，豪华双人被为250美元，普通双人被为200美元，而现在则为统一价150美元，最后A女士抵不住诱惑而买了一床超大码豪华双人被。如何理解这一点呢？塞勒界定了两类效用：（1）获得效用，由商品的价值高于市场价格所带来的效用，这也就是消费者剩余；（2）交易效用，实际支付的价格与商品的参考价格之差所带来的效用，参考价格就是消费者的期望价格。例如，在A女士购买被子的事例中，对一个理性经济人而言，从与自有双人床一样大小的被子中获得的效用要比会四角沿床沿耷拉下来的超大码被子中获得的效用更大；但是，就实际支付的价格与商品的参考价格之差而言，超大码豪华双人被带来的交易效用要大于普通双人被。

显然，理性经济学却无法体验到交易效用，因为他的全部享受都包含在获得效用中了；相反，能够体验交易效用的普通人，却从交易条款本身中获得快乐和痛苦。为此，塞勒还构设了这样一个场景来理解两种效用：一个炎热的夏天，你躺在海滩上想喝上一瓶自己喜欢牌子的冰啤酒，并麻烦一个同伴去附近商店买；但同伴要你给出一个最高出价，只要啤酒售价低于这个出价才帮你买。那么，你的最高出价是多少？结果，出价随着商店的不同而变动：杂货店的平均出价是 4.10 美元，高级度假酒店的平均出价是 7.25 美元。显然，无论是从度假酒店买还是从杂货店买来的，同样一杯冰啤酒买到海滩上喝的获得效用是没有差异的，但人们却因购买地点不同而愿意支付不同价钱，这就在于人们存在不同的心理预期。如果同伴花了 6 元钱并告诉你是从酒店买来的，你就会觉得买到了便宜货而获得很大的交易效用；但是，如果同伴花了 5 元钱并告诉你是从杂货店买来的，你就会觉得吃亏了而得到负的交易效用。显然，交易效用可以是正的，也可以是负的。正是这种正的交易效用，往往会引诱人们购买昂贵商品；同时，正是由于负交易效用的存在，就可能阻止人们购买划算的商品。例如，大多数女孩衣柜里都有一些从未穿过的衣服，就是因为当时打折太合算而买的；同样，不少人也曾为错过一些交易而后悔，因为当时嫌价格超出了预期。

在日常生活中，很多消费决策都会受到一些无关的参考值的影响，人们在购物时往往会拿现在价格与原始价格做比较。正是由于交易效用的存在，商家往往会操控参考价格，给消费者以很划算的感觉。例如，很多商品都标示着"建议零售价"或原价，这既可以显示产品质量很好，也可以赋予消费者以交易效用。另外，商家更多地通过打折、秒杀价、会员价、超低价、一口价以及优惠券等各种方式进行促销，从而刺激消费者的购买欲。事实上，京东、淘宝上都会出现阶段性的降价促销：促销活动可能持续一个星期，一个星期以后恢复到原来价格，但再过一段时间这个商品又会再次降价。目前，不仅传统节日如"情人节""三八节""清明节""五一劳动节""母亲节""父亲节""六一儿童节""端午节""教师节""老人节""中秋节"等都被各大商家用作商品促销借口，而且，京东、淘宝为促销还创造出了"饿货节""吃货节""闺蜜节""表白日""男神节""女神节""双十一""双十二""520""618""919 乐迷节""装修季"等"人造节"。事实上，一些购买频率低的产品，厂商一直在打折，而购买者却往往不能注意到这一点，反而会为"本周特价"或"清货处理"等吸引。当然，如果某商家以市场打折著称，那么，人们就会期待更大的交易效用，反而会影响平时全价商品的销售。

可见，上面对现代主流经济学的五个主要理论所做的剖析都反映出，基于理性的分析框架并不符合人们的日常生活。事实上，真实世界的人类行为并不是基于某种不变的规则或模式，而主要是由心理意识所促动；同时，这种心理意识受各种社会的、文化的、制度的、情感的以及特定情境的等因素影响，尤其可以从行为的文化和社会背景中去寻找。例如，西方文化认为，重大的刑事犯罪已经发生了，即使对罪犯执行死刑也帮助不了被害者与家属，从而主张废除死刑；但儒家社会却认为，恶性罪犯必须对其行为承担责任，从而大多数人都主张维持死刑。显然，不同信念也深深影响到两个社会中人们的日常行为差异。社会行为主义开创者米德就指出，意识是人的行为经验的内在方面，作为心理意识活动的人与自我完善都是社会的产物，心理是社会化过程中在社会性互动这个经验母体中通过语言而产生出来的，只有人类能够从姿态会话的水平进到表意的语言符号的水平，从而获得心灵或意识。

事实上，根据流行的科斯中性定理，在交易费用为零的情况下，资源的使用效率与其产权的归属无关；但是，如果考虑到人在不同情境下对同样一元钱的认知不同，那么，资源的使用效率就与产权的界定之间存在很强关联了。因此，米德特别强调意识的两个概念：（1）意识不是从外部强加给人的一种孤立实体，而是人和环境在发展演化过程中相互作用的结果；（2）意识作为人类有机体活动的一种性质是不能简单地混同于生理或行为单位。正是在心理意识的基础上，卡尼曼等提出了前景理论，它有效地解释了不同情境对人们行为的影响，有效地解释同等的损失和得益对人们的效用差异，有效地解释了人们更愿意持有而不是出售自有东西等现象。塞勒的心理账户理论则质疑了"金钱的可替代性"假设，并有效地解释了不同账户中金钱的消费倾向差异，解释了降价促销和同额返现对消费者的不同影响。然而，正如卡尼曼指出的，现代经济学人陷入了"理论诱导的盲区"：他们在课堂上接受经济人行为分析的训练，却忽视了人性和社会交往的常识和直觉；他们热衷于将严谨的数学工具引入经济学，却无视早期经济学对真实行为的多元分析，也无视经济学大师们对数学局限性的警告。

第三节 成本—收益分析的政策检视

现代主流经济学之所以推崇市场机制，一个重要原因是，市场机制的运行以需求定律为基础，而需求随价格反向变动中体现了趋利和自私的含义。同时，在现代主流经济学看来，自私假设是不言自明的基本公理，需求定律的任何例外都违反了自私假设。正是基于自利假设，需求定律中的价格就可用代价或者机会成本来代替，从而就可以将需求定律的应用范围拓展到市场交换领域之外；此时，需求定律就表示：随着获得某物品的成本上升，人们对该物品的需求将会减少。反映在社会行为中就是：一个行为的机会成本愈高，这种行为发生的概率也就愈小。如离婚成本的降低会提高离婚率，死刑的废除会增加凶杀案。正是基于需求定律的推广，现代主流经济学进一步发展了成本—收益分析：净收益（收益与成本之差）的增加将会激发相应的行动。例如，随着学历级差工资的拉大，人们将会加大对教育的投入。问题是，成本是事前的付出，而收益则往往是对未来的预期，具有强烈的不确定性。正是这种不确定存在，人们往往无法基于理想的收益最大化原则而行动，而只能基于一般的社会习惯；同时，最终的结局究竟如何，往往只能是随机的，从而不存在所谓的"存在的都似乎符合收益最大化原则"。进一步地，由于现代主流经济学基于需求定律对社会经济现象做了一般性的分析，那么，如果对社会现象的一般观察不成立，也就推翻了需求定律。既然如此，成本—收益分析范式合理吗？这里对基于成本—收益分析思维政策主张做进一步的检视。

一 短期利益还是长期利益

成本—收益分析往往只是着眼于短期利益而忽视长期利益，这充分体现在时间贴现率对行为的影响上。

基于时间偏好理论，现代主流经济学的成本—收益分析往往关注现在甚于将来，迟来的幸福往往比早来的幸福更少得到计算，体现为它在时间效用函数中往往会引入一个时间贴现。时间贴现反映了快乐在时间维度上的替代：时间贴现率越大，说明行为者越是关注短期的快乐或需求,越是无法抗拒即期需求的诱惑。相应地,时间贴现率也就反映了个体理性的短视性和意志的薄弱性的程度:时间贴现率越高,理性的短视性或无理性程度就越强。布鲁姆写道:"我说一个人是轻率的,其意思是他对自己未来的幸福贴现;他对现在福利和未来福利没有赋予相同的价值";而且,"如果人们是轻率的,那么市场价格方法作为捷径将会失败,因为市场价格不会衡量人们的幸福。市场利率不会正确表示哪种行为会产生最好的结果"。[①] 一般地,个体的轻率行为表现为行为者往往容易受一时激情的驱动,从而忽视了对长远利益的损害;如未成年男女间的因陷入一时激情的不洁性交、因追逐猎奇心的抽烟和吸毒、因厌倦读书的逃学和退学、因嘴馋的过量饮食等。因此,作为一个理性的行为者,应该更全面地审视行为所带来的利益效应,防止因追求暂时利益而损害未来的整体利益,防止"非理性贴现"。

事实上,正是由于人类的理性往往是短视的,只关注现实的收益和效用,因而我们往往会过分消费现有的财货,从而导致生产性财货或资本积累不足,这严重制约了社会经济的发展。譬如,人类理性是不断演化和成长的,相应地,古代人的理性程度相对较低,他们考虑问题往往也就比较短视,因而古代社会经济发展就比较慢。维塞尔就写道:"一个对明天需求的评价大大低于今天的同样需求的原始人,是不可能取得经济发展的。文明人如果缺乏欲望和能力为了未来需求的满足而保持他们已经获得的一定的生产能力,就不可能达到他们今天所达到的先进地步。"[②] 同样,受现代主流经济学的影响,现代各国的国家政策往往比较短视,一方面,它往往注重短期的经济增长,从而热衷于制定各种措施和制度来刺激人们的消费,结果却瓦解了社会经济增长的基础;另一方面,它往往只是反映当前成员的个体偏好,甚至是以损害未来者的利益为代价的,如掠夺性的资源开发、透支式的奢侈消费。显然,说明的分析意味着,为了保障社会经济的可持续发展,"政府应该保护未来的利益,不仅要防止把我们自己的偏好放在后代之上,而且要防止我们的

[①] 布鲁姆:《伦理的经济学诠释》,王珏译,中国社会科学出版社2008年版,第92、93页。

[②] 维塞尔:《社会经济学》,张旭昆等译,浙江大学出版社2012年版,第87页。

'非理性贴现'"①。

　　最后，需要指出，尽管现代主流经济学更注重商品的即期效用，但无论是商品还是货币在现在和未来的用途往往是不同的，尤其是未来往往具有不确定性，从而需要更多的物质（货币）来保障相同的效用水平，这是产生储蓄的一个重要原因。为此，布鲁姆强调，"根据实际的情况，在我们现在的平衡中，如果我们开始考虑后代的利益，我们会使用较低的利息率，和我们现在在市场上所做的相比，我们会对将来打折更少。如果公共当局考虑后代利益，他们在决策时会使用比市场利率更低的利息率。这就会产生这种结果：把资源及时向前转移以供未来人使用"②。同时，时间贴现率往往与社会文化有关：个体主义文化使得人们更加注重个体的利益，而有限理性和认知往往使得个体看不到未来的利益所在，从而产生了即期享乐的需求，这在很大程度上也是过程理性的体现；相反，集体主义文化使得人们更加关注整个集体或子孙的利益，这种社会责任使得个体更愿意追求美好未来而抑制目前的冲动，从而往往实现长期享乐的需求，这在很大程度上则是结果理性的体现。表现为，在集体主义文化的社会，储蓄率往往更高，经济也更有可能获得可持续发展。显然，这对现代主流经济学更注重即期消费的成本—收益分析框架提出了挑战。

二　局部利益还是全局利益

　　成本—收益分析往往只是着眼于局部利益而忽视全局利益，这里举波斯纳所宣扬的两个例子加以说明。
　　第一，卖淫有利于女性吗？波斯纳坚持市场行为的有效性，在他看来，妓女卖淫是两个成人之间一致同意的自觉的交易行为，它使得双方都获利，从而不仅符合科斯有效性定理和社会财富最大化原则，也符合卡尔多—希克斯有效性定理；尤其是，女性卖淫权本身体现了对自身身体的所有权以及使用的自由，通过性交易可以获得收益，从而卖淫合法化对女性是有利的。这种认识合理吗？在很大程度上，这种分析仅仅看

---

① 布鲁姆：《伦理的经济学诠释》，王珏译，中国社会科学出版社2008年版，第92页。
② 同上书，第89页。

到能够看见的那部分，而没有看到不能看到的那部分。实际上，卖淫的利主要是对卖淫女而言的，而对其他女性则往往是不利的。究其原因，卖淫的存在增加了男女市场的性供给，从而使得女性供给的性价格下降，而最终损害了整体女性的收益。一个明显的现象是，卖淫的存在使得男性越来越不受固定女性的束缚：或者不愿意结婚，从而使得女性在婚姻市场上因需求下降而"贬值"；或者寻求家庭外的性行为，从而损害了属于男女共同的婚后财产，也直接降低了女性在家庭中的讨价还价地位。

第二，强奸可否私下解决？波斯纳认为，一些人之所以会实施强奸行为，是因为他可以从强奸行为中获得巨大效用，这种正效用往往会大于被强奸者的负效用；因此，如果允许当事者私下交易，强奸者给予被强奸者一定的补偿，那么就会提高整个社会的总效用。从这个角度说，强奸并没有太大的坏处，尽管它违背了被强奸者的意志；相应地，强奸应该被列入民事责任而非刑事责任，或者只要被强奸者愿意接受赔偿而不提告，法律就不应进行干预。这种认识合理吗？在很大程度上，这种分析也只是看到了能够看见的那部分，而没有看到不能看到的那部分。实际上，愿意通过仲裁或赔偿方式解决强奸造成的损害仅仅体现了部分女性的偏好，但一旦这种方式被合法化，那么就会改变强奸者实施强奸行为的心理预期，从而变相提高其他女性为避免被强奸的成本支付，进而造成整个社会策略性内生交易成本的上升。

最后，需要指出，公共领域的决策目标所追求的主要不是个体利益的最大化，而是着眼于人类社会的长期有序发展。为此，就不应该基于成本—收益原则而将过去的投入当成沉没成本而抛弃。例如，根据沉没成本理论，既然强奸已经发生了，那么，从个人的成本—收益角度，法院应该容许强奸犯和受害者自由达成赔偿协议，从而以民事制裁来代替刑事制裁。问题是，如果对强奸行为不加刑事惩罚，那么，法庭就在向将来可能面临着相似诱惑的人宣布一条降低刑罚风险的法律规则，从而会诱发强奸行为。巴斯夏就指出，"在经济领域，一个行动、一种习惯、一项制度或一部法律，可能会产生不止一种效果，而是会带来一系列后果。在这些后果中，有些是当时就能看到的，它在原因发生之后立刻就出现了，人们都能注意到它；而有些后果则得过一段时间才能表现出来，它们总是不被注意到"①。因此，社会政策就不能简单地基于行为功利主义的个体成本—收益分析，而是要考虑到一系列的后果。有鉴于此，波斯纳也指出，"对经济学家而言，事故是一个定局。它所引发的成本已经沉淀。经济学家感兴趣的是预防未来（成本不合理的）事故和降低事故总量和事故预防成本，但诉讼当事人却对未来绝不感兴趣。它们所关心的仅限于过去发生事故的经济后果"；但是，"法官（和律师）不能忽视将来。由于法官的法律裁定都将成为先例，法官就必须考虑到不同的裁定对从事下述活动的人们的未来行为可能产生的影响，这些活动所产生的事故与他所面临的案件所产生的事故是一样的"。②

第四节 市场理性设计的有效性检视

上面的分析表明，成本—收益原则不是作为公共领域中社会制度的制定依据。林立写道："有时法律追求其一贯的价值或许在某些情形下未必妨害到效率，但其毕竟不是为了效率，所以一旦遇到会与效率发生冲突时，传统上法官仍固守该法律原本的方向（目标）。"③ 进一步地，如果互动仅仅发生在当事人之间，那么，基于成本—收益原则的市场机制设计就会有效吗？其实，现代主流经济学之所以推崇市场机制，还在于它认为，市场行为都视为理性的，理性个体之间的交换将实现资源的有效配置和社会合作；相应地，由理性个体构成的市场是有效的，市场能够有效地配置稀缺性的资源。为此，现代经济学热衷于基于理性原则进行市场机制的设计，这种理性设计的基础就是成本—收益分析，试图通过激发个人的逐利行为来实现社会利益的最大化。这里，我们以三个例子来检视基于理性原则设计的市场机制在实践中的有效性。

【例1】为了解决父母去托儿所接小孩经常迟到的问题，以色列的海法市做了一项实验：随机选择6家托儿所规定迟到者要被罚款，而选择

---

① 巴斯夏：《财产、法律与政府》，秋风译，商务印书馆2012年版，第5页。
② 波斯纳：《法律的经济分析》（上、下），蒋兆康译，中国大百科全书出版社1997年版，第28、29页。
③ 林立：《波斯纳与法律经济分析》，上海三联书店2005年版，第412页。

另几家什么都不改变以作为参照组；实验结果发现，这6家托儿所在规定罚款后接孩子迟到的父母数量翻了一番，而且，提升的迟到率即使在罚款取消后也维持不变，而作为对照组的托儿所里父母迟到的情形却没有变化。为何出现这种现象呢？一个解释就是，罚款规定促使了父母重新认识他们的迟到行为：在这项试验之前，迟到被看成是对道德义务（准时接孩子）的违反，因而迟到家长会有愧疚感；在规定了罚款之后，迟到则可以被视为在准时接孩子和付出迟到的代价（罚款）这两者之间的一个选择，因而迟到家长的愧疚感就随之消失了。[①] 也即，基于现代经济学理念的罚款措施提示这些父母，他们与托儿所工作人员之间是一种拟市场关系，在这种关系中，他们可以用金钱购买迟到。针对激励措施产生出更多的迟到行为这一事实，鲍尔斯评论说："海法的日间托儿所给流氓设计了一种制度，这一制度并没有使得行为得到改善，反而产生了更多的流氓。"[②] 当罚款制度被取消后，家长迟到的情况仍不见好转。这反映出，一旦金钱交易侵蚀了道德义务，原有的责任感就难以恢复。

【例2】就日益紧缺的血液市场而言，R. Titumuss 在 1971 年比较了英美的输血和采血制度及其后果：英国所有的血都是通过自愿献血获得的，而美国则是捐献和购买并存；结果，美国血的短缺献血更为严重，肝炎和其他血液疾病的病例也更多。同样，Titumuss 还发现，在二次世界大战之前，日本也有自愿献血制度，结果也像英国；但二战后，商业制度逐渐建立了起来，结果就开始像美国了。Titumuss 的解释是：血液买卖市场的存在破坏了人们供血的意愿，后者又造成了商业体系的平庸和落后。事实上，根据 Titumuss 的调查，献血者反复说，他们是在给患者"生命的礼物"；但是，当血能够用 50 美元购买时，献血者就会感到，他们不是在给予某种无价的东西，而是给予 50 美元的等价物。[③] 因此，商业主义的发展就造成了这样两个后果：(1) 随着血液可以通过商业途径获得，

[①] 鲍尔斯等：《理解资本主义：竞争、统制与变革》，孟捷等译，中国人民大学出版社 2010 年版，第 28 页。

[②] 鲍尔斯：《微观经济学：行为、制度和演化》，江艇等译，中国人民大学出版社 2006 年版，第 71 页。

[③] Titumuss R., *The Gift Relationship: From Human Blood to Social Policy*, New York: Random House, 1971.

第十六章 理性选择论的三重检视：重审真实的行为基础 / 355

人们也就不愿意献血；（2）通过市场出售血液是为了追求利益，因而出售者就会隐瞒自己的疾病。这意味着，很多社会行为并不能等同于或转化成市场行为，不能通过金钱购买的方式解决问题。

【例3】基于自由契约原则，现代主流经济学开始将婚姻视为男女间达成的一种契约，而这个契约只有在它对双方都有有利的条件下才会维持；同时，与一个不同的立约者签订一个新契约的可能性总是存在的，因而从婚姻契约中退出与签订婚姻契约是同样重要的。正因如此，一些婚姻契约的当代提倡者强调，契约可以只延续一定时间，如五年；相应地，这引发了欧美社会的婚姻革命，美国等国的婚姻法都实行"无过错"离婚。然而，这并没有真正促进男女平等以及社会整体福利的改进，反而造成了日益严重的社会问题。这可以从两方面加以说明：（1）它并没有强化人们对婚姻的信心，相反由于离婚率急剧上升而使人们越来越倾向于以同居代替结婚。例如，瑞典的结婚率只占居民的3.6%，而同居率却占所有配偶的30%。[1]（2）它也没有给女性更多的自由权和生活福利，反而是免除了男性的应尽责任，使得妇女和儿童的生活水准在离婚后急剧下降而男性则急剧上升。例如，1968—1977年间，加利福尼亚的离婚妇女和她们的子女的生活水平在离婚后的第一年平均下降了73%，而离婚男性的生活水平平均提高了42%。[2] 这意味着，社会组织并不是以简单的契约为基础，自由进出入并不能保障所有各方的利益。

这三个例子都表明，人们之间的关系并非仅仅是金钱关系，而是具有强烈的社会关系。因此，试图以市场机制来解决这些社会性问题，往往只会导致人类道德的瓦解和社会秩序的解体，而不是更高的效率。这可以充分表现在性、婚姻、生育、选票、权力、犯罪等诸方面，自现代主流经济学在这些领域引入了市场机制并试图推广实践后，这些领域的问题不是解决了而是更为严重了。其实，正因为人类行为很大程度上是受其所接受的规范或信念所驱使，从而会采取其信念认为正确的行为，

---

[1] 福山：《大分裂：人类本性和社会秩序的重建》，刘榜离等译，中国社会科学出版社2002年版，第50—51页。
[2] 豪斯曼、麦克弗森：《经济分析、道德哲学与公共政策》，纪如曼、高红艳译，上海译文出版社2008年版，第238页。

相应地，道德信念的变化往往会引起行为方式的改变。譬如，当现代经济学告诉他，每个人采取一切合法的策略来追求自身利益最大化的行为是合理的，那么，他就会毫无顾忌地实行背信、避税、要挟甚至故意破产之类的策略性行为；但是，如果美德伦理告诉他，合法的并非是合理的，合理的行为在于不能通过损害他人来增进自身利益，那么，他在实行这些策略性行为时就会存在心理上的压力，往往会存在某种"见利思义"的约束。卡尼曼就做了一个实验：在英国某大学的办公室茶水间，实行一种卖咖啡的自主缴费制度，购买者将相应的费用投到一个"诚实盒"里；后来一个创意者在价格上方贴了个图案：有时是一些鲜花，有时是一双眼睛，似乎在盯着看图片的人。结果，"诚实盒"里的钱就出现了明显变化：图片是"眼睛周"时盒子里钱的数量是"鲜花周"的3倍。[①] 正因为人们的行为受道德信念的影响，要引导人们的行为以实现社会合作，更基本的途径在于塑造人们的心理和价值观，塑造合理的社会规范。

可见，尽管现代主流经济学热衷于基于理性原则进行市场机制的设计，但这种被"设计"出来的制度安排往往并没有导致社会实践更优，反而在某种程度上瓦解了社会个体的自律信念和责任伦理，加剧了个体行为的短视性。之所以如此，在很大程度上就在于，现代主流经济学所推崇的理性人本身就是一种抽象的先验假设，它几乎完全脱离了现实，而成为一种乌托邦。黄有光举例说，他有次参加美国经济学年会，听一位主讲者说百分之三的温和物价上涨是有好处的：因为偏好与技术等变化导致不同行业需要调整，包括人力在内的资源也必须从萎缩行业转移到成长行业；但要达致这种转移，萎缩行业的工资必须下降，而人们对名目工资减低的抗拒力较大，因而不如维持名目工资不变通过物价上涨来使实际工资下降。而另一位参会者马上诘难说，这是不可能的，因而不论实际工资是通过物价上涨或名目工资下降而下降，其对消费与效用的影响是一样的，因而对名目工资减低的抗拒力较大是非理性的。由此黄有光感慨地说：我自认为是一个理性水平非常高的人，但也是对名目工资减低的抗拒力较大；因此，与其说这是不可能的或者是非理性的，

---

① 卡尼曼：《思考，快与慢》，胡晓姣等译，中信出版社2012年版，第41—42页。

不如说经济学常用的效用函数只考虑自己消费品的数量而忽略了可能影响人们效用的其他因素。这也意味着，现代经济学的理性思维具有严重的局限性：它往往只看到能够看到的一面，而看不到不能看到的一面。

第五节 人类行为根植于特定的社会关系

现代经济学的标准理性经济人模型将行为者视为自利最大化的追求者，其决策的基础是成本—收益分析和期望效用理论，而期望效用理论是理性选择说的基础；但是，大量的行为实验结果和日常生活事实上却与理性选择理论和成本—收益分析形成了鲜明的反差：无论是在现实解释上还是政策应用上，现代主流经济学的理性选择思维和成本—收益分析都没有带来我们希望的结果。因此，行为经济学的发展对现代主流经济学的行为假设提出了广泛的质疑，[1] 它要求我们重新审视现代主流经济学的理性选择思维和成本—收益分析范式，并进而构成了对现代经济学的基石——理性经济人的挑战。那么，真实世界中的人类行为有何特点呢？

迄今为止，心理学、政治学以及经济学中所积累的大量行为实验证明了这样几点：（1）人们的行为并非完全自利的，而是会追求公平、互惠等，并愿意承担某种社会责任；（2）人们的行为不是完全理性的，而是受本身信息处理能力的限制，从而只能解决有限的逻辑问题；（3）人们的行为也不会内在一致地遵守自利最大化的理性规则，而是会深受情感的影响，从而往往会中断理性的进程。例如，R. Matthew 就指出了人类行为相对于标准经济模型的三方面偏离：（1）大量证据证明了"损失厌恶"的存在，这表明经济学家通常使用的效用函数必须进行修正；（2）大量证据证明了利他、强互惠等行为的存在，这也提出了要对主流模型进行全面审查的要求；（3）大量的证据也证明了框架效应、偏好逆转以及其他相

---

[1] Camerer C. F. & Loewenstein G. , "Behavioral Economics: Past, Present, Future", in: Camerer C. F. , Loewenstein G. & Rabin M. （eds.）, *Advances in Behavioral Economics*, New York: Russell Sage Foundation Press and Princeton University Press, 2004.

关现象的存在，这反映出人们甚至不能完全地认知自身的偏好。① 相应地，澳大利亚昆士兰大学的一个本科生 J. Bondio 就提出了有别于主流经济学之经济人概念的四个新假设：(1) 人们寻求其自身生存以及周遭事物的意义和价值；(2) 人们往往乐于遵循社会规范；(3) 人们在任何时候都会采用那些对他们非常重要的团体规范；(4) 团体的重要性主要取决于对个人发展以及特定情境。②

其实，人性根本上不是由基因先天决定的，而是由文化后天塑造的，它不仅深受各种社会性因素的影响，而且呈现出强烈的演进性。但是，现代主流经济学的理性选择说、期望效用论以及成本—收益分析却都具有强烈的先验性和绝对性，从而就难以对现实行为进行有效解释。为此，以大量的行为实验结果为基础，卡尼曼等提出用前景理论来代替期望效用论，以作为不确定情形下的决策基础。前景理论表明，人们的日常行为更多地受心理和环境的驱动，而不是基于内在逻辑一致的利益计算，从而不会产生理性选择理论所给出的那种固定结果。在很大程度上，正是由于现实世界中的个体行为受文化心理和社会伦理以及其他众多因素的影响，不同社会或时空下的人们就表现出明显的差异性行为，这在当前的中、西方社会中也是如此。究其原因，现实生活中的任何社会经济现象都是由人类个体间的互动行为所产生的，而个体行为又源于人类需求所衍生的心理动机；同时，这种需求本身不是先验、孤立的，而是有其深刻的社会根源，与特定的历史文化相适应。也就是说，在某种程度上，文化伦理已经被内化为人类行为的一个自变量。也正是由于人类理性及其行为机理深受社会文化的影响，经济学的麦加就不是生物学，而是文化学。③

当然，不仅个体行为受一定文化伦理的影响和支配，而且社会文化伦理也是人类互动的产物。因此，个体行为与文化伦理之间就存在相互

---

① Matthew R., "Psychology and Economics", *Journal of Economic Literature*, Vol. 36, No. 1, 1998, pp. 11-46.

② Bondio J., "4 New Assumptions for a New Economics", *Post-autistic Economics Review*, Vol. 19, No. 2, 2003.

③ 社会经济事物的演化不是一个生物学意义上的自然选择过程，而是文化学意义上的人为选择过程，其中渗透了人类意识。

第十六章 理性选择论的三重检视：重审真实的行为基础 / 359

作用、相互演化。也即，人类行为并不是"不知时变"（孙叔通语）地固守一定的传统习惯，而是根据社会环境的变化而调整。事实上，正如桑代克指出的，"具有选择倾向的不同反应过程往往与习惯的惯例混合在一起。（但）几乎没有一种习惯是绝对'固定的'"①。同样，米塞斯也强调，"人与动物的区别就在于人能有意识地调整自己的行为"②。这也意味着，人类理性不是静态的，而是变动的。正是这种变动性使得人类理性不断进化、日益趋于合理化，从而能够与环境不断相适应而获得更高的长远利益，否则，就可能与社会环境相脱节而陷入非理性状态。也就是说，人类理性本身具有演化性，例如，Kandori、Mailath 和 Rob 就指出，人类行为往往是经验和近视的结合，而两者结合产生了一种演化力量，这种力量倾向于在风险占优的均衡中进行协调。③ 这里从两方面加以说明。

一方面，人的行为与社会交往的其他人之间也存在着强烈的互动关系。互动论的倡导者库利就指出，人们彼此都是一面镜子，映照着对方，即"镜中自我"；这种自我认识主要有三个成分：对别人眼里我们的形象的想象，对他对这一形象的判断的想象，某种自我感觉。事实上，新行为主义代表人物之一的托尔曼就认为华生的刺激—反应分析混淆了分析运动和整体运动的区别，他认为，整体的行为是指向一定的目的的，并且它总是利用环境的帮助作为达到目的的方法和手段。为此，托尔曼反对行为的生理分析，而是主张行为的心理分析；他还建立一个函数来表示人的行为和环境的关系：B＝f（S、P、H、T、A）；其中，B 代表行为变量，S 代表环境刺激，P 代表生理内驱力，H 代表遗传，T 代表过去的经验或教训，A 代表年龄等。可见，托尔曼引入了一个"中介变量"介于刺激与反应之间来代表反应的内部心理过程，在他看来，行为就是环境刺激、生理内驱力、遗传、过去的经验或教训以及年龄等的函数。正是基于这种互动关系，社会中任何个体的行为都具有或多或少的亲社会

---

① 桑代克：《人类的学习》，李月甫译，浙江教育出版社1998年版，第124页。
② 转引自雷斯曼《保守资本主义》，吴敏译，社会科学文献出版社2003年版，第18页。
③ Kandori M., Mailath G. & Rob R., "Learning, Mutation, and Long Run Equilibria in Games", *Econometrica*, Vol. 61, 1993, pp. 29 – 56.

性，它必须符合一定的社会习惯和道德伦理；在某种意义上说，人类的日常行为主要是以习惯或惯例为拇指规则，而不是以短期个体利益最大化的行为功利主义为原则。

另一方面，人的行为往往基于形势变化而不断调整。尽管早期的行为主义把行为视为心理学的考察对象，并将行为归结为肌肉的收缩和腺体的分泌，而肌肉的收缩和腺体的分泌又可归因于外在和内在的刺激，从而导致了刺激反应的简化行为公式；但是，其代表人物华生不仅认为，人的行为往往是基于习惯的"生理反射"，而且承认，"有机体进入动物系列的层次越高，他们就越来越多地依靠习得的行为"。[①] 也正因如此，华生否认本能的遗传，而强调人类较复杂的行为的形成完全来自学习，尤其是早期训练；而后来的新行为主义代表人物赫尔就进一步提出了习惯强度和反应势能两个概念，而反应势能的量是内驱力和习惯强度的递增函数。同时，斯金纳则除了强调情境刺激对行为的影响外，还特地考虑了那些改变刺激与反应的关系的条件，这样，他提出的简单方程式就是：$R = f(S, A)$；其中，S 表示情境刺激，A 代表影响反应强度的条件，如过去形成的条件。也就是说，人的行为除了从习惯出发外，还在不断学习，习惯也就是在不断学习过程中不断进行着边际改变的，这样，就可以有效地避免行为由于路径依赖的原因而"锁定"。正是由于社会环境经常会发生变化，因而如果固守原先的习俗、规范，那么反而会导致行为选择出现"理性"失误；各种定式效应也表明，要发现一个策略或规范是否恰当往往要付出代价，这都涉及人类理性和习惯习俗之间的互动问题。

事实上，米德就把自我结构区分了主我和客我加以分析，其中，客我代表了自我被动性和社会性一面，而主我则代表自我的主动性和生物性一面；这样，主我和客我共同构成了一个出现在社会经验中的人，这也决定了人类行为的基本特征。正因如此，人类行为往往是以不断演化的习惯、习俗和传统为基础，传统文化伦理的不同以及社会环境的变化等都会使得人类行为呈现出明显的差异。凡勃伦很早就强调，"它们是他的遗传特性和过去经历之产物，是既定的传统、习俗和物质条件下累积

[①] 华生：《行为主义》，李维译，浙江教育出版社 1998 年版，第 192 页。

形成的"。(1) 社会环境是人类行为的产物,从而不能简单地被视为行为的外生条件。例如,加尔布雷思就认为,消费者的口味很大程度上是广告塑造的。正因如此,米德就特别反对把现象还原为最简单的行为单位,把经验等同于反应;相反,他强调,人不仅仅是动物,人不同于动物的重要之点就在于,人可以有意识地组织经验。①(2) 人类的行为理性也受社会环境的影响,从而应该是他涉的或者和过程相关的。例如,博顿海默指出,"理性乃是社会化和尊重他人行为的源泉。理性之声告诉我们,为使我们自己的需要适应他人的需要,为使公共生活具有意义,对个人行为施以一定的道德限制和法律约束是必要的"②。

第六节 结语

社会中的绝大多数人都不是处于孤立状态的,他的行为往往要受到社会的、历史的影响。正是由于人类行为受社会环境的影响,因而,如果考虑到混沌理论中的初始敏感性条件,不同文化传统、社会环境下的个体行为往往就会有天壤之别。为此,斯密德指出,"如果你想改变人的行为,就去改变他所处的环境。当某人做了设计者期望他做的事时,就对他给予肯定的强化刺激"③,这也就是行为经济学中所谓的刺激、行为和加强模型(Stimulus, Behavior and Reinforcement, SBR)。在很大程度上,制度也就提供了一种社会联系,有助于增强人们之间的认同感和安全感。譬如,琼斯通过对历史上的各个经济增长时期的研究,就指出,共同体的"关系纽带"对于创造性的、有效能的交往来讲就是一种前提条件。④ 这意味着,人类行为并不是像新古典主义经济学和经典博弈论的理论分析所假定的那样,是非习惯性的和非日常化的;相反,它们遵循着一种与人的经历、社会环境有关的拇指原则,这就是习惯、习俗问题。

---

① 米德:《心灵、自我与社会》,赵月瑟译,上海译文出版社 1992 年版。
② 博登海默:《法理学:法律哲学与法律方法》,邓正来译,中国政法大学出版社 2004 年版,作者致中文版前言。
③ 斯密德:《制度与行为经济学》,刘璨等译,中国人民大学出版社 2004 年版,第 62 页。
④ Jones E. L., *Growth Recurring: Economic Change in World History*, Oxford: Clarendon Press, 1988, p. 128.

也就是说，主流经济学中经济人的自涉性偏好假定是不成立的，它排除了内化于人偏好中的社会价值。同时，遵循习惯、习俗和社会规范的行为也是理性的，而且体现了社会生活中那些更为高级的理性，是更能够导向理性结果的那种理性。事实上，基于一次性行为的功利衡量的行为功利主义，只能是短视的工具理性；相反，基于多次互动而形成规则的功利主义，所关注的是长期理性，体现了广义的社会理性。

第六篇
"为己利他"行为机理与社会发展

第十七章

社会规范引导行为协调：
日常行为的拇指准则

【导读】 现代主流经济学的经济人假设所隐含的理性概念是先验的和静态的，是一种脱离现实的乌托邦，从而无法解释真实的个体行为。其实，人类行为是由心理意识促动的，而这种心灵的产生又可以从行为的文化传统和社会背景中去寻找；因此，现实社会中的个体行为往往都遵循社会习俗这一拇指规则，它是分立的个体行为得以协调的社会基础。同时，这种行为体现了基于规则功利主义的社会理性和长远理性，并随着社会发展和心灵与世界的互动而不断演化。

第一节 引言

现代主流经济学对人性及其行为机理的理解根基于西方社会根深蒂固的自然主义思维：一方面，自然主义思维主张将人与自然以及社会割裂开来，把人类个体视为独立于自然和社会的孤立存在，并把人性视为天赋的和永恒的存在，从而就产生了现代主流经济学的原子论个体主义思维；另一方面，自然主义思维从人对自然的控制中挖掘出工具理性，工具理性和目的论相结合则塑造出了理性经济人概念，进而，将理性经济人分析范式拓展到人与人以及人与社会的互动中，由此就形成了现代主流经济学的博弈思维。不过，基于这种主流博弈思维的个体互动所达成的往往不是社会合作，而是囚徒困境；同时，即使主流博弈论也从基于理性策略的重复互动中寻求合作均衡,但其中也潜含了明显的逻辑缺陷,这已经为泽尔腾的连锁店悖论所表明。事实上,按照布坎南和塔洛克的看法,如果两个以上的个人试图对某项决定达成一致意见,那么,其中的每一个人都会努力使其自身的可能收益最大化,这必然会带来讨价还价成本,即决策成本。[①] 在这种情况下,虽然从"个体"角度来说,对这种谈判给予某种可观的投入可能是相当理性的;但从"社会"角度来看,讨价还价所引发的时间和资源却不是有成效的,因为这是对既定"馅饼"进行分割的零和博弈。

  与此同时,囚徒困境在现实生活中却并不如经济理论所描述的那样普遍。在绝大多数情形中,人们都能够有效地解决他们的冲突,并采取协调一致的行动。因此,主流博弈论所使用的理性概念也就会引起广泛的质疑。那么,现实世界中人们在行为互动中是如何跳出囚徒困境的呢?这就涉及人类理性的演进以及指导日常行为的拇指规则。事实上,人类理性不是静态和普遍的,而是在互动中逐渐演化和成熟的;同时,随着人类理性的逐渐成熟,分立行为间的协调性也得以不断提升,进而更容易跳出囚徒困境陷阱而促进社会分工和合作,这已为很多行为实验所"证实"。[②] 因此,要真正理解现实中的人类理性以及不同的社会合作形态,根本上就必须从演化角度来剖析人类心智,要揭示人类心智—生活世界之间的共生互动关系,这也就是何梦笔强调的"二重实在论"。[③] 在很大程度上,现代主流经济学之所以无法解释大量存在的以及不同形态的社会合作现象,也难以通过对行为协调的促进来实现社会合作,根本上也就在于,它基于自然主义思维而将丰富多样且相互联系的社会人还原为孤立而同质的原子个体,并由此设定了先验而静态的理性经济人分

---

  ① 布坎南、塔洛克:《同意的计算:立宪民主的逻辑基础》,陈光金译,中国社会科学出版社2000年版,第106页。

  ② Crawford V. P., "Adaptive Dynamics in Coordination Games", *Econometrica*, Vol. 63, No. 1995, pp. 103 – 143; van Huyck J. B., Cook J. P. & Battalio R. C., "Adaptive Behavior and Coordination Failure", *Journal of Economic Behavior & Organization*, Vol. 32, No. 4, 1997, pp. 483 – 503; Crawford V. P., "An 'Evolutionary' Interpretation of Van Huyck, Battalio and Beil's Experimental Results on Coordination", *Games and Economic Behavior*, Vol. 3, 1991, pp. 25 – 59.

  ③ 何梦笔:《演化经济学的本体论基础》,载多普菲编《演化经济学》,贾根良等译,高等教育出版社2004年版,第82—127页。

析框架，这不仅忽视了嵌入在人身上的亲社会性，而且忽视了亲社会性的成长以及由此带来的理性的发展。有鉴于此，本章对现实行为的基本特征和理性基础做一探讨，并在此基础上剖析人类行为之间的协调机制。

第二节 习俗是协调行为的基本准则

博弈分析最基本的目的之一是预测，这包括，特定博弈中的博弈方究竟会采取什么行动？最终将会有怎样的结果？等等。但是，作为主流博弈论发展出的如何进行博弈的一致预测基础，纳什均衡却并不一定能对所有博弈的结果都做出准确的预测。究其原因有二：（1）纳什均衡的一致预测性质本身就不保证各博弈方的预测是相同的，因为不同博弈方的理性程度并不一致；（2）许多博弈情境也难以基于纳什均衡进行准确预测，因为实际生活中的许多博弈情境都有多个纳什均衡。显然，仅仅是多重均衡的存在，就会产生如下两大后果：（1）纳什均衡的均衡解并不一定会出现；（2）即使结果是一个纳什均衡，也不能确定是哪一个纳什均衡。例如，在性别博弈中，尽管预期出现的是（足球、足球）或（歌舞、歌舞），但实际出现的可能是（足球、歌舞），麦琪的礼物博弈就凸显了这一点；进而，我们也不能确定（足球、足球）和（歌舞、歌舞）这两个纳什均衡中究竟哪个将成为现实结果。正因如此，许多学者开始质疑纳什均衡能否成为一般博弈的正解概念，这涉及对"合理的"纳什均衡和"不合理"的纳什均衡之间的区分。

一 博弈协调的基本路向

迄今为止，主流博弈论探究均衡确定性的基本路径是：基于数理逻辑来不断精炼纳什均衡，逐步发展出了子博弈纳什均衡、贝叶斯纳什均衡、精炼贝叶斯均衡、序贯均衡、"颤抖的手"均衡等一系列均衡概念。但是，这些研究并没有取得根本性突破，因为大量的经验事实和行为实验都与这些理论均衡结果相悖。凯莫勒写道："随着理论工作者们使用这些博弈来解释诸如教育投资、保修单、罢工等现象，他们很快发现这些博弈具有多重均衡。一些均衡虽然看起来明显不现实，但它们在数学意义上却和已建立的均衡概念一致（甚至如序贯均衡）。回顾一下就很容易发现,诸如纳什均衡等概念实在过于数学化也过于脆弱,以致很难用它们挑选出比较可能的均衡来。这就需要对已建立的概念进行精炼以破译'不合理'的含义","在20世纪80年代,许多理论学者都致力于对精炼的研究。提出这些观点的论文充满了对直觉和合理性的讨论,但缺乏数据支撑。很奇怪的是,这些颇具数学天赋的理论学者们可以花费数年时间讨论在不同博弈中哪些行为是最合理的,却从没有试图将人们置于这些博弈中,将'合理的'定义为多数人的行为"。①

因此,随着主流博弈思维在解释和预测上的遇挫,一些经济学家就开始从社会生活和经验事实中探寻协调博弈的基本机制。弗登博格和泰勒尔就指出,当存在多个纳什均衡时,说某个纳什均衡一定会被采用,必须有某种能够导致每个博弈方都预期同一个纳什均衡出现的机制或者程序。②确实,现实世界中也存在一系列的协调机制来引导博弈均衡,这主要体现在2005年诺贝尔经济学奖得主谢林提出的聚点均衡(Focal Point)和奥曼提出的相关均衡概念(Correlated Equilibrium)中。

首先,奥曼认为,博弈方通过一个大家都能观测到的共同信号来选择行动,从而实现行为的均衡。奥曼还证明,如果每个博弈方根据所收到不同的但相关的信号而采取行动,就可以得到更高的预期支付。③随后,梅森做了进一步发展而提出机制设计理论,从而将相关均衡转化成为一种实现某种有利均衡的制度安排。也即,相关均衡是指通过"相关装置"而使博弈方获得更多的信息,从而协调博弈各方的行动。④这种"相关装置"在现实生活中非常普遍,如交通信号灯就是不同方向车辆行走的"相关装置",法律规章就是人们日常行为的"相关装置",上课铃声就是学生安排作息时间的"相关装置"。而且,"相关装置"的设置也成为促进行为协调和社会合作的重要机制。例如,企业组织中管理者的

---

① 凯莫勒:《行为博弈:对策略互动的实验研究》,贺京同等译,中国人民大学出版社2006年版,第421页。

② 弗登博格、梯若尔:《博弈论》,黄涛等译,中国人民大学出版社2002年版,第15页。

③ Aumann, "Subjectivity and Correlation in Randomized Strategies", *Journal of Mathematical Economics*, Vol. 1, 1974, pp. 67 – 96.

④ Myerson R. B. , "Acceable and Predominant Correlated Equilibria", *International Journal of Game Theory*, Vol. 15, 1986, pp. 133 – 154.

指挥就是一种协调活动，它有助于引导团队生产者之间的行动协调和分工；龙舟比赛中擂鼓也是设立的一种信号，它有助于协调每位队员的行动一致。同样，在战争中，旌旗金鼓等作为相关装置而起到统一指挥、统一行动的作用。孙武就指出："夫金鼓旌旗者，所以一人之耳目也。人既专一，则勇者不得独进，怯者不得独退，此用众之法也。"（《孙子兵法·军事》）

其次，谢林提出的聚点均衡说明博弈方能够基于大家长期以来所形成的共识而自发采取的行为并由此形成均衡，而这种信息却被策略式矩阵省略掉了。谢林的这一概念建立在如下一系列的实验基础上：（1）在互不交流的情况下，让两个人同时选择硬币的正面或反面，如果选择相同则可赢得一笔奖金。结果，36个人要正面，6个人要反面。（2）让两个互不相识的学生选择在纽约某地相见，结果大多数学生选择了纽约中央火车站的服务台。（3）在上述实验中要求他们选择约见时间，结果几乎所有人都选择了中午12点。（4）让互不沟通的学生将100美元分成两份，如果相等则获得这100美元，如果不等则一无所获，结果42个学生中有36人将之分成两份50美元。（5）写一个正数，如果所写的数字相同则赢得奖品，结果有2/5的人通过选择数字1而获得成功。（6）相似地，指定一笔钱，如果指定的钱数量相同则赢得该数量的奖金，结果有12个人选择1000000美元，而只有3个人选择的数字不是10的幂数。显然，这些实验表明，人们的日常行为往往有惊人的一致性，而这种一致性却无法用数学逻辑加以分析。谢林写道：这个聚点"很大程度上取决于双方的直觉而非逻辑思维推理，或许依靠来自双方对相似事物之间的类比经验、先例、偶然巧遇、对称性、审美观或几何原理、诡辩推理，亦即当事人的自身条件和对彼此情况的了解"[1]。例如，工人的努力水平和企业主支付的工资之间，夫妻俩周末在足球和芭蕾之间的选择，等等，都是聚点均衡的典型例子。

显然，无论是相关均衡还是聚点均衡，很大程度上都体现为一个社会的传统习俗和惯例。这也就表明，真实世界中的人类行为往往遵循某些既定的社会规范而不是基于算计的功利原则，这是社会合作得以形成

---

[1] 谢林：《冲突的战略》，赵华等译，华夏出版社2006年版，第52页。

和扩展的基础，并且也已经为越来越多的学者所认识。事实上，正是由于曾长期被现代主流经济学排除在外的那些不确定性的习惯、心理等因素为越来越多的行为实验所显现和证实，现代经济学也开始转向对这些因素的关注，甚至已开始成为主流经济学教材所讲授的一个重要内容。为了说明这一点，这里引入一个博弈实验做一剖析。

二 "分水岭"博弈的解说

在表17—1所示的"分水岭"博弈中：参与者从1至14选择号码，而其得益依赖于所有人可能选择的中位数。譬如，参与人选择2，而中位数是5，则其得益为65；如果中位数为9，那么其得益为-52。这个实验可以做多轮，而每轮过后，你都知道中位数是几，然后计算从中的得益并进行下一步选择。显然，这一博弈结构具有这样的属性：当你认为其他多数人会选择较小数字时，你也应该选择较小数字；当你认为其他多数人会选择较大数字时，你也应该选择较大数字；而当你认为其他多数人的行为具有不确定性时，可以选择6或者7规避风险。

表17—1　　　　"分水岭"实验中的支付（以美元计）

选择	中位选择													
	1	2	3	4	5	6	7	8	9	10	11	12	13	14
1	45	49	52	55	56	55	46	-59	-88	-105	-117	-127	-135	-142
2	48	53	58	62	65	66	61	-27	-52	-67	-77	-86	-92	-98
3	48	54	60	66	70	74	72	1	-20	-32	-41	-48	-53	-58
4	43	51	58	65	71	77	80	26	8	-2	-9	-14	-19	-22
5	35	44	52	60	69	77	83	46	32	25	19	15	12	10
6	23	33	42	52	62	72	82	62	53	47	43	41	39	38
7	7	18	28	40	51	64	78	75	69	66	64	63	62	62
8	-13	-1	11	23	37	51	69	83	81	80	80	80	81	82
9	-37	-24	-11	3	18	35	57	88	89	91	92	94	96	98
10	-65	-51	-37	-21	-4	15	40	89	94	100	105	110	114	119
11	-97	-82	-66	-49	-31	-9	20	85	94	100	105	110	114	119
12	-133	-117	-100	-82	-61	-37	-5	78	91	99	106	112	118	123

续表

选择	中位选择													
	1	2	3	4	5	6	7	8	9	10	11	12	13	14
13	-173	-15	-137	-118	-96	-69	-33	67	83	94	103	110	117	123
14	-217	-198	-179	-158	-134	-105	-65	52	72	85	95	104	112	120

同时，这一博弈结构具有这样的属性：如果你猜测其中位数略低于7时，你的最佳反应是选择一个比该中位数略小的号码。譬如，如果你认为中位数是7，你的最佳选择是5。这样对该中位数的反应就会将中位数拉得更低直至到达3，而3成为一个均衡的最优反应点。相应地，如果你猜测其中位数为8或以上时，你的最佳反应是选择一个比该中位数略大的号码。譬如，如果你认为中位数是9，你的最佳选择是10或11。这样对该中位数的反应就会将中位数拉得更高直至到达12，而12成为另一个均衡的最优反应点。因此，这个博弈是一个协调博弈，它存在两个纳什均衡：其中7以下的中位数是一个收敛于均衡3的"吸引域"；高于8的中位数是一个收敛于均衡12的"吸引域"，从而被称为"分水岭"博弈。

Huyck等人将受试者分成10组，每组做了15次实验，实验结果证实了两位分离均衡的存在。具体结果见图17—1。[①]

问题是，在现实世界中，究竟会出现(3，3)均衡还是(12，12)均衡呢？显然，纯粹的逻辑根本无法预测究竟会发生哪种均衡。但是，该实验有两个重要发现：(1) 即使收敛于低收益的参与者只能得到一半的收益，他们也不总是收敛于高收益均衡；(2) 历史性的趋势足够强大，造成了结果对"初始敏感性条件"的依赖。例如，参与者就发现，如果他们当中有两三个人认为7是他们的幸运号并在第一轮选择7时，结果就会卷入到3的均衡；相反，一两个中国参与者则往往会给该组带来更高的收益，因为8是中国人的吉祥数，从而引向了12的均衡。

大量的行为实验也表明，行为协调以及均衡的出现往往不是基于理性的计算，而是与特定的社会规范和习惯风俗有关。人们的日常行为首

---

① van Huyck J. B., Battalio R. C. & Cook J., "Adaptive Behavior and Coordination Failure", *Journal of Economic Behavior and Organization*, Vol. 32, 1997, pp. 483–503.

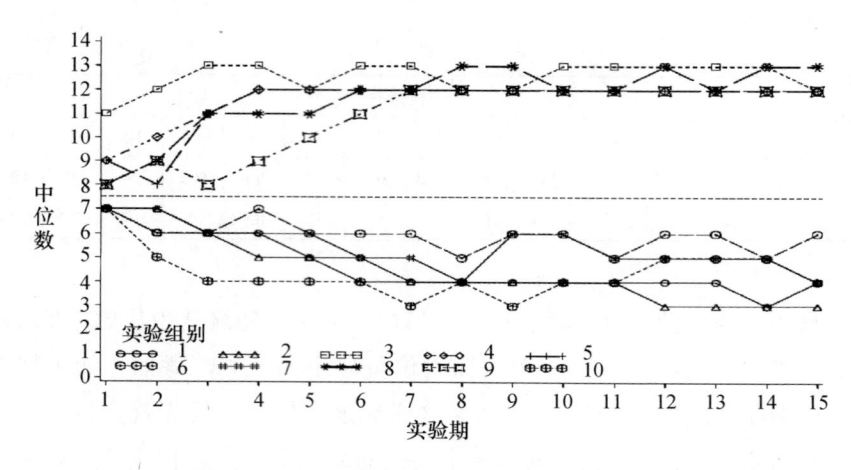

图 17—1 "分水岭"实验中的 10 个阶段结果

先是基于以往的习惯,只有遇到新的情势时才会求助推理。即使如此,互动者之间也会努力进行信息沟通,以图实现更佳的均衡结果。所以,谢林强调了博弈研究的这样几个结论:(1)结果导向的数学结构分析不应成为博弈论的主要研究方法;(2)研究过程中不应将问题过于抽象化;(3)当沟通方式具有某种优势,博弈双方对彼此价值观或战略选择缺乏了解,特别是博弈结果依赖于博弈双方的一系列行为和举动时,经验因素往往成为混合博弈研究的关键因素,也是最适应的方法。① 谢林甚至说,用纯理论来预测参与者在博弈中如何行为,就像试图不把笑话讲出来就证明它是可笑的一样。②

可见,现实世界中的人类行为往往不是基于理性计算的,而是遵循一定的习惯、习俗和社会规范这个拇指原则。事实上,无论是凡勃伦的"集中意识"(Focus Awareness)的习惯,还是康芒斯的"习俗"以及诺思的"规则",它们都认为,只有通过习惯,边际效用才能在现实生活中近似成立。而且,正是由于习惯、习俗等提供了指导共同行动的聚点和相关均衡,从而增进了个体行动的协调性,从而有助于达致合作性均衡。例如,休谟在《人类理智研究》一书中就指出,人的理性不能解决因果

---

① 参见谢林《冲突的战略》,赵华等译,华夏出版社 2006 年版,第 139 页。
② Schelling T. C., *The Strategy of Conflict*, Cambridge, MA: Harvard University Press, 1960.

的推论问题,唯有非理性的习惯原则才是沟通因果两极的桥梁,因此,"习惯是人生的伟大指南";而在《人性论》中则强调,理智是而且只应是感情的奴隶,它除了服务和服从情感之外永远不能自称有任何其他功能。再如,约翰·穆勒在《政治经济学原理》中也强调,市场产品分配是两个决定性力量——竞争和习俗所造成的,从某种意义上说,习俗的支配力有时比竞争更为重要。① 同样,被视为异端经济学的凡勃伦很早就曾经将欧洲犹太人在知识和科学上的优势归因于他们缺乏当代的见识和他们受到的"公元前"文化的洗礼。因此,要对真实世界中的人类行为及其互动结果有更确切的理解,就必须突破主流博弈理论的工具理性和计算理性的分析框架,而是广泛地剖析心理的、社会的、文化的、制度的等诸因素,否则往往会犯削足适履的错误。

第三节 遵守规范的行为是否理性

上面的分析指出,真实世界中的人类行为往往遵循一定的社会规范,有些社会规范还上升为宗教的戒律,成为人们行为必须遵守的道德准则。这就引发了一个重要问题的思考:遵循规范的行为与追求利益最大化的人类理性之间是否冲突?这就涉及对理性概念的理解。一般地,现在经济学将一个人所面对的可选项的集合定义为技术或预算可行性集合,一个理性的人就会根据自身偏好以及时空环境而从这些技术或预算可行的集合中进行选择以最大化自身利益。但是,社会规范或规则往往会进一步限制可行的选择集合,这种限制超出了技术上和预算上的可行性,从而导致一个可能提高其效用的可选项被放弃掉。因此,按照主流经济学的理论,理性的经济人会敏锐地把握信息和时机而灵活地调整策略,而不会固守某种一成不变的规则,否则就是不理性的。相应的问题就是:固守规则果真是非理性的吗?在很大程度上,这就要看被社会规范所排除的那些选择项的性质。显然,如果社会规范所排除的选项本身就是被长期的社会实践证明没有效率的,那么,社会规范的引入反而会促成我们的选择更为理性。究其原因,正如施瓦茨在《选择的悖论》中指出的,

---

① 参见张雄《市场经济中的非理性世界》,立信会计出版社 1995 年版,第 117—120 页。

现实世界的人们本身是有限理性的,当选择项增多时,他反而无法确定最佳选择项;同时,过多的选择也会占据本可以用于其他事情的时间和精力,从而反而危害我们的自由。①

巴苏就考察了三类规范:(1)理性限定规范,即阻止行为者选择某个选项的规范,不管这个选择会给他带来多少收益;(2)偏好变异规范,即随着时间的推移而成为行为者偏好一部分的规范;(3)均衡选择规范,即导向的选择完全符合行为者利益的规范。在很大程度上,这三种规范往往都会有利于行为者或整个社会的长期利益。譬如,就理性限定规范而言,无论被抓住以及被惩罚的概率都少,人们通常都不会考虑在拥挤的公交上去拿另一个人的钱包;否则,就会造成每个人都要提防自己的钱包被拿,而这又陷入了极不理性的"野蛮丛林"状态。再如,就偏好变异规范而言,人类效用根本上就是社会性的,因为厌恶说谎或盗窃而在即使没有任何人知道的情况下也不说谎或盗窃,这显然符合个人效用最大化,从而也就是理性的。至于均衡选择规范,这本身就符合现代主流经济学的理性行为原则。②既然如此,又如何认定遵循规范和习俗的行为是非理性的呢?

事实上,在现实世界中,人们在日常生活中的行为大多也是基于习惯和传统,而不是基于理性的计算。譬如,在现代企业中,经理人员的努力水平是如何决定的,是基于所谓的激励机制吗?他们的行为会随时根据合同状况或信息状况而进行调整吗?哈丁指出,"在某种意义上,认定规范具有非理性,不过是从一些不那么自利的规范(比如乐善好施和投票)中抽象出来的结论。"③ 同时,正因为行为规范在经济生活中的重要性日益凸显,20世纪80年代以后就有越来越多的学者开始重新审视真实世界中人与人之间的互动所基于的理性之内涵。例如,莱宾斯坦因很早就指出,人的理性具有惰性区域,而高度反应的行为是无理性的,最

---

① 施瓦茨:《选择的悖论:用心理学解读人的经济行为》,梁嘉歆等译,浙江人民出版社2013年版。

② 巴苏:《政治经济学序论:经济学的社会与政治基础研究》,严小明译,复旦大学出版社2014年版,第69—70页。

③ 哈丁:《群体冲突的逻辑》,刘春荣、汤艳文译,上海世纪出版集团2013年版,第135页。

终将会带来比非反应行为更大的压力;为了说明问题,他还发展出了边际理性和棘轮理性等概念。

一般地,对理性内涵的理解应该把握这样两点:(1)人类理性本身是基于特定的行动目的和偏好而言的,而行为目的和偏好则是内生的,因而理性就不能被视为先验而客观的;(2)人类理性根本上体现为对长远和全面利益的认知能力和实现能力,而不是局限于每一次行为的功利计算,因而理性不能等同于主流博弈论所界定的理性。事实上,现代主流经济学的经济人范式将人类行为所遵循的拇指规则仅仅视为功利最大化,而且这个功利是基于一次性行为计算的行为功利主义;从这个意义上说,主流经济学所采用的是绝对有限理性,由此导向的往往也就是囚徒困境。[①] 与此相反,尽管现代主流经济学往往将人们基于习惯和习俗的日常行为视为一种非理性的选择,但如果考虑到理性计算所需要的时间和精力,那么,"作为应付一个人理性之有限的策略",采取遵守我们已经形成的习惯或是我们这个文化和社会所提供的惯例的这种"非理性将是绝对理性的"。[②] 当然,这种理性不是在行为功利主义意义上的工具理性和近视理性,而是基于规则功利主义意义的社会理性和长远理性。

既然互动理性根本上体现在行为协调上,现实生活中的个体互动又是如何进行行为协调的呢?在很大程度上,这就需要借助于习惯、习俗等聚点和社会装置。其实,尽管机会主义的策略行为在短期的或一次性的互动中可以获利,至少可以避免最坏的结果;但从长期来说,遵循那些经过不断调适的规范行为反而会带来更高的效率。例如,泽尔滕就指出,在多次重复博弈理论中使用某种固定威胁行为是长期有效性;同样,艾克斯罗德也证明,长期博弈中以牙还牙策略和冷酷策略往往更有效。其实,正是在互动中获得了他人的偏好和行为习惯等信息,这些经验性东西的扩展和提炼就被编码成了社会规范,从而成为人们的共同信念以及行为的依据。在很大程度上,社会合作现象大多是源于共同的信念,

---

[①] 朱富强:《"经济人"分析范式内含的理性悖论:长远利益、为己利他与行为理性的理解》,《上海财经大学学报》2012年第4期。

[②] 古德:《个体、人际关系与信任》,载郑也夫编译《信任:合作关系的建立与破坏》,中国城市出版社2003年版,第48页。

源于对规范的遵守而非理性的算计。阿马蒂亚·森写道:"与根据个人自己的目标无休止的最大化相比,只要遵从这种'习惯性'规则能够产生更好的结果,那么将有一个有利于那种模式的'自然选择'论据,这将导致它们的持续与稳定。这是一定'渐进的'影响,是在一个完全不同于如弗里德曼所理解的那种利益最大化者的生存方向上起作用的。"① 正因如此,人们往往乐于遵循公认的社会规范,这往往不是出自于被动的强制,而是认识到遵循规范是必要的、有用的和合意的,从而也就是符合理性的行为。

首先,现实社会中的人类行为本身就源自无数次的理性互动:在不断的近似重复的互动行为中,理性的人们就将过去的经验转化为习惯,并且逐渐在一种拇指规则的规范下展开行动。例如,韦森举例说,一个人决定购买一辆汽车时,往往会做大量信息收集和理性计算工作,但一旦购买了之后,就会习惯地使用它,而往往不再考虑和理性计算每一次外出的交通成本了。② 尤其是,在长期的互动中逐渐摸索出了相对有效的合作方式,产生了"为己利他"行为机理,这一行为机理又转化为习惯习俗和惯例,从而节约了下回达成合作的摸索成本。正因为传统习俗文化往往是全社会优化过程的结果,③ 因此,遵循习惯和习俗也是成本节约的理性方式。例如,Chwe 指出,人类社会中的规范已经凝结了人类社会的共同知识,因而根据规范的行为本身就是高度理性的。④ 同样,H. 培顿·扬也写道:即使在这种低度理性的环境中基于互动而形成的"这些制度常常恰恰就是被那些高度理性的理论所预料的结果——纳什讨价还价解、子博弈精炼均衡、帕累托效率协调均衡、严格劣策略的重复消去法,等等。换言之,当适应性过程有足够长的时间展开的话,演化力量常常替代很高程度的(且似是而非的)个人理性"⑤。

---

① 森:《后果评价与实践理性》,应奇编译,东方出版社 2006 年版,第 198 页。
② 韦森:《社会制序的经济分析导论》,上海三联书店 2001 年版,第 157—158 页。
③ Botticini M. & Aloysius Siow, "Why Dowries?", *American Economic Review*, Vol. 93, No. 4, pp. 1385 – 1398.
④ Chwe, *Rational Ritual: Culture, Coordination, and Common Knowledge*, Princeton: Princeton University Press, 2001.
⑤ H. P. 扬:《个人策略与社会结构:制度的演化理论》,王勇译,上海三联书店、上海人民出版社 2004 年版,第 5 页。

其次，尽管人类的长远理性是逐渐通过学习和模仿而型塑的，但它并不仅仅源自个体的直接经验，而更主要是源自他人或社会的间接经验，具有学习能力的社会人能够经由模仿而将他人经验内化在自身行为之中。正因如此，我们说，人类理性是人们长期互动演化的产物，它深植于社会的文化和习俗之中。譬如，马林诺夫斯基通过对特罗布里恩岛上捐献活动的循环流动就发现，库拉圈是渗透在整个部落的关系网中并形成了一个相互交织的网状结构，这种网状关系把成千上万的个人连接成一种永久性的伙伴关系，这包含了各种相互的义务和优惠；而且，个人既不能影响交易，甚至即使最聪明的土著人也不能理解他们之间庞大的、有组织的关系。事实上，绝大多数社会学家和人类学家都认为，经济是被嵌合在社会之中的；这意味着，人类社会的血缘关系、宗教、礼仪等社会习俗所决定的人类行为本身就潜含着财物的生产、分配等经济功能。例如，栗本慎一郎就认为，"'经济活动'或'经济行为'并不是一种始于经济关系的社会行为。'经济'行为的意识是由习尚、传承、传说、神话所决定的。而对行为的施动者来说，这种行为意识只能在一定的社会联带中才能发生作用"①。

最后需要指出，主流博弈论基于理性经济人的分析思路以及分析结论，与探究博弈思维的基本目的也是相悖的。一般地，探究博弈思维主要有两大目的：（1）揭示人们在行为互动中策略选择的相互依赖性；（2）探究人们在互动中通过行为协调以实现利益增进的机制。显然，主流博弈论所理解的理性是静态的，博弈方采用一种"以不变应万变"的策略，从而无法应对人类行为的多样性和变动性，无法真正纳入行为的共生性和共促性；同时，主流博弈论所理解的理性是孤立的，博弈方只考虑狭隘的个人利益而忽视其他人的利益诉求，从而采用一种相互提防和对抗的策略，以致最终危害了博弈方的自身利益。正是由于主流博弈论基于理性经济人模式非但没有促进个人利益和社会福利的增加，反而会引导进一步陷入困境之中；因此，我们就必须对主流博弈思维进行反思，需要重新考察社会规范在博弈协调中的作用。事实上，如果一个社会中的人们互不关心，那么，社会就很难形成良性的大规模合作，就很

---

① 栗本慎一郎：《经济人类学》，王名等译，商务印书馆1997年版，第10页。

难有效使用社会资源,从而必然是贫困和落后的。班斯菲尔德在《落后社会的道德基础》中就充分证实了这一点。[1] 所以,阿马蒂亚·森指出,一个基于个人利益增进而缺乏合作价值观的社会在文化意义上是没有吸引力的,而且这样的社会在经济上也是缺乏效率的。

第四节 全面理解人类理性的内涵

现实世界中的人类行为往往不是像主流经济学所主张的那样遵守行为功利最大化原则,而是往往遵守既定的社会规范。例如,包括亨利奇、金迪斯、鲍尔斯等在内的涵括心理学、人类学、经济学等学科的17位重量级学者历时13年,对12个国家中15个小规模社会做了跨文化的实验研究(包括最后通牒博弈实验、公共品投资博弈实验以及独裁者博弈实验等)和田野研究,其得出的基本结论是:(1)没有一个社会在实验中的行为符合经典的经济人模型;(2)在团体之间的偏差比早先研究发现的要大很多;(3)在经济组织和社会互动结构中的团体水平差异能够为不同社会的行为偏差提供坚实的部分解释:市场一体化水平越高和合作对日常生活带来的收益越高,博弈实验中展示出来的亲社会性水平越高;(4)经济学上的和统计学上的个人水平变化并不能解释团体内或团体间的博弈行为;(5)很多实验行为都清楚地反映了人们日常生活中的互动模式。[2]

当然,我们并不能由此否定人类行为的理性特性,毕竟理性是人类区别于其他动物的根本性特征。所以,阿马蒂亚·森认为,重要的并不是对"人们总是以理性的方式行事"这一假设的批判,而是认识到人们并非完全不服从理性的要求。[3] 既然如此,我们又如何理解真实世界中的人类理性呢?一般地,我们可以从三大维度来理解人类理性的内涵。

---

[1] Banfield E., *The Moral Basis of a Backward Society*, New York: Free Press, 1967, Reprinted.

[2] Henrich J., et al., "'Economic Man' in Cross-cultural Perspective: Behavioral Experiments in 15 Small-scale Societies", *Behavioral and Brain Sciences*, Vol. 28, 2005, p. 28.

[3] 森:《正义的理念》,王磊、李航译,中国人民大学出版社2012年版,第165页。

第十七章 社会规范引导行为协调：日常行为的拇指准则 / 379

首先，人类理性根本上体现为在互动中实现长期收益的最大化。一般地，动物的本能驱动体现于对每一次行为的功利最大化，而人类的理性行为则体现于对长期利益的追求。事实上，在现实生活中，任何个体都不仅是关注一次性行为带来的收益，而且能够考虑行为对未来收益的影响，从而将长期利益考虑进来。当然，长期利益与短期利益之间往往存在冲突，因此，要实现长期利益，就必须抵制短期利益的诱惑。在实际生活中，长期利益的实现程度往往依赖于行为者的认知力和意志力。为此，阿马蒂亚·森强调，一个选择只要在经受了批判性思考之后还能成立就可以被视为是理性的。例如，玛丽在进行了认真和明智的思考之后决定，即使自己需要做出重大牺牲也要去追求自己所向往的社会目标，那么，她的行为就不是"非理性"的；同样，即使保罗热衷于个人利益的最大化，只要他的价值、偏好和选择能够经得起自己的严肃审视，那么也很难将"不理性"一词用在他身上。[①] 当然，阿马蒂亚·森强调的理性审视根本上是指对长远目标的通盘考虑，而不是为一时的功利诱惑所驱动；那些事后引起后悔的短期行为就是非理性的，如为一时激情所驱使的性交、赌博、吸毒、犯罪等。

其次，实现长期收益最大化的根本途径在于合作。一般地，如米塞斯指出的，"人类与动物区别在于，人类可以进行社会合作"[②]。事实上，动物因为缺乏有意识的合作，从而往往只能维持基本的生存需要；相反，人类通过合作，从而不断地扩大自身的能力，不断增进自己的需求。为此，别尔嘉耶夫强调，人是社会的人，人要获得自由，就得与他人合作，为人着想，摆脱自我中心主义意识。显然，越是追溯早期社会，人类社会的合作半径越小，人类个体的能力和需求满足水平也越低。哈耶克写道："野蛮人远不是自由的，他也不可能征服世界。除非得到他所属的群体的同意，他几乎什么事都不能做。"[③] 这种认知可以追溯到古希腊时期。例如，亚里士多德所倡导的城邦共同体学说就认为，人之所以自然倾向

[①] 森：《正义的理念》，王磊、李航译，中国人民大学出版社2012年版，第183页。
[②] 米塞斯：《自由与繁荣的国度》，韩光明等译，中国社会科学出版社1995年版，第65页。
[③] 哈耶克：《致命的自负》，冯克利等译，中国社会科学出版社2000年版，第53页。

于过城邦生活是因为任何个人都不是自足的,只有通过城邦生活,人类才能获得完全的自给自足;城邦是为满足人类需要的生活发展中自然长成的,是人类社会团体从家庭、村落历史发展而来的。显然,合作根本上具有互惠的特性。鲍曼就强调,"互惠性行为方式无疑是一种具有最重要意义的经验现象,它们属于所有我们已知的社会实践的根本的和理所当然的'基本配置'"①。

其三,人类理性更主要地体现在交往合理性。一般地,人与人间的互动之所以不同于人对物的单向处理,根本点就在于,人处理物时只需要考虑工具合理性,而在与人打交道时则需要考虑交往合理性。事实上,人类正是在社会互动中才衍生出亲社会性,亲社会性使得人类个体不仅追求的物质利益最大化,而且也产生某些社会性需求,这主要体现为同情、关怀、尊重、信任等。这也意味着,社会性需求更主要出现在特定社会共同体内部,并依赖于特定的社会文化伦理。亚里士多德就强调,人们之所以加入城邦,不只是因为城邦是满足人类需要的生活共同体,还因为城邦是实现人类本性的道德共同体;而且,人只有参加城邦生活才能成其为人,良善的人生仅在城邦生活中才有可能。为此,亚里士多德提出的影响深远的名言是:"人是一个政治动物","人是成为公民而生的"。同时,社会性需求本质上又是相互依赖的,从而增大了互动者之间的共同利益,从而更需要也更容易产生合作。在很大程度上,正是在"为己利他"行为机理之上形成了互惠合作关系,并逐渐沉淀和编码而产生了社会规范,它反过来又指导和协调人们的互动行为,从而形成持久和扩展的社会合作。因此,Sunstein 等指出,人们通常不会自发地根据最优化决定理论思考,也确实不情愿基于最优化理论来制定法律。②

因此,要实现社会广泛存在的互利形态,就要夯实人与人之间的合作关系;进而,这就需要确立为大家共同遵守的社会规范,而不是采取机会主义的策略行为。事实上,就企业的产品生产和销售而言,只有那些提供真正有用的产品的厂商才可能获得持久的发展;究其原因,就像

---

① 鲍曼:《道德的市场》,肖君等译,中国社会科学出版社 2003 年版,第 140—141 页。
② Sunstein C. R., Schkade D. & Kahneman D., "Do People Want Optimal Deterrence?", *Journal of Legal Studies*, Vol. 29, No. 1, 2000, pp. 237–254.

雇主不希望自己的雇员偷窃公司财物以及希望自己的合作伙伴都能够遵守协议一样，消费者把产品买回家打开包装的时候也希望看到商品与广告中所宣传的一致，因而当公司发现自己的产品存在问题时，就应该及时告知消费者，甚至必须回收所有可能有问题的产品。举一个例子，1992年6月美国的零售业巨头西尔斯·诺布克公司的汽车中心被指控为误导顾客和销售给顾客不必要的汽车维修服务，受来自加利福尼亚、佛罗里达及新泽西州消费者事务官员指控的影响，西尔斯公司的股票下跌了9个百分点，全国汽车中心收入下降了15％。显然，这种现象是西方短视的追逐私利的结果，亨廷顿甚至说："美国人决策时，没有历史，没有未来，只追逐眼下的利益，所以敌不过东亚的竞争者。"① 相反，如果能够勇于承担责任、对自己的过错真诚道歉并努力弥补，长期来看就会获得基于持续信任的发展。这里也可以看另外一个例子，1982年8月美国约翰逊公司制造的特兰诺尔（Tylenol）止痛胶囊导致了3人死于氰化物中毒，在政府还没有要求该公司采取任何针对性措施的情况下，该公司把公众安全放在首位，毅然决定回收占公司利润比例17％—18％的所有特兰诺尔胶囊，并对公众公开了所有有关信息；结果，尽管公司遭受了超过1亿美元的损失以及导致公司胶囊价格的下跌，但在18个月内公司重新获得了危机前所占市场份额的96％。②

然而，基于狭隘的工具理性，主流博弈论往往倾向于将行为者视为基于完全理性计算而行动的短期利益最大化者，结果就导向了非合作的纳什均衡。尽管如此，主流博弈论却乐于将非合作均衡视为结果理性的，其理据是，这种结果可以在"完全理性"的基础上通过"内省和推理"而达致。其实，既然这种行为最终导致了囚徒困境的结局，那么，显然也就是非理性的；究其根本，经济人本身就不是实质意义上的理性人，而是"绝对"的有限理性，是阿马蒂亚·森所指的"理性的傻瓜"。③ 相反，如果考虑人类的理性是根基于社会互动的并受历史文化的影响，那

---

① 陈平：《文明分岔、经济混沌和演化经济学》，经济科学出版社2000年版，第578页。
② 参见乔治《经济伦理学》，李布译，北京大学出版社2002年版，第7—8页。
③ Sen A. K., "Rational Fools: A Critique of the Behavioral Foundations of Economic Theory", *Philosophy and Public Affairs*, Vol. 6, No. 4, 1977, pp. 317–344.

么，通过在长期互动中"外推和学习"所获得的"过程理性"就显得更为合理，以此博弈而形成的均衡就更接近于"结果理性"。在某种意义上，这里对人类理性的阐释也涉及对"应然"和"实然"的理解。

最后，基于上述分析来审视影响深远的休谟铡刀原则：不能从"是"中推出"应该是"。事实上，由人们的社会互动所演化而成的习惯本身就凝结了人类在长期实践中获得的经验知识，在很大程度上也就体现了人类理性的凝结。从这个意义上说，人们遵循当下的应然制度或社会惯例也就是理性的，并且具有扎实的实然基础；也正因如此，基于习惯的"过程理性"行为往往更容易达致"结果理性"结局，尽管习惯也可能滞后于社会情势的发展。与此形成对比的是，尽管工具理性在每个时点遵循了行为功利主义原则，却缺乏对整体的把握而陷入路径锁定，进而也就潜含了"理性的自负"。事实上，哈耶克也强调，"文明的发展之所以有可能，在很大程度上就是因为人类用那些理性不及的习俗约束了自己所具有的先天性动物本能；而且一如我们所知，也正是那些理性不及的习俗，才使得规模日益扩大的有序之群体的形成具有了可能"①。哈耶克这里所指的理性也就是工具理性，或者工具式的有限理性。从社会现实看，正是由于数学工具的过度引入而将人类理性计量化，新古典经济学的理论和政策就造成了很多的非理性结果。显然，这已经为越来越多的学者所认识，进而也促进了行为经济学的蓬勃发展，这种新趋向积极将心理学、人类学、社会学的研究引进经济学，强调经济学研究要观察盒子外的因素，因为我们一直以来关注的盒子里面是空的（we're looking outside the box because the box we've been looking inside is empty）。②

第五节 结语

现代主流经济学将严格遵循成本—收益原则的行为视为理性的，但将之运用到互动行为的博弈分析中却存在问题：一方面，经济人中的理

---

① 哈耶克：《法律、立法与自由》第2、3卷，邓正来等译，中国大百科全书出版社2000年版，第500页。

② Dubner S. J., "Calculating the Irrational in Economics", *New York Times*, June 28, 2003.

性概念源于人对物或自然的单向处理关系,把它拓展到人类互动中就忽视了行为的社会性和演化性,从而导致了工具主义谬误;另一方面,行为互动本身就意味着每个人的行为选择都是针对他人行为的反应,同时自身行为也会引起其他人的行为反应,其中的理性也就不可能是单向的。进而,考虑到互动行为的相互反应,社会中行为选择就不可能基于一个固定不变的规则,而是具有针对性,并在互动中不断演化。大量的经验事实和行为实验也都表明,真实世界中的人类行为与标准理性经济人模型的理论结论相差甚远,以致"理性"假设引起越来越多的反思。阿马蒂亚·森就指出,理性选择模型"将选择的理性仅仅描绘成对于自身利益的最大化。这种方法认为,人们如果没有明智地而只是追求自身的利益,并且不对任何其他事物加以考虑(除非'其他事物'会直接或间接地推进他们自身的利益),那就不是理性的。既然人类能够有充分的理由去注意自身利益之外的其他目标,拥有更加广泛的价值观和适当的行为规范,那么理性选择理论确实反映了一种对理智和理性极为狭隘的认识"[1]。

同时,人类理性要求在社会互动中实现长期利益的最大化,相应地,行为者就不能仅仅关注个人利益,也会关注他人或社会的利益,要诉诸合作的方式。正因如此,互动中的人们往往遵循"为己利他"行为机理,而"为己利他"行为机理的扩展和凝结又形成了具有合作性的社会规范;进而,这种社会规范反过来协调人们的互动行为,从而有利于社会合作的实现和深化,最终又有利于最大化个人的长期利益。事实上,如果像主流博弈论那样每个人都随时基于功利计算而采取策略性行为,那么反而会因功利的短视性而陷入囚徒困境,进而妨碍了长远利益的实现。从这个角度上说,遵守社会规范的行为并没有违背理性的要求,而恰恰体现了人类的理性特质,它不但是理性的,而且在结果上比基于功利计算的行为更为理性。哈耶克指出,"个人之思想本身也是他生活于其间的文明的产物,他可能意识不到形成自己思想的许多经验——这些经验已经融入了风俗、习惯、语言和道德信仰,成为人们思想得以形成的根基及

---

[1] 森:《正义的理念》,王磊、李航译,中国人民大学出版社2012年版,第166页。

其特性一个组成部分"①。在很大程度上，风俗、习惯、语言和道德信仰等社会规范就成为互动者的共同知识，这种共同知识不仅协调人们的行为，而且促进行为的合作。

当然，主流经济学人会认为，在一个大型社会中，任何东西成为共同知识几乎都是不可能的。例如，莱宾斯坦因等人就用电子邮件（e-mail）博弈来证明，理性的博弈者进行协调行动也是难以实现的。② 但实际上，现实世界的交易往往只发生在具有共同知识的人们之间，即使原本没有联系，但在交易之前也会努力去了解交易者的信息，并且必然有一些机制保证共同知识的存在。譬如，顾客去某商场买东西，他必然事先知道这个商场出售的东西是可信的，而商场知道顾客使用的货币和信用卡也是真的；在绝大多数情况下，不是每次交易都需要对商品的质量以及货币的真实性进行验证，而是存在于我们的习惯习俗这种共同知识之中，而如果缺少这种共同知识，那么就会明显地限制交易。正因为人们的交易往往首先局限在一定的范围之内，这个范围之内的习俗、惯例往往就成为交易圈的共同知识，而当这个交易圈扩展时，共同知识也就在更大范围内得到呈现；显然，共同知识的呈现范围会随着习俗惯例和社会伦理的扩展而扩展，从而促使社会合作的扩展。因此，日常生活行为往往会遵从既定的社会规范而不是基于行为功利原则。

---

① 哈耶克：《自由宪章》，杨玉生等译，中国社会科学出版社1999年版，第47页。
② Rubinstein A., "The Electronic Mail Game: Strategic Behavior under Complete Uncertainty", *American Economic Review*, Vol. 79, 1989, pp. 385 – 391; Binmore K., "Do Conventions Need to Be Common Knowledge?", *Topoi*, Vol. 27, No. 1 – 2, July, 2008, pp. 17 – 27.

第十八章

普遍互利和合作的实现：
行为机理的理性辨识

【导读】"为己利他"行为机理的践行和扩散根本上要以非零和的博弈情境为基础，而真实世界恰恰提供了这种社会基础。（1）人类需求和个体能力之间的矛盾使得个体必须依赖于群体，依赖于他人的合作；（2）个体之间在能力和需求上存在明显差异，产生了联合和分工的可能。同时，要抓住并实现社会广泛存在的互利机会，这不能基于功利计算的工具合理性，而更主要依赖基于亲社会性的社会合理性。事实上，正是人的亲社会性产生了"为己利他"行为机理，而"为己利他"行为机理在长期的社会互动中内化为个体的行为习惯和偏好，进而在认同伦理的基础上实现稳定而扩展的社会合作。

第一节 引言

"为己利他"行为机理要得到有效的践行和扩散，存在这样一个基本前提：通过"利他"手段能够实现"为己"目的。同时，这个前提意味着存在非零和博弈的社会基础：互动双方之间的利益存在明显的互补性，因而互利就成为"为己利他"行为机理的社会基础。[①] 相反，主流博弈论所设定的行为机理是基于最小最大化原则：通过可理性化策略来避免遭

[①] 朱富强：《行为经济学的微观逻辑基础：基本假设和分析维度》，《社会科学战线》2011年第10期。

受其他人的损害。在很大程度上,主流博弈思维建立在零和博弈的社会基础上,互动双方之间存在明显的利益冲突。显然,主流博弈理论承继了新古典经济学的基本思维:(1)行为方式是个体主义和自然主义的,它把人与人之间的关系视为普遍的,从而参与者与他人的交易或互动也被视为是随机的;(2)所面对的是对稀缺性资源进行争夺的基本情形,这种稀缺性资源给定了一个零和博弈的分析框架。正是基于对零和博弈中随机化战略的研究,每个博弈方在选择策略和采取行为时往往不会考虑今后的互动关系,而将避免(最小化)风险视为最基本策略考量;相应地,每个博弈方往往更愿意采取随机化策略,以避免对方掌握自己的行为规律而损害自身的利益,由此便得出了囚徒困境这一普遍性结论。

而且,迄今为止,为最小最大化原则提供佐证的行为实验大多也是基于零和博弈的情形。① 既然如此,"为己利他"行为机理是否较经济人行为机理更具有现实和普遍意义呢?这就涉及两个问题:(1)真实世界的社会基础究竟如何?互利是否是现实社会中的基本情形?显然,现实生活中绝大多数是非零和博弈,从而就存在协调和合作的潜在要求;相应地,参与方并不需要想尽办法掩蔽自己的策略,反而要努力披露信息以使对方能够准确无误地预测自身的策略选择。② 在这种情况下,参与者的行为不但不是随机性的,反而呈现出某种规律性。(2)如果互利是普遍的,那么,是否一定要依赖"为己利他"行为机理才可以实现?或者,"为己利他"行为机理是否是互利实现的最主要、最根本方式?显然,对这两大问题的解答,关系到对真实世界中人类行为的正确认识。

当然,主流博弈论也承认,在非零和博弈情境中,如果互动双方之间的博弈次数足够多,那么也可以实现合作均衡。但这又产生了新的问题:(1)人类个体在现实生活中的互动次数是否已经足够保障合作的产生和维持?显而易见,相对于重复博弈达到合作的要求而言,特定个体之间的互动次数往往是少量次的。(2)人类个体对合作互利的认识是否一定要依赖自身经验才可以获得?显而易见,绝大多数个体都会积极借

---

① Binmore K., Swierzbinski J. & Proulx C., "Does Minimax Work? An Experimental Study", *Economic Journal*, Vol. 111, No. 473, 2001, pp. 445–464.

② 谢林:《冲突的战略》,赵华等译,华夏出版社2006年版,第148页。

鉴他人或前人所积累的间接经验,由此也就可以更有效地实现合作。进而,对这些问题的解答,显然关系到人们日常行为所依赖的真实原则:遵循计算理性原则还是社会理性原则。一般地,如果个体行为遵循一定的社会理性原则,这就表明,个人偏好本身就是社会化的,而不再是经济人假设所宣扬的那种先验自利性。同时,如果现实世界中的个体行为遵循一定的社会理性原则,那么,这个社会理性原则的内涵又如何?因此,本章就这一系列问题做一剖析。

第二节 互利合作是人类互动的基本要求

一般地,普遍的互利性和非零和博弈情境是促使社会合作得以形成和扩展的基础。[①] 那么,人类社会是否存在普遍的互利性以及行为互动是否具有非零和特征呢?关于这一点,我们可以从人类需求的基本特性加以审视。一般认为,人类与其他动物在需求上的特性差异体现在这样两大方面:(1)人类需求会不断增长乃至膨胀为无限度的欲求;(2)任何个体都不具有完全实现自身需求的能力。显然,人类需求的上升性与自身能力的有限性相结合,就产生了社会互利的普遍性和必要性。事实上,无论是个人还是社会,都必然无法在"野蛮丛林"中长期生存和为继,乃至"一切人反对一切人"的自然状态终究要过渡到以契约为纽带的社会状态;相应地,在此演化过程中,人就"不仅是一种追求目的的动物,而且在很大程度上也是一种遵循规则的动物"。[②]

首先,就人类最基本的生理需求及其实现能力而言。在生理需求上,根据进化论的观点,人类是从猿类演变而来的,两者都有生存的天性,都需要满足自身的食物。不过,在需求的实现上,从树上到地上来生活的类人猿,遇到的敌人显然比从前要多、要狠、要凶;但是,无论从感官灵敏、肌肉发达、跑动快疾、爪牙锐利哪一方面来说,人类都不及野兽,从而却失去了满足自身需要的传统能力。尽管如此,人类却能在人

[①] 朱富强:《"为己利他"行为机理的社会基础:变和博弈》,《改革与战略》2010年第12期。

[②] 转引自邓正来《法律与立法二元观》,上海三联书店2000年版,第25页哈耶克语。

兽之间的生存竞争中成为最后的胜利者，成为万物之灵。这是什么原因呢？除了人类制造和使用工具外，一个根本的因素就在于：人类能够主动寻求合作。这个见解实际上很早就为人们所认识：自从柏拉图开始，绝大多数学者都认识到人类个体是不完善的，它无法真正做到自给自足，而是需要多人之间的合作。例如，启蒙运动时期的卢梭就指出，"人之所以合群，是由于他身体柔弱；我们之所以爱人类，是由于我们有共同的苦难"①。再如，中国古代的荀子也写道："人，力不若牛，走不若马，而牛马为用，何也？曰：人能群，彼不能群也。"（《荀子·王制》）管理学先驱巴纳德则总结了个人达到目的所面临两类因素的联合限制：（1）个人的生物的才能和能力，是指个人的能力相对于物太小了；（2）环境的物的因素，是指物相对于人的能力太大了。例如，一块个人搬不动的石头，可以说是"石头对人来说太大了"，也可以说成"人的能力对石头来说太小了"。②显然，如果把环境中"物"的因素看成不变的，那么，通过改变人的生物特性而形成群体性联合行动就可以搬动石头。正因如此，人类一开始便是群居性动物，个体生存与群体生存紧密联系在一起。

其次，就人类后来发展出的精神需求及其实现能力而言。本质上说，精神需求根本上就是社会性的，它体现为人与人之间的联系；相应地，精神需求的满足必然倍加依赖与他人的合作，从而体现出更为强烈的互补性。例如，弗洛姆指出，"人需要与自身之外的世界相联系，以免孤独。感到完全孤独与孤立会导致精神崩溃，恰如肉体饥饿会导致死亡"，因为"人只有同他人进行某些合作，才能生存。在任何一种可以想见到的文化中，如果想生存，就必须与他人合作，无论意在御敌抑或防御自然危害，还是意在劳动生产"。③ 同样，孟德斯鸠也认为，和其他哺乳类动物相比，人类个体并没有特有的优秀的自卫能力和繁殖能力，但是，他却具有其他动物所没有的文化要素，从而补充了人类本来拥有的能力，使生存成为可能，这就是人类社会的协作性。为此，基督教教义就指出，

---

① 卢梭：《走向澄明之境：卢梭随笔与书信集》，何祚康等译，上海三联书店1990年版，第39页。
② 巴纳德：《经理人员的职能》，孙耀君等译，中国社会科学出版社1997年版，第20页。
③ 弗洛姆：《逃避自由》，刘林海译，国际文化出版公司2002年版，第12、13页。

第十八章 普遍互利和合作的实现：行为机理的理性辨识

人是羔羊，人类生存的最大威胁就是孤立失群。显然，正是在群居生活中，人类个体之间形成了协作关系，这种协作的基本特点就是互利互惠。在很大程度上，正是基于这种互惠合作，促进了劳动分工的深化，从而极大地提高了社会生产力。为此，巴斯夏写道："在孤立状态中，我们的需要大于能力；在社会状态中，我们的能力大于需要"，甚至"包括最卑微者在内的每一个人，都能在一天之内获得他们本人在数百年中无法创造的享受。"[①] 同时，正因为人类社会本身存在着这种互利性，这就要求人们在生产乃至一切社会事务中进行广泛的合作。在某种意义上，人类社会的根本特征与其说体现为个人之间的竞争，不如说体现为个人与他人间的劳动协作；人类个体与其说是以追求私利为根本目的，不如说更主要是在维护团体的地位而劳动；进而，人类个体的行动与其说是基于理性计算，不如说受非合理的感情所支配。[②]

一般地，社会合作有两大基本层次：（1）几个人从事同一工作时的互相帮助，这是简单合作；（2）几个人从事不同工作时的互相帮助，这是复杂合作。一方面，就简单合作而言，主要盛行于个体相对同质化的早期社会，基本机理是：在个人加合的基础上形成总和的集体力量。例如，在抬重物、伐木、锯木、抢收、在大片土地上赶时间排水、拉纤、为大船划桨、开矿、搭脚手架、敲碎铺路用的石头等方面两人共同劳动显然就比分开来所获得的劳动成果要多。因此，在人类社会的那些简单工作中，许多人在同一时间、同一地点、以同样方式工作是绝对必需的，而劳动产量在某种程度上是和工人间的相互帮助成比例的；而且，正是在简单合作的基础上，人们得以生产出超过自身需要的劳动产品，从而出现了交换的需要和可能，这也就产生了最初的社会分工。另一方面，就复杂合作而言，主要盛行于个体日益异质化的现代社会，其基本机理是：在个人协同的基础上形成放大的集体力量。尽管这种复杂合作不像简单合作那样容易地被觉察，但现代社会中每个人都被卷入到了各种各样组织的或社会的分工之中。显然，复杂合作涉及人与人之间的分工与协作，在组织中也体现为分工和协调的共生关系。这一点已经为众多学

---

① 巴斯夏：《和谐经济论》，许明龙等译，中国社会科学出版社1995年版，第100、51页。
② 朱国云：《组织理论历史与流派》，南京大学出版社1997年版，第103页。

者所认识。例如，荀子就写道："人何以能群？曰：分。分何以能行？曰：义。义以分则和，和则一、一则多力，多力则强，强则胜物。"(《荀子·王制》)这里的"分"就有分工的含义，"分"的有效性在于"和"，而"和"则包含了协调的意味；同时，"和"也依赖于"义"这一基础，而"义"也就是伦理道德，正是在"义"的基础之上，分工才得以"行"运不停。

人与人之间在利益上的互补性是如此明显、如此重要，以致无论是早期社会学者霍布斯、洛克、卢梭、孟德维尔、斯密、马克思、穆勒、巴斯夏、凯里、李斯特、涂尔干还是现代经济学家马歇尔、凯恩斯、哈耶克、森等，他们都强调劳动分工的重要性，重视合作所衍生出的集体力。在早期学者看来，人类具有理性，理性化的个人能够充分认识到自身的不足和相互之间的互补性，从而会主动地达成契约以利于合作，以致人类社会一开始就具有共有成分。正是基于人类的这种互惠合作性，现代主流经济学承袭了人类社会具有自然和谐一致的信条而认为，在"无形的手"的协调下，个人的逐利行为将会推动集体利益的实现，从而也就把注意力集中在个人如何最大化自身利益上。即使那些非正统的经济学家，他们尽管看到了自发秩序的演化困境，但还是坚持人类社会存在人为和谐一致的信条，认定借助国家的适当干预就可以实现整个社会利益的最大化。甚至社会主义学派学者，尽管强调个体之间的利益存在冲突而致使在资本主义制度下无法达成众意和公意的一致，但往往也相信人类社会存在着明显的互补性。正是基于这种互补性，在马克思学说的基础上就可以发展出有效劳动价值说，由此也就可以看到，人类社会中财富创造的根本动力和源泉就在于这种协作关系的增进；同时，正是劳动之间协调水平的增进越来越成为提高劳动有效性的主要方面，这就大大提高了劳动创造价值的效率。[①] 事实上，人类社会组织的本质就是一种协作系统，而协作系统的本质特征则在于协调其成员的行为，从而促进更好的分工和合作。同时，一个社会组织是否有效的关键就在于：它能否不断推动协调机制和协作水平的提升。

可见，人类社会具有这样两大明显的特征：（1）人类个体在其能力

---

① 朱富强：《有效劳动价值论：以协调洞悉劳动配置》，经济科学出版社 2004 年版。

与需求之间存在明显的不相称性，这使得人类社会的合作和分工成为必要；（2）人类个体在专长以及需求上又存在多样性和互利性，这使得人类社会的合作和分工成为可能。事实上，哈耶克就指出，"正是通过充分运用人类个体的无限多样性，我们的文明才蒸蒸日上；显而易见，人的多样性要比任何一种野生动物的多样性都大，因为野生动物一般来说都不得不去适应一种特定的生态环境"，"人类之所以能够取得如此迅速的发展，最重要的原因便是个人天赋有着罕见的多样性"。[1] 而且，越是富裕的国家，个体的生活就越依赖于他人。海尔布罗纳和米尔博格写道："越是富裕的国家，在没有他人帮助的情况下，普通居民单独生存的能力越差"，"这种富足的物质生活同时带来了某种潜在的脆弱性：只有在许多团队（甚至小分队）的有组织合作可以依靠的时候，我们的富足才能得到保障。……我们的富裕不是作为个人而富裕，而是作为一个富裕社会的成员而富裕"。[2] 那么，个体与他人以及社会之间是如何相互依赖的呢？这就有赖于一种持续有效运行的社会组织机制，这种社会组织机制可以联合和协调每个孤立个体之间的行为，从而把孤立的个体联结为一个社会整体。正是在联合和协作的基础之上，集体行动就可以获得更大的收益，从而可以强化互动双方的协作，并由此形成了人类的各种组织。巴纳德就从个人能力的有限性出发解释人类协作和组织的产生，并把组织视为一个协作系统，这个协作系统是由物的因素、生物的因素、人的因素和社会因素所构成的有机体。

第三节 达致互利合作的行为机理

上面的分析揭示了人类社会存在广泛的利益互补性，进而也就产生出行为合作的要求。问题是，社会合作是如何产生和扩展的？这就需要探究人性及其衍生的行为机理。一般地，人类个体往往会通过形成协作

---

[1] 哈耶克：《法律、立法与自由》第2、3卷，邓正来译，中国大百科全书出版社2000年版，第525页。

[2] 海尔布罗纳、米尔博格：《经济社会的起源》，李陈华、许敏兰译，格致出版社、上海三联书店2010年版，第3页。

群体的方式来实现自身的生存和其他需求，正是在这种长期的群体活动中逐渐发展出不同于一般动物的亲社会性。同时，随着亲社会性的生成和发展，反过来又会强化个体之间的互利合作倾向，由此就孕育出了社会伦理和人类文明。所以，弗洛姆指出，"人的这种无助恰恰奠定了人发展的基础。人在生物学上的弱点，恰是人类文化产生的条件"①。实际上，嵌入亲社会性的理性使得人类个体为了实现个人的或社会的目的，往往就必须克制短期的欲望和利益追求，而是采取间接的迂回方式，而这些迂回方式几乎全都可视为增进协作的努力；而且，随着社会向前不断发展，社会性生产的迂回度也在不断延长，人类活动的协作广度和深度也得以不断扩展。这意味着，协作正成为人类克服（个体）限制因素的日益重要的方式，此时，人类劳动不再是分离的，而是联合的。康芒斯就指出，"'社会'并不是孤立个人的一个总和，像一个人口普查似的；它是协作的个人的一个倍数"②。巴纳德则强调，"作为特定协作体系的参加者的人，……只要他们的努力是协作性的，他们的努力就被非个人化，或换句话说，被社会化"③。正是从这个角度上说，人类创造的历史不过是人类交往关系发展的历史，人类社会的发展也就体现为人类社会合作性的增进史，从而表现为社会伦理的成熟史。事实上，凡勃伦也指出，人类的生物进化和思维能力数千年来基本上是固定的，而文化的演进却快得多。因此，人类的进化主要是指文化的演进，人类生产力的提高不是个人生产能力的提高，而是基于亲社会性的社会合作半径的延长以及集体生产力的提高。

这样的关键问题是：人类个体的亲社会性是如何产生的？根本上，这就孕育于联合生产劳动中。根据马克思的理解，劳动创造了人以及社会关系，因而人类劳动概念本身就蕴含着对于人与人之间关系的理解。马克思写道："人的本质是人的真正的社会联系，所以人在积极实现自己本质的过程中创造、生产人的社会联系、社会本质，而社会本质不是一种同单个人相对立的抽象的一般力量，而是每一个单个人的本质，是他

---

① 弗洛姆：《逃避自由》，刘林海译，国际文化出版公司2002年版，第22页。
② 转引自雷斯曼《保守资本主义》，吴敏译，社会科学文献出版社2003年版，第90页。
③ 巴纳德：《经理人员的职能》，孙耀军等译，中国社会科学出版社1997年版，第14页。

自己的活动，他自己的生活，他自己的享受，他自己的财富。因此……真正的社会联系……是个人在积极实现其存在时的直接产物。"[1] 也就是说，人与人之间的协作关系根本就是在劳动过程中产生的，相应地，亲社会性得以提高的根本性途径也就是劳动。事实上，人类一开始就不是孤立的，而是群体性的。如巴斯夏指出的，"人的自然状态就是人的社会状态"[2]。同时，随着人类从共同体向社会的发展，个体就从原始纽带中解脱出来；但与此同时，个体的孤独感和无助感也愈益强烈，从而更加需要扩大社会交往的范围，增加社会交往的频率，由此就孕生出新型的亲社会性。这种新型的亲社会性使得人类个体之间的分工和合作不再局限于熟人之间，从而将社会分工和合作的半径大大延长了。当然，这里也带来了现代经济学所面临的根本性论题：现实世界的个体是基于何种行为机理而实现社会合作的？

其实，社会化劳动不仅促成了社会合作，而且也改变了人类本质，发展了人性。正是在劳动过程中，人们对他人的态度以及处理自己与他人的关系方式都发生了革命性的变革，进而也实现了自身的本质；同时，社会化劳动也使人们从狭隘的利己主义束缚中摆脱出来，使"己"和"他"之间形成一种新的社会交往方式。新型交往方式要求人类个体不能仅仅关注个人利益，而是要在互利合作中增进个人利益，这就是"为己利他"行为机理。按照"为己利他"机理，"为己"是一个终极的目标范畴，而"利他"仅仅是一个手段选择，从而也就无法简单地把"为己"和"利他"割裂开来；相反，如果像流行的态度那样，仅仅把是否有损于自己的利益看成是利他主义的，这将会极大限制人类利他精神的发扬。也即，我们要认识到利己和利他本身就是相对的，两者可以在"为己利他"行为机理的含义上得到统一。例如，涂尔干就认为，团体身份是个人身份的源泉，对于那些关系密切并且保持经常接触的个人而言，无利可图的行为至少与自私行为一样令人满意；相应地，"传统意义上的利己主义和利他主义是高度简约的两种极端状态，在现实生活中实际上并不

---

[1] 《马克思恩格斯全集》第42卷，人民出版社1979年版，第24页。
[2] 巴斯夏：《和谐经济论》，许明龙等译，中国社会科学出版社1995年版，第95页。

存在；一种状态实际上包含了另一种状态，至少在某种程度上是如此"①。

一般来说，人类社会所存在的广泛互利性只有在互惠合作的基础上才能实现，但无论是纯粹的利己主义还是纯粹的利他主义，都无法维持长期的合作关系，反而会导致社会秩序的解体。事实上，纯粹的利他主义行为或者利己主义都主要体现在利益相冲突的零和博弈情境下："利己"会牺牲他人利益，"利他"则牺牲自己利益。相反，在非零和博弈中，"为己"目的和"利他"手段可以很好地统一起来，并且这种途径具有持久的生命力。特别是，在现实生活中，人类互动基本上都凸显出非零和博弈特性，此时就更应该把"为己"目的和"利他"手段结合起来，而不能只将那种"损己利人"的行为才视为具有利他精神的。同时，纯粹的利他主义也是很少见的。默顿认为，它仅仅"体现在优秀的撒马利人（Samaritan）所代表的理性的典范中，自然很少期望它出现在一贯的现实行为中"。因此，这里"牺牲"的含义又有所拓宽，它仅是"指施助者的收益在短期内比它不去从事利他主义行为更少些。当然，我们不能将之仅局限于物质回报的获得：对施助者和受助者都有益的回报，还包括被社会认可和个人所体验到的下列方面：声望与尊敬、向上流动、金钱、权力"。②

"为己利他"行为机理以及互惠合作关系的建立往往体现在"非零和博弈"中，此时由于社会总福利发生了改变，从而就存在帕累托改进的可能，通过合作也就可以取得更高的收益。尤其是，在"正和博弈"中表现得非常明显，上面的大多数例子都反映了这样的特点。即使在"负和博弈"中，通过合作也可以减少浪费和损失。譬如，两个人发生了矛盾，如果本着合作的精神处理，就可能是"大事化小，小事化了"；相反，如果没有合作则往往可能招致事态的恶化，大量的公地悲剧就反映出不合作所产生的灾难。一个经典的例子是《吕氏春秋·先识·察微》上所记载的："楚之边邑曰卑梁，其处女与吴之边邑处女桑于境上，戏而伤卑梁之处女，卑梁人操其子以让吴人，吴人应之不恭，怒杀而去之。

---

① 转引自雷斯曼《保守资本主义》，吴敏译，社会科学文献出版社2003年版，第210页。
② 默顿：《社会研究与社会政策》，林聚任等译，生活·读书·新知三联书店2001年版，第127、126页。

吴人往报之，尽屠其家。卑梁公怒，曰：'吴人焉敢攻吾邑？'举兵返攻之，老弱尽杀之矣。吴王夷昧闻之怒，使人举兵侵楚之边邑，克矣而后去之。吴楚以此大隆。吴公子光又率师与楚人战于鸡父，大败楚人，获其帅潘子臣、小帷子、陈夏齧。又反伐郢，得荆平王之夫人以归，实为鸡父之战"。所以，谢林说："双方利益完全对立的完全冲突状态是非常罕见的。完全冲突通常只会在大规模毁灭性战争中出现，否则在一般战争中也很发生。……如果战争成为解决问题的唯一方式，那么就会出现所谓的'完全冲突'。"①

在很大程度上，人类个体之间交易往往发生在熟人之间，因而人类的行为互动往往是多次性的，由此，短期内的"零和博弈"就可能演变为长期上的"非零和博弈"。② 譬如，很多社会、部落中都流行着礼物赠送的传统。显然，每一次礼物赠送行为都类似于一个"零和博弈"，但礼物的相互赠送在长期中则近似于"正和博弈"。同样，在现代社会中，分享制工资和效率工资也是将短期的"零和博弈"转换成长期的"正和博弈"的明显例子。因此，尽管基于"为己利他"行为机理的互惠合作关系在"非零和博弈"的互动中更容易形成和成长，同时对互动各方也更重要，但这也并不意味着，合作在"常和博弈"中会成为多余。事实上，Bewley 就发现，有强烈的实验证据可以支撑"为己利他"行为机理：当被问到为何在经济衰退时期工资仍然停留在市场出清水平之上时，参与试验的经理和其他劳动市场的参与者都说，工资下降将会破坏"工作士气"（working morale），这样，工人在工资下降后就会降低工作努力。③ 显然，这显示出，人们的行为和工作动机绝不限于物质利益的最大化，也在于获得尊重以及公平的对待等；不仅取决于自身的收益最大化，也取决于收益支付的分配结构；所有这些都会影响人们之间的长期合作关系。

可见，"为己利他"行为机理有助于社会合作的形成和社会互利性的

---

① 谢林：《冲突的战略》，赵华等译，华夏出版社 2006 年版，第 3 页。

② 朱富强：《"为己利他"行为机理的社会基础：变和博弈》，《改革与战略》2010 年第 12 期。

③ Bewley T., *Why Wages Don't Fall During a Recession*, Cambridge, MA: Harvard University Press, 1999.

实现。一般地，社会互动中存在的互利性越大，这种互动也就越是展示为非零和博弈特性，人们也就更愿意采取遵循"为己利他"行为机理，从而更容易实现社会合作。显然，"为己利他"行为机理所基于的理性是双向的和演化的，与主流博弈论所使用的单向和静态的工具理性存在根本性差异。事实上，基于单向的工具理性，主流博弈论的思维逻辑表现为：每个博弈方都希望对方遵循一定的行为规则，而自己则采取相机抉择的行为，从而可以实现自己收益的最大化；结果，尽管最终形成了导向均衡的博弈规则，却无法达到有效的合作结果，也无法对广泛的合作现象提供有效解释。究其原因，在这种最大化个人利益的思维支配下，理性效用最大化者往往乐于对方遵守规范，却希望自己的行为能够完全不受约束。正如 M. 鲍曼指出的，"每个人都希望他人对自己采取某一特定行为方式，这一点符合每个人的根本利益，对规范生效的愿望可以说是非常自然地也进入了一个（并且恰恰是）理性效用最大化者的决策过程中：经济人是天生的规范利益者"①。当然，这种单方面对规范的遵守只有在一方在与他人的关系中具有支配性权力时才可能发生，这种情形出现在以前的等级社会中；但在自由平等的现代社会中，这种单方面要求就显得不现实了。相反，在自由平等的环境下，如果博弈参与者都基于这样单方面要求采取行动，那么，每个人的机会主义倾向反而使得共同陷入了"囚徒困境"；正因如此，在现实生活中，有效"影响他人决定的一种'自然'而容易理解的手段就是一种互惠性行为方式及人际互惠战略"②。

第四节　主流合作博弈论的理性辨识

上面的分析表明，社会互利的实现依赖于社会合作，而社会合作又根基于"为己利他"行为机理。然而，主流博弈论却认为，基于理性经济人的互动也可以实现社会合作，这是次数较多以至无限的重复博弈理论所阐明的。在无限次重复博弈中，一个博弈方的策略行为会受到对方

---

① 鲍曼：《道德的市场》，肖君等译，中国社会科学出版社 2003 年版，第 135 页。
② 同上书，第 140 页。

的影响，这意味着，博弈双方存在相互制约：你如果损害了他人，那么就有可能在将来受到他人的报复；同样，你如果施恩于他人，那么也有可能会得到回报。这样，博弈方就可以单方面建立起某种合作机制，通过有意识的行为引导来促进合作关系的生成，这是固定参与型博弈模型所揭示的。同时，主流博弈论对社会合作的解释主要是基于冷酷策略和以牙还牙策略，其基本思路是通过惩罚或奖励影响其他人收益，并由此在互动中树立起某种声誉从而向其他人宣布并提高自己威胁的可信度；正是这种声誉引导他人的行为预期，从而促进了行为协调和社会合作。例如，拉德纳和鲁宾斯坦因使用重复博弈模型就证明，如果委托人和代理人之间保持长期的关系，并且双方都有足够的耐心（贴现因子足够大），那么，帕累托—阶最优风险分担和激励就可以实现。相应地，阿克洛夫则举例说，名牌不仅可以显示产品的质量，而且可以在产品质量与预期不符时向消费者提供一种报复的手段。

这里，我们用一个简单模型加以说明：假设产品的价格为 p，如果是优质品则其成本为 C_e，而劣质品的成本为 C_w；则优质品的利润为 $P-C_e$，劣质品的利润为 $P-C_w$。因为市场交易是长期和重复的博弈过程，买主采取冷酷触发策略，一旦受骗，今后就不再与劣质品卖主交易；因此，劣质品卖主所能得到的收益为：$P-C_w$。相应地，优质品卖主则可以享受长期交易的好处，因此，长远来说优质品卖主所能得到的收益为：$(P-C_e)+\zeta(P-C_e)+\zeta^2(P-C_e)+\zeta^3(P-C_e)+\cdots=(P-C_e)/(1-\zeta)$；其中，$\zeta$ 是贴现因子。显然，只要 $(P-C_e)/(1-\zeta)>P-C_w$，即 $P>(C_e-C_w)(1-\zeta)/\zeta+C_e$，厂商追求一次性横财就会损害未来永久的利益，从而也就不会生产劣质品。也就是说，只要 $P>(C_e-C_w)(1-\zeta)/\zeta+C_e$，市场上基于触发策略的诚实交易就是子博弈完美纳什均衡。进一步地，如果 $\zeta\to 1$，即有 $P>C_e$，诚实交易的合作就是子博弈完美均衡。这意味着，如果博弈无穷次且每个人有足够的耐心，任何短期的机会主义行为的所得都是微不足道的，博弈方有积极性为自己建立一个乐于合作的声誉，同时也有积极性惩罚对方的机会主义行为。

问题是，这种基于个人理性的合作分析内含着重大缺陷，这集中体现在其前提假设上。事实上，冷酷策略和以牙还牙策略这两种策略的有效性往往依赖于两大条件：(1) 相关人之间的关系是持久而确定的；(2) 相关人之间的关系是透明的。但显然，当卖主面对不同的买主时，买主往往就难以使用这两种策略来制约卖主，而卖主则可以使用机会主义获胜。同时，即使对发生在相同博弈方之间的重复博弈而言，这些策略的有效性也存在问题：(1) 单纯靠短期的市场收益得失来保证的声誉机制是建立在利益比较的基础上，一旦违诺带来的收益超过了守诺所能带来的收益，那么，这种协议也就不再能自动执行了；(2) 如果信息不完全会导致声誉策略缺乏效率，触发策略的结果很有可能是各博弈方一开始就选择机会主义，因而社会上泛滥假冒伪劣产品交易也是一个子博弈完美纳什均衡。也就是说，基于工具理性的互动而实现的社会合作依赖于两个条件：(1) 互动双方是无限重复进行的，从而使得目前的行动对今后的收益产生影响；(2) 市场信息是充分的，从而使得每个交易者的特征在一次性交易后就为市场所有人所知。问题就在于，这两个条件往往是现实市场不能满足的。因此，鲍曼说："借助经济人的模型无法让这种自我约束具有可信性。"[1]

当然，一些旨在树立声誉的诚实交易商也会主动披露信息，这就是广告的出现。信息经济学认为，广告对高质量商品生产者比低质量商品生产者更有价值，因为高质量商品的生产者更希望能够进行长期交易，而低质量商品的生产者则希望和不得不从事一锤子买卖。特别是，如果消费者购买的商品属于经验性商品，消费者在使用后就能了解该商品的质量，那么，低质量商品做广告就只获得一次性的交易，这样的广告就是不经济的。问题是，在市场不完善的社会中，企业主动披露的信息往往并不可信，相反，受逐利心驱使的企业往往会充分凭借自身的信息偏在优势通过散发虚假广告而不是通过提升产品质量来赢得市场以及获取超额利润。

这可从央视历年广告招标的标王身上窥见一斑：这些企业以高额的价格中标，却并没有提供相应质量的产品，以致很快就从华山之巅跌入了万丈深渊。如 1995 年孔府宴酒 0.31 亿元，1996 年秦池酒 0.67 亿元，1997 年秦池酒 3.2 亿元，1998 年爱多 VCD 2.1 亿元，1999 年步步高 1.59

---

[1] 鲍曼：《道德的市场》，肖君等译，中国社会科学出版社 2003 年版，第 37 页。

亿元，2000年步步高1.26亿元，2001年娃哈哈0.22亿元，2002年娃哈哈0.20亿元，2003年熊猫手机1.09亿元，2004年蒙牛3.1亿元，2005年宝洁3.8亿元，2006年宝洁3.94亿元，2007年宝洁4.2亿元，2008年伊利3.78亿元，2009年纳爱斯3.05亿元，2010年蒙牛2.04亿元，2011年蒙牛2.31亿元，2012年茅台4.43亿元。例如，名不见经传的孔府宴酒通过"喝孔府宴酒，做天下文章"的央视广告很快就家喻户晓，夺标当年就跨入全国白酒行业三甲；但它并没有提供足够好的质量而盲目扩张，最终在2002年6月以零价格转让给山东联大集团。山东一县属小型国有企业的秦池1996年"称王"后并没有及时将经济效益转化为发展后劲，反而因"勾兑事件"在1997年初曝光而一落千丈。这些案例表明，如果将策略建立在成本—收益的理性分析之上，互动行为必然是短视的，从而也就难以实现长期而稳定的社会合作。

既然如此，人们在现实世界中又何以能合作呢？这就需要跳出互动者之间的直接关系，考虑其他相关者的行为反应，从而借助于其他人的强互惠行为来制约背信者。事实上，即使博弈双方之间的直接互动是稀疏的，但借助于社会网络途径，他们之间也会发生大量的间接联系，从而也会增加合作的要求。所以，M.鲍曼指出，"行为者当前的行为方式虽然对其利益既无有利影响也无有害影响，但这些伙伴作为第三者却能获悉行为人对其目前的互动行为伙伴采取了怎样的行动。这样一来，遵守规范的行为对它来说作为一种对于它们共同未来的投资就可能是值得的"；因此，"社会规范生效即使在行为人数量较多时也仍然是人际互惠性行为的结果"。① 同时，博弈参与者也要跳出个人利益最大化的单向思维，将对方的利益诉求纳入行为考虑。谢林写道："对于一个关系、许诺或威胁，以及谈判地位来说，承诺要求放弃一些选择或机会，对自我进行约束"：（1）"承诺通过改变一个合作者、敌对者，甚至是陌生人对自己行为或反应的预期而发生作用"；（2）"当人们在试图控制自己的行为时，只有当它们像对待别人一样，要求自己承诺遵守某种节制方案或行为表现时，它们对自己行为的控制才能常常取得成功"。②

---

① 鲍曼：《道德的市场》，肖君等译，中国社会科学出版社2003年版，第157、158页。
② 谢林：《承诺的策略》，王永钦、薛峰译，上海世纪出版集团2009年版，序言。

同时，在互动中，博弈方追求的不是短期利益而是长期利益，从而也就不能简单地基于行为功利原则采取行动。在很大程度上，博弈方使用冷酷策略和以牙还牙战略的主要目的也不是为了惩罚，而是通过树立声誉来追求长期利益；为此，他可以持续地进行声誉资本的投资，乃至将对互惠规范的遵循内化为个人的偏好。科斯罗夫斯基就强调，要减少额外交易成本，就要使道德准则有约束——内在化。① 事实上，尽管从短期看，树立声誉则是个体为实现其利益最大化而有意识的投资；但从长期看，声誉体现了一个社会的伦理和风气，反映了一个人的习惯和秉性。正因如此，追求长期利益的理性行为者往往会主动遵守具有社会共识的社会规范，尤其是把公平互惠当作指导日常行为的拇指规则。例如，大量的行为实验也证明，公平观对可观察的收益分配有重大的影响，泽尔腾认为，这种影响体现了"参与人对遵循社会规范的渴望"②。那么，公平互惠的社会规范又是如何形成的呢？这就源于"为己利他"行为机理的扩展和凝结。

　　事实上，如果大多数社会个体能够遵循"为己利他"行为机理，进而使得这种行为机理在整个社群中蔓延开来，那么，在不断互动的基础上就可以逐渐形成相对稳定的社会合作机制，而这个互利的合作机制逐渐沉淀就形成了社会的伦理关系。在很大程度上，基督教的"你们愿意人怎样待你们，你们也要怎样待人"（《新约·路加福音》）以及儒家的"夫仁者，己欲立而立人，己欲达而达人"（《论语·雍也》）都体现了"为己利他"行为机理的实质内涵。

　　同时，随着"为己利他"行为机理被遵行的深度和广度的拓展，社会伦理和人类文明也在不断扩展和深化。一般地，人们往往把基于"以牙还牙、以眼还眼"的互惠原则称为"道德铁律"，这是互惠原则的最低层次，主要适应于霍布斯的野蛮丛林中的复仇法中，它通过"以其人之道还治其人之身"的报复方式来结束无休止的战争；但是，随着社会的

---

　　① 科斯罗夫斯基：《资本主义伦理——社会市场经济》，载科斯罗夫斯基、陈筠泉主编《经济秩序理论和伦理学：中德比较研究》，中国社会科学出版社1997年版，第13页。
　　② 泽尔腾：《三人博弈实验中的公平和联盟讨价还价》，载罗斯编《经济学中的实验室实验：六种观点》，聂庆译，中国人民大学出版社2007年版，第37—86页。

进步，强迫执行这种法则就很不受欢迎了，也即，促使人们进行互惠合作的机制或方式就需要提升。这样，社会道德的发展就有了这样几个阶段或层次：首先，把基于有限复仇的"铁律"上升到"箔律"，即要求：像别人应受的那样对待别人，这是要求关注对方行为的动机；其次，进一步上升到"银律"，即要求："己所不欲，勿施于人"，这是"道德黄金律"的消极形式；最后，是从消极形式上升到积极形式的"金律"，即要求："己所欲，施于人。"显然，只有在最高层次"金律"互惠法则之下，才可以产生积极的善的需求，从而尽可能地缓和机会主义，形成持久而稳定的互惠协作关系。

可见，尽管社会上形成的各种互惠类型最终都可追溯到个人理性，但是，个人理性并不对应于基于利益计算的最大化选择，而主要体现为对既定社会规范的遵守。M.鲍曼写道：从个人理性出发，理性的效用最大化者是否采取互惠战略作为对他人施加影响的方法必须考虑两个问题：（1）这种战略是否可以在现实中有足够的可能性取得预期成功？（2）互惠性行为的预期收益是否将超过所付出的代价？[①] 在很大程度上，这也是现代主流经济学的基本分析思路，是一种把他人遵守规范当成既定条件下的个人主义分析思路。但是，在现实生活中，每个人遵守规范往往是他人遵守的条件，因此，他不再是在一个无人遵守规范和一个只是别人遵守规范的世界中进行选择，而是在一个无人遵守规范和一个所有人都遵守规范的世界中进行选择。显然，较之一个无人遵守规范的社会，人们更喜欢一个普遍遵守规范的社会。这就是社会联合理性的整体主义分析思路，这种联合理性也就是伦理认同的关键。在很大程度上，人类的持久合作往往依赖于这样一个道德市场，它将道德内化在人的行为之中，而道德市场的形成则是人类的社会正义观不断沉积的结果。事实上，人类互惠的最高境界就是形成真正的"仁爱律"，它将"为己利他"行为机理内化在个人偏好之中，从而自觉地成为行动的拇指原则。例如，弗洛姆说，只有学会爱对方才能获得爱，才能摆脱疏离感。相反，如果简单地基于计算理性进行行为互动，就无法促进互惠行为的扩展，无法形成被社会普遍遵行的行为规范。

[①] 鲍曼：《道德的市场》，肖君等译，中国社会科学出版社2003年版，第141页。

第五节 结语

　　人类社会之所以呈现出普遍的合作取向，很大程度上就在于，个体间本身就存在强烈的互补性，通过合作就可以实现合作红利。也正是由于人类个体之间存在这种互补性而非相斥性，从而也就有利于社会合作的形成和展开。第一，人类需求和个体能力之间的矛盾使得个体必须依赖于群体，依赖于与他人的合作，否则，"对于人来说，孤立即死亡"；而且，人是社会性的动物，人类的社会性互动又进一步酝酿了新的互利性，从而促使进一步的合作倾向。第二，互利引发的社会合作不能完全基于计算理性之上，而是源自人之社会性的提高以及社会伦理的认同；究其原因，基于计算理性的互惠合作往往是短期的，而且会花费大量的策略性交易成本。

　　关于这一点，我们也可以通过男女之间的关系窥见一斑。长久以来，社会上一直流传着女性广受市场歧视的观点，但在现实世界中，女性在市场中越来越成为歧视的受惠者。究其原因，商业中的上层大多是男性，而男性更加青睐异性下属，以致女性获得更快的晋升，更多地进入社会中层。这反映出，市场中存在同性相斥、异性相吸的规律，这也为大量的行为实验所证实。例如，Ben-Ner、Kong 和 Putterman 的实验就表明，女性往往会对其他女性进行歧视。[①] 同样，Dovidio 所做的救助实验就发现，男性往往更愿意多给女性 10 便士，女性也往往更愿意多给男性 10 便士。[②] 为什么会出现这种现象呢？在很大程度上，就在于同性之间的同质性更强，互利的空间相对较小，从而更具竞争性而非合作性。

　　更进一步地，社会"互利"的广泛存在也为"为己利他"行为机理的产生和扩展提供了坚实的社会基础。事实上，基于"为己利他"行为机理，人类个体不仅关注自身利益，而且也关注他人或社会利益；同时，

[①] Ben-Ner A., Kong F. & Putterman L., *Share and Share Alike? Intelligence, Socialization, Personality, and Gender-pairing as Determinants of Giving*, unpublished manuscript, University of Minnesota, Peking University and Brown University, 2001.

[②] Dovidio J., "Sex, Costs and Helping Behavior", *Journal of Psychology*, Vol. CXII, 1982, pp. 231–236.

亲社会性使得人们对他人的利益关注并不是源于某种功利目的的策略性选择，而是将其他人利益内化在个人偏好和行为之中。正因如此，随着"为己利他"行为机理在具体生活中的践行和扩展，这就逐渐凝结成了具有互惠性的社会伦理和人类文明；进而，伦理和文明又会进一步协调社会行为，从而最大限度地保障了"互利"的有效实现。正是存在着这样一系列的正反馈效应，社会行为间的协调得以不断提升，社会分工的半径得以不断延长，进而导致社会合作不断深化和社会秩序持续扩展。

显然，无论是从个人长远利益还是社会整体利益的实现看，"为己利他"行为机理都没有违背理性的要求，反而恰恰体现了人类互动中联合理性的根本特质。进一步地，人类的这种联合理性又根植于习惯、习俗和伦理关系之中，体现为对社会规范的遵守。在某种意义上，习俗惯例以及伦理认同就协调人类行动的共同知识，它有助于行为协调的形成和提升。正因如此，随着"为己利他"行为机理的扩展以及伦理认同半径的扩大，人类互动所体现的联合理性也得到增进，从而会导致社会合作的深化，社会互利得到更充分的实现。霍夫曼就指出，如果每个人只关心他自己，人类就不可能生存；而在一个有较强伦理认同的社会中，社会所隐藏的互利性就更能够得到充分的实现。

第十九章

从公地悲剧到公共福祉：
局面转换的基本机制

【导读】现代主流经济学的理性经济人假设抽象掉了人类的社会性，由此得出了"公地悲剧"命题。但在现实生活中，任何个体的偏好和行为都嵌入了某种亲社会性，而亲社会性将会导向社会合作，从而有助于"公地悲剧"的化解。正是在亲社会性基础上，我们引入"为己利他"行为机理，这不仅可以更好地沟通"公地悲剧"和"无形的手"之间的联系，而且还可以促使"公地悲剧"向"公共福祉"的现实转化。

第一节 问题："公地悲剧"抑或"公共福祉"？

现代主流经济学中流行着"公地悲剧"的先验信条：公共资源一定会遭到滥用，从而必然是无效的；相应地，要解决这一困境，就需要进行产权安排，尤其是要将产权界定给私人。但是，大量的经验事实和行为实验却表明，人们在绝大多数场合中都能够进行合作，可以形成有效的集体行动，从而得以有效地化解"公地悲剧"。(1) 就来自经验事实的研究文献而言，正如萨格登指出的，有些公共品确实是通过私人资源捐赠来提供的，没有来自政府的任何压力。例如，英国的救生艇服务、国家输血服务局以及许多乡村的教堂工作等，都是由那些不计报酬的捐赠者提供的。① 再如，以 2009 年诺贝尔经济学奖得主埃莉诺·奥斯特罗姆

---

① 萨格登：《权利、合作与福利的经济学》，方钦译，上海财经大学出版社 2008 年版，第 7 页。

第十九章 从公地悲剧到公共福祉：局面转换的基本机制 / 405

为中心的印第安纳学派也发现，个人使用者所组成的集团在自愿和无须承担责任的基础上可以有效地组织起来，成功地阻止了资源的滥用和退化，这些例子包括阿尔卑斯山的草甸和森林、日本的公用山地、西班牙的灌溉系统、加利福尼亚的地下水抽取以及菲律宾桑赫拉，等等。① （2）就来自行为实验的研究文献而言，大量的行为实验也表明，受试者往往会关注其他受试者的收益，关心收益分配的公平状况，而不仅仅关注个人利益的最大化。② 例如，两人讨价还价博弈实验表明，尽管非合作行为不会导致有效结果，但实验结果却远比非合作博弈理论所预计的更具合作性、也更有效。再如，公共品投资博弈实验也反映出，受试者获得的最终收益也远比非合作博弈理论所预计的要高。③

事实上，自然资源的共同所有制本身就是一个长期的历史现象。例如，公地就是公社制狩猎社会和中世纪的欧洲土地所有制的明显特征，而现在则有扩大化的趋势，很多情形下人们都能够通过合作而提高他们的共同收益，这可以从印第安纳学派所收集的大量案例中窥见一斑。再如，人类学和考古学等领域的证据也表明，在缺少市场、货币系统以及储藏和再分配财富途径的部落文化中，分享行为就是普遍存在的。④ 在很

---

① Ostrom E., *Governing the Commons: the Evolutions of Insititutions for Collective Action*, New York: the Cambridge University Press, 1990; Ostrom E., Gandner R. & Walker G., *Rules, Games & Common Pool Resources*, Michigan: The University of Michigan Press, 1994.

② Forsythe R., Horowitz J., Savin N. E. & Sefton M., "Fairness in Simple Bargaining Experiments", *Games and Economic Behavior*, Vol. 6, 1994, pp. 347 – 369; Roth A. E., "Bargaining in Experiments", in: Kagel J. & Roth A. E. (eds.), *Handbook of Experimental Economics*, Princeton, NJ: Princeton University Press, 1995; Güth W., "On Ultimatum Bargaining Experiments: A Personal View", *Journal of Economic Behavior and Organization*, Vol. 27, 1995, pp. 329 – 344.

③ Ledyard J., "Public Goods: A Survey of Experimental Research", in: Roth A. E. & Kagel J. (eds.), *Handbook of Experimental Economics*, Princeton, NJ: Princeton University Press, 1995, pp. 111 – 194; Hoffman E., McCabe K. A. & Smith V. L., "Behavioral Foundations of Reciprocity: Experimental Economics and Evolutionary Psychology", *Economic Inquiry*, Vol. XXXVI, July, 1998, pp. 335 – 352.

④ Trivers R. L., "The Evolution of Reciprocal Altruism", *Quarterly Review of Biology*, Vol. 46, No. 4, 1971, pp. 35 – 57; Isaac G. L., "The Food-sharing Behavior of Protohuman Hominoids", *Scientific American*, Vol. 238, 1978, pp. 90 – 108; Hillary K. & Hill K., "Food Sharing among Ache Foragers: Test of Explanatory Hypotheses", *Current Anthropology*, March, 1985, pp. 223 – 246; Leda C. & Tooby J., "From Evolution to Behavior: Evolutionary Psychoilogy as the Missing Link", in: Dupre J. (ed.), *The Latest and the Best: Essays on Evolution and Optimality*, Cambridge, MA.: MIT Press, 1987, pp. 277 – 306.

大程度上，人类社会的基本现象就体现为：人类个体之间主要体现为一种互惠合作关系，而且，社会分工和合作一直在持续地推进。显然，所有这些都表明，人类社会中实际发生的搭便车情形要远远少于标准经济理论所推导的结果，人们往往愿意采取某种公平的行为，而很少遵循标准经济理论所鼓吹的那种自利假设之行为。一个明显的事实是，如果雇员和管理者之间是相互信任的，雇员往往会更加努力且对公司忠诚，而管理者也会感到有义务善待员工。同样，顾客往往会抵制垄断者以"不公正"价格出售的产品，尽管这个产品的价值对该顾客来说要高于价格。正因为人类成功地集体行动已经如此普遍，以致哈丁本人也不得不承认这一点。因此，如何对人类普遍合作的现实进行解释，就成为现代主流经济学面临的一个重要挑战。那么，现代主流经济学为什么会得出"公地悲剧"这一结论呢？这就与它的理论思维有关。同时，正如金迪斯和鲍尔斯等人指出的，人类之间的合作是自然界中独一无二的现象，至少在一个存在大量不相关个体的群体中是如此：人们往往愿意承担一定成本来促进集体的联合行动，从而可以避免公地悲剧的发生。那么，人类又是如何化解"公地悲剧"的呢？这就要对人性及其行为机理做深入的探究。

第二节 现实理解："公地悲剧"的化解机制

现代主流经济学的理论体系建立在理性经济人之上，这种理性经济人具有两个基本特点：一是只关注个人利益而忽视他人利益，二是只关注物质利益而漠视人的情感和精神需求。正是基于这种思维，现代主流经济学认为，在条件允许的情况下，个体会抓住一切机会来最大化自身效用；而且，为了避免遭受他人背信行为所损害的风险，理性的个体会根据最小最大化原则选择策略和行动，从而达到一种具有内敛性的纳什均衡，而纳什均衡的现实对应就是"公地悲剧"。事实上，现代主流博弈论之所以相信人们会遵循最小最大化原则，关键在于，它把人类个体都视为是性恶的，从而将个体互动置于一种敌意的氛围中：每个人都试图通过减少他人利益来增进自身利益。也就是说，现代主流博弈论所集中关注的是一种"一人之所得乃他人之所失"的零和情境。相应地，将这

第十九章 从公地悲剧到公共福祉：局面转换的基本机制

种思维引入到人类社会中大量存在的具有共生性的利益互补场合，就无法理解现实生活中的大量合作现象，更无法促进人类社会的合作扩展。罗尔斯就指出，"如果说人们对自己利益的爱好使他们必然相互提防，那么他们共同的正义感又使他们牢固的合作成为可能。在目标相异的个人之间，一种共有的正义观建立起来的公民友谊的纽带，对正义普遍欲望限制着其它目标的追逐"[①]。那么，如何解释人类社会广泛存在的分工合作现象呢？这就涉及对真实世界中人性及其行为机理的认识。

第一，任何个体都处于社会关系之中，从而产生了亲社会性。亲社会性一般是指有助于促进合作行为的生理的和心理的反应，它主要体现为羞愧、内疚、移情以及对社会性制裁的敏感，等等。其实，现代主流博弈论所理解的博弈方是相互冷淡的原子个体，他们之间的互动往往是随机的和一次性的；相应地，一次性行为也就难以达成理性的合作，这也就成为主流博弈论的基本论断。但在现实世界中，人们之间的交往往往是多次的，或者以大家公认的规则作为交往的基础。一般地，这些规则的存在使得人们更倾向于追求互惠，并乐于奖励那些令他们感到友好的行为而惩罚那些令他们感到不友好的行为，由此就保障了合作的展开和降低了搭便车现象。正是这种亲社会性的存在，使得个体不会感到自身被赋予了可以利用的优势议价地位，这产生了公正分享的规范。例如，一些标准的最后通牒博弈实验、独裁者博弈实验就表明，受试者往往能够与那些没有话语权的回应方分享蛋糕。多人最后通牒博弈实验更显示出，受试者甚至愿意承担一定的成本来惩罚那些不公平的行为者。同样，现实生活中绝大多数人都会主动缴税，大部分人都会去投票；甚至，企业在追求利润时往往也会关注公平性，而不倾向于以降低工资来应对经济困境。事实上，社会公平概念往往就由一个惯例来维持，而这种惯例成为集体行动中成员的共同知识。例如，在中世纪时期，人们组成的共同群体并没有因为财富公有而导致灾难性的后果，群体成员往往小心地管理着公有财产；尽管群体内的每一个人都可以任意使用这些公有财产，但是，你如果试图在群体共有的牲畜中加上自己的一头牛，很快就会发现一些尚未成文的规则的存在。同样，道格拉斯·诺思也指出，在庄园

---

① 罗尔斯：《正义论》，何怀宏译，中国社会科学出版社1988年版，第3页。

制经济中，农奴为领主服一定的劳役来完成自己自居的庄园经济活动后，作为交换他可以利用其余时间为自己生产，因而农奴在领主土地上劳作时也确实不想尽责；但是，这种现象却并不严重，因为存在庄园习俗的制约，习俗或明或暗地在契约协议中规定了每小时的产出额。①

第二，亲社会性使得"己"的内涵和外延都发生了变化，从而个体无法简单地被孤立出来，而总是要从一定的社会关系中来探究其行为。也即，任何个体的行为都不是抽象的，而与其相关联的他人或社会密切联系在一起。例如，基督教神学思想家别尔嘉耶夫一方面强调自我的完整性、目的性和独立性，另一方面又认为，个体人格的生存必须以超越个体价值的生存为前提，只有个体人格认可集体的共同性和整体性，一切真正的统一才显示个体人格。在别尔嘉耶夫看来，社会的真实性不是特殊的"我"，而是"我们"，"我"与他人的交会发生在"我们"之中；"我们"是"我"的质的内涵，是"我"的社会的超越。② 正是基于"我"不仅与"你"发生关系，也与"我们"发生关系，所以"我"才是社会真实性的生存的核心；而"作为纯粹'我'的存在的人，其存在是以其他人、世界和上帝的存在为前提的。将'我'脱离了任何其他人，脱离了任何'你'而孤立起来，这就是自我毁灭"。③ 相反，自我中心主义意味着人受双重奴役：受自我的奴役，囿于僵死、狭小的自我性；受世界——一个行使外在强制手段的客体——的奴役。"公地悲剧"所基于的前提是：人仅仅考虑生命的个体意义；但是，亲社会性却使得现实个体可以或多或少地认识到生命对整个社会的共同意义，从而倾向于关注议价结果的效率，并在很大程度上愿意放弃自己的收益以换取社会福利的实质增长。个体心理学的开创者阿德勒就指出，所有真正"生命意义"的标志在于：它们都是共同的意义——是他人能够分享的意义，也是他人能够接受的意义。④ 正因如此，具有社会性的个体往往关注其他人的感

---

① 诺思：《西方世界的兴起》，厉以平、蔡磊译，华夏出版社1999年版，第31页。
② 别尔嘉耶夫：《人的奴役与自由：人格主义哲学的体认》，徐黎明译，贵州人民出版社1994年版，第23—26、85页。
③ 别尔嘉耶夫：《精神王国与恺撒王国》，张振成译，浙江人民出版社2000年版，第178页。
④ 阿德勒：《生命对你意味着什么》，周朗译，国际文化出版公司2000年版，第6页。

受，甚至会因其所在群体的收入分配不平衡而承受一种心理损失，进而关心收益分配的公平状况。

由此，通过引入人的亲社会性，我们就可以更好地理解公地悲剧为何在大多数社会生活中都能够得以避免。事实上，任何个体都处于具体社会关系之中，都具有或多或少的社会性，其行为也必然会受到各种社会性因素的影响，心理学、生物学、政治学以及经济学领域的大量实验都表明了这一点。因此，人们更倾向于采取互利主义而非机会主义的方式与他人相处，从而就可以将双输的"公地悲剧"转化为共赢的"公共福祉"。相应地，一些行为实验专家发展出了社会偏好模型来对这些现象进行解释，其基本假设就是：个体是自利的，但也会关注其他人的支付，因而会产生基于结果的亲社会性偏好。这种社会偏好理论又衍生出几种不同类型：（1）差异厌恶模型，它假设，个体的行为受减少自己和其他人的收益差距的激励；（2）社会福利模型，它假设，个体倾向于增进社会剩余，尤其是热衷于帮助那些低收入者；（3）互惠模型，它假设，个体是否倾向于提高或降低其他人的收益主要取决于这些其他人的行为是否公平。金迪斯和鲍尔斯等则提出了比互惠利他主义更强的"强互惠"概念。"强互惠"理论认为，具有社会性的人倾向于通过维持或提高他的合作水平来对其他人的合作做出回应，并对他人的"搭便车"行为进行报复，即使这种行为将导致收益的损失。显然，这些事实与标准经济学有关自利行为和搭便车行为的预测之间存在明显的差异，所以，萨格登说，这体现出"经济学低估了个体之间协调他们的行为来解决共同难题的能力：对自发秩序的可能性持有过分悲观的态度"[①]。

第三节　理论基础：从"公地悲剧"到"公共福祉"

上面的分析表明，要真正理解和促进社会合作，就需要超越现代主流经济学所设定的经济人假设，需要对人性及其行为机制有更深入全面的认知。事实上，经济学的研究对象根本上不是外在于认知主体的，而

[①] 萨格登：《权利、合作与福利的经济学》，方钦译，上海财经大学出版社2008年版，第7页。

主体的认知也不能脱离自身经验；相应地，经济学理论也不可能脱离生活经验，而是要把基于经验的认识与人类发展的社会理想结合起来。也即，作为致用之学的经济学范式，一方面要来自经验，另一方面又要上升到超验层次。一个好的经济学理论体系应该且可以将理论学术与生活体验及理想发展很好地结合起来，从而实现"极高明而道中庸"这一诉求。其中的关键是，要促使其理论硬核——人性假设——与人类社会发展保持历史的、逻辑的一致：一方面要源于人伦日用，另一方面又要把互惠合作的理想统一起来。这种"极高明而道中庸"的理论体系就不仅有助于我们对社会现象的理解，而且也有助于指导我们的日常行为和实践，从而达致"知行合一"的境地。在很大程度上，这也就是"人"的发展经济学或人本经济学的基本要求。

一般地，"人"的发展经济学或人本经济学有两大基本内容：（1）在实践上，要对现实社会制度进行人本改造；（2）在理论上，要对经济学理论所依赖的人性假设奠定合理的社会基础。显然，这两方面都是对基于"物本"的现代主流经济学范式的批判和发展。一方面，就社会制度的人本改造而言，以人为本的社会制度要重视社会福利尤其是弱势者福利的提高，要使得弱势者的应得权利与社会财富同向、同比乃至超比发展，进而社会制度要体现社会正义及其发展。相反，现代主流经济学却主要关注社会制度的效率而非正义问题，而社会制度本身又是通过社会大众之间的博弈形成的，因而这种效率实际上也就是强势者的效率，为了效率即使牺牲一部分人乃至绝大多数人的利益也是合理的。另一方面，就经济理论的人性假设而言，人本经济学注重提高人们生活的价值质素，强调理论与实践之间的知行合一，努力增进人类社会的交往合理化。相反，现代主流经济学却主要关注抽象效用的最大化，强调理论与实践之间的相对独立性，刻意增进科学知识的工具合理化。[①] 那么，我们如何为现代经济学构建出一个与现实发展保持历史的和逻辑之一致性的人性基础呢？

显然，就人性及其行为机理而言，我们不能仅仅关注人和其他动物

---

① 参见朱富强《现实制度如何进行人本改造：兼与常修泽教授商榷》，《学术研究》2010年第4期。

所先天共有的、基于生理反应的本能,也应该看到和探究人类基于特有的社会互动而后天形成的、更有效实现其目的的社会性手段。就前者而言,它体现了自我利益的保护和追求,这是现代主流经济学所关注的;就后者而言,它体现了本能冲动所受的社会影响和制度约束,这却是现代主流经济学所忽视的。显然,经济人假设的严重缺陷就在于:它对人性的刻画是残缺的,注意到了人类"为己"(自利)的本能,却不关心实现这种"为己"目的的手段,从而把处于复杂社会关系中的社会成员设想为相互冷淡和漠不关心的;但实际上,现实生活中的人们常常会关心他人的利益和目的,因为他人的利益和目的常常会影响"为己"目的的实现。正因为抽象的经济人假设无法揭示出真实世界中嵌入亲社会性的人类行为,也无法有效地指导社会实践,从而就必须对这一抽象的人性假设进行修正。进一步地,从目的和手段的思路出发,将人类基于动物性的本能目的和基于社会性的实现手段结合起来,我们就可以提炼出"为己利他"这一行为机理。其中,"为己"是人类行为的根本目的,体现了动物性本能;基于互惠基础之上的"利他"则是实现"为己"目的的基本手段,体现了亲社会性的要求和偏好。

"为己利他"行为机理表明,人类个体具有"为己"的本能需求,以致任何个体行为都首先带有"利己"的色彩;同时,任何个体又不能完全满足自身的需求,都需要借助他人或社会的帮助。显然,要取得他人的帮助,自己也必须能够帮助别人,从而就必须进行相互合作;同时,合作不仅是为了做大集体蛋糕,而且也必须增进所有合作者的利益。正因如此,遵循"为己利他"行为机理的行为呈现出明显的亲社会性,这种亲社会性表现在追求互惠、公平和正义,遵循规范和社会合理性,并具有强烈的移情效应。正是由于"为己利他"行为机理的普遍存在,互惠和合作才成为人类社会的主流现象,社会分工才得以不断深化和扩展。在很大程度上,"为己利他"行为机理被践行的广度和深度也就体现了社会分工的广度和深度。正因如此,"为己利他"行为机理可以为大量的社会合作现象和行为实验结果提供一个简洁的统一分析框架,由此也就可以更清楚地解释大量存在的反"公地悲剧"现象;同时,它也有助于促使人们更好地通过合作提高他们的共同收益,有效地利用公共资源。在很大程度上,人类社会的绝大多数活动,包括企业生产活动、市场交易活动等，都存在利益互补性，从而都可以看成是公共资源的集体使用；因此，引入基于"为己利他"行为机理的"人的发展经济学"或人本经济学，就可以促使公共资源的使用具有更强的可持续性，可以促使社会经济实现"包容性增长"，从而促使"公地悲剧"向"公共福祉"的现实转化。

第四节 "为己利他"行为机理：囚徒困境和一般均衡的沟通

上面的分析实际上涉及了三个重要概念：公地悲剧（Tragedy of the Commons）、反公地悲剧（Tragedy of the Anticommons）和公共福祉（Welfare of Commons）。这三个概念分析的视角和出现的时间顺序是不同的，而这种视角的转换和历时的演化体现了人类对公共资源在使用上的认知深化。例如，最早出现的是公地悲剧概念，它主要考察了公共资源在使用上的非排他性和产出上的竞争性，同时，主要是涉及了使用者之间缺乏信息沟通以及不存在一致同意或有效约束的规则的情形。后来出现的公共福祉概念，则集中考察了反公地悲剧的一些情形，分析他们是如何在长期的重复博弈过程中通过信息交流或习俗而形成一些有效的规则，从而实现某种聚点均衡的。这里就这三个概念做一简要的比较说明。

公地悲剧：是哈丁1968年在《科学》杂志上发表的一篇题为《公地的悲剧》的文章中提出来的，反映了公共资源因个人利益与公共利益间的冲突而出现的一种滥用陷阱。[1] 其主要含义是，当资源或财产有许多所有者时，每个个体基于利益最大化而使用资源将会导致资源被过度使用，最终损害了所有人的利益。如过度砍伐的森林、过度捕捞的渔业资源及污染严重的河流和空气等，都是"公地悲剧"的典型例子。称之为"悲剧"还隐含着，每个当事人都知道资源将由于过度使用而枯竭，但每个人对阻止事态的继续恶化却感到无能为力；究其原因，每个个体都是行为功利主义的，只关注短期的个人利益，从而无法形成有效的协调合作。正因如此，现代主流经济学认为，公共资源要摆脱公地悲剧的命运，就

---

[1] Hardin G., "The Tragedy of the Commons", *Science*, Vol. 162, 1968, pp. 1243–1248.

第十九章 从公地悲剧到公共福祉：局面转换的基本机制 / 413

只有重新界定产权并实行产权私有化这一途。

反公地悲剧：源于赫勒1998年在哈佛法学评论上发表的题为《反公地悲剧》的文章，反映了公共资源因所有权过度分散将导致资源无法被充分利用的一种闲置陷阱。其主要含义是：当公共资源有许多拥有者，每个人都有否决权以决定它的用途，结果就会由于达不成一致同意的结果而使得资源闲置。例如，烦琐的知识产权保护阻碍技术的应用和新的发明，道路运营权私有化导致收费关卡重重等，就是"反公地悲剧"的典型例子。同样，住房私有化导致城市发展中的"钉子户"困境也是如此，如成都曹家巷拆迁改造，但有人搭个棚子就要求按商铺赔，否则就不搬。① 称之为"悲剧"还在于：每个当事人都知道资源或财产的使用安排能给每个人带来收益，但由于相互阻挠而眼睁睁地看着收益减少或资源浪费；究其原因，每个个体都试图最大化自身利益，从而尽可能地利用一切机会来增强自己的要价能力，从而造成内生交易成本的高涨。正因如此，公共资源要摆脱反公地悲剧的命运，就要重新对过度细化的私有产权进行整合。

公共福祉：源于埃莉诺·奥斯特罗姆的印第安纳研究中心所收集的现实案例和大量的行为经济学实验，反映了公共资源因人们的有效合作而产生最佳使用的积极现象。其主要含义是，现实世界的人并非是以邻为壑或实现最小最大化策略的经济人，而是具有或多或少的亲社会性，这种亲社会性能够以同理心来审视自己的行为，通过追求合作而实现合作剩余，尤其是增进社会性需求的满足。例如，阿尔卑斯山的草甸和森林、日本的公用山地、西班牙的灌溉系统、加利福尼亚的地下水抽取等，都是实现"公共福祉"的典型例子。称之为"福祉"还隐含着，公共资源的共同使用或集体行动不仅可以避免公共资源的滥用或闲置而实现可持续使用，而且往往可以为当事人带来比单独使用或单独行动更高的福利；究其原因，很多公共资源本身无法分割，或者，分割后会造成"反公地悲剧"现象，富裕社会的很多公共品更是需要集体供给。正因如此，要促进公共福祉的实现，就要从人性及其行为机理的角度探究公共事物

---

① 《拆迁自治改造委员会的重要探索》，2019年7月10日，视频（http://news.cntv.cn/2013/01/05/VIDE1357385062918217.shtml）。

的自组织治理方式。

　　显然,"公地悲剧"概念是与集体行动困境及囚徒困局联系在一起的,它对个体间的自发互动持有了一种悲观主义的预期;与此相反,"无形的手"概念则与帕累托优化及一般均衡联系在一起,它对个体间的自发互动持有了一种乐观主义的预期。显然,尽管哈丁的"公地悲剧"与斯密的"无形的手"都为现代主流经济学所接受,但它们对社会经济现象和个体行为的预期却是相悖的。那么,这种相悖的主要原因是什么呢?根本上就在于,它们对人性的理解恰恰是处于两个极端的抽象:"公地悲剧"把人设想为近似理性或绝对有限理性的,为追求短期乃至一次性功利的最大化而时刻准备实行机会主义;"无形的手"则将人设想为长远理性或绝对完全理性的,为追求长期乃至永恒功利的最大化而实行完美的合作。显然,这两种极端情形都不是现实生活的常态,现实社会中的人性往往介于两者之间的有限理性。正如斯宾诺莎指出的,一方面,"每一个自在事物莫不努力保持其存在",从而往往会为短期利益所驱动,乃至产生激烈的竞争;另一方面,"人要保持他的存在,最有价值之事,莫过于力求所有的人都和谐一致……尽可能努力去保持他们的存在,人人都追求全体的公共利益",[1] 从而寻求与他人和社会的合作。正是基于两者的结合,人类个体之间既有竞争也有合作,从而在现实生活中形成了程度不一和形态各异的合作;相应地,人类社会就既可以在有限的范围内实现"公共福祉"的增进,却又无法达到现代主流经济学所鼓吹的那种一般均衡和帕累托最优状态。

　　第一,就"公地悲剧"而言。现实世界中的人类个体往往不会像标准的经济人那样冷淡和短视,其行为往往会受各种社会性因素的影响。鲍尔斯就对影响人类行为的基本因素做了如下归纳:(1)框架效应和形势识解(Framing and Situation Construal):经济制度处于社会心理意识之中,从而具有取景和形势解释效应:人们做出不同的选择取决于他们所面对的同一可行形势是不是由(类)市场所产生的;(2)内在的和外在的动机(Intrinsic and Extrinsic Motivations):市场选择的广阔领域和市场报酬的外在性质也许会在源自能力和自决的个人欲望之驱使下而使得偏好

---

[1] 斯宾诺莎:《伦理学》,贺麟译,商务印书馆1983年版,第105、184页。

改变，从而对其他制度造成相关效应；(3) 规范的演化效应（Effects on the Evolution of Norms）：经济制度往往会影响社会交往结构，从而通过改变专门投资关系的回报而影响规范的演变，如构建信誉、影响可能被应用在互动中的制裁类型、改变不同类型的人们之间的互动可能性；(4) 任务执行效应（Task Performance Effects）：经济制度构设了人们面临的任务，从而不仅影响他们的能力，而且影响他们的价值和心理功能；(5) 文化转变过程效应（Effects on the Process of Cultural Transmtission）：市场和其他制度影响文化自身的学习过程，改变我们获得价值和欲望的方法，这包括儿童抚养和学校教育以及其他非正式的学习规则。[①] 事实上，沙夫兹伯利很早就指出，人具有自私的或个人的感情和天生的和善或社会的感情，而德性是两种冲动之间的恰当的平衡或和谐；特别是，人生来就是一种社会性动物，所以他要致力于社会保存和公共福利的活动。

当然，引入人的亲社会性，不仅可以用来解释现实中大量存在的合作现象，而且还导向增进个体亲社会性的政策主张。究其原因，只有人类个体的亲社会性提高了，才能更好地促进合作半径的扩展，才可以真正促进社会经济的发展。关于这一点，这里引用鲍尔斯举的印度巴伦布尔镇的例子：该镇即使在印度也是一个贫困地区，是印度尖端前沿的软件行业和高速发展的农业区所触及不到的地方。为什么呢？鲍尔斯偶然的一次谈话揭示了这样一个事实：巴伦布尔的农民们给冬天作物播种的时间要比能使产出最大化的时令推迟了好几个星期，为什么没有人愿意提前播种呢？原因是，在任何单独一块土地上播散的种子很快就会被鸟类啄食。那么，会不会有较大一群农民，比如亲属们，曾经共同商定都在同一天提早播种以使损失最小化呢？当地的一个佃农说，如果我们知道如何操作，那么就不会如此贫穷了。[②] 当然，这是一个极端的例子，因为在绝大多数地区，人们都形成了按时令耕种的惯例。人们之所以贫困，主要不是缺乏合作，而是无法提升合作的深度和广度，无法改变合作的

[①] Bowles S., "Endogenous Preferences: The Cultural Consequences of Markets and Other Economic Institutions", *Journal of Economic Literature*, Vol. 36, No. 1, 1998, pp. 75–111.

[②] 鲍尔斯：《微观经济学：行为，制度和演化》，江艇等译，中国人民大学出版社2006年版，第18页。

类型。譬如，无法将同时播种的合作提升为农业经济整个链条的合作，而后者则依赖于人所受的教育和所拥有的知识。

第二，就"无形的手"而言。现实世界中的人类个体往往都不会像理性人那样基于长期利益的完全计算而采取行动，从而实现不了所谓的帕累托最优结果。事实上，现代主流经济学试图借助"无形的手"机制将自利心和社会合作沟通起来，这种"无形的手"机制被誉为生活世界中的"万有引力"。斯密就认为"无形的手"可以将追求个人利益的孤立行为有机地协调起来而实现社会利益的最大化。问题是，斯密并没有说明"无形的手"来自何处以及是如何运作的，以致只好乞求于自然的明智而转向了神意说。康芒斯写道："假使斯密研究像库克和布莱克顿所讲的那样的英国习惯法的发展，假使他采用休谟的'稀少'原则作为解释，代替那流行的自然神教的恩惠和丰裕的原则，他也许会发现他的'理解和语言的能力'产生了一种不同的结果。他一定会发现，互利不是一种天赋的本性，而是一种历史发展的产物，是集体行动实际从利益冲突中创造利益的相互关系的产物。他一定会发现，不是有一只看不见的手在引导个人的利己心走向公共的福利，而是那看得见的普通法庭的手在采取当时和当地的良好习俗，使一些顽强不驯的个人必须遵守，符合休谟所谓的'公共效用'。"[1] 显然，尽管斯密熟悉当时的习惯法，却无意识地人格化和永久化了当时的习惯法，将这些习惯视为上帝的法则。

当然，不仅斯密没有从社会制度的演化中去阐述人性及其行为机理，而且后来的主流经济学者更加没有做此方面的阐发。相反，现代主流经济学对人类行为做了两方面的抽象：（1）将复杂的个人选择约化为以谋私利为目标的极大化原理；（2）将复杂的人类相互行为化约为上帝式的拍卖人的试错。显然，支撑对这两个复杂社会问题做如此高度抽象表述概括的便是"理性"行为假说，正是在理性假说的基础上，阿罗和德布鲁等人论证了"一般均衡"的存在。但与此同时，也正是基于这两方面的抽象，现代经济学理论进一步偏离了社会现实，以致经济学越来越失去了现象预测和实践指导这两大功能。譬如，"一般均衡"依赖于"完全

---

[1] 康芒斯：《制度经济学》上，于树生译，商务印书馆1962年版，第195—196页。

竞争"这一条件，而完全竞争下每个厂商都只能是价格的接受者。阿罗写道：价格机制"是最非凡的社会制度之一，而对其运作方式的分析，在我看来，是更为重要的人类智识成就之一"。① 问题是，现代数理经济学为完善斯密"无形的手"的分析所构建的一系列竞争性均衡模型果真揭示出价格机制的运作方式了吗？显然，迄今的分析还存在明显的问题：（1）现实生活中存在完全接受既定价格摆布的厂商吗？（2）既定价格下还存在"竞争"吗？很大程度下，竞争本身就体现了非均衡现象，而现代经济学中的一般均衡、存在性问题、福利经济学基本定理、完全竞争等都只是培养一种对永远不可能实现的竞争之终结状态的关注，却放弃了将之视为一个动态过程的思考。② 从某种意义上说，现代主流经济学描绘出了一个人人向往的伊甸园，却没有且无法提供一个接近伊甸园的途径。正因如此，现代经济学体系所面临的一个重要课题就是：挖掘"无形的手"是如何运作而实现预定协调的内在机理。

那么，究竟如何理解现实世界中的人类行为呢？这就涉及嵌入在人性中的动物性本能和亲社会性这双重内容，涉及人类行为的目的及其手段选择。一般地，运用溯因法，基于行为的根本目的和手段选择的结合，就可以获得"为己利他"行为机理，它充分考虑到了嵌入在人性中的动物性本能和亲社会性这两方面内容，探究了人类实现其目的所进行的行为选择。显然，相对于现代主流经济学设定的单一的经济人行为而言，"为己利他"行为机理是更贴近现实人性及其行为方式的抽象，在此基础上所构建的微观分析框架也将更为合理、有效，更体现了人类的行为逻辑而非数理的形式逻辑。事实上，"为己利他"行为机理不仅更适合于人与人之间互动行为的分析，分析不同程度的理性行为；同时，也可以更好地解释人类社会中的根本现象——合作，可以分析不同场所中不同形态的合作关系。根本上讲，分工的深化、交易的扩展以及市场的一体化都是"为己利他"行为机理不断扩散的结果。道格拉斯·诺思指出，"我

---

① 转引自萨格登《权利、合作与福利的经济学》，方钦译，上海财经大学出版社2008年版，第4页。
② Blaug M., "Competition as An End-state and Comprtition as a Procee", in: Mark Blaug, *Not Only An Economist: Recent Essays*, Cheltenham: Edward Elgar, 1997, Ch. 6.

们认识世界的方式和解释解释的方式要求我们深入研究意识和大脑是如何工作的——这是认知科学的主要课题。……这些问题包括,人类怎样对外部环境的不确定性,特别是从不断变化的人类行为中产生不确定性做出反应,人类学习的本质,人类学习与信念体系之间的关系,以及意识与人类意向性对人类强加给自身环境的结构的含义"①。显然,"为己利他"行为机理充分吸收了心理学、脑神经等学科发展的新近成果,从而考虑到影响行为选择的各种社会性因素:不是将人类还原为抽象的原子,而是基于异质化的现实考虑。爱因·兰德强调,只有理性的利己主义才能实现人类个体和社会的目的,而这个"理性的利己主义"就根基于在"为己利他"行为机理之中。呜呼,200年来众多经济学家一直在努力挖掘的斯密之"无形的手"之运行机制,我找到啦!

第五节 现代主流经济学的思维特性:进一步探讨

上面的分析指出,哈丁的"公地悲剧"命题与斯密的"无形的手"原理在对社会经济现象和个体行为的预期上根本上是相悖的。既然如此,这两者为何又会同时为现代主流经济学所接受,甚至成为现代主流经济学在分析不同具体问题的理论基础呢?这就涉及现代主流经济学的哲学思维,这里就此做进一步阐述。

长期以来,洛克、康德、罗尔斯、哈耶克等捍卫的西方主流自由主义具有这样的双重特性:一是理性共识,二是宽容性。一方面,理性共识赋予有限的理性以无限的能力,并企图实现对全人类来说所谓最好的生活方式。显然,一旦它相信健全的理性和最高等级的价值观念为它所掌握,剩下的问题就是如何让愚昧和较低等级的价值观念同化、顺应、共识到它们的框架之中。另一方面,宽容性则强调对那些不好的、错误的东西予以宽容。显然,一旦它认为最好的生活方式、最好的价值观念已经被它找到,宽容就变成了对人类理解力局限的一种补救,变成了对

---

① 诺思:《理解经济变迁过程》,钟正生、邢华译,中国人民大学出版社2008年版,第5页。

第十九章 从公地悲剧到公共福祉：局面转换的基本机制 / 419

人性固有的愚蠢、弱点和错误的相互原谅。[①] 在很大程度上，现代主流经济学也具有这种双重特性：（1）现代主流经济学相信它已经发现了人类最佳的经济体制，这就是基于个体主义和自由主义的自由市场体制；在为这种体制进行论证时，它提出了理性经济人假说，强调在"无形的手"的预定协调下可以达到理性的帕累托最优境界。（2）现代主流经济学相信现实世界之所以还没有进入这一理想境界，关键就在于人类还没有充分理解和接受成本—收益乃至边际行动的原则，经济学的目标就只在于引导他们朝这一方向行动。

显然，正是基于最佳生活方式的理性共识，现代主流经济学热衷于理性经济人分析的宣传，认为通过社会竞争可以实现最美好的理性状态。同时，为了达致这种理想之境，现代主流经济学又试图根据数理经济学的理性选择模型来打造出这种市场和制度。事实上，正是在经济人假说之指导下，一些主流经济学家热衷于依据理性模型来创设各种衍生品、各种金融市场以及相应地的制度实施，试图通过一个市场来对抗另一个市场，一个制度来对抗另一个制度，而形成相互制约的社会均衡。问题是，这些经济学家们的所作所为果真实现人类社会的稳定和经济发展的平稳了吗？现实所呈现出来的大量现象似乎恰恰相反：人类社会并没有变得更安全，相反却变得越来越脆弱。近半个世纪以来社会凝聚力的日益解体就反映出这一点：经济发展也并没有变得更顺畅，相反似乎更为波动起伏，2008年爆发的国际金融危机就是一个极其明显的证明。[②] 而且，演化均衡也表明，利己主义在充满机会主义的社会竞争中将成为优胜者；也即，基于经济人的行为并不能产生社会的合作。为此，现代主流经济学又强调对个体行为的尊重和宽容，从而放弃了对那种互惠合作的最佳生活方式的理想追求，而主张一切都依赖于自发秩序的扩展。

现代主流经济学常常宣称它只关心"是什么"以及"人类为何如此行为"，而不关心"应该是什么"以及"人们应该如何行为"。但问题是，作为致用之学的经济学必然要为实践提供指导，而为实践提供指导

---

① 约翰·格雷：《自由主义的两张面孔》，顾爱彬、李瑞华译，江苏人民出版社2005年版。
② 朱富强：《对现代主流经济学的方法论反思》，《政治经济学评论》2010年第2期。

又怎可能是价值无涉的呢？事实上，"无形的手"原理以及"似乎"假说已经赋予了个人的逐利行为以一定的价值判断，从而将经济人行为合理化了。进一步的问题就在于，真实世界中是否存在"无形的手"原理？"似乎"理论是否体现了社会的整体利益？其实，现代主流经济学认为，满意的性经历所提供的效用与吃一块花生黄油三明治、喝一口巧克力牛奶露、看一出莎士比亚戏剧所获得的效用是没有什么差异的。问题是，它们之间真的没有差异吗？[1] 很明显，两者所带来的社会效用往往具有根本性差异。马斯格雷夫所提出的有益需求理论就指出，即使就个体而言，抛弃纯个人主义社会观的"公共评价"往往就不同于私人评价。例如，某个人可能因为卷烟在其私人效用函数中很重要而对降低烟税感兴趣，而在他的社会判断中却认为卷烟消费应当下降。正因为个人效益和社会价值之间往往存在冲突和紧张，因而就不能简单地将人类行为等同于经济人，更不能将经济人行为合理化。

关于这一点，有必要再次审视森提出的自我的合理审查问题。阿马蒂亚·森认为，合理审查"不仅应用于对个人目的和目标的估价，而且也有必要审查和检视他的其他价值和先决条件，而这些并不能直接包括在一个人的目标之内。基于某些社会习俗的理由，或者义务论的逻辑，我们可以决定对自己的行为施以特定的行为约束。比如，个人可能无怨无悔地放弃自己追求的目标，因为它可能有碍于其他人追求他们的目标"[2]。相应地，尽管贝克尔强调，"经济分析（就）为理解人类行为提供了一直为边沁、康德、马克思及其他学者长期求之不得的统一方法"，但迄今为止，基于经济人的模型化分析并没有能够做到这一点，基于经济人的理性选择行为也是无法检验的。[3] 正如格林和沙皮罗指出的，尽管理性选择模式在"分析上所遇到的巨大挑战吸引了大量的一流学者；其结果，理性选择理论的发展越来越复杂，且具有狡辩性"，但"理性选择模式在经验上应用成功的事例屈指可数。大多数早期的理性选择著作，

---

[1] Mckenzie & Tullock, *The New World of Economics*, Homewood, IL: Richard D. Irwin, 1975, p. 50.

[2] 森：《理性与自由》，李凤华译，中国人民大学出版社 2006 年版，第 27 页。

[3] 贝克尔：《人类行为的经济分析》，王业宇等译，上海三联书店、上海人民出版社 1995 年版，第 19 页。

不是压根儿没有经验性研究，就是只是粗糙的或印象式的。令人惊讶的是，20世纪50年代以来这些缺陷竟然几乎没有什么改变"。[①]

可见，现代主流经济学的人性假设存在严重的缺陷：它不但排斥了基于伦理和道德等因素对追求目标的审查，也没有能够解释社会学等学科所考察到的人之角色转换所带来行为方式转变之类的事实。相反，它却依赖于极其特殊的理性观——理性选择理论——来预测人类的一般行为，并抽象化地把人当成一个脱离具体环境的原子式个人。特别是，基于西方社会的自然主义思维和还原论思维，现代主流经济学的经济人假设是把人置于一般动物的地位来理解人的社会行为，从而就根本无法体现出人类独有的属性。事实上，任何个体都具有或多或少的亲社会倾向，每个人的利益都与其他人的利益有着不可分离的联系，因而每个人的偏好和行为深处都隐藏着一定的社会关系。显然，正是这种亲社会性，使得人类社会可以产生调节人类行为的一般社会规范，并使人类具有内化规范的心理能力。相反，如果没有这种亲社会情感，无论存在怎样的约束，人们都会成为反社会的人，其结果必然使人类社会不复存在。[②] 为此，金迪斯和鲍尔斯等人就强调，大规模的合作现象主要是源于人类的有能力。那么，人类的特有能力又是什么呢？一般地，传统上往往用基因关系（亲缘利他主义）和重复互动（互惠利他主义）来解释合作现象，但金迪斯和鲍尔斯等人却强调，这些东西在其他物种中也很普遍，从而并不是人类独特有的。而人类的独特性在于人类的认知、语言和身体能力，这些能力产生了人类社会的一般规范，从而有利于那些没有亲缘关系的个体之间展开合作。[③]

第六节 结语

现代主流经济学基于个体理性选择框架而将大规模的社会合作视为

[①] 格林、沙皮罗：《理性选择理论的病变：政治学运用批判》，徐湘林等译，广西师范大学出版社2004年版，序言。

[②] 金迪斯、鲍尔斯：《人类的趋社会性及其研究：一个超越经济学的经济分析》，浙江大学跨学科社会科学研究中心译，上海世纪出版集团2006年版，第56页。

[③] Bowles S. & Gintis H., "Origins of Human Cooperation", in: Hammerstein P. (ed.), *Genetic and Cultural Evolution of Cooperation*, Cambridge MA: MIT Press, 2003, pp. 429–443.

不可能的，因为私利最大化的经济人必然会采取搭便车的行为，从而引发集体行动困境或公地悲剧。但是，赫希曼却指出人们往往会不辞劳苦和不惜成本地参与投票之类的集体活动，奥斯特罗姆等则用大量的案例来证明公地使用的有效性。事实上，无论是集体行动的困境还是公地悲剧都是建立在被还原的原子个体之上，这种没有社会性的原子个体仅仅是一种自在存在，其行为仅仅是对低层次本能需求的自发反应；但是，现实生活中的人本质上都是自为存在的社会人，他们能够认识到自身的长期利益，从而展开一系列的自觉作为。显然，如果考虑这些，现实生活中的人就不会采取如现代主流经济学所宣扬的那种机械的经济人行为方式，而是会遵循"为己利他"行为机理，"为己利他"行为机理可以更好地解释大量存在的集体行动和社会合作现象。

事实上，就在奥尔森宣扬大规模集体行动的不可能之同时，西方世界差一点卷入前所未有的公共运动、游行、抗议罢工和意识形态的浪潮。既然如此，奥尔森的集体行动理论何以会取得如此的成功呢？按照赫希曼的看法，原因主要有二：（1）其分析基于西方社会的理性选择框架，从而具有条理性和清晰性；（2）参与集体行动的人对集体行动的结果感到失望后往往会退出，并从集体行动的理论逻辑中寻找解释依据。赫希曼写道："奥尔森著作的成功在某种意义上可归功于其余随后所展开实践的矛盾。一旦后者安全地进行了其过程，发现自己深陷麻烦的许多人就会回到《集体行动的逻辑》这本书，并在其中寻找好的确证性原因，来解释20世纪60年代那些集体行动为什么从来没有在初发地发生——和可能比看上去更不现实——并且最不可能发生。……（因此）错误的语言可能会成为社会科学名声和声誉的奠基石。"[①]

最后，还需要指出，"为己利他"行为机理还可以被用于政治领域解释民主化过程："为己利他"行为机理被践行的广度和深度在很大程度上也体现了民主制度的健全程度。上面已经指出，"为己利他"行为机理的根本特点在于：它考察的是相关者之间的多次互动以及形成长期的互动关系，其中每一方能够关注和追求长期利益而并不会纠缠于每一次互动

---

① 赫希曼：《转变参与：私人利益和公共行动》，李增刚译，上海人民出版社2008年版，第73页。

第十九章　从公地悲剧到公共福祉：局面转换的基本机制 / 423

的利益得失，从而最终形成了共时性或历时性的互惠合作关系。因此，在对政治权力的争夺中，人们不会采取像狗那样殊死搏斗直至一方被彻底打败的残酷方式，优胜者也不会对短期内被打败者赶尽杀绝；相反，他们更乐意采取"先让你干几年，下次再让我干几年"的合作方式，从而就会建立起一系列更为文明的竞争规则。

事实上，将"为己利他"行为机理运用到政治领域而实行真正民主制的典型例子就是美国的建国者，他们在建国伊始对国家的未来走向、制度安排乃至国体政体都存在不同的看法，并为了实行自己的政治主张而展开竞争；但是，他们没有实行像狗类争抢那样的经济人行为方式，而是贯彻了真正人类的"为己利他"行为机理，建立起了通过竞选轮流上台施展政见的民主方式。例如，亚当斯和杰斐逊之间就是这样的一个典范，他们在独立战争期间形成了紧密的友谊，但在独立后对国家的走向又充满对抗；不过，他们都能够将对公共利益的关注放在相互歧见之上，通过民主竞争规则而轮流施展其理念，最终又恢复和深化了彼此之间的友谊。相反，那些在政治人物之间进行"普力夺"式竞争的社会中，不是出现不断恶性争斗的军阀体系，就是优胜者彻底消灭落败者的专制体系；前者在1912—1927年的中国社会表现得非常明显，后者则在蒋介石政权以及以后年代都很明显。[①] 正因为基于"为己利他"行为机理可以有效地建立起民主体制，民主根本上应该与互惠合作而非收入转移联系在一起，从而更有助于展开有效的集体行动，促进"公地悲剧"向"公共福祉"的转变。

[①] 春秋时期的列国之间也存在一系列普遍遵循的规则：不许阻拦赈灾的粮食，不许将洪水排入邻国，不许收容别处的逃奴；战场上，不许低阶人员对敌方高阶人员无礼，不许再次伤害已经负伤的人员、不许俘虏头发花白的老人……这些都是"君子（也即贵族阶层）"的内规（参见许倬云：《我者与他者：中国历史上的内外分际》，生活·读书·新知三联书店2001年版，第17页）。

后　记
——本书的写作历程和付梓过程

"为己利他"行为机理是有关"人"的经济学科的理论基石，也是笔者所持的根本人生观，也是一生行为的基本准则。中国历代先贤都强调要"知行合一"，笔者最初也是从个人的生活态度中感悟到这一行为机理的存在，并从社会实践中认识到这一行为机理的重要性，进而在后来的学术思考中逐步将之系统化和理论化。事实上，自从从事经济学的研究和教学之后，笔者深刻感受到理论逻辑与社会实践之间存在的巨大反差，由此萌生出对现代主流经济学理论进行批判性审视和反思的路向，而反思的重心就在于现代经济学理论的核心假设——人性。因此，本丛书就基于强烈的问题意识来审视经济学科的基本特性，进而揭示经济学范式的本土化要求；尤其是，通过将新古典经济学的研究对象与中国社会经济的问题症结相对照，可以清晰地发现运用现代主流经济学的研究方法和理论观点来指导社会实践时所潜含着的深深偏误。为此，后记部分对本丛书的写作过程做个简要的梳理和说明，一方面可以清楚地显露本书的不足，另一方面也能够增进读者对本丛书的认识。

一　"为己利他"的词源

人类社会的发展是渐进而难以跳跃的，思想的发展史实质上也就是社会现实的反映，因而人类社会中也就存在清晰的思想传承史。同时，特定时空下的思想往往又充满了混杂性，而思想大师的经典著作则经历了时间的筛选，从而也就更能体现出人类实践的智慧，体现为思想智慧的结晶。因而，思想传承史根本上也就体现为思想大师的传承史。由此来对照当前求新求异而变动不居的知识界：流行的思想往往你方唱罢我登场，活脱脱呈现为一种相互传染亢奋而缺乏独立思考的剧场，进而看似热闹的学术背后实质上并没有多少新东西。有鉴于此，笔者历来主张要积极从具有系统理论的古典著作中汲取营养，而对现代刊物文章则较少涉猎。正是由于长期专注经典文献的爬梳，笔者对社会的认知以及思想的形成也主要源于思想大师和经典著作；同时，由于与当今学人甚少交流以及与时下学术界乏于联系，笔者往往就会忽略一些学术的新发展，乃至会暴露出对流行学术动向的浅陋和无知。

基于个人的人生体悟，同时也是为了思想表达的需要和读者理解的方便，笔者创造性运用"为己利他"一词。在后来的书籍阅读过程中，偶然也会发现其他一些学人开始使用这一术语，但往往都以为是受到笔者的影响。事实上，本套丛书初步完成已有相当一段时间了，只是由于缺乏费用而迟迟没有出版。在这漫长的时间内，笔者曾与一些同人就"为己利他"行为机理做过交流，在课堂上以及讲义中也多次涉及和阐述这一术语的含义，以致不少学生在作业论文中会使用这一术语。不过，也正是由于这些著作迟迟没有出版，因而一些学生在使用这一术语时往往也会误会它的出处。譬如，在2004年的"经济学说史"期末课程考试中，布置了一道"为己利他"行为机理的名词解释，结果，不少学生竟答称是斯密提出来的；其原因主要是，笔者在课堂上曾反复用"为己利他"行为机理来阐释斯密的"道德人"和"经济人"，以此来解析被称为斯密悖论的人性观何以是统一的。

面对误解这一术语起源的长期存在，笔者从没有任何的在意。笔者相信，只有出自内心的真实体悟和头脑的长期思考，才可能会形成较为系统的阐述和分析；相反，如果仅仅是粗略地受了他人的启发而没有做更进一步的思考，根本就无法真正理解这些概念、术语和原理的真正含义。举目前盛行的现象为例：一些博导喜欢把学生在做学位论文时所提出的一些新思想以及所写的相应文章冠上自己的名字发表（或者合作发表）。由此，我们就可以发现这样的现象：这些博导们每年所发表的文章随着所带学生数的增加而不断增多，文章所涉及的领域不断拓展，也不断推出一些"新"的观念和"新"的理论；但是，如果细观他们所发的这些文章就会发现，这些文章大多仅仅停留在大而化之的概念和口号上，每篇文章之间往往呈现出明显的孤立状态，从而根本就没有任何对社会问题的系统的理论分析。其原因也就在于，这些博导根本就没有弄明白那些以他们名义所发表的文章中所包含的真正思想，也不会在此基础上做进一步的深入思考。

这种认识一直持续到2005年5月初，笔者突然获知有一位叫王海明的学者在更早时期就已经提出"为己利他"这一术语，并且也对之做了相当系统的阐述。缘由是：一位硕士研究生拿其学位论文来请笔者提意见，笔者发现论文中有一节提到了"为己利他"行为机理，但并没有说明此术语的来源；相应地，也就自以为是受了笔者课堂上的启发，因为笔者在2002年曾为该学生本科授课时系统阐述过这一术语。于是就随口问了一句："为己利他"一词是否来自笔者上课时讲的内容？但该学生的回答却是：从王海明的《新伦理学》一书中看来的。笔者大感意外的同时也非常兴奋，因为竟然也有其他学人提出同一术语，因而也马上找来《新伦理学》一书；由此才知道，王海明早在1987年就已经从自身的经历和追求中悟出这一人类合理的行为机理，并率先使用"为己利他"这一术语。实际上，王海明顿悟出这一机理的历程与笔者大致相同，不但王海明的思维历程和笔者有异曲同工之处，而且对"为己利他"行为机理的分析和描述和笔者也有很多的一致。

对此，笔者深觉惭愧，真是孤漏寡闻。在网购还很不发达之时，笔者会经常性地逛逛书店，留意那些最新的理论书籍，并力图将最新观念不断补充到著作中以充实自己分析，尽管如此，却竟遗漏了《新伦理学》一书。当然，说实在的，笔者早先也已经看到过这本书，但觉得书太厚且书价不菲而没有买（因为笔者的研究从没有获得过任何资金的支持，因此，在不断为自己的书库增添新的理论书籍之时，对所购书籍也不得不持慎重态度而有所选择）；同时，尽管笔者关注社会科学所有领域的基本理论和新进展，但自身核心领域毕竟在经济学，因而对社会科学其他分支的一些理论发展也就关注不够了。基于这一发现的触动，笔者担心或许也有另外的学者曾对"为己利他"行为机理有所关注而被自己所忽略，因此又以"为己利他"为关键词在网上进行了论文检索。结果发现，其中数量不多的几篇相关文章基本上都与王海明有关，尽管也偶有其他学者零星提及,但所言都不详。后来,又在书店里看到王海明的《伦理学方法》和《人性论》等著作,也在第一时间购买回来做了翻阅,同时还把他的一些论述进一步补充到书稿之中。

因此,就"为己利他"行为机理这一术语而言,王海明比笔者早提出了10多年,但笔者也是独立地提出的。同时,笔者和王海明赋予"为己利他"行为机理的基本内涵也极为相似,但由于学科背景以及关注重点上的不同,本书和王海明提出该术语时的研究视角、剖析重点以及分析框架上也就存在着明显差别,进而,两者对实然道德和应然道德的理解以及对"爱有差等"规律对道德善结构影响的认知等方面也都存在明显差异。不过,由于学科领域以及本书篇幅的关系,这里也就不详加说明,有兴趣的读者大可根据需要自己去比较。

二 本丛书的写作过程

"为己利他"一词的提出可以追溯到2000年笔者撰写博士学位论文提纲之时,它是笔者博士学位论文《博弈、协调与社会发展》一书的理论基石,博士论文不但通篇贯穿了"为己利他"行为的协调机理,而且还专门用一"篇"的篇幅来探究它的产生及在社会中的作用。2002年4月,受聘于中山大学岭南学院而从事经济学的教学科研工作后,开始静下心来深入地对这种行为机理进行探讨,到2004年初基本上完成上下卷的《真实世界的经济学反思和人类行为分析》一书。然而,在现代主流经济学支配的学术界,似乎没有多少人关注其他可能的思维反思,面对中国学者提出的理论和思维更是如此。尤其是,实证主义日益偏盛的中国经济学界,似乎没有多少人感兴趣于基础理论的发展:新观点被接受是困难的,一个新体系要被接受更是难上加难。在这种情况下,一个致力于理论追寻的青年学者尽管充满了热情以期望向社会披露他的认知,而学术界却似乎没人有"闲心"给予稍许的反应。因此,在一些文章投出而杳无音信后,就只能仿效戈森、杰文斯、门格尔、瓦尔拉斯乃至埃几沃斯和威克斯蒂德等先驱们,独自静静地梳理并系统化自己的思维乃至将之做长时间的冷藏,希望终有一天能够以专著的形式交付社会而自慰。

因此，尽管本丛书初稿在 2004 年 3 月就已大致完成，但由于书生的清贫，这些书稿迟迟无法付梓。尽管如此，笔者仍旧在不断地阅读其他更多的书籍，这使得书中的一些想法也不断得到新材料的支持、充实和完善；但同时，正是断断续续地不断增添新的旁证材料和分析，导致这些书稿恰似"懒婆娘的裹脚布"变得越来越长，到了 2005 年就已经有了 100 多万字的篇幅。然而，商业社会却使得享乐文化越来越盛行以及功利主义越来越膨胀，不但社会大众缺少真正思考的兴趣，而且活跃在学术界的那些人几乎也都成了大忙人而根本无暇读这么长的书。与此同时，几年来积累的东西又总是敝帚自珍，青毡旧物又何忍丢弃呢？在这种情况下，笔者只能将不断出现的想法和思考尽可能地记录下来，以期望一个新时代的来临：在这个时代，越来越多的人将真正关注人生，思考社会，注重追求自己的真正认知，而不愿为大众意识和流行思潮所左右。

长期坚守的学术理念导致笔者不愿过早出版该丛书，因为它确实还很不成熟，甚至也永远不会成熟。不过，后来的两大考虑促使笔者燃起尽早付梓的念想：（1）由于长时期沉浸于文献的梳理，而这种研究方式在重视论文指标的当今学术界已经日益被边缘化，以致笔者及家人的生活日趋贫困。实际上，尽管笔者的物质欲望无多，但往往却又因不能承担起基本的家庭责任而惶惶不安，这不可避免地影响了研究的精力和心境，也是儒者对待生活和社会的基本态度。（2）在平常与一些同人的学术交流中，偶然也会涉及本套丛书中的一些观点和思想，并常常可以得到这些同人的由衷感喟。而且，一些同人也不时呼吁笔者将已经撰写的心得尽早付梓，以便引起更多学界同人的关注和讨论。因此，在一些同人的建议下，趁岭南学院准备资助一批学术著作出版之机，笔者于 2006 年 4 月份开始着手将原来手稿中有关探究经济学发展取向的部分内容整理出了《现代主流经济学的理论危机：经济学的人本主义之挑战》一书，准备单独成册，在 2006 年 5 月份出版。

不过，在整理过程中，笔者又萌生出一个新念头：既然已经整理出其中一部分，为何不将其他部分也单独整理出来呢？于是，在随后的两三个月的时间内又将其他几部书稿的粗略框架陆续整理出来，而在后来更长的时间里则一直在做更系统的梳理和更深入的阐述。而且，考虑到这几部书之间具有很强的关联性，如果分开在不同的出版社出版就会阐割它们的承续性和整体性，也会增加那些有全面了解兴趣的读者进行搜寻的麻烦，因而很希望能够一起出版。为此，笔者决定将原先已经提交并通过学院资助的那本书稿撤回来，继续等待以期最终能够以丛书系列的形式付梓以飨读者。目前，之所以准备出版本套丛书，一方面是希望学界同人能够更好地了解笔者的研究思维，以有利于扩大交流；另一方面也是希望通过对当前学风之弊的揭示，以有利于中国学术风气之改良。

三 本丛书的付梓过程

笔者的求知和认知过程明显具有风暴性、质疑性和开放性的特点。每当在认知一个事物之初，笔者总是力求尽可能地积累尽可能多的知识，尽可能地吸纳基于不同视角的观点，尽可能不先验地排斥某些理论和观点。正因如此，笔者不会像经院哲学那样根基于某一人或某一流派的观点进行阐释，或者仅仅在那些理论的基础上做些细枝末节的补充、修正或发展。为此，笔者不喜欢追逐时下的"前沿"或"热点"，不愿意盲目地接受和宣扬某些个别理论，更不倾向于接受流行的说教，而通常乐于以反思的态度来对待每个理论、学说和流派。罗素指出，"重要的不是给出答案，而是提出问题"[①]。事实上，如果对一个理论或政策的内在缺陷都认识不清，我们又如何说是理解这个理论和政策了呢？这种认知必然是盲目的和片面的。因此，笔者强调，只有发现某理论的缺陷，才可算是真正理解了该理论，包括该理论提出的社会背景、所基于的哲学思维、所侧重的分析视角以及提出者的主要目的，等等。

当然，笔者对理论的任何反思都不会停留在简单的批判和解构上，而是会尽可能地从中汲取营养以助于形成和提高自己的认知和理论体系。在很大程度上，这些学问方式有两大特点：一是强烈的"六经注我"特质，二是强烈的风暴性。后者就像中小学时期风暴式记忆英语单词一样，开始的时候总是感觉模模糊糊和杂乱无章，只有经过一段时间的反复记忆，单词记忆才愈见明确，愈见牢靠；相应地，笔者的思想形成也经历了此种过程，在思考之初只有懵懵懂懂的感觉，一切都处于混沌模糊的

---

① 罗素：《西方的智慧》，崔权醴译，文化艺术出版社2005年版，第15页。

状态，而只是经过后来长期的沉淀和积累，才愈见成熟，并形成自身的洞见。显然，本丛书所提出的一些观点也经历了一个从混沌到逐渐成熟的过程，而且，笔者相信，它迄今还处于很不成熟的状态，甚至永远不会达到完善的程度。相反，随着笔者阅读愈多，思考愈广，理论上的认识才会逐渐深入和成熟。这也是本丛书所研究的问题需要今后不断推进的原因。

同时，正是基于这种风暴式的研究路径，在经历一段时期的困顿以后，笔者总是试图提出自己的真正认知，而不是停留在某单一事实或现象的理解上。确实，笔者一直努力使自己的看法或理论系统化，直至某个细微的理论或视角能够进一步解释和分析更广的乃至经济学或整个社会科学的基础理论问题。正是基于这种"六经注我"式的研究，笔者在十几年内撰写了数百万字具有内在联系的理论书稿，其中一部分整理出来就形成本丛书。正是基于这样一条从困惑到清晰的思考路径，待到笔者最终确定研究对象时，实际上已经完成了几乎所有的前期研究。即使如此，这些著作还是迟迟无法获得资助出版。究其原因，（1）笔者在长期的梳理和思考中形成的观点本身就是个体性的，往往只有具备相似知识结构且有相当思考的学人才会有所体悟，但这样的学人往往不可得；（2）这些思考往往因为系统性而形成了看似不可为的大框架，即使这套丛书仅仅是笔者研究的一部分，但在一般人眼里也显得框架太大了；（3）这些理论往往涉及很多领域的思考和认知，其中的创见和意义就很难仅仅依靠申请书中的几千字而能使那些原先从没有对相关问题做过系统思考的评审者明白，而不误以为这些研究不过是大而化之的"教材式"编撰。

此外，这也涉及现代经济学的研究取向。一般地，人类的思想具有非常强的继承性，真正的好理论不会如目前这般的不断变化，而是契合了人类在各个领域所积累的知识，由此形成更为全面而系统的分析。理论的发展路径主要源于对经典文献的梳理，发现传统理论中逻辑推理和前提假设上所存在的问题，而不是在一些所谓热点问题和"前沿"文章上猎奇，更难以从基于经验数据的功能性分析中获得真正的理论认知。因此，经济学乃至社会科学的理论发展必须借鉴其他学科的研究，必须知晓其他人的研究视角和观点，必须契合各方面的知识，走交叉的发展之路。但是，当前经济学界却盛行截然不同的学风，它关注的不是独特的理论创新，不是对事物本质的系统分析，而是细枝末节的实证或者没有内在逻辑的观点陈述；在这种研究取向下，经济学人可以在对准备研究的问题几乎是零认知的情况下，通过简单地列出几条分析线路和一些"创新"观点而获得研究资助，但最终给出的往往是拼凑之作。

正是基于这种研究取向的差异，尽管笔者也希望能够获得稍许的资助以利于学术探究的展开，但问题是，如何能够让那些从未谋面的人士了解笔者沉思了多年的思维和理论呢？事实上，笔者可以通过面对面的个体间交流而几乎使任何学人理解本书的意义，却不能在大众场合让那些深受流行意识支配而又不愿认真听讲的人明白其中的逻辑。过去的经历表明，几乎所有与笔者有过交流的真正学者，即使他本人并不甘于寂寞而从事理论探索，但几乎都会大力赞叹笔者所做的这些思考。例如，有同人就对笔者说："你有这么多科研成果，为什么不申报课题呢？我们平时没有什么研究，而在课题申报指南下来时才努力设计一个题目来申报。"问题是，自从学术学院化、制度化之后，那些真正有创见的探索就很难获得支持了，那些评议者的匿名评审只不过是在强化主流和权威的意见，只不过在强化既有的规范和形式，而把它美其名曰为"科学方法"，这正是现代主流经济学之研究取向的问题所在。

最后，本书最终得以出版的最大功臣是才国伟教授。他主持岭南学院科研工作后就积极劝说笔者出版这些长期积累的书稿，进而在他的积极张罗下由岭南学院学科建设经费资助出版。同时，也要感谢陆军等新一届院领导对本丛书出版的支持，感谢李义华女士提供的热忱协助，感谢喻苗女士的细心编辑校对。当然，尽管本丛书已经写完多年，但笔者深知其中依旧存在理论的不成熟性。其主要原因是：（1）任何一个理论必然要受作者的认知和时代的社会条件所限制，此书也不例外；（2）笔者的写作思路过于庞杂，往往同时在撰写几部著作；（3）本丛书经历了不断修改和补充，而篇幅越来越长，从而无法对具体语句做经常性的修改、润饰。不过，既然本丛书都是自己基于个人知识背景而长期思维的产物，当然也就敝帚自珍。至于理论价值和社会性究竟如何，只能交付广大读者、社会大众以及学界同人评判了。此次出版的目的也是希望引起广大同人的共鸣,通过多角度的思辨以促进理论的深化和发展。希求教于学界贤哲也!

朱富强
2019年4月1日